yiselem

KARL MAY'S
GESAMMELTE WERKE

BAND 19

KAPITÄN KAIMAN

KARL-MAY-VERLAG BAMBERG

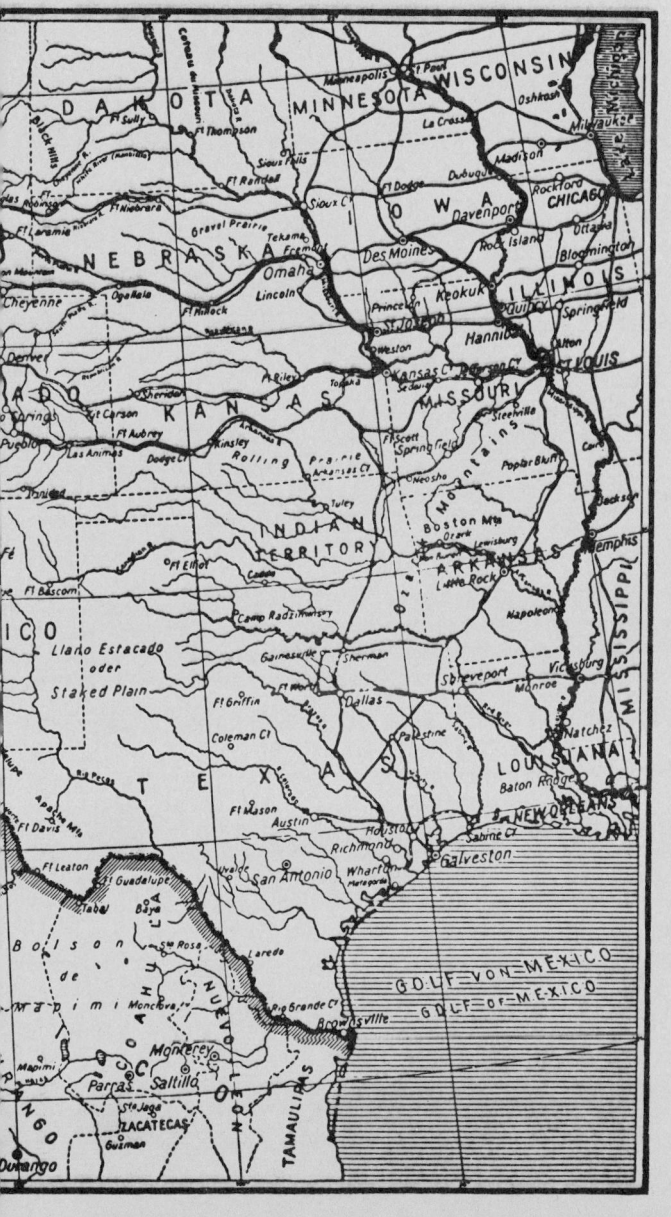

KAPITÄN KAIMAN

UND ANDERE ERZÄHLUNGEN
VON

KARL MAY

1256. TAUSEND

KARL-MAY-VERLAG BAMBERG

INHALT

Herausgegeben von Dr. E. A. Schmid

© 1955 Karl-May-Verlag, Bamberg
Alle Urheber- und Verlagsrechte vorbehalten
Deckelbild: Carl Lindeberg

Satz und Druck: St. Otto-Verlag, Bamberg
ISBN 3–7802–0019–8

Kapitän Kaiman

1. Miß Admiral

Dem Wagen, der vor dem Hause des Juweliers Thieme hielt, entstieg leichten Fußes ein hochgewachsener Mann. Der helle Schein der Schaufenster beleuchtete männlich-schöne, scharf geschnittene Züge; die fein gebogene Nase und der sorgfältig gepflegte schwarze Spitzbart ließen in ihm einen Franzosen oder Italiener vermuten. Während er die Ladenschwelle überschritt, rief er seinem Diener zu: „Marc, du fährst zurück zum Hotel und wartest dort meine Heimkehr ab!"

„Gewiß, Herr Graf!" entgegnete Marc Letrier, und wandte sich alsdann mit vergnügtem Lächeln an den Kutscher: „Mir soll's recht sein! Dann kann ich einmal die Stelle des gnädigen Herrn einnehmen."

Er schwang sich in das Innere des Wagens und wollte sich soeben bequem auf dem Rücksitz niederlassen, als er zu seinem Erstaunen bemerkte, daß ihm schon jemand von der anderen Seite zuvorgekommen war.

„Was fällt Ihnen denn ein?" fuhr er den Eindringling an. „Scheren Sie sich augenblicklich aus dem Wagen, sonst werde ich Ihnen den Weg zeigen!"

„Ah!"

Nur dieser eine Laut ließ sich als Antwort vernehmen; er klang sonderbar scharf und fauchend, gerade als ob eine wilde Katze ihre geschmeidigen Glieder zum Sprung rüste. Marc mußte diesen drohenden Ton kennen, denn er wich in großer Bestürzung vom Wagenschlag zurück.

„Alle guten Geister! Seid Ihr es wirklich...?"

Eine seltsame Beklemmung ließ ihn stocken.

„An Bord mit dir! Stoß ab, Marc Letrier!" zischte es kurz und gebieterisch.

Im nächsten Augenblick saß Marc auf dem Bock neben dem Kutscher. Der Wagen setzte sich in Bewegung. Drinnen hatte sich der Fremde in die Kissen zurückgelehnt und verhielt sich schweigend, bis das Hotel erreicht war, in dem der Vicomte François de Brétigny seinen Aufenthalt genommen hatte. Ohne das Öffnen des Wagens abzuwarten, sprang der Unbekannte zur Erde nieder, warf dem Diener des Grafen ein barsches „Herauf!" zu und trat in den Vorraum des Hotels, wo ihm der Kellner entgegeneilte.

„Ist die Wohnung, die ich vorhin bestellte, instand?"

„Jawohl, gnädiger Herr! Ich bitte um die Erlaubnis, Sie führen zu dürfen."

Oben angekommen, bestellte sich der Fremde ein reichhaltiges Abendessen und fügte hinzu, daß Marc ihn bedienen werde.

Dieser hatte mit Verblüffung wahrgenommen, daß sich die Gemächer des Eindringlings neben denjenigen seines Herrn befanden und stand kleinlaut in der Nähe, bis ihn ein Wink heranrief. Während der Kellner sich entfernte, warf der geheimnisvolle Gast den Mantel ab und stellte sich mit verschränkten Armen vor Marc Letrier hin.

„Nun?"

Marc sah scheu in die herrisch flammenden Augen des anderen. Es war ein eigenartiges Paar, das sich hier gegenüberstand. Beide nur von Mittelgröße. Der Fremde schlank und geschmeidig, lebhaft in seinen Bewegungen, von gesunder und dennoch zarter Gesichtsfarbe, dabei völlig bartlos; Marc hingegen breiter, stämmiger, in seinen Gebärden bedächtiger, mit sonnenverbranntem Gesicht, kurzgehaltenem, dichtem Backenbart und ausrasiertem Kinn; sein Blick aber war flackernd und unruhig.

„Wie gefällt es dir an Land?"

Marc Letrier zuckte die Schultern. Er wußte nicht, welche Absicht hinter dieser Frage lag.

„Du konntest doch vorhin sprechen, als du den gnädigen Herrn spielen wolltest!"

„Mademoiselle Clairon, ich bin..."

Eine gebieterische Handbewegung schnitt ihm die Rede ab.

„Mademoiselle Clairon ist zur See oder sonst irgendwo. Ich bin der Chevalier de Saccard, merke dir das! — Wie befindet sich dein Herr Vicomte?"

„Ich danke, der gnädige Herr sind wohlauf."

„Das läßt sich denken! Der Herr Kapitän liegt ganz prächtig vor Anker, während die Mannschaft auf hoher Fahrt sich abarbeitet, daß die Rippen krachen. Ich werde ihn einmal zwischen die Taue nehmen, daß er die Kielmuscheln zu kosten bekommt. Jetzt will ich essen!"

Wortlos schlich Letrier zur Tür hinaus und bediente den Chevalier mit dem zuvorkommendsten Eifer. —

Indessen kehrte der Vicomte zurück, er fand Marc nicht in seiner Wohnung und zog die Glocke. Erst nach mehrmaligem Läuten erschien der Gerufene; er hatte ein gefülltes Auftragbrett in der Hand und sah sehr beschäftigt und verlegen aus.

„Marc, in neuerer Zeit vernachlässigst du mich ganz unverantwortlich! Wenn du so fortfährst, werden sich unsere Wege trennen müssen!"

Letrier setzte seine Last ab und trocknete sich den Schweiß von Stirn und Wangen:

„Herr Vicomte, ich habe nichts dagegen, gar nichts,. wenn Sie mir den Abschied geben wollen. Denn wie die Sachen gegenwärtig hier stehen, ist ein verteufelt widriger Wind zu erwarten. Ich konnte nicht kommen, weil ich treppauf und treppab zu segeln habe wie ein Ebenholzschoner, hinter dem die englischen Teerjacken her sind!"

„Das war nicht notwendig, Marc. Du weißt ja, daß ich zu so später Stunde nur eine Wenigkeit zu essen pflege. Zieh mir die Stiefel aus und gib den Hausrock her!"

„Entschuldigung, gnädiger Herr, dazu habe ich keine Zeit."

„Keine Zeit?" staunte Brétigny. „Mensch, du bist wohl nicht recht bei Sinnen!"

„Was meine Sinne anbelangt, Herr Vicomte, so sind sie alle ganz prächtig unter Segel, obgleich es gar kein Wunder wäre, wenn mir der eine oder der andere über Bord gegangen wäre. Ihr Abendbrot, gnädiger Herr, hat mich nicht ermüdet. Aber ich habe noch einen anderen zu bedienen!"

„Einen anderen? Du, bedienen? Es wird mir wirklich Angst um deinen Verstand."

„Mein Verstand ist gut, gnädiger Herr! Um ihn wird mir nicht angst, sondern um Sie! Denn der andere oder vielmehr die andere . . ."

Er wurde unterbrochen; eine Klingel ertönte.

„Da haben Sie es, Herr Vicomte! Sie klingelt, ich muß fort!"

Er ergriff das Auftragbrett und wollte eiligst das Zimmer verlassen. Brétigny hielt ihn zurück.

„Ja, was soll denn das heißen? Es wird doch nicht . . .?"

„Jawohl . . . ach so, ich habe es Ihnen noch gar nicht gesagt, daß sie da ist! Die . . ." ·

Wieder wurde er unterbrochen.

„Marc!" ertönte eine helle, scharfe Stimme aus einer nahen, auf dem Flur geöffneten Tür.

Brétigny trat bei ihrem Klang erschreckt mehrere Schritte zurück.

„Bei allen Teufeln!" rief er erblassend. „Das ist ja ... oder trügen mich meine Sinne ... das ist keine andere als Clairon!"

„Freilich ist es die Miß Admiral, gnä ..."

Er konnte nicht weitersprechen. Ein gewaltiger Faustschlag schleuderte ihn beiseite.

„So, das ist für die Miß Admiral, wenn du dir den Chevalier de Saccard nicht merken magst!" rief es zornig. „Scher dich hinüber an deine Arbeit! Oder soll ich mit dem Essen vielleicht warten, bis es dir gefällig ist?"

Der Diener ließ die Scherben des zerbrochenen Geschirrs liegen und verschwand durch die Tür. Der Fremde stand mit einem zweideutigen Lächeln vor dem Vicomte.

„Darf der Chevalier de Saccard es wagen, den Herrn de Brétigny zum Abendessen einzuladen?"

„Clairon! Ist es möglich, dich hier zu sehen! Ich war im Begriff, an ... ich dachte ... ich glaubte, du wärst auf ... ich ... ich ..."

„Schon gut für jetzt, Herr Vicomte! Ich sehe, daß Ihnen die Freude über meine wohlgelungene Überraschung die Sprache raubt. Kommen Sie auf mein Zimmer, wo wir Gelegenheit finden werden, Ihrer verlorenen Fassung wieder Herr zu werden!"

Mit einer gebieterischen Geste deutete er nach der Tür. Brétigny gehorchte der Weisung und trat ins Nebenzimmer, wo Marc eifrig beschäftigt war, das Versäumte nachzuholen. Der Fremde überflog die Tafel mit einem raschen Blick.

„Du kannst jetzt gehen, Marc! Ich werde läuten, wenn ich deiner bedarf."

Letrier entfernte sich und die beiden Männer nahmen einander gegenüber Platz.

„Essen Sie, Vicomte", meinte der Chevalier. „Ihre Nerven bedürfen der Stärkung!"

11

Dem Strahl, der aus dem dunklen Auge zuckte, war nicht zu widerstehen. Ohne ein Wort der Erwiderung griff Brétigny nach dem Besteck; es trat eine lange Pause ein, in der nur das Klirren der Teller und das Geräusch von Messer und Gabel sich vernehmen ließ. Es war, als sei der Vicomte vollständig seiner Sprache beraubt; er hob das Auge nicht vom Teller und vermied es, dem Blick seines Gegenübers zu begegnen. Endlich warf der Chevalier sein Mundtuch von sich und lehnte sich behaglich in den weiten Polstern des Sessels zurecht. Brétigny folgte diesem Beispiel und ermannte sich zu einer Frage.

„Clairon, was soll deine Anwesenheit hier?"

„Nicht mehr und nicht weniger als die deinige."

„Du bist Segelmeister der ‚l'Horrible'. Du gehörst auf das Schiff!"

„Du bist Kapitän der ‚l'Horrible' und gehörst auf ihre Planken!"

„Ich übergab dir seine Leitung, weil ich in Hamburg zu tun hatte, wie du weißt."

„Ich übernahm diese Leitung, weil ich nicht glaubte, daß du deine Reise zu einer Vergnügungsfahrt ausdehnen würdest. Dazu fehlt dir meine Erlaubnis."

„Es war keine Vergnügungsfahrt, sage ich dir; im Gegenteil, ein verteufelt schweres Stück, den Bergelohn für die Brigg, die wir ... gerettet ... hatten, aus der Versicherungsgesellschaft herauszuholen. Und dennoch halte ich es für den schönsten Streich meines Lebens, daß wir erst alle diese verdammten christlichen[1]) Seefahrer über die Klinge springen ließen und dann das gekaperte und ausgeplünderte Schiff als herrenlos aufgefundenes Wrack nach Bahia lotsten, während ich zuletzt in Hamburg von den geschädigten Reedern für diese ... Mühewaltung ... noch bezahlt wurde!"

---

[1]) Seemannsausdruck für die Besatzung der Kauffahrteischiffe

„Schade nur, daß du die schönen Gelder, die du für unser aller Arbeit in Hamburg eingeheimst hast, im Innern des Landes in der unzweideutigsten Gesellschaft verschwendest. Du sitzest auf dem trockenen, mein Lieber, ich weiß es gar wohl. Dein wirklich hübsch gestutzter und sorgsam gepflegter Bart mag dir bei deinen kostspieligen Abenteuern erfolgreich geholfen haben. Übrigens war es eine Keckheit, dein Äußeres so wenig zu verändern, denn wie leicht hättest du bei deinen Landfahrten als ‚Kapitän Kaiman' erkannt werden können!"

„Laß den Spott! Ich habe mich selbstverständlich nicht der gefahrvollen Reise nach der Alten Welt ausgesetzt, um gleich wieder von Hamburg zurückzudampfen. Auch wußte ich ja die ‚l'Horrible' in sicheren Händen."

„Nun, ich bin jetzt hier, um dir zu beweisen, daß unser gutes Schiff sich bei mir nicht in sicheren Händen befand."

„Wieso?" fragte Brétigny mit schnell erhobenem Haupt.

„Du schriebst mir von Hamburg aus, ich solle die Schecks an deine gegenwärtige Anschrift senden?"

„Allerdings!"

„Den einen erhieltest du?"

Der Vicomte nickte.

„Der folgende blieb aus?"

„So ist's! Ich befinde mich dadurch in großer Verlegenheit."

„Das ist begreiflich bei dem verschwenderischen Lebenswandel, den du hier führst!"

„Wie willst du . . .?"

Der Chevalier de Saccard lachte geringschätzig:

„Hast du jemals etwas getan, ohne daß ich Kenntnis davon erhielt? — Du wirst dich jetzt einschränken müssen, um nicht zu verhungern!"

13

„Wie meinst du das?"

„Ganz so, wie ich es sage. Es ist der Beleg zu meiner Behauptung, daß die ‚l'Horrible' sich in schlechten Händen befand."

„Du sprichst in Rätseln!" rief Brétigny erbleichend. „Weib! Was ist geschehen?"

„Wir sind gekapert."

Sie wurden so ruhig, so gleichmütig ausgesprochen, diese drei Worte, aber sie brachten eine schreckliche Wirkung auf den Vicomte hervor. Wie von Federn getrieben, schnellte er von seinem Sitz in die Höhe; das Blut wich noch mehr aus seinen Wangen, die Augen drohten aus ihren Höhlen hervorzutreten, und nur silbenweise wiederholte er langsam und tonlos:

„Wir ... sind ... ge ... ka ... pert?!"

„Gekapert, ja! Und alles ist fort, alles! Kein Nagel, kein armseliger Span von unserer prächtigen ‚l'Horrible' ist uns gerettet worden. Und niemand blieb übrig, um dir die Nachricht zu bringen, als nur ich allein! Jetzt weißt du, warum das Geld ausblieb."

Brétigny sank kraftlos auf seinen Sitz zurück und lag einige Minuten bewegungslos. Dann griff er mit zitternder Hand nach dem Glas, stürzte seinen Inhalt hinunter, füllte es wieder und leerte es zum zweitenmal auf einen Zug.

„Es ist unmöglich, was du sagst, es muß unmöglich sein!"

„Glaubst du, ich wäre sonst hier? Glaubst du, ich möchte die Unsrigen verlassen, nur um dich hier in deinen schönen Abenteuern zu stören? Pah!"

Brétigny schien die Gebärde der Verachtung, die das letzte Wort begleitete, nicht zu bemerken und forderte begierig: „Erzähle! Ich muß alles wissen, alles! Sogleich!"

„Gern, mein Angebeteter! Meine unendliche Liebe zu dir hindert mich, dir eine so beglückende Nachricht auch nur eine Minute länger vorzuenthalten. Also höre: ich hatte besprochenermaßen in Rio mit einem Scheck zärtlich für dich gesorgt. Das Schiff war neu kalfatert, der Raum auf Massenquartier eingerichtet, und ich stach in See, um auf Ascension zuzuhalten. Dort trafen wir den ‚Colombo‘ und nahmen einige hundert Mann Ebenholz, die er an der Goldküste gepreßt hatte, an Bord. Gelang es uns, den Engländern zu entkommen, so mußte ich auf den Antillen ein glänzendes Geschäft machen."

„Bekamst du die Ladung wie immer auf Kredit?"

„Nein. Der Spanier klagte über die schlechten Zeiten und meinte, die Teerjacken seien so wachsam, daß der Handel nur noch gegen bar zu unternehmen sei. Wollte ich mir die Ware nicht entgehen lassen, so mußte ich meine Kasse bis auf den letzten Dollar leeren. Ich tat es, denn die Neger waren ohne Ausnahme kräftig, jung und bei guter Laune."

„Welchen Kurs ließest du halten?"

„Ich steuerte auf Cuba und gelangte glücklich bis zur Höhe von Bahia. Dort nahm uns ein englisches Orlog in Sicht, dem sich bald eine Fregatte zugesellte, die sich als ein so trefflicher Segler erwies, daß an ein Entkommen ohne Kampf gar nicht zu denken war. Ich legte die schwarzen Halunken an die Kette und ließ die ‚l'Horrible‘ unter Waffen setzen. Die Einzelheiten kannst du besser später erfahren, jetzt will ich kurz sein. Wir wurden von den beiden Engländern in die Mitte genommen und dermaßen zugerichtet, daß wir uns des Enterns nicht zu erwehren vermochten. Unsere Jungens verteidigten sich wie die Teufel; es half ihnen nichts. Sie wurden niedergehauen oder gefangengenommen und nach kurzem Verhör an die Raaen geknüpft. Die ‚l'Horrible‘ war verloren."

„Verloren!" knirschte de Brétigny. „Meine gute, meine herrliche ‚l'Horrible‘ verloren, geentert und genommen von den englischen Zwiebackratten, die bisher schon zitterten, wenn sie nur meinen Namen hörten! Kapitän Kaiman, ha! Wäre ich nur dabei gewesen, ich hätte sie zu Paaren getrieben, wie stets und allemal!"

Er lief mit großen Schritten im Zimmer auf und ab und kämpfte mit einer Erregung, die ihm fast das Blut aus den Augen treten ließ. Auch der Chevalier war aufgesprungen; er hatte den Griff eines Messers erfaßt und zerfetzte mit der Klinge achtlos das kostbare Tafeltuch, das den vor ihm stehenden Tisch bedeckte. Die Erinnerung an die erlittene Niederlage verzerrte sein Gesicht zu einer häßlichen Fratze und ließ unter seiner weißen Stirnhaut dicke blaue Adern aufschwellen.

„Denkst du, die ‚l'Horrible' habe einen einzigen Feigling an Bord gehabt, so stoße ich dir dieses kalte Eisen zwischen die Rippen!" zürnte er, indem ein leuchtender Blitz aus seinem Auge zuckte. „Du hast eine gute Faust und verstehst, einen wackeren Kiel zu führen. Aber glaubst du, daß ich weniger vermag als du? Es war unmöglich, das Schiff zu halten und damit basta! Ein einziges beleidigendes Wort noch von dir, und von den dreien, die noch übrig sind von der ‚l'Horrible': du, ich und Marc — fährt einer zur Hölle!"

„Pah, Clairon, es ist noch nicht erwiesen, ob du mein Meister bist! Übrigens habe ich ja noch keinen Vorwurf gegen dich ausgesprochen. — Also sie mußten alle daran glauben, meine tapferen Jungens?"

„Alle!"

„Und du? Wie war es dir denn möglich, dem . . . dem — verteufeltes Wort! — dem Strang zu entgehen?"

„Das war nicht so schwierig! Ich sah, daß es mit uns zu Ende ging, eilte hinab, warf mich schleunigst in Frauenkleider, schloß mich ein und entledigte mich des Schlüssels durch die Außenluke. Als ich gefunden wurde, gab ich mich für eine Gefangene aus und erregte durch meine Erzählung das Mitleid der Engländer in dem

Grade, daß ich mit der größten Rücksicht und Sorgfalt behandelt und dann bei der ersten Gelegenheit an Land gesetzt wurde. Da ich deinen Aufenthalt kannte, hatte ich natürlich nichts Eiligeres zu tun, als dich aufzusuchen, um dir das Geschehene zu berichten. Die ‚l'Horrible‘ ist hin und wir — wir sind Bettler!"

Er schwieg; auch der Vicomte sprach lange kein Wort. Er setzte seinen Zimmerspaziergang fort und war augenscheinlich bemüht, das verlorengegangene innere Gleichgewicht wiederzuerlangen.

„Bettler?" grollte er endlich, „nein, Bettler sind wir nicht. Die ‚l'Horrible‘ ist hin, ja, aber nur auf kurze Zeit. Ich werde mir sie wieder holen!"

„Hab auch nichts anderes von dir erwartet!" meinte der Chevalier. „Wir beide sind wohl Manns genug, das gute Fahrzeug wieder unter die Füße zu bekommen. Hast du schon an Mittel gedacht?"

„Nein!" lautete die zurückhaltende Antwort. „Ich zweifle aber nicht, daß sich bald eines finden wird."

„Ich bin ganz derselben Gewißheit. Nur mit dem Unterschied, daß ich dieses Mittel schon kenne!"

„Ah, darf ich es hören?"

„Es ist das gleiche, an das du denkst."

„Du irrst; ich habe noch keinen bestimmten Gedanken. Das einfachste wäre wohl, die ‚l'Horrible‘, die jetzt als gute Prise wahrscheinlich zu Regierungszwecken benutzt wird, aufzusuchen, als Matrosen Heuer auf ihr zu nehmen und die Mannschaft zu unserem Glauben zu bekehren."

„Hm!"

„Was meinst du?"

„Du bist klug genug, um die Ausführung dieses Vorschlages selbst auch für zu umständlich und unsicher zu halten. In dieser Weise handelt man bloß dann, wenn einem kein anderer Weg zu Gebote steht."

„Du kennst einen anderen und besseren?"

„Ja. Ich sagte schon, es ist ganz der gleiche, an den du denkst."

„Und ich wiederhole, du irrst dich. Ich bin durch deine Nachricht so überrascht und angegriffen, daß mir ein ruhiges Überlegen jetzt einfach unmöglich ist."

„Herr Vicomte!" klang es scharf und schneidend.

„Herr Chevalier!" tönte die Antwort in einem Ton, der Eindruck machen sollte.

Saccard lachte:

„Glaubst du wirklich, mir einen Gedanken verbergen zu können?"

„Glaubst du wirklich, allwissend zu sein?"

„Zuweilen, ja. Wenigstens in bezug auf dich."

„Meinst du? Nun, wenn du wirklich so klug bist, so enthülle mir doch den Gedanken, den ich sonderbarerweise habe, ohne es zu wissen!"

„Schön!" Saccard lächelte überlegen. „Meine Meinung über dich ist, wie du weißt, keine überspannte; trotzdem halte ich dich für klug genug, um zu wissen, daß..." er näherte sich dem Vicomte und flüsterte: „...daß die kostbaren Schmuckstücke für die Herzogin von Oerstädt, die bei dem Juwelier Thieme, deinem hiesigen Bekannten, liegen, uns die Mittel bieten, schneller und leichter zum Ziel zu gelangen."

„Weib!" rief Brétigny zurückweichend. „Du bist ein Satan!"

„Ich danke dir für diese Schmeichelei und bin damit zufrieden, denn der Teufel ist für gewisse Fälle eine ganz beachtenswerte Persönlichkeit. Übrigens ist dein Entsetzen der sicherste Beweis, daß ich das Richtige getroffen habe. Ist dieser Thieme ein kräftiger Mann?"

„Unsereinem ist er nicht gewachsen."

„Das läßt sich denken! Montag, also morgen, abends gegen neun Uhr, hat der Juwelier den Schmuck abzuliefern. Etwas später wird er das Haus der Herzogin von Oerstädt mit einer Summe Geldes verlassen, die

18

hinreicht, uns aus aller Verlegenheit zu helfen und es uns möglich zu machen, unsere ,l'Horrible' zurückzuholen. Doch verlaß mich jetzt; überleg dir die Sache noch einmal genau! In einer Stunde erwarte ich dich wieder, dann wird ein endgültiger Beschluß gefaßt."

Gehorsam entfernte sich Brétigny. In seinem Zimmer angekommen, warf er sich tiefatmend aufs Sofa. Doch hielt es ihn nicht lange auf dem Polster. Er sprang auf und maß den Raum mit langen, hastigen Schritten.

„Wer hätte das noch vor einer Stunde gedacht! Die ,l'Horrible' ist hin und die Miß Admiral ist hier! Mit dem Herrn Vicomte ist es aus! Armer, liebenswürdiger Thieme, hättest du geahnt, daß der hochadelige Herr de Brétigny, den du in dein Haus und die Gesellschaft einführtest, der Kapitän Kaiman ist! Woher mag Clairon nur eine solch genaue Kenntnis aller Verhältnisse gewonnen haben? Jedenfalls befindet sie sich schon längere Zeit in der Nähe und hat alle meine Schritte beobachtet. Vielleicht hat sie auch das meiste nur erraten. Sie kennt mich und besitzt einen Scharfsinn, vor dem man sich in acht zu nehmen hat."

Nachdem er seinen Zimmerspaziergang noch eine Weile fortgesetzt hatte, kehrte ihm allmählich die verlorengegangene Ruhe wieder. Und als die Stunde vergangen war, suchte er das Nebenzimmer mit ganz anderen Regungen auf, als er es vorher verlassen hatte.

Bei dem Anblick, der sich ihm bot, blieb er unwillkürlich an der Tür stehen. Der Chevalier de Saccard war verschwunden, und an seiner Stelle ruhte auf dem Diwan eine Dame von entzückender Schönheit.

„Clairon!" rief er.

„Tritt näher und setz dich zu mir!" bat sie und streckte ihm die kleine, feine Hand entgegen. Ihre Stimme klang jetzt ganz anders als vorher. Brétigny eilte auf sie zu und ließ sich bei ihr nieder. Die Art und

Weise ihrer vorigen Unterhaltung schien völlig vergessen zu sein. — —

Zwei Tage darauf wurde die kleine Stadt durch die Kunde bewegt, daß der Juwelier Thieme ermordet aufgefunden sei. Er war nicht nur der ungeheuren Summe, die den Preis für den Schmuck der Herzogin von Oerstädt bildete, sondern aller wertvollen Gegenstände, die er bei sich getragen hatte, beraubt worden. Erst später fiel der Verdacht auf den Vicomte de Brétigny. Mit seinem Diener und einem Chevalier de Saccard war dieser nämlich schon seit der Mordnacht verschwunden. Ihre Spuren führten nach Hamburg. Dort hatten sich die drei Verdächtigen auf den ersten besten Dampfer nach Amerika eingeschifft und schwammen, als die Verfolger eintrafen, bereits auf dem Ozean. Damals aber waren Amerika und Europa noch nicht durch ein Telegraphenkabel verbunden. — — —

2. Die Trappergesellschaft

Jene weiten Prärien Nordamerikas, die sich westlich vom Vater der Ströme, dem Mississippi, bis an den Fuß des Felsengebirges und von dessen jenseitigem Abhang wieder bis an die Küste des stillen Weltmeeres erstrecken, haben nicht bloß in physikalischer Beziehung mancherlei Ähnlichkeiten mit den unendlichen Fernen, die des Ozeans Wogen erfüllen. Es bieten sich zu einem Vergleich zwischen den Weiten der Savanne und der See Punkte dar, die nicht in äußeren Verhältnissen liegen und von denen einer der bedeutendsten in dem Eindruck zu suchen ist, den die See sowohl als auch die Prärie auf ihn macht, der sich einmal von der heimischen Scholle losgerissen hat, um entweder auf längere Zeit die Fluten des Meeres zu pflügen oder auf dem Rücken eines guten Pferdes die abenteuervollen Hinterländer der Vereinigten Staaten zu durchstreifen.

Ein alter „Swalker"[1]), dem zeit seines Lebens die Segel eines stattlichen Dreimasters um den Südwester schlugen, mag von dem Binnenland nichts mehr wissen, und wird er seeuntüchtig, so baut er sich eine enge, kleine Kabine so nahe wie möglich an das Wasser und blickt mit liebevollem, sehnsüchtigem Auge hinaus auf die ewig wechselnden und nimmer ruhenden Wellen, bis die Hand des Todes ihm die müden Lider schließt.

So ist es auch mit dem, der es wagte, den Gefahren des „Wilden Westens" kühn die Stirn zu bieten. Ist er auch einmal zurückgekehrt in die Gegenden, über welche

1) Seefahrer

die Zivilisation ihren Segen und — ihren Fluch ausgeschüttet hat, so zieht es ihn doch immer wieder zwischen die gefährlichen Post-oak-flats[1]) hinein und in die unbegrenzte Wildnis hinaus, wo es der Anstrengung aller körperlichen und geistigen Kräfte bedarf, um im Kampfe mit den tausenderlei und stets neuen Gefahren der Savanne nicht zu unterliegen. Für ihn gibt es im Alter nur selten ein Ruheplätzchen, wie es der „abgetakelte" Seemann doch an der sicheren Küste findet; ihm läßt es weder Ruhe noch Rast, er muß sich auf den Rücken seines Mustangs hängen und immer wieder in die Ferne ziehen, in der er einst spurlos verschwinden wird. Vielleicht findet ein Jäger nach Jahren seine gebleichten Gebeine auf ausgedorrter Ebene oder zwischen den himmelanstrebenden Felsen des Gebirges liegen; aber er reitet vorüber ohne ein Kreuz oder Ave und fragt nicht nach dem Namen dessen, der hier ein vielleicht grauenvolles Ende nahm. Der Westen hat einen rauhen Sinn und duldet weder Zartgefühl noch Schonung; er ist den physikalischen Stürmen widerstandslos preisgegeben, kennt keine andere Herrschaft als die des unerbittlichen Naturgesetzes und bietet darum auch nur Männern Raum, die ihren einzigen Halt in der eigenen knorrigen Naturwüchsigkeit suchen.

Ein trotz aller Verträge immer von neuem aus seinen angewiesenen Wohnsitzen verdrängter, von der Natur reich begabter und dennoch dem unvermeidlichen Untergang geweihter Menschenschlag liegt hier im Verzweiflungskampf mit einer Nation, der alle körperlichen und geistigen, alle künstlichen und natürlichen Mittel zur Verfügung stehen, den todesmutigen Gegner trotz der heldenmütigsten Gegenwehr gewaltsam zu erdrücken. Es ist ein jahrhundertelanges Ringen zwischen einem sterbenden Giganten und einem von Minute zu Minute

[1]) Wörtlich: „Eichenpfahlflächen", gemeint ist der Llano estacado

sich mächtiger entwickelnden Sohne der „Gesittung", der dem Feinde die gewaltige Faust immer enger um die Kehle drückt; ein Ringen, wie es die Geschichte sonst wohl auf keinem ihrer Blätter wieder aufzuweisen hat, begleitet von Heldentaten, die dem, was von unseren klassischen Heroen berichtet wird, getrost und vollgültig an die Seite gestellt werden können. Und wer es wagt, die lang- und breitgestreckten Schlachtgefilde zu betreten, dem darf keine einzige der Waffen mangeln, mit denen die äußerlich unscheinbaren und doch bewundernswerten Kämpfer sich auf Tod und Leben bekriegen.

Wer in Fort Gibson am Arkansas die Büchse über die Schulter legt und einige Tagereisen weit stromaufwärts geht, gelangt an ein kleines Settlement, bestehend aus einigen einfachen Blockhütten, einem gemeinsamen Weideplatz und einem etwas abseits liegenden Hause, das sich schon von weitem durch sein einfaches Schild als Store und Boardinghaus[1]) zu erkennen gibt. Der Wirt dieses Hauses ist nicht gewohnt, große Ansprüche zu befriedigen, und stellt also auch selbst keine an diejenigen, die bei ihm eintreten und verkehren. Niemand weiß, was er früher war und woher er kam; darum fragt er auch keinen nach Namen, Vorhaben oder Reiseziel. Man versorgt sich bei ihm mit dem Nötigen, tut einen „Drink" nach Belieben, schlägt, sticht oder schießt sich ein wenig und geht dann seines Weges. Wer viel fragt, braucht viel Zeit, und dem Amerikaner ist die Zeit kostbarer als eine Antwort, die er am besten sich selbst geben kann.

In dem Barraum saßen einige Männer, deren Äußeres keineswegs gesellschaftsfähig zu nennen war. So unterschiedlich die Kleidungsstücke waren, die sie trugen: sämtliche Anzüge ließen auf den ersten Blick den echten, richtigen Trapper oder Squatter erkennen, der kaum jemals davon gehört hat, was ein guter Schneider zu

[1]) Speisehaus

23

bedeuten hat, sondern sich seinen Bedarf ohne Wahl da und gerade so nimmt, wo und wie er ihn findet.

Wo mehrere Westmänner beisammensitzen, da ist ein guter Schluck in der Nähe und ebenso sicher eine gute Erzählung im Gang. Daß die Anwesenden gerade jetzt still vor sich niederblickten, hatte jedenfalls seinen Grund darin, daß eine jener „dunklen und blutigen Geschichten", wie man sie in den Grenzländern zu hören bekommt, soeben erst zu Ende gegangen war und nun jeder in seiner Erinnerung nach einer zweiten forschte. Da wurde plötzlich einer von ihnen, der in der nächsten Nähe des kleinen Blockhausfensters saß, laut:

„Auf, ihr Leute, und hinausgeschaut, da hinüber nach dem Wasser!" meinte er. „Täuschen mich meine alten Augen nicht, so kommen da zwei Green-beaks, zwei Grünschnäbel, wie sie im Buche stehen. Seht nur, wie sie zu Pferde sitzen, so nett und so fein, gerade wie vom heiligen Christ beschert! Was tun solche Leute hier in unseren guten Wäldern?"

Alle außer einem einzigen erhoben sich, um die Ankömmlinge zu mustern; der Sprecher aber legte sich mit breitgespreizten Ellbogen wieder auf den Tisch zurück. Er hatte seine Schuldigkeit getan und brauchte sich um weiter nichts zu kümmern. Er war eine eigentümliche Figur. Die Natur schien im Sinn gehabt zu haben, mit ihm ein Seilerstück anzufertigen, so unendlich hatte sie ihn in die Länge gezogen; alles an ihm, das Gesicht, der Hals, die Brust, der Unterleib, Arme und Beine waren lang, unendlich lang und dabei scheinbar so schwach und dürftig, daß man befürchten mußte, den ganzen Mann beim ersten besten Windstoß zerrissen und in Fäden davonwirbeln zu sehen. Seine Stirn war frei; auf dem Hinterkopf aber baumelte ein namenloses Ding, das vor vielen Jahren vielleicht einmal ein Zylinderhut gewesen war, jetzt aber geradezu aller Beschreibung spottete. Das hagere Gesicht zeigte einen Bart, ja, aber dieser Bart bestand aus kaum hundert Haaren, die einsam und zerstreut die beiden Wangen, Kinn und Oberlippe bewucherten und da lang und dünn bis fast auf den Gürtel herabhingen. Der Jagdrock, den er trug, schien noch aus seiner frühesten Jugendzeit zu stammen, denn er bedeckte kaum die obere Hälfte des Leibes, und die Ärmel reichten nur wenige Zoll über die Ellbogen herab. Die zwei unglückseligen Schalen, in denen die Beine steckten, konnten früher einmal Schäfte von einem Paar riesiger Schifferstiefel gewesen sein, hatten aber jetzt das Aussehen alter, durchgeglühter Ofenrohre und stießen in der Knöchelgegend auf zwei sogenannte horse-feet, wie man sie besonders in Südamerika aus den noch lebenswarmen Häuten der Pferdefüße bereitet.

„Hast recht, Pitt Holbers", entschied einer der Hinausblickenden; „es sind Green-beaks, die uns nicht viel angehen werden. Laßt sie machen, was sie wollen!"

Die Neugierigen kehrten an ihre Plätze zurück. Draußen ließ sich Pferdegetrappel vernehmen; eine kurze barsche Stimme ertönte, die gerade so klang, als sei sie das Befehlen gewohnt, und dann öffnete sich die Tür, um die beiden einzulassen, von denen die Rede gewesen war.

Während von dem zuletzt Eintretenden nicht viel zu sagen war, wäre die Persönlichkeit dessen, der den Vortritt genommen hatte, in anderer Umgebung sicher nicht ohne Eindruck geblieben.

Ohne auffallend stark gebaut zu sein, erhielt er durch eine eigentümliche Weise der Haltung und Bewegung ein ungemein kraftvolles und gebieterisches Aussehen. Sein regelmäßig, ja schön gezeichnetes Gesicht war von der Sonne tief gebräunt und wurde von einem dichten, dunklen Bart umrahmt. Seine Kleidung war vollständig neu, seine Waffen konnten ebenso wie die seines Begleiters erst vor kurzem den Laden des Händlers verlassen haben, so blank und sauber sahen sie aus.

25

Der echte Trapper oder Squatter hegt einen unüberwindlichen Widerwillen gegen alle auf die äußere Erscheinung gerichtete Sorgfalt. Ganz besonders ist ihm das Putzen der Waffen verleidet, deren Rost ihm ein sicheres Zeichen ist, daß sie nicht zur Zierde getragen wurden, sondern in Kampf und Todesnot ihre guten Dienste geleistet haben. Da, wo der Wert eines Menschen nach etwas ganz anderem, als nach seinem Kleide bestimmt wird, enthält ein stutzerhaftes Äußeres fast eine Art von Herausforderung, und es bedarf nur einer geringen Veranlassung, um scharfe Reden zu Gehör zu bringen.

„Good day, Mesch'schurs!" grüßte der Ankömmling, indem er seine Doppelbüchse von der Schulter nahm, um sie in die Ecke zu lehnen, was einem erfahrenen Westmanne auf keinen Fall eingefallen wäre. Und sich an den Wirt wendend, der ihn mit halb neugierigem, halb spöttischem Blick musterte, fragte er: „Ist hier der ehrsame Master Winklay zu finden?"

„Hm, der bin ich vielleicht selber!" meinte nachlässig der Gefragte.

„Vielleicht?" klang es in etwas beleidigtem und daher spitzem Ton. „Was soll das heißen?"

„Das heißt, daß ich allerdings der Master Winklay bin, zuweilen aber auch nicht, je nachdem es mir beliebt."

„So! Und wie beliebt es Euch denn jetzt?"

„Das kommt wohl nur darauf an, was Ihr von dem Master wollt, Sir!"

„Zunächst einen anständigen Schluck für mich und diesen Mann und dann eine Auskunft, um die ich Euch zu fragen habe."

„Der Schluck ist da; hier nehmt ihn hin! Und die Auskunft könnt Ihr ja auch haben, so gut ich sie zu geben verstehe. Ich weiß, was ich einem Gentleman schuldig bin."

„Laßt den Gentleman weg, Winklay; er wird an diesem Ort nicht sehr viel gelten!" befahl der Fremde, indem er das Glas mit unbefriedigter Gebärde vom Munde nahm. „Meine Frage betrifft Deadly-gun."

„Deadly-gun[1])?" fragte überrascht der Wirt. „Was wollt Ihr mit dem?"

„Das ist wohl meine Sache, wenn es Euch beliebt! Ich hörte, er sei hier bei Euch zuweilen zu finden?"

„Hm, ja und nein, Sir. Was Euch beliebt, kann ja auch mir belieben. Gebt Ihr mir auf meine Frage keine Antwort, so könnt Ihr auch von mir nicht viel erwarten. Hier sitzen Leute, die Euch vielleicht auch einen Bescheid geben. Es sind zwei dabei, die den ganz genau kennen, nach dem Ihr euch erkundigt."

Der Mann drehte sich um und war nicht mehr zu sprechen. Der auf so echt amerikanische Weise Zurechtgewiesene wandte sich ruhig zu den übrigen:

„Ist das wahr, was Winklay sagt?"

Er bekam keine Antwort. Etwas klüger wandte er sich an Pitt Holbers:

„Wollt Ihr wohl die Güte haben, mir eine Antwort zu geben, Master Schweigsamkeit?"

„Hört, Sir, mein Name lautet Holbers, Pitt Holbers, wenn Ihr es merken könnt; und wenn Ihr dreihundert Männer zugleich fragt, so weiß keiner, ob gerade er es ist, der antworten soll. Was wollt Ihr von Deadly-gun?"

„Nichts, was ihm unangenehm sein könnte. Ich heiße Heinrich Mertens und bin mit meinem Freund Peter Wolf aus dem Osten herübergekommen, um mich ein wenig im Walde umzusehen. Nun brauche ich einen Mann, bei dem man etwas unter die Hand bekommt. Dazu ist Deadly-gun der Richtige, und ich will Euch daher fragen, wohin man sich zu wenden hat, um mit ihm zusammenzutreffen."

„Möglich, daß er der Richtige wäre; aber ob er es auch

---

[1]) Tödliche Büchse

sein will, das ist eine andere Frage. Ihr seht mir nicht gerade aus, als ob Ihr zu ihm paßt!"

„Meint Ihr? Kann sein, aber auch nicht. Also sagt, ob Ihr eine Auskunft geben könnt und wollt!"

Der Aufgeforderte drehte sich langsam nach dem Winkel herum, in dem derjenige saß, der vorhin bei der Ankunft der Fremden ruhig sitzen geblieben war.

„Was meinst du, Dick Hammerdull?"

Der Mann hatte bisher den Kopf geneigt gehalten und dem Inhalt seines Glases eine so anhaltende Aufmerksamkeit erwiesen, daß seine Augen noch gar nicht auf die zwei Fremden gefallen waren. Jetzt drehte er sich herum und schob die Kopfbedeckung nach hinten, als wolle er seinem Verstand die nötige Freiheit zu einer vernünftigen Antwort geben.

„Was ich meine, das bleibt sich gleich. Er soll den Colonel finden!" sagte er.

Er wandte sich wieder ab, um von neuem in sein Glas zu blicken. Der Schwarzbärtige aber schien mit diesem kurzen, mangelhaften Bescheid nicht zufrieden zu sein, sondern trat näher zu ihm heran.

„Wer ist der Colonel, Master Hammerdull?" fragte er.

Der Gefragte sah langsam und erstaunt empor.

„Wer der Colonel ist, das bleibt sich gleich. Colonel heißt Oberst; Deadly-gun ist unser Oberst, folglich nennt man ihn den Colonel."

Der Frager konnte sich über den logischen Trapper eines Lächelns nicht erwehren. Er legte ihm die Hand wie herablassend auf die Schulter und forschte weiter:

„Nur nicht hitzig, Master! Wenn man gefragt wird, so steht man Rede und Antwort; so ist es überall, und ich sehe nicht ein, warum es hier am Arkansas anders sein soll. Wo ist der Colonel zu finden?"

„Wo er zu finden ist, das bleibt sich gleich. Ihr werdet zu ihm kommen, und damit Schluß!"

„Hoho, Mann, das ist mir nicht genug. Ich muß doch wissen, wo und wie dies geschehen soll!"

Dick Hammerdull machte ein noch viel erstaunteres Gesicht als vorhin. Er, ein freier Mann der Savanne, sollte hier zum Reden gezwungen werden? Das konnte er sich unmöglich gefallen lassen. Er nahm das Glas empor, tat einen nicht enden wollenden Zug und erhob sich dann. Erst jetzt war es möglich, ihn von Kopf bis Fuß in Augenschein zu nehmen.

Er schien als Gegenstück zu Pitt Holbers gearbeitet zu sein. Er war ein kleiner und außerordentlich dicker Kerl, wie sie Amerika nicht sehr häufig aufzuweisen hat, und von dem man nicht recht wußte, ob man sich vor ihm fürchten oder ob man über ihn lachen solle. Sein kurzer, runder Körper steckte in einem aus Büffelleder gefertigten Sack, dessen ursprünglicher Stoff jedoch nicht mehr gegenwärtig war, denn eine jede Wunde des alten Kleidungsstückes war durch Aufheften des ersten besten ungegerbten Fells oder irgendeiner anderen fraglichen Sache derartig geheilt worden, daß mit der Zeit Flick an Flick und Fleck an Fleck gekommen war und die Ausbesserungsstücke wie die Ziegel eines Daches über- und aufeinander lagen. Die Beine steckten in zwei Hüllen, die man weder Stiefel oder Schuhe, noch Strümpfe und Gamaschen nennen konnte, und auf dem Kopf trug er einen formlosen Gegenstand, der vor Zeiten einmal eine Pelzmütze gewesen sein konnte, jetzt aber vollständig haarlos war. Das wetterharte Gesicht, aus dem zwei kleine Äuglein hervorblinzelten, zeigte nicht die geringste Spur eines Bartwuchses und war von zahlreichen Schmarren und Narben durchzogen, die seinen pfiffigen Zügen einen kriegerischen Beigeschmack gaben. Die Hände zeugten von derbem Zufassen. Seine Waffenausrüstung war ganz die gewöhnliche des Westens; sie zeigte nichts Außerordentliches; aber die Büchse, die er vor sich auf dem Tisch liegen hatte, verdiente es, näher betrachtet zu werden. Sie hatte die Gestalt eines alten Knüttels, der aus dem Dickicht gebrochen war, um bei der ersten besten Schlägerei eine Rolle zu spielen. Das Holzzeug hatte seine ursprüngliche Gestalt und Form verloren, war zerschnitten, zerkerbt und zerspalten, als hätten die Ratten ihr Spiel damit gehabt, und zwischen ihm und dem verlaufenen Rohre hatte sich eine solche Menge von Schmutz und Ungehörigkeit angesetzt, daß Holz, Schmutz und Eisen ein vollständiges Ganzes bildeten und gar nicht voneinander zu unterscheiden waren. Selbst der beste europäische Schütze hätte es nicht gewagt, aus dem alten Prügel einen Schuß zu tun, aus Angst, das Ding müsse sofort zerspringen; und doch stößt man noch heute in der Prärie auf derlei unscheinbares Schießzeug, aus dem ein anderer nie eine gute Kugel bringt, obgleich der Besitzer sicher nie sein Ziel verfehlt.

Er stand jetzt aufrecht vor dem Fremden, sah mit unbeschreiblichem Augenzwinkern zu ihm empor und sagte:

„Wo und wie das geschehen soll, das bleibt sich gleich. Glaubt Ihr denn, Sir, Dick Hammerdull ist zehn Jahre lang auf dem Kolleg herumgelaufen, um Reden zu studieren? Was ich sage, das sage ich; mehr nicht, und wem es zuwenig ist, der mag sich seine Predigt von einem anderen halten lassen. Wir sind hier auf Savannenland, wo man den Atem zu notwendigeren Dingen als zum Schwatzen braucht. Merkt es Euch!"

„Dick Hammerdull, Ihr seid auf dem Kolleg gewesen, denn Ihr könnt reden wie der beste Mormonenprediger. Aber mir zu sagen, was ich wissen will, das habt Ihr doch vergessen. Ich frage noch einmal: Auf welche Weise und wann und wo soll ich auf Deadly-gun treffen?"

„Beim Teufel, Mann, nun hab ich es satt! Ihr habt gehört, daß Ihr ihn finden werdet, und das ist vollauf genug. Setzt Euch zu Eurem Glase und wartet die Sache ab. Ich lasse mir meinen Katechismus von keinem Greenhorn abexaminieren!"

„Greenhorn? Habt Ihr etwa Lust, mit meinem Messer Bekanntschaft zu machen?"

„Pshaw, Sir! Was geht mich Euer Kneif an? Nehmt ihn zum Käferstechen oder rasiert meinetwegen Laubfrösche damit; Dick Hammerdull aber ist nicht der Mann, sich vor Eurer Spicknadel zu fürchten. Euer Auftreten ist nicht das eines Westmannes; ich sage es also noch einmal. Ob es Euch gefällt oder nicht, das bleibt sich gleich: Ihr seid ein Greenhorn; sorgt dafür, daß es anders wird!"

„Well, so soll es auf der Stelle anders werden!"

Er trat in die Ecke zurück, in der seine Büchse lehnte, ergriff sie, zog den Hahn zurück und gebot:

„Master Hammerdull, wo ist Euer Colonel zu finden? Ich gebe Euch nur eine Minute Zeit; ist meine Frage dann noch nicht beantwortet, so antwortet Ihr überhaupt nicht mehr. Wir sind auf Savannenland, wo jeder sich das Gesetz selbst zu machen hat!"

Der Angeredete blickte mit der gleichgültigsten Miene in sein Glas; es war ihm nicht im mindesten anzumerken, daß er die Aufforderung wirklich vernommen habe. Die anderen freuten sich des willkommenen Streites, der ihnen Unterhaltung bot, und blickten erwartungsvoll von einem der Gegner zum anderen. Nur Pit Holbers schien im voraus von der Art und Weise des Ausgangs überzeugt zu sein, schob die hageren Finger gemütlich zwischen Leib und Gürtel und streckte die unendlichen Beine weit von sich, als seien sie ihm bei der Beobachtung seines Freundes im Wege. Der Fremde fuhr fort:

„Nun, Master, die Minute ist vorüber! Bekomme ich Antwort oder nicht? Ich zähle: Eins — — zwei — — dr — — —"

Er vermochte nicht, die gefährliche ‚Drei‘ auszu-

31

sprechen. Bis zur ‚Zwei‘ hatte Hammerdull regungslos und gleichgültig dagesessen, dann aber mit Gedankenschnelle, die ihm ein Unbekannter wohl nicht zugetraut hätte, die alte Büchse ergriffen, in demselben Augenblick war sie gerichtet; es blitzte auf, der Schuß krachte mit hundertfacher Stärke in dem engen Raum, und das zerschmetterte Gewehr des Fremden flog aus dessen Hand auf die Diele nieder. Und schon im nächsten Augenblick lag dieser selbst am Boden, und Dick kniete mit gezücktem Messer auf seiner Brust.

„Nun, Greenhorn, sagt ‚Drei‘, damit ich Antwort gebe!" gebot er ihm höhnisch.

„Zum Teufel, Master, laßt mich auf; es war ja gar nicht so ernst gemeint. Ich hätte nicht geschossen!"

„Das kann man hernach gut sagen. Nicht geschossen? Also ein Theaterstreich mit dem alten Trapper, den sie Dick Hammerdull nennen? Lächerlich! Aber ob Ihr geschossen hättet oder nicht, das bleibt sich gleich, mein Junge. Ihr habt die Büchse auf einen Westmann gerichtet und damit nach Savannenrecht die Klinge erworben. Jetzt zähle ich: Eins — — zwei — —"

Der Überwältigte machte eine kraftvolle, aber vergebliche Anstrengung, loszukommen. Dann bat er:

„Stecht nicht, Master; der Colonel ist mein Oheim!"

Der Trapper nahm das Messer zurück, doch ohne den Gegner freizugeben.

„Der Colonel — —? Euer Ohm — —? Das sagt, wem Ihr wollt; ich aber will mich bedenken, ehe ich es glaube!"

„Es ist so. Er würde es Euch wenig Dank wissen, wenn er hörte, was Ihr mir getan!"

„So! Hm! Na, ob Ihr wirklich sein Neffe seid oder nicht, das bleibt sich gleich; ich hätte Euch doch bloß ein wenig gekitzelt, um Euch eine gute Lehre zu geben. Einem Greenhorn geht mein Messer nicht ans Leben, dazu ist es zu gut. Steht auf!"

32

Er erhob sich und trat zu seinem Tisch zurück, auf den er vorhin die Büchse geworfen hatte. Sie aufnehmend, begann er, den abgeschossenen Lauf von neuem zu laden. Sein Gesicht glänzte vor Liebe und Sorgfalt, mit denen er dieses Geschäft vornahm, und seine kleinen, leuchtenden Augen waren mit einem Blick auf das alte Schießzeug gerichtet, der deutlich bekundete, wie die Waffe ihm an das Herz gewachsen war.

„Ja, ein Gewehr wie dieses gibt es nicht gleich wieder!" meinte der Wirt, der dem Vorgang in aller Seelenruhe zugeschaut hatte und sich ein wenig um den Rauch kümmerte, der das Gemach erfüllte.

„Will es meinen, alter Brandythinner[1])", meinte Hammerdull wohlgefällig. „Es ist gut und stets bei der Hand, wenn ich es brauche."

In diesem Augenblick öffnete sich die Tür geräuschlos, und ohne daß die an den Fenstern Sitzenden das Kommen irgend jemands bemerkt hatten, trat unhörbaren Schrittes ein Mann ein, den man trotz der Trapperkleidung sofort als Indianer erkennen mußte.

Sein Gewand war sauber und sichtlich gut gehalten, eine Seltenheit bei einem Angehörigen seiner Rasse. Sowohl der Jagdrock als die Leggins waren von weichgegerbtem Büffelkalbleder, in dessen Bereitung die Indianerfrauen Meisterinnen sind, höchst sorgfältig gearbeitet und an den Nähten zierlich ausgefranst; die Mokassins waren aus Elenhaut und nicht in fester Fußform, sondern in Bindestücken gefertigt, was dieser Art von Fußbekleidung neben erhöhter Dauerhaftigkeit auch eine größere Bequemlichkeit verleiht. Die Kopfbedeckung fehlte; an ihrer Stelle war das reiche, dunkle Haar in einen Knoten geschlungen, der turbanartig auf dem stolz erhobenen Haupt thronte. Der Sohn der Wildnis hatte verschmäht, seine kühne Stirn zu bedecken.

Nachdem sein dunkles, scharfes Auge mit adlerartigem

[1]) Schnapsverdünner

Blick über die Gesellschaft geflogen war, schritt er zu dem Tisch, an dem Dick Platz genommen hatte. Er kam gerade zu dem Unrechtesten, denn dieser fuhr ihn zornig an:

„Was willst du hier bei mir, Rothaut? Dieser Platz ist mein. Gehe, suche dir einen anderen!"

„Der rote Mann ist müde; sein weißer Bruder wird ihn ruhen lassen!" antwortete der Indianer mit sanfter Stimme.

„Müde oder nicht, das bleibt sich gleich. Ich kann dein rotes Fell nicht leiden!"

„Ich bin nicht schuld daran; der Große Geist hat es mir gegeben."

„Von wem du es hast, das bleibt sich gleich; gehe fort; ich mag dich nicht!"

Der Indianer nahm die Büchse von der Schulter, stemmte den Kolben auf den Boden, legte die gekreuzten Arme über die Mündung des Laufes und fragte, jetzt ernster werdend:

„Ist mein weißer Bruder der Herr von diesem Hause?"

„Das geht dich nichts an."

„Du hast recht gesagt; es geht mich nichts an und dich nichts, darum darf der rote Mann gerade so sitzen, wie der weiße."

Er ließ sich nieder. Es lag in der nachdrücklichen Art und Weise, wie er dies sagte, etwas, was auf den mürrischen Trapper seinen Eindruck nicht verfehlte. Er ließ ihn jetzt gewähren.

Der Wirt trat herbei und fragte den Roten:

„Was willst du hier in meinem Hause?"

„Gib mir Brot zu essen und Wasser zu trinken!" antwortete dieser.

„Hast du Geld?"

„Wenn du in meinen Wigwam kämst und um Speise

bätest, würde ich sie dir ohne Geld geben. Ich habe Gold und Silber."

Das Auge des Wirtes blitzte auf. Ein Indianer, der Gold und Silber hat, ist eine willkommene Erscheinung an jedem Ort, wo das verderbliche Feuerwasser zu haben ist. Er ging und kehrte bald mit einem mächtigen Krug Branntwein zurück, den er nebst dem bestellten Brot vor den Gast setzte.

„Der weiße Mann irrt; solches Wasser habe ich nicht begehrt!"

Erstaunt blickte ihn der Wirt an. Er hatte noch niemals einen Indianer gesehen, der dem Geruch des Spiritus zu widerstehen vermocht hätte.

„Was denn für welches?"

„Der rote Mann trinkt nur das Wasser, das aus der Erde kommt."

„So kannst du hingehen, wo du hergekommen bist. Ich bin hier, um Geld zu verdienen, nicht aber, um deinen Wasserträger zu machen! Bezahle das Brot und troll dich fort!"

„Dein roter Bruder wird bezahlen und gehen, doch nicht eher, als bis du ihm verkauft hast, was er noch braucht."

„Was willst du noch?"

„Du hast ein Store, wo man kaufen kann?"

„Ja."

„So gib mir Tabak, Pulver, Kugeln und Feuerholz."

„Tabak sollst du haben; Pulver und Kugeln aber verkaufe ich an keinen Indsman."

„Warum nicht?"

„Weil sie euch nicht gehören."

„Deinen weißen Brüdern aber gehören sie?"

„Das will ich meinen!"

„Wir alle sind Brüder; wir alle müssen sterben, wenn wir kein Fleisch schießen können; wir alle müssen Pulver und Kugeln haben. Gib mir, um was ich dich gebeten habe!"

„Du bekommst sie nicht!"

„Ist dies dein fester Wille?"

„Mein fester!"

Sofort hatte ihn der Indianer mit der Linken bei der Kehle und zückte mit der Rechten das blitzende Bowiemesser.

„So sollst du auch deinen weißen Brüdern nicht mehr Pulver und Kugeln geben. Der Große Geist läßt dir nur einen einzigen Augenblick noch Zeit. Gibst du mir, was ich will, oder nicht?"

Die Jäger waren aufgesprungen und machten Miene, sich auf den roten Mann zu stürzen, unter dessen eisernem Griff sich der Wirt stöhnend wand. Er aber hielt sich rückenfrei und rief, den Kopf stolz emporwerfend, mit dröhnender Stimme:

„Wer wagt es, Winnetou, den Apatschen, anzutasten?!"

Das Wort hatte eine überraschende Wirkung.

Kaum war es ausgesprochen, so traten die Angriffsbereiten mit allen Zeichen der Achtung und Ehrerbietung von ihm zurück. Winnetou war ein Name, der selbst dem kühnsten Jäger und Fallensteller Achtung einflößen mußte.

Der Indianer war der Sohn von Intschu tschuna, dem berühmtesten Häuptling der Apatschen. Feigheit und Hinterlist hatten seinem Stamm früher unter seinen Feinden den Schimpfnamen ‚Pimo' zugezogen; doch seit Intschu tschuna der Anführer geworden war, hatten sich die Feiglinge nach und nach in die geschicktesten Jäger und verwegensten Krieger verwandelt; ihr Name wurde gefürchtet weit über den Kamm des Gebirges herüber, ihre mutigen Unternehmungen waren stets vom besten Erfolg begleitet, obgleich sie nur in geringer Männerzahl und mitten durch feindliches Gebiet hindurch ihre Streifzüge bis in den fernen Osten hinein ausdehnten. Hierbei hatte sich Intschu tschunas Sohn, Winnetou, durch kühne Taten einen Namen gemacht. Trotz seiner Jugend — er zählte damals kaum fünfundzwanzig Jahre — war er bereits an allen Lagerfeuern der Gegenstand der Unterhaltung. —

„Laß los!" rief der Wirt. „Wenn du Winnetou bist, so sollst du alles haben, was du verlangst!"

„Howgh!" tönte es im befriedigten Gutturalton. „Der Große Geist läßt dich dies Wort sagen, du Mann mit den roten Haaren; sonst hätte ich dich zu deinen Vätern versammelt und jeden dazu, der es verhindern wollte!"

Er gab ihn frei und trat, während Winklay hinausging, um im Vorratsraum nach dem Verlangten zu suchen, zu Hammerdull heran und fragte diesen:

„Warum sitzt der weiße Mann hier und feiert, während rote Feinde seinen Wigwam bedrohen?"

Dick sah vom Glase auf und antwortete verdrossen:

„Ob ich hier sitze oder wo anders, das bleibt sich gleich. Kennt mich der Apatsche?"

„Winnetou hat dich noch nicht gesehen, aber er erblickt an deinem Wams das Zeichen seines tapferen Freundes und weiß nun, daß du einer seiner Männer bist. Soll Deadly-gun, der große Jäger, allein kämpfen um die Skalps der Ogellallahs, die nach ihm suchen?"

„Ogellallah?" Dick Hammerdull schnellte in die Höhe, als habe er eine Klapperschlange unter dem Tische erblickt, und auch Pitt Holbers stand mit einem einzigen Schritt seiner langen Beine vor dem Indianer. „Was weiß der rote Mann von den Ogellallahs?"

„Eile zu deinem Häuptling, du wirst es von ihm erfahren!"

Er wandte sich nun zu dem Wirt, der wieder eingetreten war, knüpfte die Pulver-, Kugel- und Vorratsbeutel vom Gürtel los, ließ sie sich füllen und fuhr dann mit der Hand unter das weißgraue Jagdhemd.

„Winnetou wird dem Mann mit den roten Haaren auch rotes Metall geben!"

Winklay nahm die Bezahlung in Empfang und betrachtete das schwere Stück mit unverkennbarem Entzücken.

„Gold, echtes, blankes Gold, vierzig Dollars unter Brüdern wert! Indsman, wo hast du es her?"

„Pshaw!"

Er sprach das Wort mit geringschätzigem Achselzucken aus und war im nächsten Augenblick aus der Stube verschwunden.

Der Wirt sah die anderen mit offenem Mund an.

„Hört, Gentlemen, der rote Halunke scheint mehr Gold zu besitzen, als wir alle miteinander. Habe mein Pulver noch nie so gut bezahlt erhalten, wie von ihm. Wäre doch der Mühe wert, ihm einmal nachzugehen, denn daß er von dieser Sorte noch mehr bei sich führt und sein Pferd hier irgendwo stecken hat, das ist so sicher, wie die Klinge am Griff!"

„Wollt' es Euch nicht raten, Mann", antwortete Dick Hammerdull, indem er sich zum Gehen rüstete. „Winnetou, der Apatsche, ist nicht der Mann, der sich auch nur einen Schrot nehmen läßt. Ob er Gold hat oder nicht, das bleibt sich gleich, aber bekommen tut es keiner!"

Auch Pitt Holbers warf seine Rifle über die Schulter und meinte:

„Müssen fort, Dick, fort, so rasch wie möglich. Der Indsman ist allwissend, und mit den Hunden von Ogellallahs, hol sie der Teufel, muß es also seine Richtigkeit haben. Aber was wird nun mit den Männern dort, he?"

Er zeigte bei diesen letzten Worten auf die Fremden.

„Habe gesagt, daß sie mitgehen, und wird auch so bleiben!" antwortete der Dicke und wandte sich zu dem Schwarzbärtigen: „Wenn Ihr Deadly-gun sehen wollt, so ist es jetzt Zeit aufzubrechen, Master Mertens. Klingt wie deutsch, Euer Name, heh?"

Der Gefragte erhob sich, um sich mit seinem Begleiter den beiden Trappern anzuschließen.

„Ja, mein Gefährte und ich sind Deutsche von Geburt."

„Deutsche? Hm, ob ihr Chinesen seid oder Großtürken, das bleibt sich gleich; da ihr aber Deutsche seid aus Germany da drüben, so ist es mir um so lieber und auch besser für euch, denn die Deutschen sind brave Männer; kenne sie und bin manchem von ihnen begegnet, der die Büchse so zu halten verstand, daß er den Büffel ins Auge traf. Vorwärts also, Mann! Wir müssen lange Beine reiten!"

Die vier Männer traten ins Freie. Dort steckte Hammerdull die Finger in den Mund und stieß einen gellenden Pfiff aus, auf den zwei aufgezäumte Pferde hinter der Fenz hervorgetrabt kamen.

„So, da sind die Tiere. Nun hinauf und fort, Master Mertens, und — ja, wie habt Ihr Euch doch genannt?" fragte er den anderen.

„Peter Wolf heiße ich", antwortete dieser.

„Peter Wolf? Verteufelt elender Name! Es ist zwar ganz gleich, ob Ihr John oder Tim oder meinetwegen Bill heißt, aber Peter Wolf, das bricht einem ja die Zunge entzwei und schiebt die Zähne auseinander. Na also, steigt auf und macht, daß wir in den Wald und dann in die Prärie hineinkommen!"

„Wo ist denn der Indianer hin?" fragte Mertens.

„Der Apatsche? Wo der hin ist, das bleibt sich gleich. Er weiß am besten, wohin er zu gehen hat, und ich wette meine Stute gegen einen Ziegenbock, daß wir ihn gerade da wiedertreffen, wo er es für gut hält und wir ihn am nötigsten brauchen."

Die Wette hätte ihre lustige Seite gehabt, denn es wäre wohl kaum jemand bereit gewesen, einen guten, wohlgehaltenen Ziegenbock gegen die alte, steifbeinige

Stute zu setzen, die jedenfalls eine ansehnliche Reihe von Jahren auf dem messerscharfen Rücken trug und eher einem Bastard zwischen Ziege und Esel, als einem brauchbaren Pferd ähnlich sah. Ihr Kopf war unverhältnismäßig groß und dick; von einem Schwanze war keine Rede mehr, denn wo früher vielleicht ein kräftiger Haarschweif herabgehangen hatte, da ragte jetzt ein kurzer, spitziger und knochiger Stummel in die Höhe, an dem man selbst bei Anwendung eines Mikroskops nicht eine einzige Haarspur entdeckt hätte. Ebenso fehlte die Mähne vollständig. An ihrer Stelle war ein wirrer, schmutziger Flaumfederstreifen zu erkennen, der zu beiden Seiten des Halses in langzottige Wolle überging, mit der der knochendürre Leib bedeckt war. An den mühsam zusammengehaltenen Lippen konnte man erkennen, daß das liebe Tier wohl keinen einzigen Zahn mehr besitze, und die kleinen, tückisch schielenden Augen ließen einen nicht sehr liebenswürdigen Charakter vermuten.

Doch hätte nur der im Westen Unbekannte über die alte Rosinante lächeln können. Diese Art von Tieren hat gewöhnlich ein halbes Menschenalter hindurch dem Reiter in Not und Gefahr gedient, in Wind und Wetter, in Sturm und Schnee, in Hitze und Regen treu und mutig zu ihm gehalten, ist ihm daher an das Herz gewachsen und besitzt selbst noch im hohen Alter schätzenswerte Eigenschaften, die ihn nicht leicht zu einem Wechsel schreiten lassen. So wußte jedenfalls auch Dick Hammerdull, warum er seine Stute beibehielt und nicht einen jungen, kräftigen Mustang an ihrer Stelle unter den Sattel nahm.

Auch Pitt Holbers war nicht sehr prachtvoll beritten. Er saß auf einem kleinen, kurzen und dicken Hengst, der so niedrig war, daß die langen, unendlichen Beine des Reiters fast an der Erde schleiften. Doch waren trotz der nicht geringen Last die Bewegungen des Tieres so leicht und zierlich, daß man ihm schon etwas zutrauen durfte.

Was die Pferde der beiden anderen betraf, so stammten sie offenbar aus einer ruhigen Farm des Ostens und hatten also die Aufgabe, ihre Brauchbarkeit im Laufe der Zeit erst noch zu beweisen.

Der scharfe Ritt ging bis gegen Abend hin durch den hohen Wald. Sodann erreichte man die offene Prärie, die, von gelbblühenden Helianthus bedeckt, sich wie ein prachtvoller Teppich nach allen Seiten hin erstreckte und in einer weiten, unendlichen Ebene gegen den graugefärbten Horizont verlief.

Die Pferde hatten sich heute ausgeruht, und so konnte man noch ein gutes Stück in die Savanne hineinreiten, ehe ein Nachtlager errichtet wurde. Erst als die Sterne schon am Himmel standen und der letzte Strahl der Sonne längst verschieden war, hielt Hammerdull sein Pferd an.

„Stop", meinte er; „hier hat der Tag ein Ende, und wir können uns ein wenig in unsere Decken wickeln! Meinst du nicht, Pitt Holbers, altes Coon?"

Coon ist die gebräuchliche Abkürzung von Racoon, der Waschbär, und wird zwischen Jägern unter allerlei Bedeutung gerne als Anrede gebraucht.

„Wenn du denkst, Dick", antwortete brummend der Gefragte, indem er unternehmend in die Ferne schaute. „Aber wäre es nicht besser, wir legten noch eine Meile hinter uns oder drei oder fünf? Beim Colonel sind jedenfalls vier tüchtige Arme und zwei gute Büchsen notwendiger, als hier auf der Wiese, wo die Käfer summen und die Nachtfalter einem um die Nase streichen, als gäbe es in der ganzen Welt keine Rothaut auszulöschen."

„Das mit den Käfern und Rothäuten, das bleibt sich gleich. Wir haben hier zwei Männer, die von der Savanne noch nichts gekostet haben, und müssen ihnen Ruhe gönnen. Sieh nur, wie hier der Braune von Peter

Wolf — verdammt schwerer Name — also, wie der Braune schnauft, als hätte er den Niagarafall in der Kehle! Und der Fuchs, auf dem der Mertens hängt, dem tropft ja das Wasser aus dem Bart. Herab also; mit Tagesgrauen geht es weiter!"

Die beiden Deutschen waren des langen Reitens ungewohnt und also wirklich müde geworden. Sie leisteten dem Aufruf daher augenblicklich Folge. Die Pferde wurden an den langen Lassos angepflockt, und nachdem man ein einfaches Abendbrot zu sich genommen und die Wachen bestimmt hatte, legte man sich auf den weichen Rasen.

Am Morgen ging es weiter. Die beiden Trapper waren schweigsame Männer, die nicht gerne ein Wort mehr sprachen, als unumgänglich notwendig war; man befand sich ja jetzt nicht mehr im sicheren Store, wo man diese oder jene Geschichte unbesorgt vom Stapel lassen konnte, sondern in der Savanne, wo man keinen Augenblick ohne Vorsicht und sorgfältige Umschau vergehen lassen durfte, und die Nachricht, die Winnetou gebracht hatte, war geeignet genug, selbst redseligere Zungen im Zaume zu halten. So kam es, daß Mertens die Erkundigungen, die er während des ganzen Tages auf den Lippen gehabt hatte, zurückhielt, und als er sie am Abend auf dem Lagerplatz aussprechen wollte, fand er so verschlossene Ohren, daß er sich unbefriedigt in seine Decke wickelte und den Schlaf suchte.

So ging es mehrere Tage fast wortlos, aber in immer gleicher Eile in die Prärie hinein, bis am fünften Tage gegen Abend Hammerdull, der an der Spitze ritt, plötzlich sein Pferd anhielt und im nächsten Augenblick im Grase kauerte, um den Boden mit sichtlicher Aufmerksamkeit zu betrachten. Dann rief er aus:

„Have care, Pitt Holbers, wenn hier nicht einer vor noch ganz kurzer Zeit geritten ist, so lasse ich mich von dir auffressen. Steige ab, und komme herbei!"

Holbers trat mit dem linken Beine auf die Erde, zog dann das rechte über den Rücken seines dicken Hengstes herüber und bückte sich, um die Spur zu prüfen.

„Wenn du denkst, Dick", brummte er zustimmend, „so meine ich, daß es ein Indianer gewesen ist."

„Ob es eine Rothaut gewesen ist oder nicht, das bleibt sich gleich, aber das Pferd eines Weißen gibt eine andere Spur als diese da. Steige wieder auf und überlasse mir das weitere!"

Er verfolgte zu Fuß die Hufeindrücke, während seine erfahrene und verständige Stute freiwillig langsam hinter ihm hertrollte. Nach einigen hundert Schritten blieb er halten und wandte sich zurück:

„Steige wieder ab, altes Coon, und sage mir, wen wir da vor uns haben!"

Er deutete mit dem Zeigefinger auf die Erde. Holbers bog sich herab, unterwarf die Stelle einer sehr genauen Prüfung und sagte dann:

„Wenn du denkst, Dick, daß es der Apatsche ist, so sollst du recht haben. Dieselben ausgezackten Fransen, wie hier eine an dem Kaktus hängt, trug er damals im Store an den Mokassins. Ich habe dergleichen noch bei keiner Rothaut bemerkt, da sie gewöhnlich nur gerade ausgeschnitten werden. Er ist hier abgestiegen, um sich irgend etwas anzusehen, und dabei haben ihm die Stacheln die Fransen abgerissen. Ich denke — — — behold, Dick, schaue hier rechts! Was für Füße sind das wohl gewesen?"

„Bei deinem Bart, Pitt, das ist ein Scoundrel[1]), so ein Schuft von Indsman, der von dort seitwärts kam und hier abgebogen ist; was meinst du?"

„Hm! Der Apatsche hat ein heidenmäßig scharfes Auge; ihm ist wahrhaftig gleich die erste Spur des Mannes ins Gesicht gefallen, und wer weiß, wie lange wir

[1]) Schurke

43

schon auf der seinigen herumgeschnobert sind, ohne sie zu bemerken."

„Ob wir sie bemerkt haben oder nicht, das bleibt sich gleich. Wir haben sie ja gefunden, und das ist genug. Aber ein Roter läuft nicht so einzeln hier mitten in der Savanne herum. Er wird in der Nähe seine Mähre stehen haben, und nicht weit davon hält sicher eine ganze Anzahl Pfeilmänner und führt irgendeine Teufelei im Schilde. Laßt uns einmal Umschau halten, ob nicht dieses oder jenes zu bemerken ist, an das wir uns halten können!"

Er suchte den Horizont sorgfältig ab und schüttelte dann unbefriedigt mit dem Kopf.

„Hört, Mertens, Ihr habt da ein Gehäuse an der Seite hängen. Warum macht Ihr es nicht auf? Steckt etwa ein Vogel drin, der Euch nicht fortfliegen soll?"

Mertens öffnete die Hülse, zog ein Fernrohr hervor und reichte es dem Trapper vom Pferde herab. Dieser stellte es, brachte es vor das Auge und begann seine Untersuchung von neuem.

Nach kurzer Zeit zog er die Augenbrauen zusammen und meinte mit listigem Blinzeln:

„Hier hast du einmal das Glas, Pitt Holbers. Siehe da hinauf, und sage mir, was das für eine lange, gerade Linie ist, die sich von Osten her längs des nördlichen Horizonts bis hinüber nach Westen zieht!"

Holbers folgte der Weisung. Dann nahm er das Rohr vom Auge und rieb sich bedachtsam seine lange scharfe und spitzige Nase.

„Wenn du denkst, Dick, daß es der Railway ist, die Eisenbahn, die sie da hinüber nach Kalifornien legen, so bist du nicht so dumm, wie man denken sollte."

„Dumm —? Dick Hammerdull und dumm! Kerl, ich kitzle dich mit meiner Klinge zwischen den Rippen, daß dir der lange Atem wie ein morsches Schiffstau aus dem großen Maule läuft! Dick Hammerdull und dumm! Hat man jemals so etwas gehört? Übrigens, ob er dumm ist oder nicht, das bleibt sich gleich; aber wer ihn für billiger kaufen will, als er ist, der mag wohl zusehen, daß er sich nicht verrechnet. Was aber hat denn eigentlich der Railway mit der Rothaut zu tun, die von da hinübergeschlichen ist, Pitt Holbers, du Ausbund von allen möglichen Arten der Weisheit, he?"

„Hm, wann kommt wohl der nächste Zug, Dick?"

„Weiß nicht genau, denke aber, daß er noch heute hier vorübergeht."

„Dann haben es die Roten sicher auf ihn abgesehen."

„Sollst recht haben, altes Coon. Aber von welcher Seite wird er kommen — von hüben oder drüben?"

„Da mußt du nach Omaha oder Cheyenne gehen, wo man dir Auskunft geben wird; auf meinem Rock aber klebt kein Fahrplan!"

„Will es dem alten Fetzen auch nicht zumuten. Doch, ob er vom Osten kommt oder vom Westen, das bleibt sich gleich; wenn er nur kommt, dann haben sie ihn. Ob wir aber ruhig zugeben, daß sie ihn anhalten und den Reisenden Skalp und Leben nehmen, das ist eine andere Sache. Was sagst du dazu?"

„Halte es für unsere Pflicht, ihnen einen Strich über das Gesicht zu machen."

„Ganz meine Meinung. Also abgestiegen und vorwärts! Ein Mann hoch zu Roß wird von den Spürnasen eher bemerkt als einer, der fein demütig den Weg unter die eigenen Füße nimmt. Wollen doch sehen, in welchem Loch sie stecken. Aber schußfertig halten, ihr Männer, denn wenn sie uns bemerken, dann ist die Büchse das erste, was wir brauchen!"

Sie schlichen sich langsam und mit großer Bedachtsamkeit vorwärts. Die Spuren, denen sie folgten und denen sich auch die des Apatschen beigesellt hatten, führten erst an den Bahndamm und dann diesen entlang, bis man von fern einige wellenförmige Erhöhungen des Bodens bemerkte.

Jetzt hielt Dick Hammerdull wieder an.

„Wo die Schufte stecken, das bleibt sich natürlich gleich, aber ich lasse mich so lange braten, bis ich so hart und dürr geworden bin wie Master Holbers, wenn sie sich nicht dort hinter das Zwerggebirge zurückgezogen haben. Wir können nicht weiter, denn — —"

Das Wort blieb ihm im Munde stecken, aber in demselben Augenblick hatte er auch seine alte Büchse an der Wange, senkte sie jedoch sofort wieder herab. Über der jenseitigen Böschung des Bahndammes hatte sich eine Gestalt erhoben, schnellte sich mit katzenhafter Geschmeidigkeit über den Schienenweg herüber und stand in der nächsten Minute vor den vier Männern. Es war der Apatsche.

„Winnetou hat die Bleichgesichter kommen sehen", sagte er. „Sie haben die Spur der Ogellallahs entdeckt und werden das Feuerroß retten vor dem Untergang!"

„Heigh-day", meinte Hammerdull; „ein Glück, daß es kein anderer war, denn er hätte meine Kugel geschmeckt, und wir hätten uns durch den Schuß verraten! Aber wo hat der Apatsche sein Pferd? Oder befindet er sich ohne Tier im wilden Lande?"

„Das Pferd des Apatschen ist wie der Hund, der sich gehorsam niederstreckt und wartet, bis sein Herr zurückkehrt. Er hat die Ogellallahs vor vielen Sonnen gesehen und ist gegangen an den Fluß, den seine weißen Brüder Arkansas nennen. Er glaubte dort seinen Freund Deadly-gun zu sehen, der nicht im Wigwam war. Dann ist er wieder den roten Männern gefolgt und wird nun das Feuerroß warnen, damit es nicht auf dem Pfade stürzt, den sie ihm zerstören wollen."

„Lack-a-day!" dehnte Pitt Holbers. „Ei seht doch, wie klug die Halunken es anfangen! Wenn man nur wüßte, von welcher Seite der nächste Zug kommt!"

„Das Feuerroß wird von Osten kommen, denn das Roß von Westen ging vorüber, als die Sonne dem Häuptling der Apatschen über dem Scheitel stand."

„So wissen wir, nach welcher Richtung wir uns zu wenden haben. Aber wann wird der Zug diese Gegend durchfahren? Pitt Holbers, wie steht es?"

„Hm, wenn du denkst, Dick, daß ich trotzdem einen Fahrplan habe, so sage mir vor allen Dingen, wo er eigentlich stecken soll!"

„In deinem Kopf sicher nicht, altes Coon, denn da sieht es aus wie in dem Llano estacado, wie sie da unten die Gegend nennen, in der es nichts gibt, als Staub und Stein und höchstens einmal Stein und Staub. Doch schaut, ihr Leute, dort geht die Sonne unter; in einer Viertelstunde ist es finster, und wir können die roten Spitzbuben beobachten, was sie —"

„Winnetou ist hinter ihrem Rücken gewesen", unterbrach ihn der Apatsche, „und hat gesehen, wie sie den Pfad von der Erde rissen und ihn quer über den Weg des Feuerrosses legten, damit es stürzen solle."

„Sind ihrer viele?"

„Nimm ihrer zehn mal zehn und du hast noch nicht die Hälfte der Krieger, die an der Erde liegen, um auf das Kommen der Bleichgesichter zu harren. Und der Pferde sind noch viele mehr, denn alles Gut, das sich auf dem Feuerwagen befindet, soll auf die Tiere geladen und fortgeführt werden."

„Sie sollen sich verrechnet haben! Was gedenkt Winnetou zu tun?"

„Er wird hier bleiben und die roten Männer bewachen. Meine weißen Brüder sollen dem Feuerroß entgegenreiten und seinen Lauf in der Ferne hemmen, damit die Kröten von Ogellallahs nicht sehen, daß es sein Feuerauge schließt und stehen bleibt."

Der Rat war gut und wurde sofort befolgt. Es war den Männern unbekannt, zu welcher Zeit der Zug kommen mußte; das konnte in jedem Augenblick geschehen, und da zur Warnung, wenn die Ogellallahs nichts bemerken sollten, ein bedeutender Vorsprung nötig war, so war Gefahr im Verzug. Winnetou blieb also zurück, und die vier anderen saßen wieder auf und bewegten sich längs des Schienengleises in scharfem Trab nach Osten zu.

Sie waren wohl fast eine Viertelstunde geritten; da hielt Hammerdull seine Stute an und blickte seitwärts.

„Good lack", meinte er; „liegt dort nicht etwas im Gras, gerade wie ein Hirsch, oder — — ah, Pitt Holbers, sage doch einmal, was für ein Viehzeug es wohl sein wird!"

„Hm, wenn du denkst, Dick, daß es das Pferd des Apatschen ist, das hier wie angespießt liegen bleibt, bis es von seinem Herrn abgeholt wird, so will ich dir beistimmen!"

„Erraten, altes Coon! Aber kommt, wir wollen den Mustang nicht aufscheuchen, denn wir haben Besseres zu tun. Ob wir den Zug treffen oder nicht, das bleibt sich gleich, aber warnen müssen wir ihn, und je weiter hinaus dies geschieht, desto besser ist es. Die roten Schufte dürfen nicht an den Lichtern sehen, daß er hält und daß also ihr Vorhaben verraten ist!"

3. Deadly-gun

Wieder ging es vorwärts. Die Tageshelle verschwand schnell, und noch war nicht viel über eine halbe Stunde vergangen, so hatte sich die Dunkelheit des Abends über die weite Prärie gesenkt, und die Sterne begannen, ihre matten Strahlen herabzusenden. Ein wenig Mondschein wäre den Reitern jetzt willkommen gewesen; da er aber später die Annäherung an die Indianer erschwert hätte, so war es ihnen ganz recht, daß der nächtliche Beleuchter der Erde zur Zeit unsichtbar war und keine Spur seines magischen Schimmers wahrnehmen ließ.

Bei dem durchdringenden Licht, das die amerikanischen Maschinen mit sich führen, war das Nahen des Zuges in dem flachen Gelände auf eine große Entfernung zu bemerken; es mußte also eine Strecke zurückgelegt werden, die diese Tragweite des Lichtes überstieg; darum ließ Dick Hammerdull seine Stute weit ausgreifen, und die anderen folgten wortlos seiner Führung.

Endlich hielt er an und sprang vom Pferd; die drei Begleiter taten das gleiche.

„So!" meinte er; „ich denke, daß der Vorsprung nun groß genug ist. Fesselt die Tiere und sucht ein wenig trockenes Gras, damit wir ein Zeichen geben können!"

Dem Gebot wurde Folge geleistet, und bald war ein Haufen dürrer Halme beisammen, die sich mit Hilfe von einigem aufgestreuten Pulver leicht in Brand stecken ließen.

Auf ihre Decken gelagert, lauschten nun die Männer in die stille Nacht hinein und verwandten fast kein Auge von der Richtung, aus der der Zug zu erwarten war. Die beiden Deutschen konnten wohl alles ahnen, was geschehen sollte, waren aber in dem Leben des Wilden Westens zu unerfahren, als daß sie an eine Unterbrechung der herrschenden Schweigsamkeit hätten denken wollen. Sie ließen daher die zwei Jäger ruhig gewähren. Außer dem Geräusch, das die grasenden Pferde verursachten, war rings kein Laut zu hören, als höchstens das leise Knispern eines auf Raub ausgehenden Deckflüglers, und die Minuten dehnten sich zu einer immer peinlicher werdenden Länge.

Da, endlich zeigte sich weit draußen ein Licht, zuerst unscheinbar, dann aber rasch wachsend.

„Pitt Holbers, was sagst du zu dem Johanniswurm da vorn, he?" fragte Hammerdull.

„Hm, dasselbe, was du schon gedacht hast, Dick Hammerdull!"

„Wohl die klügste Ansicht, die du in deinem ganzen Leben gehabt hast, altes Coon! Ob es die Lokomotive ist oder nicht, das bleibt sich gleich, aber so viel ist sicher, der Augenblick des Handelns ist bald gekommen. Heinrich Mertens, wenn der Zug naht, so schreit Ihr laut Ihr könnt, und auch Ihr, Peter Wolf — verdammt elender Name; er reißt einem ja den Mund entzwei! — Ihr macht Lärm und Hallo nach Herzenslust. Das übrige werden wir schon selbst besorgen!"

Er nahm das Gras zur Hand, das er zu einer langen, starken Lunte zusammengedreht hatte, und schüttete das Pulver auf. Dann zog er seinen Revolver aus dem Gürtel.

Jetzt machte sich das Nahen der Wagen durch ein immer deutlicher werdendes Rollen wahrnehmbar, und nach und nach wuchs es zu einem Geräusch an, das dem Grollen eines entfernten Donners glich.

„Strecke deine ewigen Arme aus, Pitt Holbers, tue die Meilenlippen auseinander und brülle, so laut es geht, altes Coon! Der Zug ist da!" rief Hammerdull, indem er zugleich besorgt nach den Pferden blickte, die bei der ungewohnten Erscheinung schnaubend und stampfend an den Riemen zerrten, mit denen sie an die Erde befestigt waren.

„Peter Wolf — der Teufel hole diesen holprigen Namen! — paßt auf, daß uns die Tiere nicht durchgehen! Schreien könnt Ihr dabei ja auch!"

Der Augenblick war gekommen. Einen blendenden Lichtkeil vor sich herwerfend, brauste der Zug heran. Hammerdull hielt den Revolver an die Lunte und drückte los. Sofort flammte das Pulver auf und setzte das dürre, ausgetrocknete Gras in glimmenden Brand. Er packte die Lunte, schwang sie kräftig, bis sie aufflammte, und rannte, von ihrem flackernden Licht hell beleuchtet, dem Zug entgegen.

Der Maschinist mußte das Zeichen durch die Glastafel des Wetterschutzes sofort bemerkt haben, denn schon nach den ersten Schwingungen des hochlodernden Brandes ertönte ein sich rasch und scharf wiederholender Pfiff; fast gleichzeitig wurden die Bremsen angezogen, die Räder knirschten und schrien in der Hemmung, und mit donnerndem Dröhnen flog die lange Wagenreihe an den vier Männern vorüber. Diese sprangen dem Zuge nach, der seine Geschwindigkeit nun zusehends verringerte.

Jetzt hielt er. Ohne zunächst die sich von ihren erhöhten Plätzen herabbeugenden Beamten zu beachten, eilte der dicke Hammerdull an den Wagen vorbei bis vor die Lokomotive, warf eine Decke, die er vorhin von der Erde aufgerafft hatte, vorsorglich über die Scheinwerfer und rief mit lauter Stimme:

„Lichter aus — macht den Zug dunkel!"

Sofort verschwanden alle Laternen. Die Angestellten der Pazifikbahn sind geistesgegenwärtige Leute. Sie konnten sich denken, daß der Ruf seinen guten Grund habe, und folgten ihm augenblicklich.

„'sdeath!" rief eine Stimme von der Maschine herab, „warum verdeckt Ihr die Lichter, Mann? Wer seid Ihr, und was hat Euer Zeichen zu bedeuten?"

„Wer ich bin oder nicht, das bleibt sich gleich, Sir", antwortete der umsichtige Trapper, „es sind Indsmen vor uns, und ich glaube, daß sie die Schienen aufgerissen haben!"

„Verdammt, schon wieder mal! Mann, wie sollen wir Euch dann danken?!"

Es sprang jemand zur Erde, drückte Dick die Hand und gebot, die Wagen zu öffnen.

Nach kaum einer Minute waren die Jäger von einer Menge Neugieriger umringt und mußten sich fast wundern über die bedeutende Anzahl von Leuten, die den Abteilen entstieg, um sich über die Ursache des Aufenthaltes zu unterrichten.

In kurzen Worten erzählte Hammerdull alles und erzeugte dadurch eine nicht geringe Aufregung.

„Das ist in kurzer Zeit das drittemal", sagte der Ingenieur, „daß sie es wagen, gerade auf dieser Strecke Züge zu überfallen und auszurauben, und allemal sind es die verdammten Ogellallahs gewesen, dieser verteufeltste Stamm der Sioux, denen die Wildheit und Feindseligkeit nur durch eine gute Kugel ausgetrieben werden kann. Heute aber sollen sie sich geirrt haben und ihren Lohn gleich in ganzer Summe erhalten! Jedenfalls haben sie geglaubt, daß dieser Zug wie gewöhnlich viele Güter und nur fünf bis sechs Leute mit sich führe. Glücklicherweise aber haben wir einige hundert Arbeiter geladen, die für den Brücken- und Tunnelbau droben in den Mountains bestimmt sind, und da diese braven Leute fast alle Waffen bei sich tragen, so wird uns die Sache gar nicht schwer werden und nur einigen Spaß bereiten!" Er stieg zunächst wieder auf die Maschine, um den überflüssigen Dampf abzulassen, der mit gellendem Zischen den Ventilen entströmte und die Umgebung rasch in eine weiße Wolke hüllte. Dann sprang er herab, um die ihm zu Gebot stehenden Kräfte zu mustern, und fragte:

„Zunächst sagt mir einmal, wie Ihr Euch nennt, Mann! Ich muß doch wissen, wem ich die glückliche Warnung zu verdanken habe."

„Mein Name ist Hammerdull, Sir, Dick Hammerdull, solange ich lebe!"

„Schön! Und der andere hier?"

„Wie der heißt, das bleibt sich gleich, aber da er zufällig auch einen Namen hat, so schadet es keinem Menschen etwas, wenn Ihr ihn erfahrt. Er nennt sich Pitt Holbers, Sir, und ist ein Kerl, auf den man sich verlassen kann."

„Und die beiden anderen — dieser da und der dort bei den Pferden?"

„Das sind zwei Männer aus Germany da drüben herüber, Sir, und heißen Heinrich Mertens — Harry würde viel besser klingen — und — verdammt elender Name! — Peter Wolf. Sprecht die beiden Worte ja nicht aus, Sir, denn Ihr werdet das Genick dabei brechen!"

„Well!" lachte der Beamte. „Es ist nicht jede Zunge so empfindlich wie die Eurige, Master Hammerdull!"

„Hammerdull? Dick Hammerdull?" rief da eine tiefe, kräftige Stimme, und ein Mann drängte sich durch die Umstehenden herbei. „Welcome, altes Coon! Dachte Euch erst im ‚Hide-spot'[1]) zu treffen und muß hier an Euch rennen! Welche Angelegenheit hat Euch herausgetrieben?"

„Was mich herausgetrieben hat, Colonel, das bleibt sich gleich, aber ich habe mir ein wenig Pulver, Blei und Tabak geholt. Der lange Pitt ist mitgegangen, wißt es schon, Colonel, zu Master Winklay, dem Irishman, und haben da zwei aus Germany mitgebracht, die Deadlygun, nämlich Euch, gern sehen wollen."

1) Wörtlich: „Fell-Versteck" = geheimer Lagerplatz

„Deadly-gun!" rief der Maschinist, auf den Fremden zutretend. „Seid Ihr das wirklich, Sir?"

„Man nennt mich so!" klang kurz und einfach die Antwort. Der Sprecher war ein Mann von mittelgroßer, aber auffallend breiter Gestalt; er trug die gewöhnliche Trapperkleidung. Die Umstehenden hatten sich beim Nennen seines Namens um weniges zurückgezogen.

„Good-lack, Sir, dann haben wir ja ganz den richtigen Mann bei uns, dem wir das Kommando übergeben können. Wollt Ihr die Sache übernehmen?"

„Wenn damit die Gentlemen alle zufrieden sind, warum nicht?"

Ein allgemeiner Ruf der Zustimmung ließ sich ringsum vernehmen. Diesem bekannten Jäger, den kaum jemand, außer der erwählten Schar, die er um sich versammelt hatte, zu Gesicht bekam, und der hier so unerwartet inmitten der Leute stand, konnte man den Oberbefehl vertrauensvoll übergeben.

„Natürlich sind sie damit zufrieden. Trefft also Eure Maßregeln so schnell wie möglich! Wir haben keine Zeit zu verlieren und dürfen die roten Mesch'schurs nicht lange auf uns warten lassen", sagte der Ingenieur.

„Well, Sir, nur laßt mich erst einige Worte mit diesem Manne hier sprechen! Dick Hammerdull, wer aus dem ‚Hide-spot' ist noch bei euch beiden?"

„Keiner, Colonel! Die anderen sind daheim oder hinauf in die Berge."

„Muß aber doch noch einer bei Euch sein, Dick; denn so wie ich Euch kenne, so seid Ihr nicht von den Roten fortgelaufen, ohne ihnen einen Watchman, einen Wächter, hinzustellen."

„Wie ich fortgelaufen bin, das bleibt sich gleich, aber wenn Ihr den Dick Hammerdull für so dumm gehalten hättet, nicht an den Watchman zu denken, so hättet Ihr Euch verdammt in ihm geirrt, Colonel! Es steht einer da, wie es keinen besseren gibt, nämlich Winnetou, der

Apatsche. Er traf uns da unten bei dem Irishman und warnte uns. Dann hat er die Spur der Ogellallahs verfolgt und ist erst vorhin wieder zu uns gestoßen."

„Winnetou, der Apatsche?" fragte der Maschinist, während ein Gemurmel der Befriedigung durch die Menge der anderen lief. „Heigh-day, ist das heute ein Zusammentreffen! Der Mann ist ja ganz allein ein Stämmchen Jäger wert, und wenn er auf unserer Seite steht, so werden wir die roten Schufte heimschicken, daß sie an uns denken sollen. Wo steht er?"

„Ob er steht oder nicht, Sir, das bleibt sich gleich, aber er liegt ganz nahe bei den Indsmen auf der linken Seite des Schienenweges. Es muß dort noch alles in Ordnung sein, sonst wäre er hier, um zu warnen."

„Gut", meinte Deadly-gun, „so will ich Euch nun meine Meinung sagen: Wir bilden zwei Abteilungen, die zu beiden Seiten der Bahn sich an die Indianer schleichen. Die eine führe ich, die andere — hm, Sir, geht Ihr mit?"

„Versteht sich!" meinte der Ingenieur. „Zwar darf ich eigentlich meinen Posten nicht verlassen, aber ich mag doch nicht umsonst ein paar gesunde Fäuste besitzen, und der Heizer hier ist Manns genug, einstweilen meine Stelle zu vertreten. Ich würde es auf dem alten Feuerkasten nicht aushalten können, sobald ich eure Büchsen knallen hörte, und gehe also mit!" Und sich zu seinem Personal wendend, fuhr er fort: „Ihr bleibt bei den Wagen, und gebt wohl acht; man weiß zuweilen nicht, was geschehen kann. — Tom!"

„Sir!" antwortete der Feuermann.

„Du verstehst ja, mit der Maschine umzugehen. Damit wir nicht erst wieder zurückzugehen brauchen, kommst du, sobald du ein Feuerzeichen erblickst, mit dem Zug nach. Aber langsam fährst du, so langsam und vorsichtig wie möglich, denn es wird jedenfalls was am Gleise auszubessern geben! — Was jedoch den anderen

Anführer betrifft, Master Deadly-gun, so hoffe ich nicht, daß Ihr gerade mich in Vorschlag bringen wollt. Ich will gern mittun, ja, aber ein Westmann bin ich nicht. Sucht Euch also einen anderen, dem Ihr die Stelle geben könnt!"

„Gut, Sir", nickte Deadly-gun; „ich wollte Euch nicht gern vernachlässigen; aber ich weiß hier einen, der seine Sache ebensogut machen wird, wie ich die meine, und Ihr könnt ihm deshalb Eure Männer ruhig anvertrauen. Dick Hammerdull, was meint Ihr?"

„Was ich meine, das bleibt sich gleich, Colonel; aber ich denke, Ihr werdet nichts Unrechtes bestimmen!"

„Denk es auch! Wollt Ihr die andere Hälfte führen?"

„Hm, wenn mir die Männer nachlaufen wollen, so will ich gerne vorankriechen! Mein Gewehr hat neues Pulver und Blei und wird ein sehr vernünftiges Wort dort mit den Indsmen reden. Aber die Pferde, Colonel, die müssen zurückbleiben; der Mann aus Germany, der Mertens, kann sie halten."

„Fällt mir nicht ein", entgegnete dieser kurz; „ich gehe mit!"

„Was Euch einfällt oder nicht, das bleibt sich gleich; aber wenn Ihr nicht wollt, so kann es ja der andere tun, der Peter Wolf — hol' der Teufel den bockbeinigen Namen —!"

Auch dieser weigerte sich, und so bekam einer der wenigen waffenlosen Arbeiter den Auftrag, die Pferde einstweilen in seine Obhut zu nehmen.

Die streitbaren Kräfte wurden geteilt. Deadly-gun und Dick Hammerdull stellten sich an die Spitze der beiden Abteilungen; der Zug blieb zurück; die Männer bewegten sich vorwärts. Nach wenigen Augenblicken lag tiefe Stille über der Gegend, und nicht das leiseste Geräusch verriet, daß der auf der weiten Ebene ruhende, scheinbare Frieden die Vorbereitung eines blutigen Kampfes in sich berge.

Zunächst wurde eine ansehnliche Strecke in aufrechter Stellung zurückgelegt; dann aber, als die Nähe des mutmaßlichen Kampfplatzes erreicht war, legten sie sich nieder und krochen, einer hinter dem anderen, auf Händen und Füßen zu beiden Seiten der Böschung entlang.

„Uff!" klang es da leise an das Ohr Deadly-guns. „Die Reiter des Feuerrosses mögen hier liegen und warten, bis Winnetou fortgeht und wiederkommt!"

„Winnetou?" fragte Deadly-gun und richtete sich halb empor. „Hat mein roter Bruder die Gestalt seines weißen Freundes vergessen?"

Winnetou betrachtete ihn, erkannte ihn trotz der Dunkelheit und flüsterte mit freudiger Stimme:

„Deadly-gun! Der Große Geist sei gelobt, der dem Apatschen heute dein Angesicht zeigt; er mag deine Hand segnen, daß sie vernichtend auf die Häupter deiner Feinde falle! Ist mein Bruder auf dem Feuerroß geritten?"

„Ja; er hat das Gold, das er der Freundschaft des Apatschen verdankt, nach Sonnenaufgang geschafft und kehrt nun zurück, um mehr zu finden. Warum wollte mein wachsamer Bruder fortgehen und wiederkommen?"

„Die Seele der Nacht ist schwarz und der Geist des Abends dunkel und finster; Winnetou konnte seinen Bruder, der am Boden lag, nicht erkennen. Aber den Mann hat er gesehen, der dort auf dem Hügel steht, um nach dem Feuerroß zu schauen. Der Apatsche wird gehen, um das Auge des Ogellallah zu schließen; dann kehrt er zurück!"

Er war im nächsten Augenblick verschwunden.

Trotz des nächtlichen Dunkels war auf der seitwärts liegenden, wellenförmigen Bodenerhebung eine Gestalt zu erkennen, die sich selbst für das scharfe Auge eines Westmannes nur undeutlich vom sternenbedeckten Horizont abzeichnete. Die Ogellallahs hatten also eine Wache ausgestellt, um nach dem Licht des nahenden Zuges zu schauen. Einem Weißen wäre es wohl schwer oder gar unmöglich geworden, unbemerkt an sie heranzukommen; Deadly-gun aber kannte die Meisterschaft des Apatschen im Beschleichen und wußte, daß der Ogellallah in kurzer Zeit verschwinden werde.

Hart am Bahndamm liegend, behielt er ihn scharf im Auge und wirklich — nur wenige Minuten waren vergangen, so fuhr neben dem Wachehaltenden eine Gestalt blitzschnell in die Höhe, beide lagen im Nu an der Erde! — das Messer des Apatschen hatte seine Schuldigkeit getan.

Dieser kehrte erst nach längerer Zeit zurück; er hatte die Indianer umschlichen und ihre Stellung in Augenschein genommen. Jetzt stattete er Deadly-gun seinen Bericht ab.

Die Ogellallahs hatten einige Schienen herausgerissen und diese samt den Schwellen quer über das Bahngleis gelegt. Der Zug hätte mitsamt seinen Fahrgästen ein fürchterliches Schicksal gehabt, wenn er ungewarnt an diese Stelle gekommen wäre. Die Roten lagen etwas seitwärts davon in lautloser Stille am Boden, während noch eine Strecke weiter zurück ihre Pferde angepflockt waren. Die Gegenwart dieser Tiere machte das Beschleichen der Indianer von dieser Seite fast zu einer Unmöglichkeit, da das Pferd der Prärie an Wachsamkeit den Hund fast übertrifft und die Annäherung jedes lebenden Wesens seinem Herrn durch Schnauben verkündet.

„Wer führt sie an?" fragte Deadly-gun.

„Matto-Sih, die ‚Bärentatze'. Winnetou ist an seinem Rücken gewesen, er hätte ihn mit dem Tomahawk niederschlagen können."

„Matto-Sih? Das ist der Tapferste der Sioux; er fürchtet sich vor keinem Krieger und wird uns wohl zu schaffen machen! Er ist stark wie der Bär und listig wie der Fuchs; er hat sicherlich nicht alle seine Männer bei sich, sondern die übrigen in der Prärie zurückgelassen. Ein kluger Krieger wird nicht anders handeln."

„Uff!" gab Winnetou im tiefen Gaumenlaut seine Zustimmung zu erkennen.

„Mein roter Bruder möge die Hälfte meiner Leute nehmen und mit ihnen Matto-Sihs Reserve aufspüren."

Winnetou folgte dieser Weisung, während sich Deadly-gun über den Bahnkörper hinab zu Dick Hammerdull schlich und zu ihm sagte:

„Noch dreihundert Körperlängen vorwärts, Dick, dann seid Ihr den Indsmen gegenüber. Ich habe meine Leute drüben geteilt und schicke die Hälfte mit Winnetou hinaus in die Prärie, um — —"

„Ob Ihr sie geschickt habt oder nicht, das bleibt sich gleich", fiel ihm der Dicke flüsternd in die Rede; „aber was sollen sie da draußen, Colonel?"

„Die Ogellallahs werden von Matto-Sih angeführt —"

„Von der ‚Bärentatze'? Zounds! Dann haben wir die Tapfersten des Stammes gegen uns, und ich traue es ihm zu, daß er da draußen auf der alten Wiese eine Reserve halten hat."

„So meine ich auch. Also die Reserve lasse ich durch Winnetou abschneiden und gehe mit den übrigen geradewegs auf die Pferde los. Gelingt es uns, diese in unsere Gewalt zu bekommen oder zu zerstreuen, so sind die Roten verloren."

„Well, well, Colonel, und Dick Hammerdull und seine Büchse werden das Ihrige beitragen, daß wir den Zug mit Skalps beladen können!"

„Ihr wartet also mit den Euren, bis drüben der erste Schuß losgeht; die Indsmen werden uns hinter sich wissen, und sich zu euch herübermachen, wo ihr sie empfangt. Aber ruhig warten, Dick, bis sie so weit heran sind, daß ihr sie Mann für Mann sehen könnt. Erst dann schießt ihr los; dann geht keine Kugel fehl!"

„Keine Sorge, Colonel! Dick Hammerdull weiß ganz genau, was er zu tun hat. Nehmt Euch nur vor den Pferden in acht, denn so ein Indianermustang schnobert den Weißen zehn Meilen weit!"

Deadly-gun schlich davon, und der dicke Trapper kroch längs der Reihe der hinter ihm Liegenden hin, um ihnen die erhaltene Anweisung mitzuteilen.

Als er wiederkehrte, nahm er neben Pitt Holbers Platz, der sich während der letzten Stunden schweigsam verhalten hatte. Diesem flüsterte er zu:

„Pitt Holbers, altes Coon, nun geht der Tanz bald los!"

„Hm, wenn du denkst, Dick! Hast du nicht Freude darüber, he?"

Hammerdull wollte eben eine Antwort geben, da — zuckte seitwärts drüben ein flüchtiges Leuchten auf, dem ein lauter Knall folgte — noch ehe der Plan Deadly-guns ausgeführt war, hatte einer der ihm folgenden Arbeiter, wohl durch ein Mißverständnis, zu schießen begonnen.

Sofort standen die Ogellallahs auf den Füßen und eilten nach ihren Pferden. Aber der geistesgegenwärtige Deadly-gun hatte kaum hinter sich den verräterischen Schuß gehört, so eilte er, den Folgen dieser Nachlässigkeit zuvorzukommen.

„Vorwärts, Männer, zu den Pferden!" rief er.

In weiten Sätzen stürmte er auf die Tiere los und erreichte sie mit den Seinen noch vor den Indianern. Mit Gedankenschnelle waren sie von den Pflöcken befreit und jagten wiehernd und schnaubend in die weite, dunkle Savanne hinaus.

Die den jetzt eintreffenden Indianern entgegenkrachenden Schüsse machten diese stutzig. Ihre Pferde waren fort; sie konnten in der Finsternis die geringe Zahl ihrer Gegner nicht erkennen und hielten einige Augenblicke vollständig ratlos still, sich den Waffen der

Weißen preisgebend. Dann aber ertönte der laute Ruf ihres Anführers; sie wandten sich und stürmten zurück, um jenseits des Dammes Deckung zu suchen und die zu ergreifenden Maßregeln zu beraten.

Kaum aber hatten sie den Bahndamm erreicht, so stieg nur wenige Fuß vor ihnen eine dunkle Linie wie aus der Erde empor; der Blitz aus über fünfzig Büchsen erhellte für eine Sekunde die Nacht, und das Geheul der Getroffenen zeigte, daß Dick Hammerdulls Abteilung gut gezielt hatte.

„Alle Kugeln heraus und dann drauf!" rief der wackere Dicke, schoß den zweiten Lauf seiner Büchse ab, warf sie, die ihm nun nichts mehr helfen konnte, fort, riß den Tomahawk, dieses furchtbare Kriegsbeil des Westens, unter dem langen Jagdhemd hervor und stürzte sich, gefolgt von Pitt Holbers und den Mutigsten unter den Arbeitern, auf die vor Entsetzen stockenden Wilden.

Diese hatten vor Überraschung über den unerwarteten Überfall die Besinnung verloren; vor und hinter sich den Feind, gab es für sie nur Rettung in der Flucht. Wieder erschallte ein lauter Ruf Matto-Sihs und gleich darauf war kein Wilder mehr zu sehen. Sie hatten sich mitten unter den Angreifern auf die Erde geworfen und suchten, zwischen ihnen hindurchkriechend, das Weite zu erreichen.

„Zur Erde, ihr Männer, und die Messer zur Hand!" rief Deadly-gun mit donnernder Stimme und eilte nach dem verlassenen Lagerplatz der Indianer.

Er dachte sich, daß diese sicher eine hinreichende Menge von allerlei Brennstoff gesammelt hatten, um für den Fall, daß ihr Vorhaben gelungen sei, die nötige Beleuchtung zu erhalten. Er hatte sich nicht geirrt. Einige große Haufen Dürrzeuges waren aufgeschichtet. Mit Hilfe des Pulvers machte er Feuer; die Nacht wurde erleuchtet, und im Scheine der Flammen sah er eine

Menge zurückgelassener Speere und Decken liegen. Diese boten eine willkommene Nahrung für das Feuer. Er überließ die Sorge für die Unterhaltung des Brandes einigen herbeieilenden Arbeitern und kehrte an die Stelle zurück, an der sich der nächtliche Angriff in fürchterliche Einzelkämpfe aufgelöst hatte.

Die Schar der Bahnarbeiter bestand begreiflicherweise zwar meist aus Leuten, die ihre Kräfte in den Stürmen des Lebens geübt hatten; aber der Kampfart der Indianer, die jetzt beim Schein der Feuer ihre Lage überblicken konnten und dabei bemerkten, daß sie an Zahl den Gegnern vollständig gewachsen seien, konnte wohl keiner von ihnen nachhaltigen Widerstand leisten. Wo nicht mehrere von ihnen gegen einen vereinzelten Indsman standen, behielt dieser gewiß die Oberhand, und die Stätte bedeckte sich immer mehr mit den unter dem wuchtigen Hiebe des Tomahawk Gefallenen.

Nur drei von den Weißen waren mit dieser Waffe versehen: Deadly-gun, Dick Hammerdull und Pitt Holbers, und es zeigte sich da allerdings, daß bei gleichen Waffen der zähere und geistig höher stehende Weiße meist im Vorteil ist.

Mitten unter einem Haufen Wilder hielt Deadly-gun; in seinem von dem flackernden Licht beschienenen Angesicht sprach sich ein Gefühl von jener Kampfeswonne aus, die vom verfeinerten Urteil geleugnet wird, nichtsdestoweniger aber doch eine oft bewiesene Wahrheit bleibt. Mit blitzschnellen Hieben seines Schlachtbeiles wehrte er die immer wieder auf ihn einstürmenden Rothäute ab. Gar mancher Feind lag bereits mit zerschmettertem Schädel zu seinen Füßen.

Seitwärts von ihm stand ein fast drollig zu nennendes Heldenpaar, trotz der Verschiedenheit ihrer Gestalt mit dem Rücken gegeneinander gekehrt, ein Verfahren, das die beiden eigenartigen aber erfahrenen Jäger vor einem Angriff von hinten beschützte: Dick Hammerdull und Pitt Holbers. Der kleine Dick, der in seinem Anzug auf jeden Fremden den Eindruck der Unbehilflichkeit machen mußte, zeigte sich hier von einer wahrhaft katzenartigen Behendigkeit. In der Linken das scharfe, zweischneidige Bowiemesser und in der Rechten das schwere Schlachtbeil schwingend, hielt er jedem Gegner tapfer stand. Sein langer Rock, Flick auf Flick und Fleck auf Fleck, ließ die auf ihn gerichteten Messerstiche völlig unschädlich abprallen. Pitt, der Lange, stand hinter ihm und fuhr mit seinen Armen in der Luft herum wie ein Polyp, der die gefährlichen Fänge ausstreckt, um seine Beute an sich zu ziehen. Sein Körper, der nur aus Knochen und Sehnen zusammengesetzt schien, entwickelte eine außerordentliche Kraft und Ausdauer; das Beil fiel bei ihm aus doppelter Höhe; er griff weiter von sich als jeder andere, aber seine großen Füße rührten sich keinen Zoll breit von der Stelle, und wer ihm so nahe kam, daß er gefaßt werden konnte, der war rettungslos verloren. Durch diese Kampfesweise, sich gegenseitig Rücken an Rücken zu decken, wurden die beiden auch wohl die „verkehrten Toasts" genannt. Toasts sind bekanntlich geröstete, mit den Butterseiten zusammengelegte Brotschnitten. Hammerdull und Holbers kehrten sich im Kampf den Rücken zu, also die verkehrten Seiten; daher ihr Name.

Und noch zwei ragten unter den weißen Kämpfern hervor: die beiden Deutschen. Sie hatten die Tomahawks gefallener Indianer aufgerafft und handhaben sie mit einer Leichtigkeit und Sicherheit, als hätten sie sich auf diese Art des Fechtens besonders eingeübt.

Auch unter den Arbeitern gab es genug Mutige, die den Indianern, die überhaupt nicht gerne Mann gegen Mann zu kämpfen pflegen, viel zu schaffen machten. Der Sieg neigte sich bereits stark auf die Seite der Weißen, und die Wilden wurden immer enger und enger zusammengetrieben. Da aber donnerte es aus dem Dunkel der Prärie heran und mitten unter sie hinein. Deadly-gun hatte recht gehabt: Matto-Sih, der kluge Anführer der Ogellallahs, hatte eine beträchtliche Anzahl der Seinen in der Savanne zurückgelassen, die jetzt mit frischen Kräften herbeigesprengt kamen und dem Gefecht augenblicklich eine andere Wendung gaben. Auch die bereits entflohenen Indianer eilten, den Umschwung bemerkend, mit erneutem Mut herbei, und so verwandelte sich der Angriff der Jäger und Arbeiter in eine Verteidigung, die von Minute zu Minute weniger Erfolg erwarten ließ.

„Hinter den Damm zurück!" gebot Deadly-gun, schlug sich mit wuchtigen Hieben durch und folgte seiner Weisung mit eigenem Beispiel.

Pitt Holbers brauchte nur wenige Schritte, um sich neben ihm einzufinden. Dick Hammerdull zog, um sich Luft zu machen, nun erst den Revolver, gab sämtliche Schüsse ab und eilte dann dem Damm zu. Schon hatte er ihn fast übersprungen, so stolperte er, stürzte kopfüber zur Erde und kugelte jenseits des Dammes hinab und gerade vor die Füße Deadly-guns hin. Dort raffte er sich empor und betrachtete den Gegenstand, den er in der Hand hielt. Er war über ihn gestürzt, hatte ihn unwillkürlich ergriffen und festgehalten. Es schien ein alter Prügel zu sein.

„Meine Flinte, wahrhaftig, es ist meine Flinte, die ich vorhin hier weggeworfen habe! Was sagst du dazu, Pitt Holbers, altes Coon?" rief er erfreut aus.

„Wenn du denkst, Dick, daß es gut ist, deine — —"
Er konnte nicht weitersprechen, denn die Ogellallahs waren ihnen gefolgt, und der Kampf begann von neuem. Die Feuer leuchteten über den Damm herüber und erhellten eine Szene, die mit dem Untergang der Weißen zu endigen schien. Schon wollte deren Anführer den Seinen raten, in die Dunkelheit hineinzufliehen, da krachten Schüsse im Rücken der Wilden, und eine An-

zahl Männer sprang mit hoch geschwungenen Waffen mitten unter sie hinein.

Es war Winnetou mit seiner Abteilung.

Da die Finsternis ihm hinderlich gewesen war, etwaige Spuren zu entdecken, so hatte sein Suchen nach dem vermuteten Hinterhalt zu keinem Ergebnis geführt, und da er die Flammen bemerkt und daraus geschlossen hatte, daß seine Anwesenheit auf dem Kampfplatz nötig sei, so war er herbeigeeilt und brachte nun gerade noch im letzten Augenblick die entscheidende Hilfe.

Im dichtesten Knäuel der Kämpfenden stand Matto-Sih, der Ogellallah. Seine breit gebaute, untersetzte Gestalt steckte in dem gewöhnlichen, weißgegerbten Jagdhemd, das jetzt von oben bis unten vom vergossenen Blut bespritzt war, über dem Rücken hing ihm ein Fell des Präriewolfes, dessen Schädelteile seinen Kopf bedeckten. Den gewölbten Büffelhautschild in der Linken, führte er mit der Rechten den Tomahawk, und wen sein großes, dunkles, stechendes Auge anglühte, den traf der vernichtende Hieb, daß er tot zur Erde stürzte.

Schon hatte er geglaubt, den Sieg zu erringen und mit eigener Stimme die Losung zum Triumphgeheul gegeben, als Winnetou am Platz erschien. Matto-Sih wandte sich um und erblickte ihn.

„Winnetou, der Hund von Pimo!" rief er. Aus seinem Auge leuchtete ein Strahl glühenden, tödlichen Hasses, aber sein schon erhobener Fuß zögerte, und der Arm, der das Schlachtbeil zum Wurf erhoben hatte, sank nieder, ohne es zu schleudern. Es war, als habe der Anblick des Feindes seinen Mut gelähmt und ihm die so nötige Umsicht und Geistesgegenwart geraubt.

Auch Winnetou bemerkte ihn und antwortete:

„Matto-Sih, die Kröte der Ogellallahs!"

Wie in eine Wasserflut, so tauchte seine schlanke, geschmeidige und dabei außerordentlich kraftvolle Gestalt in die Menge der Kämpfenden unter und reckte sich nach wenigen Sekunden gerade vor Matto-Sih in die Höhe. Beide holten zugleich zum todbringenden Hieb aus; die Beile krachten aneinander, und dem Ogellallah sank das seinige zerschmettert aus der Hand. Er wandte sich blitzschnell um und brach sich mit den gewaltigen Beinen Bahn zur Flucht.

„Matto-Sih!" rief Winnetou, sich nicht von seiner Stelle bewegend. „Ist der Hund von Ogellallah eine feige Hündin geworden, daß er vor Winnetou, dem Apatschen davonläuft? Der Mund der Erde soll sein Blut trinken, und die Kralle des Geiers soll sein Herz und seinen Leib zerreißen!"

Dieser Aufforderung mußte der Gegner standhalten. Er kehrte um und drang auf den Feind ein.

„Winnetou, der Sklave der Bleichgesichter! Hier ist Matto-Sih, der Häuptling der Ogellallah! Er tötet den Bären und wirft den Büffel nieder; er folgt dem Elen und zertritt der Schlange den Kopf; ihm hat noch niemand widerstanden, und er wird jetzt das Leben fordern von Winnetou, dem Feigling von Pimo!"

Einem der Seinen das Beil entreißend, stürzte er sich auf den Apatschen, der ihn stehenden Fußes erwartete. Die Augen der beiden starken Männer bohrten sich mit grimmigem Blick ineinander; das Beil des Ogellallah schwirrte um sein Haupt und fuhr dann mit fürchterlicher Wut hernieder. Winnetou wehrte den Hieb geschickt ab. Nun auch seine Waffe schwingend, wollte er den Schlag erwidern, wurde aber von hinten gepackt und daran gehindert. Zwei Ogellallahs hatten sich auf ihn geworfen. Blitzschnell drehte er sich um; die Feinde sanken, von ihm getroffen, nieder, aber schon schwebte das Beil Matto-Sihs wieder über seinem Haupte.

Deadly-gun hatte den Freund in Gefahr gesehen. Die Indianer wie Grashalme auseinanderschlagend, sprang er mitten durch sie, faßte mit den beiden Fäusten ihren Anführer bei Hüfte und Genick, hob ihn hoch in die

Luft empor und schmetterte ihn zur Erde nieder, daß es krachte. Sofort kniete er über dem Besinnungslosen und senkte ihm das Messer in die Brust.

Als die Ogellallahs den Tod ihres Häuptlings gewahr wurden, stießen sie ein erschütterndes Geheul aus und wandten sich zur Flucht.

Dick Hammerdull stand wieder bei Pitt Holbers; sie, die beiden Unzertrennlichen, suchten jetzt die Fliehenden zurückzuhalten.

„Pitt Holbers, altes Coon, siehst du, wie sie laufen, he?" rief Hammerdull.

„Hm, wenn du denkst, Dick, so sehe ich es!"

„Ob ich es denke oder nicht, das bleibt sich gleich, aber ich möchte — — Zounds, Pitt, guck dir einmal den Kerl an, der dort zwischen den beiden Männern aus Germany hindurch will! Holla, der Mensch wird ausgelöscht!"

Mehr sich kugelnd als laufend, eilte er hinzu, wo mehrere der Indianer sich anstrengten, an den beiden Deutschen, die sie aufhalten wollten, vorbeizukommen. Holbers folgte ihm; sie warfen sich auf die Roten und schlugen sie nieder.

In kurzem war der Sieg vollständig errungen, und was vom Feind nicht tot oder verwundet am Boden lag, das hatte fliehend das Weite gesucht.

Am östlichen Horizont wurde nun auch das scharfe Licht der nahenden Maschine sichtbar. Der Heizer hatte den Schein der Feuer bemerkt, sie für das verabredete Zeichen gehalten und nun den Zug in langsame Bewegung gesetzt.

Der Ingenieur, der zur Abteilung Winnetous gehört hatte, trat zu dem Apatschen und fragte ihn:

„Ihr seid Master Winnetou?"

Der Indianer neigte zustimmend das Haupt.

„Wir haben Euch die heutige Rettung zu verdanken.

Ich werde einen Bericht schreiben, der bis hinauf zum Präsidenten geht; dann wird der Lohn nicht ausbleiben!"

„Der Apatsche bedarf des Lohnes nicht; er liebt alle guten Menschen und gibt ihnen seinen Arm im Kampf, aber er ist stark und reich, reicher als der große Vater der Bleichgesichter. Er bedarf weder Gold noch Silber, weder Hab noch Gut; er will nicht nehmen, sondern er gibt. Howgh!"

Der Zug hielt vor den aufgerissenen Schienen an.

„Donnerwetter, Sir", rief der herabspringende Feuermann dem herbeitretenden Vorgesetzten entgegen, „muß es hier Arbeit gegeben haben. Das ist ja, bei Gott, die reine Schlächterei!"

„Sollst recht haben, Mann, — ist heiß hergegangen heute abend, und ich habe mir auch ein kleines Loch geholt, wie du hier sehen kannst. Aber nun vor allen Dingen das Werkzeug herunter und die Schienen in Ordnung, damit wir baldigst weiterkönnen! Versorge das; ich will jetzt mit nach den Gefallenen sehen!"

Er wollte eben zurücktreten, da schnellte hart neben ihm aus dem tiefen Gras der Dammböschung eine dunkle Gestalt empor und eilte an ihm vorüber. Es war einer der Ogellallahs, der keine Gelegenheit zur Flucht gefunden und sich hier versteckt hatte, um einen geeigneten Augenblick abzuwarten.

Der Arbeiter, dem die Pferde anvertraut waren, war natürlich dem Zug gefolgt und stand jetzt mit ihnen in der Nähe der haltenden Wagen. Der Indianer, dem der Anblick der Tiere Hoffnung auf das Entkommen gegeben hatte, eilte auf ihn zu, riß ihm den Zügel eines der Pferde aus der Hand, schwang sich in den Sattel und wollte davonjagen.

Hammerdull hatte die flüchtige Gestalt des Roten sofort bemerkt. Er rief seinem unzertrennlichen Kameraden zu:

„Pitt Holbers, altes Coon, siehst du den Roten springen? Alle Teufel, er geht nach den Pferden!"

„Wenn du denkst, Dick, daß er eins bekommen wird, so habe ich nichts dagegen, denn der Mann, der sie hält, sieht mir grün genug dazu aus!"

„Ob er grün aussieht oder nicht, das bleibt sich gleich, denn — — Pitt Holbers, schau — er reißt ihm die Zügel aus den Fingern, er springt auf, er — — good lack, es ist meine Stute, auf die er sich gesetzt hat! Na, Bursche, das ist der gescheiteste Einfall, den du in deinem ganzen Leben gehabt hast, denn nun wirst du das Glück haben, mit meiner Flinte reden zu können!"

Wirklich hatte sich der Indianer auf die alte Stute geworfen und schlug ihr die Fersen in die Seiten, um so schnell wie möglich das Weite zu gewinnen. Er hatte sich jedoch verrechnet, denn Dick Hammerdull schob den gekrümmten Zeigefinger in den Mund und ließ einen schrillen, weithin tönenden Pfiff erschallen. Sofort fuhr das gehorsame Tier herum und galoppierte trotz aller Anstrengung des Wilden gerade auf seinen Herrn zu. Der Indianer sah keine andere Rettung, als sich noch zur Zeit herabzuwerfen. Da aber nahm der dicke Trapper die Büchse an die Backe; der Schuß krachte, und der Indsman fiel, durch den Kopf getroffen, zu Boden.

„Hast du es gesehen, Pitt Holbers, was die Stute für ein wackeres Viehzeug ist? Ich möchte nur wissen, ob er auch ohne sie glücklich in seine ewigen Jagdgründe kommen wird! Was meinst du, he?"

„Ich habe nichts dagegen, Dick, wenn du denkst, daß er den richtigen Weg gefunden hat. Willst du dir nicht seine Haut nehmen?"

„Ob ich sie nehmen will oder nicht, das bleibt sich gleich, aber herunter muß sie, das ist sicher!"

Um zu dem Gefallenen zu gelangen, mußte er an den zwei Deutschen vorüber, die von der Anstrengung des Kampfes ausruhend, nebeneinander standen.

„So wahr ich Marc Letrier heiße, Kapitän, das war ein Gemetzel, wie man es nur im Wilden Westen erlebt!" hörte er französisch sagen. Aber er war zu sehr mit seiner Absicht beschäftigt, als daß er für den Augenblick auf diese Worte einen Wert gelegt hätte.

Als er dem Toten den Skalp abgezogen hatte und wieder in die Nähe des haltenden Zuges zurückkehrte, sah er Deadly-gun in der Nähe dieser beiden Männer.

„Dick Hammerdull", fragte dieser, „ist es nicht so, daß Ihr die zwei deutschen Gentlemen bei Master Winklay getroffen habt?"

„Well, so ist es, Colonel."

„Sie haben sich gut gehalten und machen Euch Ehre. Aber wie kommt es, daß Ihr sie mitgenommen habt? Ihr wißt ja: ich liebe es nicht, neue Gesichter bei uns zu sehen."

„All right, Sir, aber der eine, der sich Heinrich Mertens nennt, meinte, daß Ihr sein Oheim wäret."

„Sein Oheim? Seid Ihr toll?"

„Hm, ob ich toll bin oder nicht, das bleibt sich gleich; aber wir kamen in einen kleinen Handel und ich hatte da schon die Messerspitze an seiner Kehle, als er sagte, Ihr würdet es mir schlecht danken, wenn ihm die Klinge um ein weniges zu tief in die Wolle geht. Macht es mit ihm selber ab, Colonel!"

Der berühmte Tracker[1]) trat an die Deutschen heran und fragte sie:

„Ihr seid von drüben herüber aus Germany, wie man mir sagt?"

„Ja", antwortete Mertens.

„Was sucht ihr in der Prärie?"

„Oheim, willst du noch fragen?" ertönte es ihm da auf deutsch entgegen.

Deadly-gun trat um einen Schritt zurück.

1) Pfadfinder

„Oheim? Ich kenne keinen Verwandten mit Namen Mertens!" erklärte er erstaunt.

„Das ist richtig! Doch nannte ich mich so, weil ich nicht wußte, ob dir der Name Thieme lieb sein würde. Es handelt sich um Geld, um viel Geld, wie du schriebst. Da muß man vorsichtig sein, und darum habe ich mir einen anderen Namen beigelegt."

„Thieme — —. Ist es denn möglich, daß du es bist, Heinrich?!"

„Nicht möglich, sondern wirklich, Onkel. Hier ist dein Brief, in dem du schreibst, daß ich kommen soll. Die anderen Papiere kannst du ja morgen lesen!"

Er langte unter den Jagdrock und zog ein sorgfältig verwahrtes Papier hervor, das er ihm überreichte. Der alte Jäger warf bei dem noch immer hellen Feuerschein einen Blick auf die Zeilen, zog ihn dann an seine Brust und rief aus:

„Es ist wahr! Gott segne meine Augen, daß es ihnen noch vergönnt ist, einen der Meinigen zu sehen! Wie geht es deinem Vater? Warum schrieb er mir nicht? Ich hatte ihm doch die Anschrift für Omaha angegeben!"

„Ja, aber du beschriebst in diesem Briefe zugleich auch den ganzen Weg am Arkansas hinauf nach Fort Gibson, nach dem Haus des Irländers Winklay und weiter westlich aufwärts bis zu der Stelle, wo du mit der Schar deiner Westmänner für längere Zeit lagerst. Da wir dachten, du könntest diesen Ort verlassen, hielten wir es für das beste, daß ich mich selbst auf den Weg machte und dir den Brief des Vaters überbrachte. Morgen früh, wenn es hell ist, werde ich ihn dir geben. Du hast mich, seit du in Amerika bist, nicht gesehen und wirst mich also nicht mehr kennen; desto besser aber kenne ich deine Güte, mit der du die Eltern früher unterstützt und mich nun schließlich gar eingeladen hast, herüberzukommen."

„Well! Es freut mich, daß du dieser Einladung so

schnell gefolgt bist. Ich habe in den Big-horn-Bergen Gold gefunden, das ich euch geben wollte, denn ich brauche es nicht. Mit dem Schicken ist es eine sehr unsichere Sache, und so wünschte ich, daß du persönlich kommen möchtest. Was ich dir geben will, ist ein Reichtum für euch, und ich hoffe, daß es euch glücklich macht. Aber du kommst nicht allein. Wer ist denn dein Begleiter?"

„Auch ein Deutscher. Er heißt Peter Wolf und wollte gerne nach dem Westen. Da schloß ich mich ihm an."

„Schön! Wir sprechen weiter über unsere Angelegenheit, lieber Heinrich. Jetzt gibt es keine Zeit dazu. Du siehst, daß ich anderweit gebraucht werde."

Es erscholl nämlich jetzt die Stimme des Zugführers, der zum Aufbruch drängte, denn durch den unerwarteten Aufenthalt hier war viel Zeit verloren gegangen, die wieder eingeholt werden mußte.

Die toten und verwundeten Weißen wurden in die Wagen gebracht und die umherliegenden Waffen zusammengelesen. Die Reisenden sagten ihren Rettern herzlichen Dank, und da der Schaden im Gleise nun ausgebessert war, konnte der Zug die Weiterfahrt antreten. Die Zurückbleibenden sahen ihm nach, bis seine Lichter in der Ferne verschwunden waren.

Nun war die Frage, ob sie während der Nacht hier Lager machen sollten oder nicht. Es war anzunehmen, daß die flüchtigen Ogellallahs sich bald wieder sammeln und nach dem Ort des Kampfes zurückschleichen würden. Das konnte gefährlich werden, und darum wurde beschlossen, von hier aufzubrechen und an einem entfernten Ort zu übernachten, wo von seiten der Indianer kein Überfall zu erwarten war. Deadly-gun bestieg eines der erbeuteten Indianerpferde, und dann wurde aufgebrochen.

Während der Colonel mit seinem ‚Neffen' sprach, hatte Hammerdull in der Nähe gestanden und fast alles gehört. Nun, als die Reiter den Ort des Überfalles schon weit im Rücken hatten, ersah er einen Augenblick, an dem dieser Neffe nicht neben dem Onkel ritt, lenkte seine Stute neben Deadly-guns Pferd und sagte mit vorsichtig unterdrückter Stimme:

„Wenn Ihr es mir nicht übelnehmt, möchte ich Euch etwas sagen, Sir."

„Übelnehmen? Sprich nicht so dummes Zeug. Was ist es?"

„Was Ihr jedenfalls für eine Dummheit halten werdet, Sir. Es betrifft die beiden Männer, die behaupten, von drüben aus dem alten Germany zu sein."

„Das sind sie doch auch!"

„Ob sie es sind oder nicht, das bleibt sich gleich; aber ich denke, daß sie es nicht sind."

„Unsinn! Mein Neffe ist ein Deutscher; das muß ich doch wissen!"

„Ja, wenn er wirklich Euer Neffe ist, Sir!"

„Zweifelst du daran?"

„Hm! Kennt Ihr Euren Neffen?"

„Ich konnte ihn nicht erkennen, weil er noch ein Knabe war, als ich ihn zum letztenmal sah."

„Ich glaube, Ihr habt ihn überhaupt noch nicht gesehen. Euer deutscher Name ist Thieme. Warum hat er diesen Namen nicht beibehalten und sich anders genannt?"

„Aus Vorsicht, nämlich weil er — — —"

„Ich weiß, ich weiß!" fiel ihm der Dicke in die Rede. „Ich habe ja gehört, welchen Grund er dafür angab; aber mir scheint dieser Grund ein wenig fadenscheinig zu sein. Sagt mir einmal, ist er Kapitän?"

„Nein."

„Aber der andere hat ihn doch so angesprochen!"

„Wirklich? Was du sagst!"

„Ja, er hat ihn Kapitän genannt; ich habe es ganz deutlich gehört, sogar mit allen beiden Ohren. Sie sprachen französisch."

„Französisch?" fragte der Colonel verwundert. „Das wäre freilich auffällig!"

„Ob es auffällig ist oder nicht, das bleibt sich gleich; aber mir ist es zunächst nicht aufgefallen. Doch als ich dann hörte, daß es sich um Euer Gold handelt, da kamen mir Bedenken. Warum nennt sich der andere uns gegenüber Peter Wolf — ein schrecklicher Name, bei dem man die Zunge brechen kann! — und zu Heinrich Mertens sagte er, daß er Marc Letrier heiße?"

„Bezeichnete er sich mit diesem Namen?"

„Ja. Ich ging gerade an ihnen vorüber und hörte es; ich verstand es auch, obgleich er französisch sprach. Zunächst achtete ich nicht darauf, weil ich gerade Eile hatte, mir den Skalp eines Roten zu holen; aber später fiel es mir wieder ein und machte mich mißtrauisch. Spricht dieser Mertens die deutsche Sprache gut und rein?"

„Allerdings mit einer fremden Betonung; aber wahrscheinlich kommt mir das nur so vor; ich habe kein Urteil mehr darüber, weil es so lange Jahre her ist, daß ich Deutschland verlassen habe."

„Ob Ihr es verlassen habt oder nicht, das bleibt sich gleich; aber ich sage Euch, daß mir die Sache nicht gefällt. Wir nennen Euch als unseren Anführer Colonel, obgleich Ihr diesen militärischen Grad nicht besitzt. Warum wird dieser Mertens Kapitän genannt? Ist er der Anführer von irgendwelchen Leuten? Wer und was sind diese Leute? Ehrliche Menschen wohl kaum! Seht Euch vor, Colonel, und verübelt mir meine gut gemeinte Warnung ja nicht!"

„Fällt mir nicht ein, sie zu verübeln, obgleich ich weiß, daß Ihr Euch irrt. Dennoch werde ich die Augen und Ohren offenhalten; das verspreche ich Euch."

„Well! Will wünschen, daß ich mich irre; aber da Ihr Euren Neffen nicht persönlich kennt und es sich um eine so große Summe handelt, so ist die Vorsicht wenigstens nicht überflüssig."

„Er hat sich mir gegenüber als Neffen legitimiert."

„Durch Euren Brief, den er vorzeigte?"

„Ja. Und morgen will er mir noch andere Briefe geben."

„Das beweist noch nichts, denn diese Briefe können auf unrechtlichem Weg in seine Hand gekommen sein."

„Muß man gleich das Allerschlimmste denken?"

„Ob man es denkt oder nicht, das bleibt sich gleich; ich traue diesen beiden Menschen nicht, und wenn Ihr ihnen glaubt, so werde ich um so schärfer auf sie achten."

Sie brachen diese Unterredung ab, weil Mertens sich jetzt wieder zu Deadly-gun gesellte. Hammerdull entfernte sich von ihnen und ritt nun mit dem langen Pitt Holbers, an dessen Seite er sich stets am wohlsten fühlte.

Ungefähr zwei Stunden, nachdem sie die Eisenbahn verlassen hatten, kamen sie an eine Stelle, die sich sehr gut zum Lagerplatz eignete. Es gab da Gras für die Pferde, Wasser für die Menschen und Tiere und ziemlich dichtes Gebüsch, das vortrefflich als Deckung diente. Da wurde abgestiegen. Man konnte sich hier sicher fühlen, denn es war zwar nicht ganz finster, aber auch nicht hell genug, daß es einem oder mehreren Ogellallahs möglich gewesen wäre, den Weißen hierher zu folgen.

Mertens hatte seit heute nachmittag nicht unbelauscht mit Wolf sprechen können. Jetzt, da es zum Schlafen ging, legte er sich mit diesem etwas entfernt von den anderen, was, wie er glaubte, niemandem auffiel. Als sie annahmen, daß ihre Gefährten eingeschlafen seien, flüsterte Mertens seinem Kumpan zu:

„Bisher hat alles geklappt. Deadly-gun hält mich für seinen Neffen. Wenn wir nur erst das Gold hätten! Dann auf nach San Francisco, wo die ‚l'Horrible' jetzt liegen soll! Wir werden uns das schöne Schiff wieder holen und noch gar manchen Piratenstreich ausführen.

Ha, wenn dieser Colonel wüßte, wie fein es mir gelang, als Vicomte de Brétigny seinen Bruder, den Juwelier, zu entreichern! Und wie mir sein Neffe in New York in die Finger lief: just im rechten Augenblick, als uns die Clairon, das Satansweib, mit unserem Geld durchgegangen war. Die soll mir noch einmal in die Finger kommen! Na, der alte Trapper scheint ja auch kein schlechter Bissen zu sein. Der muß wieder einbringen, was die Miß Admiral genommen hat. Ich hoffe, daß es noch mehr wird."

„Sicher! Welche Menge von Gold Deadly-gun und seine Gesellschaft zwischen den Big-Horn-Bergen gesammelt haben, das habt Ihr ja als sein lieber ‚Neffe' von ihm selbst gehört. War das ein großes Glück, daß Ihr mit dem echten Neffen des Colonel zusammengetroffen seid! Habt freilich einen großen Fehler begangen, Kapitän!"

„Welchen?"

„Daß Ihr ihn nicht kalt gemacht habt."

„Das war allerdings eine Schwäche von mir; aber er war so aufrichtig und vertrauensselig. Er beantwortete mir alle, alle meine Fragen und gab mir so bereitwillig Auskunft über seine Familienverhältnisse, deren Kenntnis mir nötig war, wenn ich seine Stelle einnehmen wollte. Da wurde ich schwach und ging mit seinem Geld und seinen Papieren davon, ohne ihm das Leben zu nehmen."

„Ich an Eurer Stelle hätte ihn unschädlich gemacht."

„Das ist er auch so schon."

„Er ist Euch sicher gefolgt!"

„Nein. Er ist ein Neuling im Lande, hier vollständig unbekannt und — was die Hauptsache ist — hat kein Geld, keinen einzigen Cent mehr. Er ist also hilfloser und verlassener als ein Waisenknabe und kann mir weder folgen noch uns in irgendeiner Weise schaden. Die Hauptsache war, daß ich im gleichen Alter mit ihm stehe und daß Deadly-gun mich noch nie gesehen hat. Er glaubt wirklich — — — doch horch! Es muß jemand hinter uns im Gebüsch sein!"

Sie lauschten und vernahmen nach einiger Zeit ein leises Rascheln, das sich von ihnen entfernte.

„Alle Teufel! Wir sind belauscht worden!" flüsterte Mertens seinem Kumpan zu.

„Es scheint so", antwortete dieser ebenso leise. „Aber von wem?"

„Entweder von Deadly-gun selbst oder von einem anderen. Ich werde gleich erfahren, wer es gewesen ist."

„Auf welche Weise?"

„Ich schleiche mich zu Deadly-gun. Liegt er nicht an seinem Platz, so war er es."

„Und wenn es ein anderer war?"

„So geht er zu Deadly-gun, um ihm zu sagen, was er gehört hat. In beiden Fällen erfahre ich, was ich wissen will. Alle Wetter! Wenn diese Kerls mißtrauisch geworden wären! Bleibe still liegen, und warte, bis ich wiederkomme!"

Er dehnte sich lang aus und wand sich behend und unhörbar durch das Gras hinüber nach der Stelle, wo der Colonel sich niedergelegt hatte. Dieser lag noch dort; aber da kam von der anderen Seite leisen Schrittes Dick Hammerdull, bog sich zu ihm nieder, weckte ihn auf und sagte:

„Wacht auf, Colonel; aber seid still, ganz still!"

So leise er gesprochen hatte, Mertens lag nahe und hatte ein so scharfes Gehör, daß ihm kein Wort entgangen war.

„Was ist es? Was gibt es?" fragte Deadly-gun.

„Leise, leise, daß die da drüben es nicht hören! Ich habe Euch gesagt, daß ich aufpassen will, Sir. Es fiel mir auf, daß Heinrich Mertens und Peter Wolf — verteufelt klappriger Name für die Zunge eines nicht-deutschen Gentleman! — also es fiel mir auf, daß diese beiden sich so entfernt von uns niederlegten. Ich faßte Verdacht und schlich mich hin. Es gelang mir, ganz nahe an sie zu kommen, so daß mein Kopf fast zwischen ihren Köpfen lag, und da hörte ich sie flüstern."

„Hast du verstanden, was sie sagten?"

„Ob ich sie verstanden habe oder nicht, das bleibt sich gleich; aber ich hörte, daß dieser Mertens nicht Euer Neffe ist, sondern ein Seeräuberkapitän; und der andere heißt Marc Letrier. Mertens hat Euren wirklichen Neffen getroffen und ihm alles abgenommen, was er — —"

Mehr wollte und brauchte Mertens nicht zu hören; er wußte genug und kroch schleunigst zu seinem Gefährten zurück.

„Wir sind verraten!" raunte er ihm zu. „Nimm dein Gewehr, und folge mir schnell zu unseren Pferden! Aber leise, ganz leise!"

Sie huschten fort, zwischen den Büschen hinaus nach dem kleinen, freien Platz, wo die Pferde angepflockt waren. Sie machten die ihrigen los und zogen sie langsam, sehr langsam fort, damit die Huftritte nicht gehört würden. Als sie sich so weit entfernt hatten, daß sie sich nun sicher fühlten, stiegen sie auf und wollten davonreiten.

Da ertönte hinter ihnen sausender Hufschlag. Mertens gab seinem Pferd den Stachel zu kosten, so daß es vor Schmerz in die Höhe ging, riß es herum und jagte, von Wolf gefolgt, im gestreckten Galopp davon. Bald erkannte er zwei Reiter, die ihnen nachsetzten. Immer näher kamen sie. Er spornte sein Tier zur höchsten Eile; da aber tauchte nur wenige Schritte hinter ihm die vorgebeugte Gestalt des Apatschen empor. Jetzt erhob sie den Arm mit dem gefährlichen Lasso — ein kurzer, feiner Laut, wie wenn ein Riemen durch die Luft streicht — ein fürchterlicher Ruck — und Roß und Reiter stürzten zu Boden.

Hinter ihnen erscholl ein Schrei. Hammerdulls alte

Stute hatte ihre Schuldigkeit getan; der Dicke stand über dem auf der Erde liegenden Peter Wolf und schnürte ihm die Arme zusammen. Deadly-gun und Pitt Holbers hatten sich auf die Geschicklichkeit der beiden Verfolger verlassen und waren ihnen langsam nachgeritten. Als sie den Platz erreichten, waren die Ereilten schon gefesselt.

„Pitt Holbers, altes Coon, schau her", meinte Hammerdull, „ob das Greenhorn wieder loskommen wird? Ist der Riemen fest genug, he?"

„Wenn du denkst, Dick, daß er fest genug ist, so habe ich nichts dagegen. Ziehe nur die Schlinge von seinem Pferd, damit es nicht erstickt!"

„Ob es erstickt oder nicht, das bleibt sich gleich, aber da wir das Viehzeug noch brauchen können, so wollen wir es losmachen."

Auch der Apatsche hatte bereits die Schlinge von Mertens Pferd gelöst. Dieser war niedergerissen und gefesselt worden, ehe es ihm nur möglich war, ein Glied zur Gegenwehr zu rühren. Nun stand er wie ein verurteilter Verbrecher vor Deadly-gun.

„Herr Vicomte und Kapitän, Ihr seid ein schlechter Reiter. Versucht das Stück nicht wieder, sonst lassen wir anstatt des Lassos die Büchse sprechen! Durch Eure Flucht habt Ihr Euch selbst als schuldig bekannt. Sollt erfahren, wie ein Tracker zu strafen weiß! Dick Hammerdull und Pitt Holbers, ich übergebe euch diese Männer. Nehmt ihnen zunächst alle Papiere und Ausweise meines Neffen ab! Die Nacht über bewachen wir sie abwechselnd. Morgen in aller Frühe brechen wir auf, dann bindet sie im Sattel fest und seht zu, daß wir sie gut ins Hide-spot bringen! Gute Nacht, der Weg ist noch weit und die Indsmen können uns noch gehörig zu schaffen machen. Der Schlaf ist uns nötig!" — — —

4. Die Verfolger

„Mutter Dodd in Hoboken", welch einen prächtigen, anheimelnden Klang hat doch dieser Name für die seefahrenden Angehörigen aller Nationen, die einmal in New York vor Anker gegangen sind! Eine zweite Mutter Dodd ist nicht zu finden, so weit die Winde gehen und die Wogen rauschen, und wer nur ein einziges Mal bei ihr gewesen ist, der weiß von ihren Eigentümlichkeiten zu erzählen, von ihrer Liebenswürdigkeit zu rühmen und sehnt sich, wieder einmal bei ihr an Bord gehen zu dürfen.

Aber freilich, ein braver Maat muß er sein, sonst mag sie nichts von ihm wissen, und er ist schneller wieder draußen vor ihrer Tür, als er hineingekommen ist. Sie hat einen gar strengen Begriff von Anstand und wahrt den Ruf ihres Hauses eigenhändig und in so kräftiger Weise, daß schon mancher alte widerhaarige Seemann die Kraft ihrer dicken Fäuste und die Unwiderstehlichkeit ihrer fetten Arme aus eigener Erfahrung kennengelernt hat. Wen sie nicht bei sich leiden mag, den winkt sie einfach hinaus, und geht er nicht sofort, so nimmt sie ihn bei der Parabel und bringt ihn mit der Schnelligkeit einer Lokomotive auf die Straße. Wem es aber einmal geglückt ist, sich ihr Vertrauen zu erwerben, der darf auf ihren Schutz und Beistand in jeder Beziehung rechnen und wird sicher in keiner Not von ihr verlassen.

Das Haus zur „Mutter Dodd" ist zwar bloß einstöckig, aber lang und tief. Durch den breiten Flur tritt man in eine sehr geräumige Gaststube, deren verräucherte Decke von hölzernen Säulen getragen wird.

Vorn sind die Plätze für „Allerlei", an den weiter zurückstehenden Tischen dürfen nur diejenigen Platz nehmen, die von der Wirtin besonders ins Herz geschlossen sind, und durch die hintere Wand führt eine Tür in ein Zimmer, wo die Steuerleute und Kapitäne verkehren und wohl auch einmal einen gewöhnlichen Swalker mit leiden müssen, den Mutter Dodd mit ganz seltenem Wohlwollen auszeichnet.

Solche Bevorzugte bedient sie selbst, während die anderen sich an das Dienstpersonal zu halten haben.

Heute waren mehrere Segler und Dampfer vor Anker gegangen, und das niedrige Haus hatte infolgedessen viele Gäste aufzuweisen. Mutter Dodd lehnte am Schenktisch, hatte die Arme in die breiten Hüften gestemmt und lenkte ihr Personal wie ein Feldherr mit Blicken und Winken, wohl auch mit einem kurzen, scharfen Wort hierhin und dorthin.

An einem der vorderen Tische saß eine Gesellschaft von Männern, die der Kenner sofort als Runners, Loafers oder Rowdies[1]) bezeichnet hätte. Sie führten ihr Wort so laut, daß ihre Stimmen jedes andere Gespräch überschallten, und trugen eine politische Ansicht zur Schau, die in jener Zeit, kurz vor Ende des Bürgerkrieges, für New York etwas gewagt erscheinen mochte.

„Hast recht, Tommy", rief einer von ihnen. „Die Nigger sind keine richtigen Menschen; sie sind halb Mensch und halb Tier und passen nur zur Peitsche. Der Teufel hole den Norden, der aus ihnen Gentlemen machen will!"

„Gentlemen? Das soll ihm so leicht nicht werden! Der Süden hat seine Rechte, die er nicht hergibt, und wenn ich zu befehlen hätte, so kämen alle Niggerfreunde an den Strick. Mutter Dodd, alte Hexe, noch ein Glas!"

Es wurde sofort ruhig im ganzen Raum, denn jeder, der die Wirtin kannte, wußte, was nun folgen werde.

1) Strolche

Diese verließ langsam ihren bisherigen Standort und schob sich durch die Gäste auf den Sprecher zu.

„Will, stoß die Tür ein wenig auf!" gebot sie dem Hausknecht, der soeben ein Faß Bier aufs Gestell gehoben hatte. Als der Befehl ausgeführt war, nahm sie den Schreier bei den Schultern.

„Höre, mein Junge, hier im Norden segelst du mit deiner Hexe gegen den Schwall; ich werde dich nach dem Süden bringen, und die Zeche schenke ich dir!"

Wie im Sturmwind wurde er aus der Stube und durch den Flur hinaus auf die Straße gefegt. Als die tapfere Frau wieder eintrat, hatten sich die Genossen des an die Luft Beförderten erhoben und schlossen einen drohenden Kreis um sie. Doch mit einigen kraftvollen Stößen ihrer Arme machte sie sich Platz und rief zu den Umstehenden gewendet:

„Kinder, wer hilft mir von diesen Männern?"

Alle ohne Ausnahme sprangen auf, und im nächsten Augenblick war das Zimmer gesäubert. Mutter Dodd wußte genau, daß sie sich niemals umsonst an die Bereitwilligkeit ihrer Gäste wandte.

Längst schon hatte sie ihren gewöhnlichen Platz wieder eingenommen, da öffnete sich die Tür und ein junger Mann trat ein. Trotz seines etwas fadenscheinigen Anzuges machte er den Eindruck, als gehöre er eigentlich nicht in eine Wirtschaft, in der Matrosen und dergleichen ihren Verkehr suchen. Er sah sehr angegriffen aus, als sei er krank gewesen oder habe mit schweren Sorgen zu kämpfen. Er machte Miene, sich unweit der Tür niederzulassen, da ertönte die Stimme der Wirtin:

„Good evening, Master Thieme! Wollt Ihr nicht in die Stube kommen?"

Sie schritt ihm voran und er folgte ihr durch die Reihen der Gäste in das hintere Zimmer, wo sich noch niemand befand.

„Eine Flasche Porter, nicht, Sir?"

Selbst wenn er etwas anderes, Billigeres gewünscht hätte, es wäre zu spät gewesen, denn schon war sie fort und brachte ihm dann den bezeichneten Trunk.

„Seht heute schon besser aus, Sir. Werdet wohl jetzt bald soweit sein, daß Ihr Eure Reise antreten könnt!"

„Habe arbeiten müssen, sehr arbeiten, Mutter Dodd, und wollte nicht eher wiederkommen, als bis ich meine Schuld bezahlen konnte!"

Er griff in die Tasche; sie aber hielt seinen Arm zurück.

„Wollt Ihr einmal aufrichtig sein, Master Thieme? Habt Ihr in den paar Tagen so viel verdient, daß Euch das Geld drückt?"

„Hm, das nun gerade nicht, doch möchte ich..."

„Weiß schon, weiß schon! Ihr seid mir gewiß und werdet mich bezahlen; jetzt aber mag ich das Geld nicht haben, jetzt nicht, später; ich werde Euch schon selbst darin erinnern. Aber wollt Ihr denn nun nicht nach dem Westen fahren?"

„Doch... aber..."

„Aber?"

„Ja, Mutter Dodd, wenn ich meinen Onkel dort im fernen Westen aufsuchen könnte, dann hätte alle Not ein Ende. Aber ich kann es ja nicht — —!"

„Warum könnt Ihr das nicht, he?"

„Der teuren Fahrt wegen."

„Wieviel werdet Ihr alles in allem brauchen?"

„Fünfzig Dollars."

„Master Thieme, seid Ihr wieder stark genug, die Reise unternehmen zu können? Denn das ist die Hauptsache."

„Ja."

„Well, Sir, so sollt Ihr das Geld haben, nämlich von mir und heute abend noch!"

„Mutter Dodd! — Ich habe Euch das nicht erzählt, um..."

„Weiß schon, weiß schon, Sir! Kenne ja Eure Vergangenheit und Euch ganz genau. Aber der Herrgott verläßt keinen, der sich Mühe gibt; merkt Euch das! Nun aber trinkt und laßt mich einmal nach vorne sehen!"

Sie trat in die große Gaststube zurück und kam gerade zur rechten Zeit, um den Eintritt eines Mannes zu bemerken, bei dessen Anblick ihr die Freude aus allen Zügen lachte.

Von hoher, breiter und außerordentlich muskulöser Gestalt, trug er einen Hut auf dem glattgeschorenen Kopf, dessen ungeheure Krempe hinten weit über den Nacken herunterschlappte, während ihr vorderer Teil über dem Gesicht einfach weggeschnitten war. Den Leib bedeckte ein kurzer, weiter Sackrock, dessen Ärmel kaum bis über die Ellbogen reichten und erst die Ärmelteile eines sauber gewaschenen Hemdes, dann die braungebrannten Vorderarme und endlich zwei Hände sehen ließen, die einem vorsintflutlichen Riesentier anzugehören schienen. Die Beine steckten in einem Paar ebenso weiter Hosen von leichtem Zeug; unter ihnen wurden zwei Stiefel sichtbar, deren Leder aus dem Rücken eines Elefanten herausgeschnitten sein mußte.

Der Mann sah in dem alten Hut, dem moosgrünen Rock und den gelben Hosen einer Maskenballfigur ähnlich, die sich vom Tanzsaal verirrt hat. Mit weitausgespreizten Beinen schritt er zwischen Tischen und Stühlen hindurch, als befinde er sich in einem Boot, das von den Wogen auf- und niedergeworfen wird.

„Mutter Dodd!" rief er, die Arme nach der Wirtin ausstreckend. „Halte-là — heigh-day — heda, ihr Leute, laßt mich doch einmal hindurch! Good evening, Mutter Dodd, da bin ich wieder! Wie geht es mon Bijou?"

„Peter! Wahrhaftig, das ist der Peter Polter, der mir..."

„Natürlich, der Peter Polter aus Langendorf, früher

Hochbootsmannsmaat auf Ihrer englischen Majestät Kriegsschiff ‚Nelson‘, dann Steuermann auf dem Vereinigten-Staaten-Klipper ‚Swallow‘ und jetzt — hallo, Mutter Dodd, komm an meine Weste und laß dich küssen!"

Er nahm sie, zog sie an sich und drückte ihr einen schallenden Kuß, den sie auch ruhig litt, auf die Lippen.

„Bist doch immer noch der Alte, Peter! Immer gut vorm Wind und . . ."

„Und durstig vorm Glas! Bringe einige Schlucke von meiner Sorte heraus, denn ehe ich dir erzählen kann, muß ich erst die Luke waschen."

Er trat in die hintere Stube, und nun erst sah die Wirtin, daß er nicht allein gekommen war. Es folgte ihm ein junger Mann, dem man den Gentleman auf tausend Schritte ansehen konnte, und es war eigentlich zu verwundern, wie der alte Südwester in eine so vornehme Gesellschaft hatte kommen können.

Mutter Dodd war schnell wieder bei der Hand. Sie brachte das Verlangte und stellte zugleich drei Gläser auf den Tisch.

„Eins für mich!" meinte sie. „Denn es versteht sich ja ganz von selbst, daß ich mit meinem liebsten Gast den ‚Welcome‘ trinke."

„Natürlich, du alte, liebe Fregatte, du! Aber höre, zuvor muß ich gentlemanlike sein und dir hier den Master Treskow vorstellen, der ein verteufelt guter Freund von mir ist."

Sie machte ihren besten Knix und Peter fuhr fort:

„Wir haben uns da drüben bei meinem Bruder getroffen, der bei einem Juwelier Thieme vor Anker lag. Aber . . ."

„Thieme? Juwelier? Wäre das möglich?"

„Was möglich?" beteiligte sich hier Treskow zum erstenmal am Gespräch.

„Nun, Herr, seht Ihr den jungen Mann dort?" Mutter Dodd neigte sich zu Treskow hinüber und fuhr leiser fort: „Er ist ein sehr ordentlicher Junge, hat aber Unglück gehabt. Sein Vater hatte ein großes Geschäft da drüben, wurde aber ermordet und ausgeraubt. Er hatte seinen Sohn kurz vorher über den großen Teich geschickt; ein Bruder des Alten lebt im Westen als Trapper und hat dort viel Gold gefunden. Da dieser nun selbst damit nichts anzufangen weiß, wollte er es seinem Bruder schenken, den er schon früher oft unterstützt hat. Das alles erzählte mir Thieme selbst."

„Hat er denn seinen Onkel aufgesucht?"

„Nein, noch nicht. Er war noch nicht lange hier in Amerika, als er die Nachricht von dem Überfall durch zwei Landsleute erhielt, die frisch von Germany hier eintrafen. Vertrauensvoll erzählte er den beiden seine Geschichte und zum Dank dafür schlugen sie ihn nieder und gingen mit seinen Papieren und seinem letzten Geld durch. Jetzt ist er nun wieder genesen und... doch, Mesch'schurs, vielleicht stellt Ihr Euch ihm selbst vor, Ihr scheint ja in seiner Heimat nicht unbekannt zu sein!"

Treskow erhob sich sogleich und trat zu dem Tisch, an dem der junge Thieme saß.

„Sie verzeihen, mein Herr", redete er ihn deutsch an, „wenn ich mir gestatte, Sie anzureden!"

„Sie wünschen?" fragte Thieme, sich ebenfalls von seinem Stuhl erhebend.

„Nichts mehr und nichts weniger als Ihre Gesellschaft. Wollen Sie die Güte haben, hier bei uns Platz zu nehmen!"

„Welchem Umstand verdanke ich das Vergnügen, diese Einladung zu erhalten?"

„Einer Angelegenheit, die Ihnen sehr nahe zu gehen scheint. Mein Name ist Treskow, ich bin Detektiv und... doch bitte wollen wir nicht zunächst übersiedeln!"

Thieme folgte mit gespannter Erwartung.

„Herr Thieme, Sie wissen bereits von jenem Raubüberfall auf Ihren Herrn Vater? — Noch keine Einzelheiten? Nun, ich bin als Polizist gerade in jener Angelegenheit hier. Hören Sie!"

Gespannt lauschte Thieme den Ausführungen des Beamten. Zum ersten Male vernahm er hier aus zuverlässiger Quelle die Einzelheiten jener Untat. Damals hatte Peter Polter nach Jahren wieder einmal seinen Bruder, der bei dem Juwelier angestellt war, besucht. Der weltbefahrene Mann hatte sich Treskow sogleich angeschlossen, als gewiß war, daß die Verbrecher nach Amerika geflüchtet waren.

Als der Detektiv am Schluß eine Beschreibung der vermutlichen Täter gab, sprang der junge Thieme vor Erregung auf und rief:

„Noch einmal, Sir, beschreibt sie mir noch einmal!"

„Gerne, ich kann Euch sogar eine Photographie des Vicomte de Brétigny zeigen", sagte Treskow.

Er zog eine Brieftasche hervor und entnahm ihr ein Bild, nach dem Thieme hastig griff.

„Er ist es, ja, er ist es! Das Bild ist sehr gut gelungen." Er zog ein Taschentuch hervor, um sich den Schweiß von der Stirn zu trocknen. „Hätte ich das geahnt! Mutter Dodd, erkennt Ihr ihn auch?"

„Ja, er ist es, Sir!"

Jetzt sprang auch der Detektiv auf: „Ihr kennt ihn? War er hier bei Euch?"

„Ja, hier bei mir, Sir!" bekräftigte die Wirtin.

„Erzählt, Mister Thieme, erzählt!"

„Nun, ich war einige Wochen in New York, hatte von Mutter Dodd gehört und verkehrte viel bei ihr. Ich wollte gerade nach dem Westen abreisen, um den Onkel aufzusuchen, da lernte ich hier zwei Landsleute kennen, die sich Heinrich Mertens und Peter Wolf nannten. Sie waren frisch aus Europa gekommen und wußten allerhand Neues aus der alten Heimat. Als sie meinen Namen hörten, da berichteten sie mir als erstes von jener Untat an meinem Vater. Hätte ich gewußt, was ich nun weiß! Mertens war kein anderer, als jener Vicomte de Brétigny, und Peter Wolf wird wohl der Chevalier de Saccard gewesen sein oder sein Diener ... Ihr nanntet mir dessen Namen noch nicht?!"

„Marc Letrier."

„Marc Letrier!" rief da die Wirtin. „Der ‚giftige Marc', der mit dem Kapitän Kaiman gesegelt ist, wie sich die Maaten erzählen, die bei mir verkehren?"

„Thunderstorm, Mutter Dodd, alte Seejungfer!" fuhr nun auch Peter Polter auf. „So wahr ich Hochboots-mannsmaat auf Ihrer englischen Majestät Kriegsschiff ‚Nelson' und dann auf dem Vereinigten-Staaten-Klipper ‚Swallow' gewesen bin, daran habe ich noch gar nicht gedacht, aber das ist er!"

„Wer?" fragten Treskow und Thieme gleichzeitig.

„Habt Ihr einmal vom Kapitän Kaiman gehört?" erwiderte die Wirtin. „Und von seinem Segelmeister, der Miß Admiral? Marc Letrier, der ‚giftige Marc', war des Kapitäns Vertrauter. Es ist schon einige Zeit her, daß es gelang, den Piraten zu entern und sein Schiff nach hartem Kampf zu nehmen. Aber von diesen dreien wurde niemand erwischt, sie sind seitdem spurlos ver-schwunden. Wollt ihr hören, was ich vom Kapitän Kaiman durch meine Maaten weiß?"

Alle nickten.

„Nun so hört! Er ist ein Franzose und soll eigentlich Camain heißen, woraus durch Umstellung der Buch-staben ‚Caïman'[1]) entstand. Kapitän Kaiman — so nannten ihn zuerst seine Leute — wurde bald überall bekannt und gefürchtet. Er muß schon jung ein treff-licher Seemann gewesen sein; er soll nicht viel über dreißig Jahre zählen und hat doch schon lange Zeit

1) Französische Bezeichnung für Krokodil

die belebtesten Seekurse unsicher gemacht. Er war Sklavenhändler, wie es kaum einen zweiten gegeben hat, holte die Negerware von Afrika herüber und brachte sie hier stets glücklich an den Mann. Kein anderer Kapitän nahm es mit ihm auf, woran allerdings auch sein vortreffliches Fahrzeug, die ‚l'Horrible‘, mit schuld war. Das soll eine Schonerbrigg oder ein Dreimast-Marssegelschoner gewesen sein. Der Kapitän Kaiman hat sich selbst vor Dampfern nicht gefürchtet, solange nur eine Handvoll Wind in seinen Segeln steckte. Sein Segelmeister war die Miß Admiral, ein Frauenzimmer, aber ein Teufel in Menschengestalt. Sie war das einzige Kind eines alten Seemannes, der die Schrulle hatte, sich nicht von ihr trennen zu wollen. Er steckte sie in Knabenkleider und nahm sie auf allen seinen Reisen mit an Bord. Da lernte sie den Dienst von unten bis nach oben genau und vollständig kennen; sie machte nach und nach alle Stufen vom Schiffsjungen bis zum Offizier durch; sie hatte nicht bloß Begabung, sondern auch Talent für die See und brachte es durch die Praxis und durch den Unterricht, den ihr der Vater gab, so weit, ein Schiff bei jedem Wind und Wetter führen zu können. Aber darüber wollten sich die Mannen, die mit ihrem Vater fuhren, nicht freuen. Sie war schon als Kind eine wilde Katze, und je größer und älter sie wurde, desto mehr entwickelte sie sich zu einem Teufel. Ihr könnt euch denken, wie dann der ‚Stecken schwimmt‘, wenn zwei solche Personen zusammen sind, wie diese Miß Admiral und der Kapitän Kaiman. Die beiden haben nämlich nicht nur Neger gejagt und verkauft, sondern jedes Fahrzeug, dem sie begegneten, als gute Prise betrachtet, wenn es zu bewältigen war. Wieviel Schiffe da ausgeraubt und mit der ganzen Bemannung versenkt worden sind, das wird wohl niemals an den Tag kommen. Erfahren möchte ich nur, wie die beiden zusammengekommen sind.“

„Das kann ich dir sagen, Mutter Dodd, du neugierige Schiffslaterne!" sagte Peter Polter. „Als ich Steuermann auf der ‚Swallow' war, erzählten sich die alten Swalkers davon. Hätte es auf gutem Wege sehr weit bringen können, der Kapitän Kaiman! Aber wie die Miß Admiral eine Katze, so war er schon als Junge ein durchtriebener und unbändiger Fuchs. Die Seefahrt war sein Element, in dem er sich mit fünfzehn Jahren besser auskannte als mancher vielbefahrene Orlogoffizier. Auch in ihm gab es einen Teufel, der ihn nicht auf dem rechten Kurs litt. Er machte Dummheiten über Dummheiten, die ihm solange nachgesehen wurden, bis es nicht mehr ging; er trieb es zu arg. Trotz seiner sonstigen unvergleichlichen Brauchbarkeit wurde er mit Schande fortgejagt. Nun trieb er sich längere Zeit herum, von einem Bord zum anderen; immer auf Schiffen zweifelhaften Rufes. Hierbei lernte er die Miß Admiral kennen. Ihr Vater war kürzlich gestorben, und sie hatte von ihm einen ganzen Sack voll Geld geerbt. Die beiden sahen bald ein, daß sie vortrefflich zueinander paßten und sie beschlossen, zusammen ein Schiff zu kaufen, um mit Ebenholz zu handeln und nebenbei zu nehmen, was sich bieten würde. Der Satan führte ihnen die ‚l'Horrible' in den Weg, die nachher so berüchtigt wurde. Das Geschäft entwickelte sich sehr bald zu einem einträglichen Unternehmen. In der ersten Zeit hatte das Piratenschiff zwei Kapitäne, weil die Miß Admiral sich als gleichstehend mit ihrem sauberen Kompagnon betrachtete. Aber er bekam sie nach und nach unter; sie sah ein, daß er ihr als studierter Seefahrer doch über war, und mußte sich mit der zweiten Stelle als Segelmeister begnügen. Diese Herabsetzung, wie sie es nannte, ließ sie an ihren Untergebenen aus, gegen die sie ein Unmensch war. Die neunschwänzige Katze bekam die Herrschaft an Bord, und wer es wagte, einen Befehl zu mißachten, wurde sofort niedergeschlagen und in die See geworfen.

Ein alter Swalker der ‚Swallow‘ will sogar eine Zeitlang auf der ‚l’Horrible‘ gewesen sein; der hat uns hundertmal so erzählt und er mußte es doch wissen.“

„Und gerade die drei, der Kapitän Kaiman, die Miß Admiral und der ‚giftige Marc‘, sind damals nicht mit gefangen worden...!“ sagte Treskow nachdenklich. „Die Miß liebt es, als Mann verkleidet zu gehen...! Immerhin merkwürdig. — Stimmen könnte es, aber es sind doch nur Vermutungen. — Mister Thieme, wir haben Euch vorhin unterbrochen, bitte fahrt in Eurer Erzählung fort!“

„Gerne. Also ich schloß mich ahnungslos an meine vermeintlichen Landsleute an und berichtete ihnen von der beabsichtigten Reise zu meinem Onkel. Ich legte Mertens meine und meines Vaters Verhältnisse vertrauensvoll dar und...“

„Verzeihung!“ unterbrach ihn der Polizist. „Darf man Näheres über diese Verhältnisse erfahren?“

„Selbstverständlich! Sie sollen und müssen sogar alles erfahren. Mein Vater ist nicht stets der wohlhabende Mann gewesen, der er in den letzten Jahren vor dem Raubmord war. Er stammte von sehr armen Eltern, die ihre zwei Söhne nur während der Lehrzeit unterstützen konnten. Vater wurde nach seiner Neigung Goldarbeiter, sein Bruder widmete sich dem Forstwesen und erhielt auch eine Försterstelle. Da kam die Zeit der Gärung da drüben, die manchen als Flüchtling über die See gejagt hat. Mein Onkel wurde mit in den Strudel gerissen, verlor Heimat und Stellung und verschwand. Erst nach einigen Jahren durfte er wagen, uns zu schreiben. Er war nach Amerika gegangen und hatte sich als ausgezeichneter Schütze einer Gesellschaft von Pelzjägern angeschlossen. Den Ertrag seiner Mühen sandte er stets den Eltern, und als diese gestorben waren, dem Bruder, dem diese Spende geschäftlich sehr zustatten kam. Immer größere Summen wurden uns ausgezahlt, seine

Briefe erklärten uns das Nähere. Er hatte die Bekanntschaft eines Indianerhäuptlings namens Intschu tschuna gemacht, auf welche Weise ..."

„Intschu tschuna?" rief Peter Polter. „Mille tonnère, sacré de Trekschuit, das ist ja der Apatschenhäuptling, den ich bei Deadly-gun getroffen habe, als ich damals nach dem Westen segelte, um in der alten Prärie, von der ich soviel gehört hatte, einmal gehörig Ausguck zu halten!"

„Deadly-gun?" fragte Thieme überrascht. „Ihr kennt ihn?"

„Ob ich ihn kenne! Versteht sich! Ihn und Dick Hammerdull und Pitt Holbers und Ben Cunning und alle, die da drin im Hide-spot stecken, wie der Schiffsmaat in seiner Koje!"

„Welch ein Zusammentreffen! Deadly-gun, diesen Namen hat mein Onkel wegen der tödlichen Sicherheit erhalten, mit der er seine Büchse zu führen versteht."

„Euer Onkel? Cheer up, junger Mann, gebt mir doch einmal Eure zehn Finger herüber; ich muß sie ein wenig drücken! Mutter Dodd, hole noch einige Tropfen von diesem braunen Wasser da, denn wenn sich Peter Polter freut, so muß er trinken!"

„Was meintet Ihr vorhin mit dem Hide-spot?"

„Das ist ein Versteck, das sich die alten Swalkers ausgesucht haben, damit sie von den roten Männern nicht gebissen werden, ein Versteck sage ich Euch, in dem man ebenso sicher liegt, wie in Abrahams Schoß!"

„Und wißt Ihr, wo es zu suchen ist?"

„Hm, das ist ein böses Ding! Beschreiben läßt sich so ein Weg nicht, aber wenn man den richtigen Kurs zu steuern weiß, so kann man schon dort vor Anker gehen."

„Gut, wir werden noch weiter darüber sprechen. Welch ein Glück, Euch hier getroffen zu haben! Jedoch wieder zu meinem Bericht! Dieser Intschu tschuna also hat dem Onkel einen Platz im Gebirge gezeigt, wo viel Gold zu finden sein muß, denn die Beträge, die er uns schickte, wurden immer höher. Unser Geschäft erhielt dadurch einen riesigen Aufschwung. Kurz vor der Mordtat kam nun ein Brief meines Onkels, in dem er mich einlud, ihn zu besuchen. Er sehne sich, einmal einen Verwandten bei sich zu sehen, er selbst sei zu sehr an den Westen gewöhnt, als daß er sich entschließen könne, ihn zu verlassen. Ich sei jetzt alt genug für eine solche Reise; ich solle dann persönlich eine große Summe Geldes mitbekommen. Der Weg zu ihm führe den Arkansas hinauf bis hinter Fort Gibson, wo ich bei einem gewissen Winklay ..."

„Master Winklay, der Irishman? Hallo, den kenne ich auch! Ist eine verteufelt langweilige Seele, der Kerl, und hat den schlechtesten Kautabak, den ich zu Wasser und zu Lande getroffen habe", bemerkte der Steuermann.

„Also richtig! Dort sollte ich nach Deadly-gun fragen."

„Master Thieme, warum sitzt Ihr denn da noch hier am Kai und seid nicht abgesegelt nach dem alten Arkansas?"

„Weil ... ja, da komme ich eben wieder auf den Vicomte de Brétigny. Dieser fragte mich, ob der Onkel mich persönlich kenne oder ob ich mich genügend bei ihm auszuweisen vermöge. Ich wies auf meine polizeilichen Papiere und auf des Onkels Briefe hin, die ich bei mir führte. Erst später ist mir aufgefallen, daß er das Gespräch auf unsere Familie lenkte, natürlich nur um sich gehörig zu unterrichten und aus dem Gehörten Nutzen zu ziehen. Am anderen Tage auf einem Spaziergang schlugen die beiden Schufte mich dann hinterrücks nieder und raubten mir alle Papiere, mein Geld und alle Habseligkeiten von irgendeinem Wert. Und der Herr Vicomte und Diener waren verschwunden.

Ich habe lange mit meinen Wunden gelegen und bin erst jetzt wieder soweit, meine Reisepläne ins Auge fassen zu können."

„Ihr habt doch Anzeige gemacht?" warf hier Treskow ein.

„Allerdings, aber erst nach einigen Tagen und vergeblich. Da ich mein ganzes Geld bei dem Überfall in der Tasche geführt hatte, war und bin ich nun völlig mittellos, und wenn unsere gute Mutter Dodd nicht gewesen..."

„Stop, Mister Thieme!" unterbrach ihn die Wirtin. „Ihr wißt: was Ihr braucht, sollt Ihr haben. Laßt Euch das keine Sorge sein!"

„Es steht also fest", sagte Treskow, „daß der angebliche Vicomte sich Ihrer Papiere bemächtigt hat. Folglich hat er auch die Absicht, nach dem Westen zu gehen, um sich Ihrem Onkel als Neffe vorzustellen. Dieses und der Umstand, daß die Schurken nur zu zweien und nicht mehr zu dreien hier auftraten, gibt mir einiges zu denken. Wo ist der Raub hin, die ungeheure Summe, die er Ihrem Vater damals abgenommen hat? Ausgegeben, verschwendet und verpraßt ist ein solches Vermögen in so kurzer Zeit nicht. Verloren —? Sehr unwahrscheinlich. Versteckt —? Kaum. Aber wo ist der dritte Kumpan, sei es der Chevalier de Saccard oder auch Marc Letrier? Einer von beiden muß sich von den zwei anderen getrennt haben; dabei hat er vielleicht das Geld mitgehen heißen. Aber wie dem auch sei, unser nächster Weg ist den Arkansas hinauf nach dem Hide-spot, von dem der Steuermann uns erzählte. Ich bin überzeugt, zwei der Verbrecher dort zu finden. Mister Thieme, Ihr seid doch mit dabei?"

„Von ganzem Herzen!" antwortete der Gefragte freudig aufatmend. „Besser konnte ich es ja gar nicht treffen. Mutter Dodd, welches ist denn die schnellste

Gelegenheit nach dem Westen? Meint Ihr, wir sollen die Bahn oder ein Schiff benützen?"

„Yes, my dear, mit der Bahn kämt Ihr früher an als mit dem Schiff. Aber es fährt sich jetzt in den Unionstaaten recht unbequem, wegen der vielen Truppentransporte nach dem Süden. Zur See nach New Orleans habt Ihr keine Störungen zu befürchten. Noch heute in der Nacht geht der Uniondampfer ‚Leviathan' in See; der Kapitän hat noch an Land zu tun und kommt ganz sicher hierher, um der Mutter Dodd farewell zu sagen. Er ist ein tüchtiger Offizier und das Schiff scharf auf den Kiel gebaut. Ein Orlogschiff ist ja eigentlich nicht für Fahrgäste, aber mein Wort gilt etwas bei ihm; ich werde mal mit ihm reden."

„Tut das, Mutter Dodd!"

„Gerne. Wenn ich Euch auch lieber noch bei mir behalten hätte. Doch ich hoffe, Ihr laßt mich nicht backoder steuerbord liegen, wenn Ihr zurückkehrt. Ich möchte genau erfahren, wie der Faden von hier weitergelaufen ist."

„Silence, Mutter Neugier!" meinte Peter. „Ich werde Euch das Tau Zoll für Zoll abwickeln, wenn wir wiederkommen, denn ich weiß ..."

„Ihr Peter? Ihr wollt auch mit?"

Der alte Steuermann riß den Mund auf und starrte sie an.

„'sdeath, alte Schaluppe was soll ich denn? Etwa mich hier aufstapeln und ruhig warten, bis mein lieber Herr Policeman mitsamt dem Master Thieme von den Haien gefressen oder von den Indsmen gespießt worden ist? Wer will ihnen denn den Weg zu Master Winklay und zum Hide-spot zeigen, wenn es der Steuermann Peter Polter aus Langendorf nicht tut? Nein, nein, ich segle mit an Bord!"

Die brave Frau war wirklich tiefbetrübt, ihn so

rasch wieder zu verlieren; doch mußte sie sich darein finden.

Die Unterhaltung wandte sich jetzt mehr den Einzelheiten und Nebensächlichkeiten der Ereignisse zu, welche die drei Männer zusammengeführt hatten. Nach und nach fanden sich Gäste in ihrem Zimmer ein, und auch der Kapitän der ‚Leviathan' kam. Mutter Dodd hielt Wort und sprach mit ihm, und auf ihre Verwendung hin ließ er sich bereit finden, entgegen dem Gebrauch die drei mit nach New Orleans zu nehmen.

Sie mußten sich sofort reisefertig machen, da keine Zeit zu verlieren war, und begleiteten ihn nach herzlichem Abschied von der Wirtin an Bord. Noch vor Tagesgrauen verließ der Dampfer den Hafen und stach in See.

5. Ben Cunning

Die Reise ging ohne Unfall und schnell vonstatten. In New Orleans, der früheren Hauptstadt des Südens, angekommen, fanden die Gefährten eine gedrückte Stimmung vor. Vorbei war die Aufregung und Begeisterung, mit der die Südstaaten in den Bürgerkrieg gezogen waren, und man sehnte den baldigen Friedensschluß herbei.

Treskow und Thieme tauschten ihre jetzigen Anzüge mit der praktischen Trapperkleidung, während Polter sich von seiner Körperhülle nicht trennen konnte; dann versahen sich alle drei mit den nötigen Waffen und bestiegen den ersten aufwärtsfahrenden Mississippisteamer, der sie bis an die Mündung des Arkansas trug.

Der Mississippi war seit der Eroberung von Vicksbury längst vollständig wieder in den Händen der Union, so daß die Reise den Strom hinauf ohne besondere Erlebnisse verlief. Auf dem Arkansas fuhren sie mit einem kleineren Dampfer bis Fort Gibson, wo sie sich drei wackere Pferde kauften und die Beutel mit einer gehörigen Menge Munition und Mundvorrat füllten. Dann ging es zu Roß mehrere Tage lang am Fluß weiter, bis sie das kleine Settlement erreichten, wo Master Winklay sein „Store and Boardinghouse" aufgeschlagen hatte.

Treskow und Thieme waren beide leidlich gute Reiter; anders aber verhielt es sich mit Peter Polter, der in einer geradezu unbeschreiblichen Stellung auf dem Pferde hockte und die Knie in die Höhe zog, als wate sein Tier bis hinauf zum Sattel im Schlamm.

Gerade er hatte einen recht widerspenstigen Dakota-Traber erwischt, der ihm gar viel zu schaffen machte, obgleich der brave Steuermann sich bei seinem früheren Aufenthalt in der Prärie wenigstens so viel Geschicklichkeit angeeignet hatte, daß er nicht aus dem Sattel zu bringen war.

Er wollte absteigen, aber sein Pferd schien damit nicht einverstanden zu sein; es ging mit allen vieren in die Luft.

„Have care — Achtung — attention — hopp, du falscher Racker!" schrie er es zornig an, indem er ihm mit der gewaltigen Faust einen Hieb zwischen die Ohren versetzte. „Da hast du eins, wenn du meinst, daß der Peter Polter ein Seiltänzer sei oder ein ähnliches halsbrecherisches Lebewesen! Wirft mir die Bestie den Schwanz in die Höhe wie die Sternflagge eines Dreimasters und schlägt mit dem Gehör um sich, als wollte sie Seekrebse damit fangen! Hätte ich dich nur zwischen Vor- und Mittelmast eines guten Ozeaners, so wollte ich dir zeigen, was ein Steuermann zu bedeuten hat! Grâce à dieu — heigh-day, da ist ja die Kabine, in der Master Winklay, der Irishman, vor Anker liegt. Herunter von der Rahe, Peter Polter! Und du, Teufelsgaul, dich werde ich hier mit dem Riemen an die Fenzlatte sorren[1]), damit dich die Strömung nicht hinaus in die See treibt! Steigt ab, Master Treskow und Herr Thieme, wir sind im rechten Hafen!"

Sie schwangen sich aus dem Sattel und banden ihre Pferde draußen an. Polter trat mit weitauseinander gespreizten Beinen auf, als habe er vom Reiten die Seekrankheit bekommen, und schob sich dann vorsichtig durch den Flur und die offenstehende Tür in den Boardingroom des Irländers.

„Good day, alter Marsgast!" grüßte er diesen.

[1] Fenz = Umzäunung; sorren = festbinden

98

„Schafft etwas Nasses zur Stelle, sonst segle ich Euch über den Haufen, so liegt mir der Durst in der Kehle!"

Die beiden anderen zeigten weniger Redseligkeit; sie nahmen schweigend Platz und überließen ihrem Gefährten die Einleitung zu dem beabsichtigten Gespräch.

„Holà, my good haggler, kennt Ihr den Peter Polter noch?" fragte dieser.

Der Wirt zog sein Gesicht in schmunzelnde Falten und antwortete:

„Kenne Euch schon noch. Wer so trinken kann wie Ihr, den vergißt man nicht so leicht!"

„Well done — bien! Hätte Euch aber einen solchen Merks kaum zugetraut! Wißt Ihr noch, als ich mit Dick Hammerdull, Pitt Holbers und noch einigen hier Abschied trank und doch zwei Tage länger warten mußte, weil die anderen gar nicht wieder aufwachen wollten?"

„Yes, yes, das war ein ‚drink', wie ich noch keinen erlebt hatte und wohl auch keinen wieder mitmachen werde. Wo seid Ihr denn herumgestiegen?"

„Bin nach dem Osten und zur See, habe hierhin geguckt und dorthin und will nun wieder auf eine Woche oder zwei zum alten Deadly-gun. Ist doch noch vorrätig, der alte Trapper, he?"

„Meine es! Den löscht so leicht kein Indsman aus, und die bei ihm sind, wissen sich und ihn zu halten, Dick Hammerdull ist hier gewesen vor nicht gar langer Zeit; der lange Pitt war auch bei ihm. Sind dann fortgegangen und auf die Roten gestoßen, wie ich mir denke. Man sagt, die Ogellallahs hätten einen Zug überfallen und von Deadly-gun und Winnetou ein gut Teil Blei und Eisen erhalten."

„Winnetou? Ist der Apatsche auch wieder zu haben?"

Der Irländer nickte. „Freilich; war sogar hier bei mir und hat mich bei der Gurgel gehabt, daß mir beinahe der Atem ausgegangen ist."

„Alas, old friend, seid ihm wohl quer durch den Kurs gerudert?"

„War so etwas! Kannte ihn nicht und wollte ihm keine Munition verkaufen, kam aber da verdammt an den Unrechten. Wollt Ihr Ben Cunning sehen?"

„Ben Cunning? Ist er hier an Bord?"

„Meine es! Ist nur ein wenig in den Wald gegangen und hat sein Pferd hinter dem Hause stehen."

„Lack-a-day, das paßt sich gut! Wie segelt er, von oder zu dem Colonel?"

„Zu — zu ihm; ist einige Zeit da unten in Missouri gewesen, wo er Verwandte hat, und will nun wieder hinauf nach den Bergen."

„Wann macht er sich an die Ankerwinde?"

„Wie? Redet doch so, wie einem ehrlichen Manne der Schnabel gewachsen ist. Wer soll denn dieses schauderhafte Zeug verstehen?"

„Seid ein dull-man, ein Dummkopf, wie er im Buche steht, und werdet auch einer bleiben! Wann er fortgeht von hier, meine ich!"

„Kann es nicht sagen, wird aber nicht in alle Ewigkeit hier liegen bleiben."

„Hat er abgesattelt?"

„Nein."

„So wird er sich vielleicht noch heute in die Ruder legen, und wir machen mit!"

Der Wirt schien wirklich sehr freundschaftliche Gesinnungen für den merkwürdigen Kauz zu hegen, denn der sonst so schweigsame und zurückhaltende Mann hatte sich wohl seit Jahren zu keinem so langen Gespräch herbeigelassen, wie das gegenwärtige war.

Jetzt machte sich Treskow zu einer Frage bereit. Er griff in die Tasche und zog eine Photographie hervor.

„Wollt Ihr mir nicht sagen, ob vor kurzem bei Euch

zwei Männer vorgesprochen haben, zwei Deutsche, die sich Heinrich Mertens und Peter Wolf nannten?"

„Heinrich Mertens — Peter Wolf? Hm, ich will mein ganzes Schießpulver verschlucken und Schwamm und Feuerzeug dazu, wenn das nicht die beiden Greenhorns waren, die zu Deadly-gun wollten!"

„Wie sahen sie aus?"

„Grün, sehr grün, Mann; mehr kann ich nicht sagen. Der eine — Heinrich Mertens war es, glaube ich — machte uns den Spaß und ging mit seiner Mückenflinte dem dicken Hammerdull zu Leibe, wurde aber ganz gehörig heimgeschickt. Ich glaube, Dick hätte ihm einige Zoll Eisen zu kosten gegeben, wenn er nicht gesagt hätte, daß der Colonel sein Oheim sei."

„Gefunden!" meinte Treskow freudig. „Wo sind die beiden dann hin?"

„Fort mit dem Langen und dem Dicken, hinaus in die Savanne. Mehr weiß ich nicht."

„Seht Euch doch einmal dieses Bild hier an, Master! Kennt Ihr den Mann?"

„Wenn das ein anderer ist, als der Heinrich Mertens, so sollt Ihr mich auf der Stelle teeren und federn!"

Dann aber trat er, wie unter einem plötzlich in ihm auftauchenden Gedanken, um einen Schritt zurück und fragte in zurückhaltendem Ton: „Sucht Ihr den Mann, Sir?"

„Warum?"

„Hm! Ein Westmann trägt niemals sein Konterfei mit sich herum, und Ihr seht — seht so nett und sauber aus, daß — daß — —"

„Nun, daß — —"

„Daß ich Euch einen guten Rat geben möchte!" verbesserte er den beabsichtigten Satz.

„Welchen?"

„Was hier bei mir vorgeht, das kümmert mich nichts, solange man mir meine guten Hausrechte läßt. Ich frage niemanden und antworte auch keinem. Euch aber habe ich Rede gestanden, weil Ihr mit Peter Polter gekommen seid, sonst hättet Ihr nichts von mir erfahren. Aber zeigt niemand das Bild wieder vor, und erkundigt Euch nicht eher nach irgendwem, als bis Ihr ein wenig mehr nach der Savanne ausseht; denn sonst — sonst —"

„Weiter! Sonst —?"

„Sonst hält man Euch gar für einen Policeman, für einen Detektiv, und das ist oft schlimm. Der Westmann braucht keine Polizei; er richtet selber, was es zu richten gibt, und wer sich da hineinmengt, den weist er mit dem Bowieknife zurück!"

Treskow wollte eben antworten, da aber öffnete sich die Tür, und ein Mann trat ein, bei dessen Anblick Peter Polter sich mit lautem Zuruf erhob.

„Ben Cunning, alter Swalker, bist du es wirklich? Komm her und trink! Ich weiß noch ganz genau, daß deine kleine Kehle ein ganz verteufelt großes Loch ist."

Der Angeredete war ein winziges, dürftiges Männlein, an dessen Körper sich kaum ein halbes Pfund Fleisch vermuten ließ. Er sah den Sprecher verwundert an, wobei sich sein kleines Gesichtchen in hundert lachende Falten und Fältchen legte.

„Ben Cunning —? Swalker —? — trinken — großes Loch —? Hihihihi, wo habe ich nur den Kerl gesehen, der mir so bekannt vorkommt!"

„Wo du mich gesehen hast? Hier, natürlich hier. Streng nur dein Gehirnchen ein bißchen an!"

„Hier? Hm! Kann mich doch nicht gleich besinnen. Bin so oft hier gewesen und mit so verschiedenen Männern, daß ich den einzelnen nicht so schnell aus dem Haufen finden kann. Wie klingt dein Name, he?"

„Donnerwetter, hat der kleine Junge hier bei Master Winklay an meiner Seite gesessen und dabei getrunken, daß er zwei Tage lang mit keinem Finger wackeln konnte, und fragt mich jetzt, wie mein Name klingt!

Und noch dazu bin ich mit ihm in den Bergen gewesen, wo wir bei Deadly — —"

„Stop, Alter! Hihihihi, jetzt kenne ich dich!" fiel ihm der Kleine hier in die Rede. „Heißest Peter Folter oder Molter, oder Wolter, oder — —"

„Polter, Peter Polter, Steuermann auf dem Ver-einigten-Staaten-Klipper ‚Swallow', wenn du dir es merken willst! Sodann wurde ich ein wenig Westmann und bin — — —"

„Weiß — weiß! Bist ja mit bei uns gewesen und hast mir zu guter Letzt beinahe noch den Tod an den Hals getrunken. Hihihihi, hast eine Gurgel, wie ich noch keine gesehen habe, und kannst trinken wie — wie — wie der alte Vater Mississippi selber. Wo warst du denn nach-her, und wo willst du hin?"

„War ein weniges in der Welt herum, und will jetzt wieder zu euch, wenn es dir recht ist."

„Zu uns? Weshalb?"

„Diese Gentlemen hier haben mit eurem Kapitän oder Colonel zu reden. Wird er auch daheim zu finden sein?"

„Denke es. Wann wollt ihr fort von hier?"

„Sobald als möglich. Reitest doch mit, he?"

„Möchte schon, wenn ihr mich nicht zu lange warten laßt!"

„Je eher, desto lieber ist es uns. Iß und trink, alter Schießprügel, und dann mag es vorwärts gehen!"

Der Weg, den sie einschlugen, war ganz genau der-selbe, den Dick Hammerdull und seine Begleiter einige Tage vorher geritten waren, doch konnte deren Spur allerdings nicht mehr erkannt werden.

Peter Polter, der Steuermann, war diese Strecke auch schon geritten, vermochte aber nicht, sich genau auf sie zu besinnen. Ben Cunning erwies sich als ein desto besserer und ausgezeichneter Führer. Das kleine, so zart und schwächlich scheinende Männchen entwickelte einen

Scharfsinn, eine Ortskenntnis, eine Ausdauer und Beweglichkeit, die ihm aller Vertrauen gewann.

Sie beeilten sich soviel wie möglich; aber Thieme und Treskow waren nicht allzu gute Reiter, und dem Steuermann machte sein Dakota-Traber so viel zu schaffen, daß er aus dem Ärger gar nicht herauskam. So hatte der Ritt schon einige Tage gedauert, als sie den Schienenstrang der Bahn erreichten, an dem der Überfall der Ogellallahs stattgefunden hatte. Es war am frühen Morgen, da hielt Ben Cunning plötzlich sein Pferd an und schaute aufmerksam in die Ferne.

„Schaut, Mesch'schurs", rief er, indem er mit dem Arm vorwärts deutete. „Schaut dort in die Luft und dann nieder auf die Erde! Dort oben fliegen die Totengräber[1]) und unten sitzen die Coyotes[2]) in der Nähe des Gleises. Dort hat irgendwer den letzten Stich oder die letzte Kugel erhalten. Wollen hoffen, daß es kein Weißer, sondern eine Rothaut gewesen ist, hihihihi. Kommt, laßt uns einmal nachsehen!"

Die vier Reiter setzten ihre Pferde in Trab und gelangten auf den Kampfplatz. Die Leichen der Erschlagenen lagen, von Geiern und Wölfen zum Teil ihres Fleisches beraubt, noch da, wie sie gefallen waren. Die Bahnzüge waren vorübergefahren, ohne daß deren Insassen die Stätte beachtet hatten. Ben Cunning untersuchte jede Kleinigkeit genau.

„Lack-a-day", meinte er endlich; „hier hat ein fürchterlicher Kampf stattgefunden. Seht ihr diese Schienen hier? Sie sind ausgebessert worden. Die roten Halunken haben den Zug überfallen wollen, sind aber von den Weißen daran verhindert worden. Es waren die Ogellallahs; ich sehe es an der Tätowierung. Und diese zerspaltenen Schädel — einen solchen Hieb vermag nur der Colonel, Deadly-gun, zu führen. Dick Hammerdull ist dabei gewesen und Pitt Holbers auch. Hier haben sie

[1]) Aasgeier   [2]) Schakale, Savannenwölfe

gestanden, wie gewöhnlich Rücken an Rücken; ich sehe es an den Fußspuren, die tief in die Erde gegraben sind. Dort haben die Feuer gebrannt; da drüben hatten die Indianer ihre Pferde angepflockt — seht ihr die Löcher im Boden? Und hier, kommt, von hier aus führt die Spur der Weißen weiter. Laßt uns dieser nachgehen!"

Nach zwei Stunden erreichten sie auch wirklich den Lagerplatz der Weißen, den Ben Cunning einer genauen Besichtigung unterzog. Plötzlich rief er:

„Seht her, hier sind zwei geflohen und verfolgt worden!"

Er zog sein Pferd hinter sich her und folgte den Spuren, die bei der Flucht Heinrich Mertens' und Wolfs in den weichen Boden so tief eingegraben worden waren, daß man sie jetzt noch zu erkennen vermochte.

„Hallo, hier ist es aus gewesen; hier sind ihre Pferde von den Lariats niedergerissen worden, und egad, Mesch'schurs, es sind zwei Weiße gewesen, aber nicht verfolgt von Roten, sondern drei Weißen und einem Roten. Hihihihi, diese Fußstapfen sollte ich wohl kennen. Ich lasse mir vom ersten besten Grizzly die Hirnschale einbeißen, wenn das nicht der Colonel war mit Dick Hammerdull und Pitt Holbers und — und — wahrhaftig, das ist kein anderer gewesen als Winnetou, der Apatsche!"

Die anderen mußten über den Scharfsinn und die Sicherheit staunen, mit der der kleine Jäger aus den verworrenen und schon vielfach verwischten Spuren seine Schlüsse zog.

„Zwei Weiße sind es gewesen, die von ihnen verfolgt wurden?" fragte Treskow gespannt.

„Zwei Weiße, Sir, das ist sicher, denn ihre Tapfen gehen hier, wo sie gestanden haben, mit den Zehen auseinander, während die Roten mit den Zehen einwärts laufen. Sie haben da hinten gelagert. Ich glaube, die beiden sind am Morgen gebunden auf die Pferde

geschnallt worden, weil die Tiere von hier aus paar-
weise gegangen sind. Die Sieger haben die Mähren der
beiden an die Zügel genommen."

Obgleich die stillen Vermutungen Treskows der
Wahrheit ziemlich nahekamen, konnte sich doch keiner
diese Vorgänge recht erklären. Man sprach die verschie-
densten Meinungen aus, bis Ben Cunning dem vergeb-
lichen Grübeln ein Ende machte:

„Sie haben die Richtung nach dem Hide-spot eingeschlagen, doch will ich wetten, daß die Indsmen sich
gesammelt haben und sie nun verfolgen. Das beste ist,
Mesch'schurs, wir bleiben auf der Spur!"

Die drei stimmten bei und trabten dann munter hinter
dem Kleinen her.

„Behold", rief er nach Verlauf von kaum einer halben
Stunde, „habe ich nicht recht gehabt? Hier sind zwei
Trupps Pfeilmänner von rechts und links gekommen.
Sie haben den Kampfplatz umritten, um die Richtung
zu finden, in der die Weißen fortgegangen sind, und
sich hier vereinigt, um ihnen zu folgen. Der Sand be-
hält die Spuren lange, so daß ich vermute, sie haben
einen Vorsprung von mehreren Tagen. Doch sind unsere
Pferde gut, und sie haben jedenfalls Verwundete bei
sich, die einen schnellen Ritt nicht vertragen können.
Wir holen sie vielleicht noch ein, ehe sie das Lager
Deadly-guns erreichen."

Wieder ging es vorwärts, nicht bloß stunden-, sondern
tagelang und immer auf der gefundenen Spur, die bald
deutlicher erkennbar war, bald sich wieder auf dem
harten Gestein oder im weichen Grase verlor, stets aber
von Ben Cunning wiedergefunden wurde.

So gelangten sie in jene Gegend, wo der Arkansas-
River einen weiten Bogen nach den Smoky Hills beschreibt und zahlreiche Bäche ihm von den Bergen herab
entgegenströmen.

Die offene Prärie ging durch weit ausgebreitetes Gebüsch nach und nach in den hochstämmigen Urwald über. Der Führer der kleinen Gesellschaft wurde von Minute zu Minute vorsichtiger, da die Spur, der man folgte, sich immer jünger zeigte und man hinter jedem Baum auf einen der Wilden stoßen konnte.

Da plötzlich hielt Ben Cunning an und unterwarf den weichen, moosigen Boden einer sehr sorgfältigen Prüfung.

„Wahrhaftig, hier kommen die Spuren weißer Männer aus dem Wald. Sie sind mit den Wilden zusammengetroffen, ohne daß ein Kampf stattgefunden hat. Seht her, hier in diesem Kreis haben die beiden gegenseitigen Anführer gestanden und miteinander verhandelt. Dann ist das Kalumet, die Friedenspfeife, herumgegangen; ihr seht es hier an dem kleinen Rest von Punks[1]), der halb verkohlt am Boden liegt. Es ist jedenfalls eine Schar Bushhawkers[2]) gewesen, die sich mit den Roten vereinigt hat, um unser Lager ausfindig zu machen, es zu überfallen und sich in die Beute zu teilen.“

„Mille tonnerre — Millionen-Schock-Backborddonnerwetter!“ fuhr Peter Polter auf; „da werde ich einmal mit diesen meinen guten Fäusten dreinfahren, daß die Weißen rot und die Roten vor Schreck weiß werden! Wenn mich die Luft nicht trügt, so haben wir gar nicht mehr weit zu segeln, um in dem Lager vor Anker zu gehen. Aber was tun wir hier mit unseren vierbeinigen Fahrzeugen? Ich habe das meinige satt bis an den Hals herauf; es schüttelt und schlingert mich hin und her, daß mir der Verstand im Kopfe wehe tut und meine zweihundertachtunddreißig Knochen alle einzeln hinunter in die Stiefel rutschen!“

Cunning lachte über dieses klägliche Lamento des wackeren Seemannes und antwortete:

„Will es gerne glauben, Master; du sitzest ja auch zu Pferd, als solltest du zu Eierkuchen verbacken werden!

[1]) Präriefeuerzeug [2]) Buschklepper

Die Tiere können wir allerdings nicht weiter mitnehmen; sie sind uns hinderlich. Aber ich weiß einen Ort, wo wir sie verstecken können, ohne daß ein Indsman sie zu finden vermag. Kommt, Mesch'schurs!"

Er wandte sich seitwärts in den Wald. Nach vieler Mühe, die ihnen das Durchdringen des dichten Unterholzes bereitete, gelangten sie auf eine kleine, freie und tief versteckte Blöße, auf der sie die Pferde anhobbelten. Dann kehrten sie zu der Stelle zurück, wo sie die Spur verlassen hatten.

Sie folgten ihr weiter, und zwar mit größter Vorsicht und Behutsamkeit, das Bowiemesser gelockert und die Büchse zum Schuß bereit. Da plötzlich hielt Cunning still und lauschte.

„Horcht, ihr Männer! Klang das nicht wie das Schnauben eines Pferdes?"

Auch die anderen hielten die leisen Schritte an und horchten in die tiefe Stille des Urwaldes hinein. Ein leises Wiehern erklang von der Seite her.

„Entweder haben sie sich dort gelagert oder die Tiere zurückgelassen, um schneller vorwärts zu kommen. Das verteufelte Viehzeug wird uns wittern und verraten. Wir müssen ihm den Wind abgewinnen!"

Er legte sich zur Erde und bewegte sich kriechend in einem weiten Bogen. Die anderen folgten seinem Beispiel. Nach einiger Zeit gab er ihnen ein Zeichen, alles Geräusch zu vermeiden, und deutete zwischen die Büsche hindurch nach einem freien Platz, der vor ihnen lag. Dort weideten gegen dreißig Pferde, bewacht von zwei Indianern.

„Seht ihr die roten Halunken, Mesch'schurs? Ich hätte große Lust, sie mein Messer fühlen zu lassen und die Pferde in alle Winde zu jagen, hihihihi. Aber es geht nicht. Wir dürfen uns nicht verraten. Vorwärts; wir müssen so bald als möglich an sie herankommen, aber nicht auf der Fährte, sondern von der Seite!"

Der kleine Mann wand sich mit der Geschicklichkeit und Geräuschlosigkeit einer Schlange durch das Dickicht. Der Weg war furchtbar beschwerlich. Stunden vergingen; der Abend begann unter den hochgewölbten Baumkronen eher zu dunkeln als draußen in der offenen Prärie, und es wurde immer schwerer, die eingeschlagene Richtung einzuhalten. Da hob Cunning den Kopf und sog mit weitgeöffneten Nüstern die Luft ein.

„Das riecht nach Brand und Rauch. Sie haben Lager gemacht. Vorwärts, aber leise, leise, denn wir sind jetzt ganz nahe bei ihnen!"

Das Unterholz war jetzt gewichen, und die gigantischen Stämme ragten frei, wie die Säulen eines gewaltigen, grünbedachten Domes, zu der dichten Kronendecke empor. Die vier Männer krochen auf dem Bauche von einem Baum zum anderen und suchten dann stets so lange hinter den dicken Baumstämmen Deckung, bis sie sich überzeugt hatten, daß man sie nicht bemerkt habe und ihre nächste Umgebung noch frei von Gefahren sei.

So gelangten sie an den Rand eines Gutter, wie der Hinterwälder die rißartigen Vertiefungen nennt, die, lang, schmal und tief geschnitten, sich oft im dichtesten Urwald zeigen. Cunning schob vorsichtig den Kopf vor und blickte hinab. Gerade unter ihnen, in einer Tiefe von ungefähr fünfzehn Metern, brannte ein Feuer, um das wohl an die dreißig rote und weiße Männer saßen, während seitwärts von ihnen und von ihren scharfen Blicken bewacht, drei Gestalten lagen, die an Händen und Füßen gebunden waren.

„At length, da haben wir sie!" meinte der kleine Trapper. „Und sie ahnen nicht, daß sie von oben so prächtig beguckt werden, hihihihi! Aber wer sind denn die drei Leute dort? Schiebt euch ein wenig weiter vorwärts, Mesch'schurs, bis dort zu den Farnkrautbüscheln; da können wir die Gesichter sehen!"

Ein dichtes Farngesträuch trat bis an den Rand des

Gutter heran und gestattete ihnen, sich so vollständig zu verbergen, daß sie unmöglich gesehen werden konnten.

„Zounds", flüsterte Cunning, als er jetzt den Blick wieder hinabwarf, „es ist der Colonel mit Pitt Holbers und Dick Hammerdull, die sie überfallen und gefangengenommen haben!"

„Der Colonel?" fragte der Steuermann, indem er den Kopf zwischen die breiten Blätter hindurchsteckte; „heavens — vraiment — wahrhaftig! Soll ich hinunterspringen und ihn mit meinen beiden Fäusten aus der Patsche herausfischen, Ben?"

„Warte noch ein wenig, Alter; wollen erst sehen, was da eigentlich vorgehen soll! Siehst du nicht, daß die Schufte sich nur so eng zusammengetan haben, um über das Schicksal der Gefangenen zu beraten? Dort der schwarzbärtige Jäger führt den Vorsitz; die Ogellallahs dulden das; ihr Häuptling muß also dort an der Bahn mit gefallen sein. Schaut, jetzt sind sie fertig, und der Anführer erhebt sich!"

Es war so, wie er sagte. Einer der weißen Jäger, der allem Anschein nach den Anführer machte, war aufgestanden und zu den Gefangenen getreten. Er löste die Fesseln, die ihre Füße umschlungen hielten, und gab ihnen einen Wink, sich zu erheben. Dann gebot er den Gefangenen in befehlendem Ton:

„Steht auf, und vernehmt, was über euch beschlossen ist!"

Die drei Männer folgten dieser Aufforderung.

„Ihr seid Deadly-gun, der Anführer der Jäger, die hier im Wald ihr verborgenes Lager haben?"

Der Angeredete nickte zustimmend.

„Ihr habt Matto-Sih, den Häuptling dieser braven Redmen, erschlagen?"

Ein gleiches Nicken war die Antwort.

„Man sagt, daß Ihr viel Gold von den Bergen herab in Euer Versteck geschafft habt. Ist das wahr?"

„Sehr viel!"

„Und daß Ihr mehrere tausend Biberfelle in Euren Caches liegen habt?"

„Well, Master, Ihr seid gut unterrichtet."

„So hört, was ich Euch zu sagen habe: diese roten Männer verlangen Euren Tod. Ich habe ihnen diesen zwar zugestanden, aber sie verstehen nicht genügend Englisch, um meinen Worten folgen zu können; ich will Euch daher einen Vorschlag machen."

„Redet!"

„Ihr führt uns in Euer Hide-spot, gebt uns das Gold und die Häute und seid dann frei!"

„Ist das alles, was Ihr von uns wollt?"

„Alles. Entscheidet schnell!"

„Ihr scheint verteufelt wenig von Deadly-gun gehört zu haben, Master, daß Ihr mir einen so albernen Vorschlag machen könnt. Ihr habt Euch mit den roten Schuften, die Ihr an Schurkerei noch übertrefft, nur verbunden um meines Goldes willen — ein Weißer mit Roten gegen Weiße; verdammt soll Eure Seele sein für diese Schlechtigkeit in alle Ewigkeit! Oder haltet Ihr mich wirklich für so dumm, zu glauben, daß Ihr uns freilassen werdet, wenn Ihr habt, was Ihr begehrt?"

„Ich halte mein Wort und verbitte mir jede Beleidigung!"

„Das macht einem Greenhorn weis, aber nicht mir! Ihr wißt nur zu gut, daß ich meine Freiheit nur benutzen würde, um Euch vor die Büchse zu bekommen und den Raub wieder abzunehmen. Schießt uns nieder, wenn Ihr das Herz dazu habt!"

Vielleicht wußte Deadly-gun, weshalb er so verwegen reden durfte. Sein Auge hatte sich, während er sprach, zum Rand der Schlucht erhoben, ihn mit einem blitzschnellen und scharfen Blick gemustert und sich dann ebenso rasch wieder gesenkt. Ein kaum bemerkbares, befriedigtes Lächeln glitt um seine Lippen.

111

Dieser Blick war dem aufmerksamen Polizistenauge Treskows nicht entgangen; er sah hinüber nach der Stelle, wo das Auge des Colonels zuletzt gehangen hatte, und fuhr unwillkürlich zusammen.

„Schaut da hinüber", flüsterte er Ben Cunning zu, der neben ihm lag; „ich sehe den Kopf eines Wilden!"

Der Angeredete folgte der Weisung und flüsterte dann:

„Good-lack, das ist bei Gott Winnetou, der Apatsche! Dachte ich es doch, daß er mit bei dem Colonel gewesen ist! Er wurde nicht mit gefangen und ist ihnen gefolgt, um sie zu befreien. Ich muß ihm unser Zeichen geben!"

Er nahm ein Blatt an die Lippen und ließ das Zirpen der amerikanischen Grille vernehmen. Dieser Laut konnte den Feinden unmöglich auffallen, da diese Art von Heimchen sich sehr oft hören läßt. Winnetou aber warf einen erstaunten Blick herüber und war dann verschwunden. Auch die drei Jäger hatten aufgehorcht, verrieten sich aber nicht durch die geringste Bewegung ihrer Mienen.

„Schießen?" fragte der Jäger, die Achsel zuckend. „Was bildet Ihr Euch ein! Ich muß Euch den Indsmen übergeben, und die werden Euch an den Marterpfahl binden. Euer Gold und die Felle bekommen wir trotzdem. Es müßte doch mit dem Teufel zugehen, wenn wir nicht eine Spur von Euren Leuten entdeckten. Also nehmt Verstand an, Master, und sagt ja!"

„Fällt mir nicht ein! Ich mag nichts, auch das Leben nicht, von einem Mann geschenkt haben, der seine Brüder hinterrücks überfällt und an die Feinde verkauft, von einem Mann, der sich für meinen Neffen ausgibt und uns dann überfällt. Ihr seid ein Halunke, Master, merkt Euch das!"

„Wahrt Eure Zunge, sonst hole ich sie mit meinem Messer heraus, noch ehe ich Euch den Roten übergebe!"

„Beweist, daß Ihr besser seid, als ich denke! Gebt uns

die Waffen zurück und laßt uns kämpfen, drei gegen dreißig, wenn Ihr Mut habt!"

„Ist nicht notwendig, Master, wir blasen Euch auch ohne Kampf die Seele aus der Haut. Und was den ‚Halunken' betrifft, so wollen wir darüber nicht streiten! Also, kurz und bündig: Nehmt Ihr meinen Vorschlag an oder nicht?"

„Nein!"

„Und ihr anderen beiden?"

„Hm", antwortete Dick Hammerdull mit verächtlichem Blinzeln seiner kleinen Äuglein, „ob wir ihn annehmen oder nicht, das bleibt sich gleich; für Euch kommt auf keine Weise etwas Gutes heraus, das könnt Ihr glauben. Hätte ich nur meine Hände frei und meine Büchse in der Faust, so sollte Euch der Teufel holen! Oder meinst du nicht, Pitt Holbers, altes Coon?"

„Wenn du denkst, Dick, daß er ihn holen soll", antwortete der Lange, „so habe ich nicht das mindeste dagegen!"

„Well done", antwortete der Jäger mit zornigem Leuchten seiner Augen; „so mögen euch die Roten spießen und braten, ganz wie es euch beliebt!"

Er ließ sich bei den Indianern nieder, um ihnen das Ergebnis der Verhandlung mitzuteilen.

Inzwischen hatte im Schutz des Farngestrüpps ein leises aber außerordentlich bewegtes Gespräch stattgefunden.

„Also, der jetzt spricht, ist Euer Colonel?" wendete sich Thieme an Ben Cunning.

„Ja, Sir, Euer Onkel, wenn das wahr ist, was Ihr mir erzählt habt."

„Er ist es, Ihr könnt es glauben. Er ist dem Vater so ähnlich, daß kein Zweifel übrigbleibt. Und nun ich ihn endlich treffe, ist er verloren! Gibt es keine Hilfe, Ben?"

„Hört, Sir, wenn Ihr denkt, daß ich meinen Colonel

stecken lasse, so habt Ihr Euch in mir verrechnet. Kann ich auf euch zählen, Mesch'schurs?"

Sie nickten nur; Peter Polter aber meinte:

„Ich will hier liegenbleiben und verhungern wie ein altes Wrack, wenn ich den Kerl da unten, der mit dem Colonel spricht, nicht zwischen meine zehn Finger nehme und zu Hafergrütze quetsche! Aber nehmt doch einmal die Photographie aus Eurem Beutel, Master Detektiv! Das Feuer brennt hell genug zu einem Blick darauf. Ich lasse mich auf der Stelle kielholen, wenn er nicht genauso ein Gesicht macht wie Euer Bild!"

„Ich brauche die Photographie nicht, Peter; er ist es; ich habe ihn gleich erkannt", antwortete Treskow. „Sehen Sie sich die Kerle einmal an, Herr Thieme, ob es nicht Mertens und Letrier sind!"

„Sie sind es! Es ist kein Zweifel möglich; aber so nahe am Ziel, werden sie uns doch entgehen!"

„Das wartet ab, Sir!" antwortete Cunning. „Der Colonel hat mein Zeichen gehört und weiß, daß Hilfe in der Nähe ist. Hat er nur erst die Hände frei, so sollt Ihr sehen, was die Schurken zu schmecken bekommen!"

Da raschelte es leise hinter ihnen. Die geschmeidige Gestalt des Apatschen schob sich zwischen die vier.

„Winnetou hat vernommen die Grille und erkannt das Gesicht von Ben, dem Mann seines weißen Bruders. Er wird zum Gutter schleichen und die Bande seiner Freunde lösen. Dann mögen meine Brüder hier hinunterspringen und sich auf die Jäger und Ogellallahs stürzen, und dann Deadly-gun nach seinem Wigwam folgen."

So schnell er gekommen, so behend war er auch wieder fort. Mit scharfem Auge bewachten die Männer das feindliche Lager und hielten sich zum eigentlichen Angriffe bereit.

Jetzt erhob sich Mertens wieder und mit ihm die sämtlichen Weißen und Wilden. Aber ehe er noch ein Wort gesprochen hatte, schnellte sich eine dunkle Gestalt durch das ringsum wuchernde Gestrüpp und Gedorn bis zu den Gefangenen. Das war Winnetou.

Drei Schnitte — und ihre Hände waren von den Fesseln befreit — vier Schüsse krachten von oben herab — noch vier. Deadly-gun hatte keine Zeit, das weitere zu beachten; er entriß dem ihm zunächst stehenden Indianer den Tomahawk und stürzte sich in den Schwarm der tödlich überraschten Feinde.

„Come on, drauf, drauf!" klang seine Stimme, während Winnetou an seiner Seite unter den Ogellallahs mähte.

„Pitt Holbers, altes Coon, siehst du den Kerl dort, der meine Büchse hat?" rief Dick Hammerdull triumphierend. „Komm, ich muß sie haben!"

Die beiden Unzertrennlichen drangen vor, bis der Dicke seinen geliebten Schießprügel zurückerobert hatte. Peter Polter, der Steuermann, war wie eine Lawine mitten unter die erschrockenen Gegner hineingekracht. Er wollte sein Wort halten. Mit seinen Bärenfäusten faßte er ihren Anführer bei Schenkel und Genick, hob ihn hoch in die Luft empor und schmetterte ihn zur Erde, daß es dröhnte.

„Bounce, abgetan! Weiter, ihr Männer, schlagt, haut, stecht, schießt, prügelt sie, werft sie über Bord, daß sie ersaufen, quetscht sie tot, hurra — hurra!"

Die Feinde waren an Zahl fast dreifach überlegen, aber durch die Überraschung zu Schaden gekommen; denn ehe sie sich auf den Widerstand besannen, lag bereits die Hälfte von ihnen am Boden. Wie in jener Nacht des Überfalles an der Eisenbahn wütete der Tomahawk Deadly-guns unter den Gegnern; Winnetou fand nicht weniger Opfer, und Rücken an Rücken im dichtesten Gewühl standen die „verkehrten Toasts", Dick Hammerdull und Pitt Holbers. Der Steuermann fuhr in der Schlucht herum wie eine losgelassene Furie; der kleine Ben Cunning endlich hatte sich an deren

Eingang zwischen die Büsche gesteckt, aus denen er, jede Flucht zurückweisend, seine Schüsse sandte.

Treskow und Thieme hatten gleich beim Beginn des Kampfes ihr Augenmerk auf Mertens und Wolf gerichtet. Treskow hatte seinen Reserveriemen von der Hüfte gelöst und in eine Schlinge geknüpft.

„Machen Sie es ebenso! Unsere Schüsse werden sie verblüffen. Ich nehme den Vicomte und Sie den Diener. Ehe sie an Verteidigung denken, müssen sie die Schlinge um den Hals haben und besinnungslos am Boden liegen!"

Diese Aufforderung des Polizisten hatte sich bewährt. Nach wenigen Minuten des Kampfes waren die Angreifer Sieger. Der vom Steuermann zu Boden geschmetterte Mertens sowie Wolf waren gefesselt; fast sämtliche Gegner lagen tot an der Erde, und nur einem Weißen und einigen Indianern war es gelungen, zu entkommen.

Deadly-gun war nicht der Mann, lange Fragen über seine wunderbare Rettung auszusprechen, wo es jetzt galt, den Sieg zu benutzen.

„Vorwärts, Leute, zu den Pferden", rief er, „damit sie uns nicht verlorengehen! Die Indsmen haben Wächter bei den Tieren, die wir überrumpeln müssen. Aber nicht alle sind nötig; einige von euch können hierbleiben."

Er eilte mit denen, die ihm folgten, fort. Treskow, Thieme und der Steuermann blieben bei den Gefangenen zurück. Sie setzten sich nieder. Ihre Lage war keineswegs sicher, denn die entflohenen Roten konnten zurückkehren und sich aus sicherer Entfernung mit Schüssen rächen. Aber es geschah nichts. Gespannt horchten sie in die Nacht hinaus; es ließ sich nichts Verdächtiges vernehmen, und das erste Geräusch, das die nach dem Kampf eingetretene Stille störte, war ein freundliches: die Büsche raschelten, Äste krachten und Zweige knickten; die Gefährten kehrten mit ihren und den erbeu-

teten Pferden zurück, nachdem sie deren Wache überwunden hatten. Ben Cunning hatte auch sein eigenes
Tier und die der Kameraden nicht vergessen und sie
mit herbeigebracht.

„Pitt Holbers, altes Coon, siehst du, daß ich meine
alte Stute wieder habe?" fragte der glückliche Hammerdull.

„Hm, wenn du denkst, daß ich sie sehe, so habe ich
nichts dagegen; aber by god, es hätte nicht viel gefehlt,
so wäre es mit dir und ihr ausgewesen!"

„Ob aus oder nicht, das bleibt sich gleich; aber
ich möchte doch nur wissen, wer die Männer sind, die
mit dem kleinen Cunning uns — — 'sdeath, ist das nicht
der verteufelte Steuermann aus Germany da drüben,
der so große Fäuste hat und so fürchterlich trinken
kann?"

„Freilich bin ich es, alte Schmertonne, du! Kennst mich
also doch noch, he? Bin mit Master Treskow und Master
Thieme wieder herübergekommen, weil — —"

„Master Thieme?" fragte da rasch Deadly-gun. „Ah,
Peter Polter! Wahrhaftig, du bist es wieder! Was willst
du wieder in der Savanne, und was ist es mit deinem
Master Thieme?"

„Das ist dieser Mann hier, Colonel, der mit dem
Herrn Treskow gekommen ist, um seinen Onkel aufzusuchen!"

„Dieser —?"

Er trat einen Schritt zurück, warf einen langen, forschenden Blick auf seinen Neffen, streckte ihm dann
beide Arme entgegen und rief aus:

„Das ist kein Falscher, nein; ich kenne diese Züge.
Heinrich, mein Neffe, willkommen, tausendmal willkommen!"

Die beiden lagen sich lange in den Armen, und die
anderen standen schweigend in der Nähe, bis der Colonel, der für sich keine Furcht kannte, durch die Gegen-

wart des teuren Verwandten auf die Gefahr hingewiesen wurde, in der sie noch immer standen. Er ließ ihn frei und gebot:

„Hier ist nicht der Ort zu Fragen und Erklärungen. Auf nach dem Hide-spot, das ganz in der Nähe liegt! Dort können wir das Willkommen samt unserer Rettung feiern und die Wunden verbinden, die wir davongetragen haben."

Sie nahmen die Pferde bei den Zügeln, jeder so viele, daß sie alle fortbrachten. Es ging in der Dunkelheit zunächst zwischen den weit auseinanderstehenden Riesenstämmen und unter dem dichten Wipfeldach dahin. Dann kamen sie zwischen vielgewundenen Felsenkrümmungen hindurch, die ein Labyrinth bildeten, worin sich selbst am Tage nur jemand, der es genau kannte, zurechtfinden konnte. Endlich folgten sie dem Lauf eines kleinen Gießbaches und gelangten in einen runden Felsenkessel, der den geheimen Lagerplatz der Trapper- und Goldsuchergesellschaft des Colonels bildete. Es brannten da mehrere Feuer, um die eine ganze Anzahl von Westmännern saß, die zur Gesellschaft Deadly-guns gehörten.

6. Die Verschwörung

Es gibt Fieber, die ihre Entstehung nicht den in den ärztlichen Verzeichnissen enthaltenen Ansteckungsstoffen verdanken und doch so reißend und übertragbar sind, wie jene körperlichen Krankheitserscheinungen, die sich seuchenartig von Mensch zu Mensch verbreiten und imstande sind, ganze Ort- und Völkerschaften zu dezimieren; Fieber, die ihren Ursprung in außerhalb der menschlichen Leibesbeschaffenheit liegenden Verhältnissen, in politischen, religiösen und ähnlichen Umständen finden, sich der Phantasie der Nationen bemächtigen, die ruhigste Stimmung in hellauflodernde Leidenschaft verwandeln und einen weit um sich greifenden Wahnzustand erzeugen, der nur langsam geordneten und regelrechten Zuständen weicht.

Solche Fieber haben alle Zeiten und Zonen aufzuweisen; fast immer war es der Gedanke des Gewinnes, der die Fasern des einzelnen wie der Gesamtheit in hohe Erregung versetzte und die rohen Kräfte zur möglichsten Geltung und Anstrengung brachte. Man denke an Kalifornien! Die Zahl der eingewanderten Bewohner dieses Landes war nur gering. Da machte ein Glücklicher die Entdeckung, daß seine Schluchten und Täler einen nicht zu berechnenden Reichtum an Gold enthielten. Die Kunde davon machte mit blitzartiger Schnelligkeit die Runde um den Erdball, und in kurzer Zeit wimmelte die Gegend von Abenteurern aus aller Herren Ländern, die herbeigeströmt kamen, um das Sesam zu erschließen, in dem die flimmernden Schätze seit Jahrmillionen ungeahnt geruht hatten. Zelt- und Barackenlager entstan-

den im Handumdrehen, zahlreiche Ortschaften wuchsen
aus der Erde, und wo sich deren Lage als gut gewählt
erwies, verwandelten sie sich in beinahe beispielloser
Kürze in Städte, deren Einwohnerzahl in die Hundert-
tausende ging.

Eine dieser Städte ist San Francisco, die Beherrscherin
des Goldlandes und des stillen Weltmeeres.

Wer heutigentags am Hafenkai dieser Stadt steht und
das Völkergewühl, das hier in fast unlösbarer Bewegung
durcheinanderwirrt, beobachtet, wer die breiten, langgestreckten Straßen, die umfangreichen Plätze, die prächtigen Paläste und Bauten sieht, hinter deren Spiegel-
scheiben alles aufgestapelt ist, was vom Gold stammt,
mit ihm in Beziehung steht und dafür zu haben und zu
kaufen ist, der vermag nur schwer an die geringen, ja
armseligen Anfänge zu denken, aus denen sich die Welt-
stadt des schimmernden Metalls entwickelt hat.

Und wie die Wogen da draußen im Hafen und auf
der See steigen und fallen, wie die bunt zusammen-
gewürfelte Menschheit in den Straßen, Plätzen und
öffentlichen Gebäuden sich ohne Rast und Ruhe schiebt
und stößt, drückt und drängt, so steigt und fällt auch
das wankelmütige Glück, so schiebt auch das untreue
Verhängnis den Spielball, Mensch genannt, zum scheinbar sicheren Halt empor und stößt ihn im nächsten
Augenblick wieder hinab auf den Grund, wo das ‚Ungeziefer der Gesellschaft‘ wimmelt. Wer gestern noch
als Millionenmann gepriesen und beneidet wurde, bricht
vielleicht schon heute mit Hacke, Spaten und Büchse nach
den Diggins auf, um den verlorenen Reichtum wieder-
zugewinnen. Diese Menschen sind vorwiegend fraglichen
Ursprungs, und manche glänzende Gesellschaftserschei-
nung entpuppt sich, wenn das Spiel zu Ende ist, als ein
haltloses, abenteuerliches Dasein, dessen Bestehen nur
von dem Fall des Würfels abhängig war. — — —

Auf dem Kurs von Acapulco nach San Francisco

segelte ein Fahrzeug. Es war ein stramm gebautes, schneidiges Dreimasterschiff, das unter dem Spriete und hinten am Stern in goldenen Buchstaben den Namen ‚l'Horrible‘ trug. Die Kleidung der Mannschaft bewies, daß das Schiff zur Kriegsflotte der Vereinigten Staaten gehöre, obgleich sich aus mancher Kleinigkeit in Bau und Takelung vermuten ließ, daß es nicht zu diesem Zweck gebaut sei.

Im gegenwärtigen Augenblick stand der Befehlshaber auf dem Quarterdeck und blickte hinauf nach den Wanten, wo einer der Männer hing und mit dem Rohr in der Hand scharfen Ausguck hielt.

„Nun, James, hast du ihn?" fragte er.

„Ay, ay, Kapt'n; dort segelt er gerade vor dem Glase!" antwortete der Gefragte, mit der Hand windwärts deutend. Er nannte den Befehlshaber Kapitän, obgleich dieser die Abzeichen des Marineleutnants trug. Ein Grad höher kann niemals schaden, zumal wenn der Betreffende den höheren Rang verdient.

„Welchen Kurs hält er?"

„Er sucht unser Kielwasser, Master. Ich glaube, er schlägt von Guayaquil oder Lima, vielleicht gar von Valparaiso herauf, weil er mehr aus dem Westen steuert als wir."

„Was für ein Fahrzeug ist es, James?"

„Kann es noch nicht sagen, Sir; laßt ihn erst noch etwas näherkommen!"

„Wird er das?"

„Sicher, Kapt'n!"

„Möchte es fast nicht glauben", lautete die Antwort. „Wäre doch neugierig, das Schiff zu sehen, das die ‚l'Horrible‘ übersegelt!"

„Hm", machte der Mann, indem er aus den Wanten niederstieg und dem Leutnant das Rohr übergab; „kenne doch eines, dem es gelingen sollte!"

„Welches?"

„Die ‚Swallow‘, Sir."

„Ja, die; sonst aber weiter keines! Aber wie sollte die ‚Swallow‘ in diese Gewässer kommen?"

„Weiß nicht, Kapt'n; aber das Schiff da hinten ist keine Bostoner Heringstonne, sondern ein kleiner, rascher Kipper. Wäre er größer, so müßte man ihn auf die Entfernung hin deutlicher sehen. Und die ‚Swallow‘ ist auch ein Klipper."

„Well, wollen sehen!" entschied der Leutnant, den Mann verabschiedend und sich mit dem Rohr nach dem Steuer begebend.

„Ein Segel in Sicht?" fragte der Steuermann.

„Ja. Hinter uns."

„Möchtet Ihr da nicht ein Reff in die Leinwand ziehen lassen?"

„Ist nicht nötig", antwortete der Kommandant, jetzt selbst durch das Glas blickend. „Es ist ein ganz ausgezeichneter Segler; er wird uns auch ohne Reff einholen."

„Pah, Sir; das möchte ich sehen!"

„Es ist so", klang es mit einem leisen Anflug von verletztem seemännischem Stolz. „Er greift den Raum mit Macht. Seht, Maate[1]), vor drei Minuten war er bloß vom Mars aus zu erkennen; jetzt stehe ich auf Deck und sehe ihn."

„Soll ich ein weniges vom Wind abfallen?"

„Nein; ich will sehen, wie lange er braucht, um Seite an Seite mit uns zu segeln. Ist es ein Amerikaner, so soll es mich freuen; ist es aber ein anderer, so will ich ihm lieber den Teufel als ein solches Fahrzeug gönnen."

Es dauerte nicht lange, so waren die Mastenspitzen und dann auch der schlanke Rumpf des fremden Schiffes schon mit unbewaffnetem Auge zu erkennen.

„Es ist ein Klipper mit Schonertakelage", meinte der

[1]) Steuermann

Maate, „ein Dreimast-Marssegelschoner, gerade wie unsere l'Horrible."

„Yes. Ein prächtiges Fahrzeug, bei allen Teufeln! Seht, wie es schief vorm Wind mit vollem Segelwerk läuft. Der Mann, der es befehligt, scheint sich vor einer Handvoll Wind mehr als gewöhnlich nicht zu fürchten. Jetzt legt er sogar die Braamtücher bereit, so daß der Schoner das Steuer hebt und fast nur auf dem Bug tanzt!"

„Ein wackerer Bursche, Sir. Aber kommt ein entgegengesetzter Windstoß, so legt sich der Klipper in die See, so wahr ich Maate bin und Perkins heiße! Der Mann segelt doch ein wenig zu verwegen."

„Nein. Seht Ihr nicht, daß die Reffleinen nicht angesorrt sind, sondern nur festgehalten werden? Bei einer Bö läßt man sie fahren, pah!"

„Jetzt zieht er die Flagge. Wahrhaftig, ein Amerikaner! Seht Ihr die Sterne und Streifen? Er frißt das Wasser förmlich, und in fünf Minuten ist er an unserer Seite."

„Er frißt das Wasser; ja, das ist der richtige Ausdruck für eine solche Fahrt. By god, der Kerl hat wahrhaftig sechs Kanonenluken auf jeder Seite, eine Drehbasse auf dem Vorderkastell und wohl auch so etwas ähnliches kurz vor dem Steuer. Könnt Ihr das Bild bereits erkennen, Maate?"

„Noch nicht; aber wenn mich nicht alles trügt, so ist es die ‚Swallow'. Ich habe sie in Hoboken einmal bestiegen und mir jede Talje und Schote, jedes Stückchen Tau und Takelwerk genau angesehen."

„Wer kommandierte damals auf ihr?"

„Habe den Namen vergessen, Sir; war ein alter, halbwracker Seehund mit einer rotbraunen Nase, die ganz nach Gin und Brandy aussah. Aber den Maate habe ich gut gekannt; er hieß Peter Polter, stammte aus Germany da drüben und war ein wohlbefahrener Junge, auf den sich wohl jeder verlassen konnte. — Habt Ihr sie jetzt nahe genug am Rohr?"

„Ja. Es ist die ‚Swallow'. Haltet einen oder zwei Striche mehr nach Luv; es ist augenscheinlich, daß sie mit uns reden will!"

Er kehrte auf das Quarterdeck zurück und rief:

„Hallo, Jungens, an die Brassen!"

Die Männer sprangen zu den Leinen.

„Mann am Stock, zieh auf die Flagge!"

Das Stern- und Streifenbanner der Union flog in die Höhe.

„Greift an zum Beidrehen!"

Die Befehle wurden mit vollendeter Pünktlichkeit ausgeführt.

„Geschützmeister!"

Der Gerufene trat an sein Geschütz.

„Laßt fallen. Feuer!"

Die Segel fielen und zugleich krachte der Schuß über die See.

„Achtung, Maate; leg bloß den Wind!"

Augenblicklich gehorchte das Steuer dem Ruf, und mit möglichst wenig Leinwand an den Raaen legte sich die ‚l'Horrible' herum, um auf die ‚Swallow' zu warten.

Auch von ihrem Bord krachte ein Schuß. Mit beinahe fabelhafter Geschwindigkeit kam sie herbeigeflogen. Unter ihrem Spriet breitete eine aus Holz gehauene blaue Schwalbe ihre vergoldeten, spitzen Flügel aus. Namensinschrift am Stern war jetzt nicht zu bemerken. Die flotte Brise lag voll in ihrem schweren Segelwerk. Zur Seite geneigt, so daß die Spitzen ihrer Nocken fast das Wasser berührten, schoß sie mit einer Sicherheit und Zierlichkeit heran, die ihrem Namen alle Ehre machte. Jetzt war ihr Klüversegel fast in gleicher Breite mit dem Sternwimpel der ‚l'Horrible', da erscholl die Stimme ihres Befehlshabers, der vorn auf dem Deck seines Schoners stand:

„Hallo, die Reffs!"

Im Nu schlappten die Segel hernieder, das Fahrzeug stieg vorn in die Höhe, erhob sich aus seiner geneigten Lage, schwankte einmal kurz auf die andere Seite und richtete sich dann stolz und kräftig über die gebändigten Wogen.

„Ahoi, was für ein Schiff?" fragte, mit der Hand vor dem Munde, der Befehlshaber der ‚l'Horrible'; er wußte gar wohl, was für ein Fahrzeug er vor sich hatte, mußte aber der gebräuchlichen Form genügen.

„Die ‚Swallow', Leutnant Walpole, von New York, geradewegs von New Orleans um Kap Horn herum. Und Ihr?"

„Die ‚l'Horrible', Leutnant Jenner aus Boston, zum Kreuzen in diesen Gewässern, Sir!"

„Ist mir lieb, Sir! Habe Euch etwas zu übergeben. Soll ich mit der Schaluppe hinüberkommen, oder darf ich mit Dahlbord an Dahlbord an Eure Langseite legen?"

„Versucht es, wenn Ihr es zuwege bringt, Leutnant!"

„Pah, die ‚Swallow' bringt noch Schwereres fertig!"

Er trat zurück und gab den Seinen einen Wink. Die ‚Swallow' warf sich leicht herum, beschrieb einen kurzen Bogen und legte sich so nahe an das andere Fahrzeug, daß ihre Mannschaft dessen Wanten zu erfassen vermochte, ein Manöver, das bei solchem Wind und mit dieser Sicherheit nur ein kühner und dabei sehr tüchtiger Mann auszuführen den Mut hat.

Während die beiden Schiffe sich auf einem nachbarlichen Wellenpaar wiegten, stand Max Walpole mit einem gewandten Sprung neben dem Leutnant Jenner.

„Habe den Auftrag, Euch diese versiegelte Depesche zu überreichen, Sir!" meinte er, indem sie sich freundschaftlich die Hände schüttelten.

„Ah! Wollt Ihr mit hinab in die Kajüte? Müßt doch einen Trunk an Bord der ‚l'Horrible' nehmen!"

„Habe nicht gut Zeit, Leutnant. Laßt einen Schluck heraufbringen!"

Jenner gab den nötigen Befehl und öffnete dann den Briefumschlag.

„Wißt Ihr, was die Depesche enthält?" fragte er.

„Nein; kann mir es aber denken."

„Ich muß sofort nach San Francisco, wohin ich übrigens schon den Kurs genommen hatte. Ich soll Euch dieses mitteilen."

„Well, so habe ich Euch diese Depeschen an die dort stationierten Unionskapitäne zu überreichen. Ihr wißt wohl, daß der Süden verspielt hat?"

„Habe davon gehört, obgleich ich erst kurze Zeit in dieser Breite kreuze. Wird aber trotzdem noch schwere Arbeit geben, was?"

„Meine es auch; doch ist der Süden noch immer stark und im Besitz fester Häfen und großer Hilfsquellen. Kampf wird es geben, schweren, harten Kampf, und ungewöhnlicher Anstrengung wird es bedürfen, um ihn niederzuringen. Ich wünsche, daß wir uns wiedersehen, Sir, Seite an Seite, dem Feinde gegenüber!"

„Sollte mich freuen, Master, herzlich freuen, mit einem Schiffe, wie Eure ‚Swallow' ist, den Gegner packen zu können! Wohin seid Ihr jetzt bestimmt?"

„Auch nach San Francisco, wo ich neue Befehle empfange. Vorher jedoch muß ich ein wenig auf der japanischen Strecke streifen. Farewell, l'Horrible!"

„Farewell, Swallow!"

Die beiden Männer leerten ihre Gläser, dann sprang Walpole auf das Deck seines Fahrzeuges zurück. Die ‚Swallow' stieß von der ‚l'Horrible' ab, warf ihre Segel wieder an die Rahen, nahm den Wind voll in die Leinwand und schoß unter einem lauten Abschieds-Hallo der beiderseitigen Mannschaften davon. So schnell, wie sie vom südwestlichen Gesichtskreis her erschienen war, so schnell verschwand sie wieder an dem in Glut getauchten westlichen Horizont.

Es war, als sei eine anmutige Fee aus den Fluten aufgetaucht, um den einsamen Schiffer zu begrüßen und dann wieder in ihr nasses, geheimnisvolles Reich zurückzukehren.

Auch die ‚l'Horrible‘ setzte jetzt alle Segel bei, um die unterbrochene Fahrt mit vergrößerter Geschwindigkeit wieder aufzunehmen. Zwar währte die Fahrt noch einige Tage, dann aber mehrte sich die Zahl der ihr begegnenden oder zu gleichem Ziel mit ihr zusammentreffenden Fahrzeuge, und endlich ging sie auf der Reede der ‚Goldkönigin‘ vor Anker.

Hier überließ Jenner das Ordnen der polizeilichen und hafenbehördlichen Angelegenheiten seinem Steuermann und begab sich sofort an Bord eines neben ihm liegenden Panzerschiffes, an dessen Kapitän eine der ihm anvertrauten Depeschen gerichtet war. Die anderen der ihm bezeichneten Fahrzeuge mußten erst noch aufgesucht werden oder befanden sich auf kurzem Ausflug in See.

Der Kapitän nahm die Depesche in Empfang und führte ihn die Kajüte hinab, wo sich ein kameradschaftliches Gespräch entwickelte.

„Ihr werdet einige Zeit hier zu verweilen haben“, meinte zum Schluß der Kommandant des Panzerungeheuers. „Habt Ihr Bekanntschaften in der Stadt?“

„Leider nicht. Ich werde in gesellschaftlicher Beziehung nur auf die Wirtschaften und Gasthäuser angewiesen sein.“

„Dann erlaubt mir, Euch meine Verbindung zur Verfügung zu stellen.“

„Wird mit Dank und Vergnügen angenommen.“

„Ich kenne da zum Beispiel eine vornehme Dame, die sich das ganze Stockwerk eines der feinsten Häuser gemietet hat. Sie ist eine Pflanzerswitwe aus Martinique, nennt sich de Voulettre und gehört zu den Frauen, die

ewig jugendlich bleiben und deren Alter nie bestimmt
werden kann, weil Bildung, Geist und Liebenswürdigkeit die Macht der Jahre unwirksam machen. Sie führt
ein großes Haus, scheint unerschöpflich vermögend, sieht
bei sich nur die Vertreter der Aristokratie des Geistes,
des Geldes und der politischen Macht und ist gerade mir
außerordentlich anziehend, weil sie große Seereisen gemacht und sich Kenntnisse über unseren Beruf angeeignet
hat, um die sie mancher wackere Seebär beneiden
möchte."

„Dann bin ich wirklich begierig, sie kennenzulernen."

„Ich werde Euch schon heute die Gelegenheit dazu
bieten. Bin für heute abend zu ihr geladen; wollt Ihr
mit?"

„Sicher, Kapitän."

„Gut. Ich werde Euch vorstellen, und dann dürft Ihr
Euch so frei bewegen, als befändet Ihr Euch an Bord
Eurer ‚l'Horrible'. Ist übrigens ein prächtiges Fahrzeug,
Leutnant, und ich kann Euch zu diesem Kommando
aufrichtig Glück wünschen. Das war so nett, so sauber,
so gewandt, als Ihr herbeigestrichen kamt und Ruck
und Zuck die Segel und der Anker fielen. Kam es nicht
von den Englischmen in den Besitz der Vereinigten-
Staaten-Flotte?"

„Ja. Vorher aber war es das gefürchteste Fahrzeug
zwischen Grönland und den beiden südlichen Kaps.
Oder habt Ihr nie vom Kapitän Kaiman gehört?"

„Wie sollte ich nicht? Vielleicht mehr noch als Ihr. Ich
wußte nur nicht gleich, wohin ich den Namen ‚l'Horrible' tun sollte; jetzt aber besinne ich mich. Das Fahrzeug wurde auf einer Ebenholzfahrt[1]) betroffen und daher weggenommen. Die Bemannung hängte man an die
Rahen und den Kapitän Kaiman — ah, wie war es
nur mit ihm?"

[1]) Negerhandel

128

„Er befand sich nicht an Bord, so hieß es wenigstens. Seit jener Zeit aber hat man nie wieder etwas über den Piraten gehört. Entweder hat die Lehre gefruchtet oder er ist doch mit an Bord gewesen und im Kampf getötet oder als gewöhnlicher Vormarsgast mit gehangen worden."

„Wäre ihm recht geschehen! Also heute abend bei der Frau de Voulettre! Ich werde Euch abholen, Leutnant, ja?"

„Ich werde diese Ehre — —"

„Pshaw, ich bitte nur, mir Euer braves Fahrzeug einmal ansehen zu dürfen, ehe wir an Land rudern."

Während dieses Gespräches kam ein Mann gemächlich am Kai herabgeschlendert, ganz in der Haltung eines Menschen, der über sich und seine Zeit vollständig Herr ist. Von kaum mittlerer Gestalt und dabei schlank gebaut, trug er die Kleidung eines Diggers, der von den Minen kommt, um von der anstrengenden Arbeit auszuruhen und sich ein wenig in der Stadt umzusehen. Ein breitkrempiger, vielfach zerknitterter Hut hing ihm ins Gesicht hernieder; doch vermochte er nicht, das große, häßliche Feuermal zu verdecken, das sich von dem einen Ohr quer über die ganze Wange bis über die Nase zog.

Wer ihn sah, wandte sich mit Grauen von dem abstoßenden Antlitz weg. Der Mann bemerkte dies sehr wohl, schien sich aber nicht darüber zu grämen und ließ sich sogar durch gelegentliche laute Äußerungen in seiner offenbaren Seelenruhe nicht stören.

Da blieb er stehen und ließ sein Auge hinaus auf die Reede schweifen.

„Wieder einer vor Anker", murmelte er; „ein Segelschiff und, wie es scheint, nicht schlecht gebaut. Wenn nur — —." Er hielt plötzlich in seinem Selbstgespräch inne und beschattete das Auge mit der Hand, um schärfer sehen zu können. „Sacré nom du dieu, das ist, —

ja, das ist sie, das ist die ‚l'Horrible'. Endlich, endlich sehe ich sie wieder, und — — doch, sie liegt zu weit vom Land, und ich könnte mich täuschen. Ich werde mich überzeugen!"

Er schritt die Stufen hinab, vor denen mehrere Boote lagen, und sprang in eines hinein.

„Wohin?" fragte der Besitzer, der sich auf der Ruderbank sonnte.

Der Fahrgast deutete leicht nach der Reede hinaus und antwortete: „Spazieren!"

„Wie lange?"

„Solange es mir gefällt."

„Könnt Ihr bezahlen?"

Der Frager musterte seinen Fahrgast mit nicht sehr vertrauensvollen Blicken.

„Nach der Fahrt mit gutem Geld, vor der Fahrt mit guten Fäusten. Wähl also!"

„Hm, hm", brummte der Schiffer, offenbar eingeschüchtert durch den drohenden Blitz, der aus dem dunklen Auge des Fremden leuchtete, „steckt Eure zehn Finger, wohin es Euch beliebt, nur nicht in mein Gesicht. Könnt Ihr das Steuer führen?"

Ein kurzes Nicken war die Antwort, dann wurde der Kahn gelöst und suchte durch das Gewirr der umherliegenden Fahrzeuge aller Gattungen seinen Weg hinaus in das freie Wasser.

Der Fremde verstand zu steuern wie nur irgendeiner, das hatte der Schiffer schon nach den ersten Ruderschlägen bemerkt. Er ließ kein eigentliches Ziel erraten, umkreiste in weitem Bogen das Panzerschiff und die ‚l'Horrible' und führte dann das Boot an seinen Platz zurück, wo er die Fahrt auf eine Weise bezahlte, die seine äußere Erscheinung allerdings nicht hatte vermuten lassen.

„Sie ist es", seufzte er erleichtert, indem er die Stufen emporstieg; „nun soll die Frau de Voulettre bald ebenso spurlos verschwinden, wie damals die Miß Admiral. Jetzt aber in die Taverne!"

Er lenkte seine Schritte einer Gegend der Stadt zu, wo die dunkelsten Gestalten ihr elendes und oft auch verbrecherisches Leben fristen. Dabei mußte er durch ein Gewirr enger Gassen und Gäßchen schreiten, deren Häuser kaum diese Bezeichnung verdienten. Der wüste, holperige Boden bildete ein besonders für die Nacht halsbrecherisches Gelände, und die Hütten, Baracken und Zelte glichen eher einem wilden Zigeunerlager, als dem Teil eines wohlgeordneten Stadthaushaltes, wo die mächtige Hand einer kräftigen Sicherheits- und Wohlfahrtspolizei jeden schädlichen und verdächtigen Stoff auszuscheiden oder wenigstens unter scharfer Bewachung zu halten verpflichtet ist.

Endlich hielt er vor einer langgestreckten Bretterbude, über deren Tür mit einfachen Kreidezügen die Inschrift „Taverne of fine brandy" angebracht war. Vor und hinter diesen Buchstaben war mit Kreide je eine Schnapsflasche auf das rissige Holz gemalt.

Er trat ein.

Der lange Raum war mit Gästen gefüllt, denen man es ansah, daß sie nicht zu den Kreisen der Gesellschaft gehörten, von der die Bezeichnung gentlemanlike in Anspruch genommen wird. Ein unbeschreiblicher Spiritusdunst und Tabaksqualm warfen den Eintretenden förmlich zurück, und der Lärm, der hier herrschte, schien eher tierischen, als menschlichen Kehlen zu entstammen.

Der Mann mit dem Feuermal kehrte sich nicht im mindesten an diese Unannehmlichkeiten. Er trat an den Schenktisch und wandte sich zu dem dahinter thronenden Wirt.

„Ist der lange Tom hier, Master?"

Der Gefragte musterte ihn mit einem mißtrauischen Blick und antwortete nicht eben freundlich:

„Warum?"

„Weil ich mit ihm zu sprechen habe."

„Wer ist der lange Tom, he?"

„Pah! Spielt nicht Verstecken! Ich kenne den Mann ebenso gut wie Ihr und bin von ihm hierher bestellt worden."

„Wer seid Ihr?"

„Das geht Euch den Teufel an. Habe Euch auch noch nicht nach der Geburtsliste gefragt, auf der Euer Name verzeichnet sein mag!"

„Hoho, wenn Ihr so kommt, so könnt Ihr lange fragen, ehe Ihr die Antwort bekommt, die Ihr haben wollt. Eher ist es möglich, daß Ihr einen guten Faustschlag oder zwei von hier mit fortnehmt!"

„Darüber ließe sich vielleicht auch noch sprechen. Aber ich will Euch wenigstens so viel sagen, daß es Euch der lange Tom verteufelt anrechnen wird, wenn Ihr mich nicht mit ihm sprechen laßt."

„So? Nun, ich will einmal so tun, als ob ich ihn kenne; versteht Ihr, Sir? Wenn er Euch wirklich bestellt hat, so hat er Euch jedenfalls ein Wort gesagt, ein kleines Wörtchen, ohne das man nicht zu ihm kommt."

„Das hat er. Hört!"

Er neigte sich über den Tisch hinüber und raunte dem Wirt einige Silben zu. Dieser nickte zustimmend.

„Richtig! Jetzt darf ich Euch trauen. Tom ist noch nicht hier; es ist eben jetzt die Zeit, wo gewöhnlich die Polizei kommt, um sich ein wenig unter meinen Gästen umzusehen. Ist sie fort, so gebe ich ein Zeichen, und in fünf Minuten ist er da. Setzt Euch bis dahin nieder!"

„Hier nicht, Master. Tom sagte mir, daß es bei Euch einen kleinen Raum gibt, wo man nicht von jedermanns Auge belästigt wird."

„Den gibt es, ja; aber er ist eben auch nicht für jedermann da."

„Nicht für jedermann? Aber für wen denn?"

„Wenn ich Euch das erst sagen muß, so scheint es unter Eurem Hut ganz niederträchtig finster zu sein!"

„So sehr doch nicht, wie Ihr denkt!"

Er zog ein Goldstück hervor und schob es dem gewinnsüchtigen Mann zu.

„Gut! Es steht mit Euch doch nicht ganz so schlimm, wie ich dachte. Aber wißt Ihr, wenn man jemandem den Gefallen tut, die Spürnasen von ihm abzuhalten, so ist ganz natürlich eine Liebe der anderen wert. Wollt Ihr etwas trinken?"

„Ein Glas Wein."

„Wein? Seid Ihr verrückt? Was soll ich hier mit diesem albernen Getränk machen? Ihr bekommt eine Flasche Brandy, wie es hier Sitte und Gewohnheit ist. Hier, und auch ein Glas dabei. Jetzt setzt Ihr Euch an den Tisch dort hinter dem breiten Ofen. Gleich daneben ist eine Tür, die niemand sehen kann. Ich werde sie aufstoßen; dann paßt Ihr auf, und beim ersten Augenblick, wo es kein anderer bemerkt, schlüpft Ihr schnell hinein."

„Soll geschehen."

„Es ist jetzt leer in jener Stube. Aber es werden bald Gäste kommen, und ich rate Euch, sie nicht zu belästigen. Es sind rasche Burschen, bei denen Wort und Klinge nicht weit voneinander liegen!"

Es geschah, wie er gesagt hatte, und bald saß der Fremde in dem verborgenen Raum. Dieser faßte nur zwei Tische mit vielleicht einem Dutzend Stühlen, die jetzt leer standen. Aber, wie der Wirt gesagt hatte, kamen bald Gäste, einer nach dem anderen, herbeigeschlüpft und nahmen in einer Weise Platz, die erraten ließ, daß sie gewohnt seien, hier in dieser Abgeschlossenheit zu verkehren.

Die Kenntnis, die sie von dem bereits Anwesenden nahmen, bestand nur in einem kurzen, musternden

Blick; sonst aber beachteten sie ihn nicht im mindesten und führten ihr halblautes Gespräch so zwanglos, als ob kein Fremder zugegen sei. Sämtliche Männer schienen Seeleute zu sein, wenigstens zeigten sie sich während ihrer Unterhaltung in dem Schiffswesen sehr bewandert und in allen nautischen Vorkommnissen der jüngeren Vergangenheit außerordentlich gut unterrichtet. Auch die im Hafen und auf der Reede liegenden Fahrzeuge wurden besprochen.

„Wißt Ihr", fragte einer, „daß die ‚l'Horrible' draußen vor Anker gegangen ist?"

„Die ‚l'Horrible', das frühere Kaperschiff?"

„Ja, Befehlshaber Leutnant Jenner. Ein prächtiges Schiff, ganz unvergleichlich in Bau und Ausrüstung; der Kapitän Kaiman hat es bewiesen."

„Schade um den armen Kerl, daß er den Strick hat schmecken müssen! Oder nicht, he?"

„Jammerschade; er wußte etwas aus sich und seinen Jungens zu machen."

„Er vielleicht weniger, aber er soll einen ausgezeichneten Segelmeister gehabt haben, der das eigentliche Kommando führte."

„Habe auch davon gehört. Der Kerl soll gar nicht einmal ein Mann, sondern ein Weib gewesen sein, ein wahrer Satan. Will es auch gerne glauben, denn wenn sich der Teufel ein besonderes Vergnügen machen will, so fährt er in ein Frauenzimmer."

„Richtig", meinte ein dritter, „ein Frauenzimmer ist er gewesen, und Miß Admiral wurde sie geheißen; ich weiß es genau. Sie soll die Tochter eines alten Seebären gewesen sein, der sie auf allen seinen Fahrten mitgenommen hat. Dadurch ist sie das reine Mannsbild geworden, hat sich nur auf dem Wasser wohl befunden und es nach und nach so weit gebracht, ein Schiff noch besser als mancher erfahrene Kapitän zu führen. Jeder Seemann weiß, daß es dergleichen Frauenzimmer gegeben hat und wahrscheinlich auch heute noch gibt. Und wer noch mehr erfahren will, der mag nur den langen Tom fragen, der weiß Bescheid. Ich glaube, der Halunke ist schon einmal mit dem Kapitän Kaiman gefahren und kennt die ‚l'Horrible‘ besser, als er gestehen will.“

„Möglich; zuzutrauen ist es ihm. Und wenn es wirklich so gewesen ist, so fällt mir gar nicht ein, es ihm übel zu nehmen; denn so ein Hundeleben wie auf einem elenden Kauffahrer gibt es natürlich auf einem wackeren Kaper nicht. Ich will nicht weiterreden, aber, na, ihr wißt schon, was ich meine!“

„Papperlapapp, heraus damit! Oder wenn du dich fürchtest, so will ich es sagen: Wenn der Kapitän Kaiman noch lebte und die ‚l'Horrible‘ noch hätte, ich ginge auf der Stelle zu ihm an Bord. Da hört ihr es, und ich meine, daß ihr mir recht gebt!“

In diesem Augenblick öffnete sich die Tür von neuem und ein Mann trat in gebückter Stellung ein, den alle als alten Bekannten begrüßten.

„Der lange Tom! Komme her, alter Swalker, und verteie[1]) dich hier auf diesen Stuhl. Weißt du, daß wir soeben von dir gesprochen haben?“

„Ja, von dir und der ‚l'Horrible‘!“ bestätigte ein anderer.

„Laßt die ‚l'Horrible‘ nur immer draußen auf dem Wasser, ihr alten Schwatzratten“, antwortete er, sich niedersetzend und dem Manne mit dem Feuermal unbemerkt zublinzelnd. „Was geht euch das Fahrzeug an, he?“

„Uns nichts, aber dich desto mehr. Wir meinen, daß du es besser kennst als wir; oder bist du nicht einmal auf seinen Planken herumgelaufen?“

„Ich sage nicht ja und nicht nein, aber möglich wäre es. Es sind wohl einige hübsche Dutzend guter Schiffe, die den Tom gesehen haben, und wer kann da etwas

[1]) An den Ankern festlegen

135

dawider haben, wenn die ‚l'Horrible‘ mit dabei gewesen ist?“

„Niemand. Doch sage, ist es wirklich wahr, daß der Segelmeister des Kapers ein Weibsbild gewesen ist?“

„Wie ich gehört habe, ja.“

„Hm, da muß doch trotz alledem eine elendige Wirtschaft auf dem Fahrzeug geherrscht haben!“

„Wieso?“

„Na, wenn ein Frauenzimmer das Kommando eines Schiffes führt, so möchte ich nicht dabei sein. Ich meine, daß gerade dies und nichts anderes daran schuld ist, daß die ‚l'Horrible‘ genommen worden ist.“

„Meint Ihr — — —?“ ließ sich da mit gedehnter Stimme der Fremde mit dem Feuermal vernehmen.

„Ja, ich meine es. Oder habt Ihr vielleicht etwas dagegen?“

„Geht Euch nichts an; wollte bloß wissen, ob Ihr das wirklich meint!“

„Geht mich nichts an, he? Wenn sich ein Fremder in das mengt, was ich sage, so geht es mich nichts an? Nehmt Eure Zunge etwas fester hinter die Zähne, sonst schlage ich Euch eins auf das Maul, daß sie Euch hinunter bis auf die Zehen fährt!“

„Seht ganz danach aus!“

„Wie — was? Da — da habt Ihr, was Euch gehört!“

Mit einem raschen Schritt stand er vor dem schmächtigen, um Kopfeslänge kürzeren Mann und holte zu einem Schlag aus, der sicher keine wohltuende Liebkosung sein konnte. Der Bedrohte aber hatte ihn im Nu gefaßt, hob ihn in die Höhe und schmetterte ihn mit solcher Wucht zu Boden, daß er sich kaum aufzuraffen vermochte.

Sofort sprang der ihm am nächsten Sitzende herbei, um die schmähliche Niederlage seines Kameraden zu rächen. Es wurde ihm ganz dasselbe Schicksal: mit wahrhaft katzenartiger Geschwindigkeit wich der Gegner seinen Streichen aus, unterlief ihn und warf ihn zur Erde nieder, daß es dröhnte.

Schon wollte der dritte dem Beispiel folgen, als der lange Tom sich in das Mittel legte.

„Stop!" meinte er, ihn beim Arm packend und zurückhaltend. „Mach keine Dummheit, alter Bursche! Mit dem dort nimmst du es nicht auf und zehn andere ebensowenig!"

„Oh! Das will ich sehen!"

„Versuch es, wenn du durchaus nicht anders willst, aber ich meine, daß ihr einen Offizier von der ‚l'Horrible' achten werdet."

„Von der ‚l'Horrible'!"

Auch die beiden anderen, die sich jetzt vom Boden erhoben hatten und Miene machten, den Angriff von neuem zu beginnen, stimmten überrascht in diese Frage ein.

„Vom früheren oder jetzigen?"

„Vom früheren natürlich; oder glaubt ihr etwa, daß sich so ein Schwachkopf von Vereinigten-Staaten-Marineoffizier hier in unsere Kabine wagen möchte?"

„Ist es wahr?"

Der Mann mit dem Feuermal nickte leichthin mit dem Kopf und sagte:

„Wird wohl wahr sein, ihr Männer. Der lange Tom kennt mich ein weniges von früher her, wo wir einige Zeitlang auf denselben Planken herumgestiegen sind und manchen guten Streich ausgeführt haben."

„So; das ist etwas anderes! Wenn es so steht, so seid Ihr sicher bei uns, und wir werden Euch unsere Fäuste nicht weiter zu schmecken geben."

„Pah", klang die geringschätzige Antwort; „vor euren Fäusten ist mir ganz verteufelt wenig bange, wie ihr gesehen habt. Doch seid ihr keine üblen Maaten, denke ich, und so will ich die Sache nicht nur gut sein lassen, sondern mich sogar ein wenig bei euch auf den Stuhl verteilen."

„Gut sein lassen? Ich denke, der Streit ist nicht von uns, sondern von Euch ausgegangen. Als Fremder ging Euch das, was wir sprachen, nichts an!"

„Hm, ihr mögt nicht so ganz unrecht haben, aber ich bin gewohnt, meine Leute auf die Probe zu stellen, ehe ich den Handschlag von ihnen nehme."

„Eure Leute?" meinte der eine.

„Auf die Probe stellen?" der andere.

„Handschlag nehmen?" der dritte.

„So ist es! Habt ihr nicht vorhin gesagt, daß ihr nach der ‚l'Horrible' möchtet?"

„Das war so eine Rede. Ihr werdet Euch wohl die Beifügung gemerkt haben: wenn der Kapitän Kaiman noch lebte und ihn befehligte."

„Wißt ihr denn so genau, daß er tot ist?"

„Alle Wetter! Wollt Ihr damit etwa sagen, daß er noch lebt?"

„Er lebt noch. Verlaßt euch drauf!"

„Alle Wetter! Und wo steckt er denn, he?"

„Das ist nicht eure, sondern meine Sache."

„Auf der ‚l'Horrible' jedenfalls nicht!"

„Nein; da habt ihr recht. Aber — — hm, wenn er sie nun wiederbekäme?"

„Wiederbekäme? Holla, Sir, das wäre ja ein verdammt guter Streich von ihm!"

„Und von euch!"

„Von uns? Wieso?"

„Weil ihr mit dabeisein könnt, wenn ihr wollt", erklang es leise und vorsichtig.

„Was wollt Ihr damit sagen, Master?"

„Ich will damit sagen, daß man Männern, die der lange Tom seine Freunde nennt, wohl ein wenig Vertrauen schenken darf. Oder nicht, he?"

„Bei allen Teufeln, da habt Ihr recht und geht nicht

fehl! Wir sind überall gerne dabei, wo es ein gutes Geld oder einen hübschen Sold zu verdienen gibt. Tom mag uns Euch empfehlen!"

„Ist schon geschehen", antwortete der Genannte. „Dieser Sir kennt euch so wie ich, und ich hatte ihn herbestellt, damit er euch einmal sehen und mit euch sprechen könne. Wißt ihr etwas Neues?"

„Nun?"

„Ich werde Bootsmann auf der ,l'Horrible'."

„Bootsmann? Willst du uns kalfatern?"

„Fällt mir gar nicht ein! Auch ihr könntet eine gute Stelle finden, wenn ihr wolltet."

„Ob wir wollen! Aber das Schiff gehört ja den Blaujacken."

„Jetzt, aber lange nicht mehr; das ist sicher."

„Wieso?"

Tom neigte sich über den Tisch herüber und flüsterte: „Weil wir es ihnen nehmen werden."

„Donnerwetter, das wäre ja ein Streich, wie er noch gar niemals dagewesen ist. Man würde in den ganzen Staaten und wohl auch noch weiter darüber hinaus davon sprechen."

„Fürchtet ihr euch davor?"

„Fürchten? Pah! Was kann uns das Gerede schaden? Mit der ,l'Horrible' unter den Füßen braucht man sich vor der ganzen Welt nicht zu scheuen!"

„Ja, und könntet ein Leben führen wie der große Mogul oder wie der Kerl heißt, der so viel Dollars besitzt, daß die See voll würde, wenn er einmal so dumm sein wollte, sie hineinzuwerfen. Es liegt nur an euch, es so zu haben!"

„An uns? Sprecht weiter, Sir!"

Der Rotmalige langte in den Rock, zog eine wohlgefüllte Brieftasche hervor, entnahm ihr einige Banknoten und legte jedem eine davon hin.

„Wollt ihr diese Wische haben?" fragte er.

„Werden nicht so albern sein, sie zurückzuweisen! Aber was sollen wir dafür tun?"

„Nichts; ich schenke sie euch umsonst. Aber wenn ihr die Richtigen seid, so könnt ihr morgen oder übermorgen fünfmal soviel haben!"

„Inwiefern?"

„Wollt ihr eine Spazierfahrt hinaus auf die Reede mitmachen?"

„Warum nicht?"

„Um den Blaujacken einen Besuch abzustatten?"

„Warum nicht?"

„Es wird wohl einige Hiebe oder Messerstiche dabei geben."

„Tut nichts!"

„Ihr bleibt natürlich dann auf dem Schiff."

„Versteht sich! Aber wer wird uns befehligen?"

„Wer anders als Kapitän Kaiman?"

„So lebt er wirklich noch?"

„Er lebt noch, und ihr sollt mit ihm zufrieden sein, wenn ihr das Eurige tut."

„Wird an nichts fehlen, Sir, darauf könnt Ihr Euch verlassen!"

„Gut; so hört, was ich euch sage!"

Sie rückten erwartungsvoll zusammen.

„Ihr kauft euch bessere Kleider, denn so wie jetzt darf euch niemand sehen!"

„Soll geschehen."

„Ihr geht des Abends nicht aus, sondern bleibt hier, um auf mich oder einen Boten zu warten!"

„Ist uns lieb. Die Spürnasen machen uns ja draußen genug zu schaffen."

„Sobald ich schicke, kommt ihr mit Tom zu — zu — in die Wohnung der Frau de Voulettre."

„Alle Teufel! Das ist eine verdammt vornehme und reiche Lady. Ich habe von ihr sprechen hören. Was haben wir mit ihr zu schaffen?"

„Die Offiziere der ‚l'Horrible‘ werden bei ihr zu finden sein."

„Ah!"

„Ihr wollt Heuer auf dem Schiff nehmen, und sie wird euch den Herren empfehlen."

„Donnerwetter — uns empfehlen — die reiche, vornehme Miß? Seid Ihr klug, Sir?"

„Ich denke es!"

Die Männer sahen ihn halb zweifelnd, halb achtungsvoll forschend an.

„Dann seid Ihr wohl ein wenig gut mit ihr bekannt?"

„Möglich! Ihr werdet jedenfalls geheuert werden und geht sofort an Bord."

„Ganz wie Ihr befehlt, Sir."

„Es wird dafür gesorgt werden, daß die Offiziere und Subalternen an Land gehen. Kapitän Kaiman wird dann mit seinen Leuten bei euch anlegen und — — na, das übrige ist nicht meine Sache; ich bin bloß sein Agent. Was ihr noch wissen müßt, wird euch Tom schon sagen."

Die Männer nickten zustimmend. Der Plan des scheinbaren Agenten nahm ihre Köpfe so sehr in Anspruch, daß sie keine Zeit zu langen Reden hatten. Dieser fuhr fort:

„Und noch eins: Tom ist Bootsmann, und ihr habt ihm von diesem Augenblick an in allen Stücken Gehorsam zu leisten, versteht ihr?"

„Yes, Sir!"

„Seid ihr treu und verschwiegen, so könnt ihr auf den Kapitän rechnen; bei dem geringsten Zeichen von Verrat aber seid ihr verloren, dafür ist gesorgt. Also nehmt euch zusammen!"

„Keine Sorge! Wir wissen, was wir vorhaben; so etwas ist schon längst unser Wunsch gewesen; und da er nun so schön in Erfüllung geht, werden wir uns das Vergnügen nicht selbst verderben."

„Hier habt ihr noch ein weniges, um zu trinken; ich muß nun fort. Auf Wiedersehen!"

„Auf Wiedersehen, Sir!"

Während die anderen sich in achtungsvolle Stellung erhoben, reichte er Tom herablassend die Hand und verschwand dann durch die Tür.

„Alle Teufel, konnte der Kerl zugreifen!" bemerkte der eine.

„Und was die Hauptsache ist, mit diesen kleinen Händen!" fügte der andere hinzu. „Man sieht es ihm nicht an, aber er hat wahrhaftig den Satan im Leibe!"

„Setzt euch", mahnte Tom; „ich habe euch noch mancherlei zu erklären."

Die Männer saßen noch lange beisammen und lauschten den Reden ihres Kameraden. Er war ein erfahrener und gewiegter Maate und verstand es, sie vollständig davon zu überzeugen, daß gerade jetzt während des Krieges zwischen den Nord- und Südstaaten ein gut geführter Kaper, der nebenbei heimlich Piraterie treibe, vortreffliche Geschäfte machen könne. — — —

Die Gemächer der Frau de Voulettre waren am Abend hell erleuchtet. Sie hatte große Gesellschaft. Im Empfangszimmer wurde zum Piano getanzt; an den Anrichtetischen nahm man die feinsten Leckerbissen und Erfrischungen zu sich; die älteren Herren hatten sich in die Nebenzimmer zurückgezogen, wo man allerlei besprach oder sich einem ‚kleinen Spielchen' hingab, bei dem die Dollars zu Hunderten gesetzt, gewonnen und verloren wurden.

Selbst der Neid mußte gestehen, daß unter allen anwesenden Damen der Herrin des Hauses die Krone gebühre. Sie verstand es, jedes Wort so auszusprechen und jede, auch die kleinste Bewegung so auszuführen, daß der Beobachter selbst gegen seinen Willen angezogen und dann dauernd gefesselt wurde.

Jetzt eben ruhte sie in nachlässiger Haltung auf dem

samtenen Diwan und wehte sich mit dem perlen-
besetzten Fächer Kühlung zu. Ihr dunkles Auge ruhte
mit sichtlicher Teilnahme auf dem Gesicht des Marineleutnants Jenner, der von dem Kapitän des Orlog-
schiffes vorgestellt worden war.

„Sie kommen um Kap Horn, Leutnant?" fragte sie
ihn.

„Nicht geradewegs. Ich kreuze schon längere Zeit
gegenüber der Landenge."

„Ah, ein langweiliges Geschäft, nicht? Hatten Sie nicht
Zeit, schon längst einmal hier anzulegen?"

„Leider nicht. Der Dienst zur See ist streng."

„Wissen Sie, Leutnant, daß ich mich trotzdem außerordentlich zum Seewesen hingezogen fühle?"

„Ah! Die See hat allerdings etwas Anziehendes selbst
für Damen; aber das, was man unter ‚Seewesen' gewöhnlich zu verstehen pflegt, ist so trocken und — gefährlich, daß ich kaum einer Lady im Ernst zumuten
möchte, sich —"

„Pah", fiel sie ihm in die Rede; „nicht jede Dame
fürchtet die Gefahr, ebenso wie nicht jeder Herr ein
Herkules ist. Meine Heimat ist eine Insel, rings vom
Wasser umgeben; ich habe zahlreiche Verwandte drüben
auf dem Festland, bin viel hin und her gefahren, oft
droben in New York und Boston gewesen, habe sogar
einmal das Kap der Guten Hoffnung besucht und mir
dabei eine Teilnahme für die See angeeignet, die sich
auf alles erstreckt, was mit dieser in Beziehung steht.
Sogar den nautischen Wissenschaften, die für den Laien
doch so schwer und trocken sind, wie Sie sagen, habe
ich einige Teilnahme schenken dürfen, und wenn Sie
mein Arbeitszimmer betreten wollten, so könnte ich
Ihnen den sichersten Beweis für diese Behauptung
liefern."

„Für ein solches Heiligtum dürfte mein Fuß doch
vielleicht zu weltlich sein."

„Meinen Sie! Man lebt hier so zwanglos und unabhängig von den sonstigen Regeln der Gesellschaft, daß ich meinen Gästen gegenüber sicherlich keinen Fehler begehe, wenn ich Sie ersuche, mir Ihren Arm zu geben!"

Sie legte ihren Arm in den seinen und schritt mit ihm durch mehrere Gemächer bis in einen Raum, der allerdings die Bezeichnung ‚Arbeitszimmer' wenig oder gar nicht verdiente. Er war klein und traulich und mit einer ausgesuchten Pracht ausgestattet.

Hier trat sie an einen kostbaren Schreibtisch, öffnete einen Kasten und entnahm ihm eine vollständige Sammlung der zuverlässigsten und wertvollsten Seekarten. Die anderen Kästen enthielten sämtliche Werkzeuge, die zur Führung eines Schiffes erforderlich sind.

Jenner konnte seine Verwunderung über diesen unerwarteten Schatz nicht verbergen. Er gestand aufrichtig:

„Ich muß sagen, Madame, daß ich in meiner Kajüte keine besseren Werkzeuge besitze!"

„Möglich; ich pflege nie etwas Unbrauchbares zu meinem Eigentum zu machen."

„Aber diese Gegenstände sind nur nach tiefen Studien und nur in der Praxis zu verwenden!"

„Und diese Studien trauen Sie einer Dame nicht zu?"

„Ich fand noch keine, die mich zu einer anderen Überzeugung bekehrt hätte."

„So bitte ich, mich zu prüfen!"

Ihr Auge hing mit einem belustigten Blick, in dem ein aufmerksamer Beobachter jedenfalls etwas wie Hohn oder Verachtung bemerkt hätte, an seinen offenen, ehrlichen Zügen.

„Prüfen?" lachte er. „Wer vermöchte es, hier Ihnen gegenüber die zu einem solchen Vorhaben nötige Ruhe zu bewahren! An Bord meines Schiffes würde ich weniger befangen sein."

„Diese ‚l'Horrible' ist ein prächtiges Schiff, Sir, das

prächtigste, das ich kenne; aber wissen Sie, daß ich Sie dieses Fahrzeuges wegen hassen sollte?"

„Hassen? Weshalb?"

„Weil ich auf ihm die schlimmsten und bittersten Stunden meines Lebens durchlitten und durchjammert habe."

„Sie waren auf der ‚l'Horrible‘?" fragte er erstaunt.

„Ja. Sie kennen die Geschichte dieses berühmten oder vielmehr berüchtigten Fahrzeuges?"

„So ziemlich."

„So hörten Sie auch von einer Dame, die sich an Bord befand, als es genommen wurde?"

„Gewiß."

„Sie war mit einem Kauffahrer vom Kap gekommen und in die Hände des Kapitäns Kaiman geraten?"

„So ist es!"

„Nun, diese Frau war ich!"

„Waren Sie? Welch ein Zusammentreffen, Madame! Sie müssen mir später von diesem großartigen Abenteuer erzählen!"

„Darf ich einen Wunsch äußern, Sir?"

„Sprechen Sie!"

„Ich möchte die ‚l'Horrible‘ sehen, darf ich sie nochmals besteigen, um die Stätte, an der ich so viel verlor, durch meine Gegenwart zu — zu — entsündigen?"

„Sie dürfen!" erwiderte er erfreut, sie in seinem kleinen, wohlgeordneten Reiche umherführen zu können.

„Und wann?"

„Wann Sie befehlen!"

„Dann morgen, Sir, morgen am Vormittag!"

„Gern, sehr gern, Madame. Ihr Fuß soll die Stätte heiligen, die meine gegenwärtige Heimat ist!"

„Dann werden wir Gelegenheit finden, die Prüfung anzustellen", lächelte sie schalkhaft. „Doch wünsche ich, Leutnant, daß mein Besuch Ihnen keinerlei Unbequemlichkeit verursache. Ich bin weder Admiral noch Kommodore und habe nicht das mindeste Recht, einen seemännischen Aufwand zu beanspruchen."

„Keine Sorge, Madame! Selbst wenn ich wollte und es mir überhaupt gestattet wäre, die ‚l'Horrible' im Paradekleide auf Sie warten zu lassen, würde ich mit einigen kleinen Schwierigkeiten zu kämpfen haben. Gerade morgen früh gehen einige meiner Männer auf Abschied von Bord, und ich muß, um wieder vollzählig zu sein, mich nach Ergänzung umsehen."

„Ah! Darf ich Ihnen dabei dienen, Sir?"

„Ich würde eine solche Liebenswürdigkeit mit Dank anzuerkennen wissen!"

„O bitte, nein, zum Dank würde dann nur ich verpflichtet sein! Ihre Bemerkung erinnert mich an einige brave Männer, die in meinen Diensten standen und auf ein gutes Schiff zu kommen wünschen. Sie sämtlich sind sehr wohlbefahrene Seeleute, denen ich das beste Lob erteilen kann. Darf ich sie Ihnen empfehlen?"

„Ihre Empfehlung überhebt mich der Mühe, mich nach geeigneten Persönlichkeiten umzusehen. Darf ich um das Nähere bitten?"

„Sie wohnen in der Nähe. Ich werde sie in das Vorzimmer rufen lassen, wo Sie die Prüfung vornehmen können."

„Ihre Güte drückt mich förmlich nieder, Miß. Ich bin überzeugt, daß keiner Ihrer Schützlinge zurückgewiesen wird."

„Ich danke! Gestatten Sie mir, den betreffenden Befehl zu erteilen!"

Sie kehrten in die Gesellschaftsräume zurück.

Jenner war bezaubert von der Liebenswürdigkeit dieser Frau, die ihm eine solche Freundlichkeit erwies. Er, der einfache, in gesellschaftlicher Beziehung anspruchslose und in Hinsicht der Frauen noch vollständig unerfahrene Seemann konnte keinen Argwohn hegen. Als ihm gemeldet wurde, daß die Betreffenden im Vorzimmer seiner harrten, trat er am Arm der Gastgeberin hinaus; er warf Tom, denn dieser war es, den die Dame mit seinen Gefährten aus der Taverne hatte kommen lassen, einige leicht zu beantwortende Fragen hin, gab ihnen das gebräuchliche Angeld und gebot ihnen, schon am nächsten Morgen am Bord der ‚l'Horrible' einzutreffen.

„Nun, Leutnant", fragte ihn der Kapitän des Panzerschiffes, als sie später miteinander heimgingen, „wie gefällt Ihnen die Dame?"

„Ausgezeichnet!" antwortete Jenner. „Sie will meiner ‚l'Horrible' einen Besuch abstatten."

„Ah! Und wann?"

„Schon morgen am Vormittag."

„Hm, wünsche Glück, Leutnant! Der Empfang wird ein gebührender sein."

„Höflich, nicht mehr!"

„Soll ich mich dazu einladen?"

„Darf ich Sie ersuchen, Kapitän?"

„Nein, nein", lachte dieser; „ich will ein rücksichtsvoller Kamerad sein und Sie in Ihrer Herrlichkeit nicht stören, allerdings nur unter einer gewissen Bedingung."

„Sie lautet?"

„Sie bringen Ihren Besuch auf eine Viertelstunde herüber zu mir!"

„Zugestanden!"

„Topp?"

„Topp!"

Die beiden Offiziere bestiegen das ihrer harrende Boot, um sich nach ihren Fahrzeugen zu begeben. —

Am anderen Morgen herrschte an Bord der ‚l'Horrible' ein regeres Leben als gewöhnlich. Die Mannschaft war unterrichtet worden, daß eine hochgestellte Dame das Schiff zu besichtigen wünsche. Die peinliche Ordnung und Reinlichkeit, die auf einem Kriegsschiff zu herrschen pflegt, ließ zwar alle Vorbereitungen in dieser Richtung als überflüssig erscheinen, dennoch aber unterwarf Jenner sein Fahrzeug einer sorgfältigen Prüfung und verordnete hier und da einen Handgriff oder traf eine kleine Anordnung, um seine schwanke Wohnung in einem möglichst vorteilhaften Licht erscheinen zu lassen.

Er hatte diese Tätigkeit eben erst beendet, als die neu angeworbenen Matrosen an Bord erschienen und sich ihm vorstellten. Er nahm sie in Pflicht, ließ ihnen ihren Raum anweisen und bekümmerte sich dann nicht weiter um sie. Die Beaufsichtigung der Leute war nicht seine, sondern die Sache des Maate.

Als später Frau de Voulettre erschien, empfing er sie mit ausgesuchter Artigkeit.

„Ein prächtiges Schiff!" meinte sie, als sie von der Besichtigung mit Jenner unter das auf dem Deck errichtete Zeltdach zurückgekehrt war, wo der Koch mit den gewähltesten Leckerbissen auf sie wartete. „Ich muß gestehen, Sir, daß es sich sehr zu seinem Vorteil verändert hat. Die gegenwärtige Takelung ist ausgezeichnet, so daß ich glaube, seine Geschwindigkeit habe um ein Beträchtliches gewonnen, seit es in die Hand der Vereinigten-Staaten-Marine gelangt ist."

„Ich kenne die Zahl der Knoten nicht, die es früher zurückgelegt hat, aber ich bin dennoch in der Lage, mich Ihrer Meinung anzuschließen, wenn auch nicht aus dem Grunde, um dabei mir ein Verdienst beizulegen. Die Verwaltung der Staaten-Marine besitzt eben mehr als ein Privatmann die Geistes- und Geldmittel, die zur Ausrüstung eines Schiffes erforderlich sind."

„Es will mir scheinen, als ob die ‚l'Horrible' einen Vergleich mit jedem anderen Schiff getrost aufnehmen könne."

„Auch hierin stimme ich bei, obgleich ich eine Ausnahme kenne, allerdings nur eine einzige."

„Und diese wäre?"

„Die ‚Swallow', Leutnant Walpole."

„Die ‚Swallow‘? Mir ist, als hätte ich von ihr gehört. Was für ein Schiff?"

„Klipper mit Schonertakelage."

„Wo ist sie zur Zeit?"

„Mit Depeschen unterwegs nach hier. Ich stieß einige Grade südlich von hier auf sie, wo ich von Walpole Anweisungen in Empfang nahm. Er legte nach der japanischen Linie hinüber, wird aber bald hier vor Anker gehen."

„Dieses ausgezeichnete Fahrzeug möchte ich sehen!"

„Ihr Wunsch kann Ihnen vielleicht schon bald in Erfüllung gehen. Doch bitte, nehmen Sie von dem kleinen Imbiß, der Ihrem Geschmack allerdings nicht angemessen sein dürfte. Der Koch eines Kriegsschiffes ist nur selten auf ein Essen für Damen vorbereitet."

„Aber eine Dame auf ein Essen für brave Seegasten. Darf ich eine Einladung aussprechen, Herr Leutnant?"

„Ich füge mich dankbar Ihren Bestimmungen."

„Dann möchte ich Sie heute abend bei mir sehen und darf wohl erwarten, daß Sie auch die übrigen Chargen mitbringen?"

„Soweit der Dienst es gestattet, ja."

„Ich danke. Es wird ein Abendessen entre nous, bei dem ich mich bestreben werde, Ihren freundlichen Empfang nach Kräften zu erwidern."

„Dieser Empfang ist der Frau de Voulettre überall gesichert. So habe ich zum Beispiel den Auftrag, Ihnen, wenn auch nur für einen Aufenthalt von wenigen Minuten, eine Einladung hinüber nach der Panzerfregatte auszusprechen. Der Kapitän würde sich Ihnen für diese Aufmerksamkeit sehr verbunden fühlen."

„Ich sage zu, doch nur unter einer Bedingung."

„Welche ist dies?"

„Ihre Begleitung, Herr Leutnant."

„Zugestanden, von Herzen gern!"

Als das Frühstück eingenommen war, ließ er sich mit

ihr nach dem Kreuzer hinüberfahren. Der arglose Offizier hatte keine Ahnung von dem heimlichen Zweck, der diesem Besuch zugrunde lag. Ebensowenig wußte er, daß die Matrosen, die auf die Empfehlung der Dame heute zu ihm an Bord gekommen waren, es auf sein Fahrzeug abgesehen hatten. Es wäre ihnen sicher ganz unglaublich erschienen, wenn jemand ihnen gesagt hätte, daß Frau de Voulettre jener Mann mit dem großen Feuermal sei, der sie gestern in der Taverne angeworben hatte.

7. Das Versteck

Die erregten Lüfte, die heulend über die Ebene jagen, sie fangen sich an den Felsenmauern der Gebirge und gehen — zur Ruhe. Die Wolken, die entweder majestätisch langsam dahinziehen, oder, vom Sturm gepeitscht, wie wilde, wirre Gespensterscharen am Firmament sich auf- und niederwälzen, sie gießen ihr wärmeloses Blut zur Erde nieder und gehen — zur Ruhe. Der Bach, der Fluß, der rauschende Strom, der ohne Rast und Aufenthalt von dem unerbittlichen Gesetz der Schwere zwischen seinen Ufern fortgetrieben wird, er wälzt sich endlich in das Meer und geht — zur Ruhe. Bewegung und Ruhe ist der Inhalt des ganzen, des besonderen wie allgemeinen Lebens, auch des menschlichen.

Die wilde Prärie kennt keine Heimat, keinen häuslichen Herd, an dem die Familie ihr Glück zu genießen und zu feiern vermag. Wie das Wild, vorsichtig, scheu und heimlich, jagt oder schleicht der Jäger sich über die weiten Savannen, vor, neben, hinter und um sich die Gefahr und den immer drohenden Tod. Aber nicht immer darf dies währen, sonst würden seine riesige Körperkraft, seine mutige Ausdauer, seine unbeugsame Energie endlich doch erliegen. Auch er bedarf der Erneuerung seiner Kräfte, der Erholung und Ruhe. Und dies findet er an den sorgfältig ausgesuchten Orten, die er teils zu diesem Zweck, teils auch zur Aufstapelung seiner Jagdbeute herzustellen pflegt: in den sogenannten Hide-spots oder Hiding-holes[1]). — — —

1) Verstecke, heimliche Niederlagen der erbeuteten Felle

Es war einige Tage, nachdem Deadly-gun mit seinen Trappern und Gästen in seinem Hide-spot eingetroffen war, als drei Männer durch die Prärie ritten, die einige Maultiere an der Koppelleine führten.

Der eine war kurz und dick, der andere unendlich lang und hager, und der dritte hing auf seinem Pferd, als erwarte er alle Augenblicke einen heftigen Choleraanfall.

„Zounds", meinte dieser letztere, indem er einen Versuch machte, sich in gerade Stellung emporzurichten, „ich wollte, ich wäre in unserem Loch zurückgeblieben und hätte mich nicht vom Teufel reiten lassen, mit euch hier auf der traurigen Wiese herumzuschlingern wie ein Fahrzeug, das Kompaß und Steuer verloren hat. Machen mir da die verteufelten Jungens weis, daß die Büffel hier herumlaufen wie die Ameisen! Nun sind wir bereits zwei Tage auf dem Kurse, haben weder Ochse noch Kuh, ja nicht einmal ein armseliges Kalb zu Gesicht bekommen. Und dabei schüttelt mich mein Gaul wie eine Medizinflasche auf und nieder, daß ich gewiß noch aus allen Fugen gehe und zuletzt nicht einmal mehr meinen Namen weiß. Macht, daß wir bald wieder vor Anker gehen! Wer Fleisch haben will, mag sich welches holen; ich brauche keines."

„Ob du Fleisch brauchst oder nicht, Peter, das bleibt sich gleich", antwortete der Dicke; „aber was willst du essen, wenn wir keines bekommen?"

„Wen denn anders als dich, den fetten Hammerdull, he! Oder denkst du etwa, daß ich mich da an Pitt Holbers machen werde, an dem nichts zu finden ist als Knochenzeug und ungegerbte Schwarte?"

„Was sagst du dazu, Pitt Holbers, altes Coon?" lachte Dick Hammerdull.

„Wenn du meinst, daß sich der alte Seefisch um sich selber zu bekümmern hat, Dick, so gebe ich dir vollkommen recht. Ich habe nicht den mindesten Appetit, ihn anzubeißen."

„Das wollte ich mir auch verbeten haben! Wer den Steuermann Peter Polter aus Langendorf anbeißen will, der muß ein anderer Kerl sein als — — — Donner und Doria, guckt doch einmal hier zur Erde. Hier ist irgendwer gelaufen; ob Mensch oder Tier, das weiß ich nicht, aber wenn ihr das Gras untersuchen wollt, so wird es sich wohl zeigen, was für ein Geschöpf es gewesen ist."

„Egad, Pitt Holbers", meinte Hammerdull, „es ist wahr; hier ist das Gras zerstampft."

Die beiden Jäger verließen ihre Pferde und untersuchten den Boden mit einer Sorgfalt, als hinge ihr Leben daran.

„Hm, alter Pitt, was meinst du dazu?" fragte Hammerdull.

„Was ich meine? Wenn du denkst, daß es Rothäute gewesen sind, Dick, so gebe ich dir vollständig recht."

„Ob es welche gewesen sind oder nicht, das bleibt sich gleich, aber daß es keine anderen waren, das ist sicher. Peter Polter, steige ab, daß man dich nicht so weit sieht."

„Gott sei Dank, ihr Leute, daß wir auf die roten Halunken stoßen, denn auf diese Weise komme ich von meiner Bestie herab!" erwiderte dieser, indem er sich mit einer Miene, als sei er einer fürchterlichen Gefahr entronnen, von dem Gaul herabbalancierte. „Wie viele sind es denn gewesen?"

„Fünf, das ist sicher. Und daß sie zu den Ogellallahs gehören, daran ist auch kein Zweifel."

„Woran erkennst du das?"

„Weil vier von ihnen neue eingefangene Pferde haben. Das Tier des Fünften ist uns entgangen, als wir sie überrumpelten, und zum Fang der anderen benutzt worden. Macht euch kampfbereit. Wir müssen ihnen nach, um zu sehen, was sie wollen!"

Die drei Männer sahen nach ihren Büchsen, machten ihre Waffen gebrauchsfertig und folgten dann den Spuren, aus deren Richtung ein näherer Zweck des Rittes jedoch nicht zu erkennen war. Sie führten endlich gerade auf ein schmales, aber tiefes Flüßchen zu, das die Indianer durchschwommen haben mußten, da man ihre Spur am jenseitigen Ufer erkennen konnte.

Hammerdull musterte, vorsichtig zwischen dem Gesträuch haltend, das drüben sich ausbreitende, hügelige Gelände.

„Wir müssen ihnen auch dort nach. Sie führen nichts Gutes im Schilde, und wenn ich berechne, daß wir ihnen vor — —"

Er konnte nicht weitersprechen; ein Lasso zischte durch die Luft, schlang sich um seinen Hals und riß ihn zur Erde. So erging es auch den beiden anderen; ehe sie an Gegenwehr denken konnten, waren sie von den fürchterlichen Riemen umschlungen, lagen unter den Feinden, wurden ihrer Waffen beraubt und gefesselt. Es waren fünf Indianer.

Mit wahrhaft gigantischen Anstrengungen sträubte sich der Steuermann gegen die Umschlingung; es half ihm nichts; die Büffellederriemen waren zu fest; er erreichte nichts als ein verächtliches Knurren von seiten der Indianer. Dick Hammerdull und Pitt Holbers dagegen nahmen die Sache gelassener. Sie schwiegen und ergaben sich regungslos in ihr Geschick.

Der Jüngste der Wilden trat vor sie hin. Drei Adlerfedern schmückten sein hochgeflochtenes Haupthaar, und das Fell eines Jaguars hing ihm von den Schultern hernieder. Er musterte sie mit drohendem Blick und begann dann mit einer verächtlichen Handbewegung:

„Die weißen Männer sind schwach wie die Brut des Präriehundes; sie vermögen nicht, ihre Fesseln zu zersprengen!"

„Was sagt der Halunke?" fragte Peter Polter, der die

Mundart des Wilden nicht verstand, die beiden Leidens-
gefährten.

Er erhielt keine Antwort.

„Die weißen Männer sind keine Jäger. Sie sehen
nicht, sie hören nicht und haben keine Klugheit. Der
rote Mann sah sie hinter sich herkommen. Er ging durch
das Wasser, um sie zu täuschen, und kehrte zurück. Sie
haben keine List gelernt und liegen nun auf der Erde
wie Kröten, die man mit dem Stocke erschlägt."

„Mille tonnerre, wollt ihr mir wohl endlich sagen,
was der Kerl zu schwatzen hat, he?" schrie der Steuermann, sich erfolglos unter seinen Fesseln emporbäumend.

Die Angeredeten schwiegen auch jetzt.

„Die weißen Männer sind feige wie die Mäuse. Sie
wagen nicht, mit dem roten Mann zu sprechen; sie
schämen sich, vor ihm zu liegen als — —"

„Heiliges Graupelwetter, was er sagt, frage ich euch,
ihr Schufte!" brüllte Peter, jetzt über ihr Schweigen
noch wütender, als über ihre Lage, in die sie durch ihre
Unvorsichtigkeit geraten waren.

„Ob er etwas sagt oder nicht, das bleibt sich gleich",
meinte Hammerdull; „aber er schimpft dich eine dumme,
feige Kröte, weil du so unvorsichtig gewesen bist, dich
fangen zu lassen."

„Dumm — feige — Kröte — mich schimpft er —,
mich bloß? Habt ihr euch etwa nicht auch fangen lassen?
Wartet, ihr Schlingel, er soll den Peter Polter aus
Langendorf kennenlernen und ihr dazu! Mich allein hat
er geschimpft, mich allein, hahaha! Na warte, so werde
ich ihm auch beweisen, daß nur ich allein mich nicht vor
ihm zu fürchten brauche!"

Er zog die sehnigen Glieder langsam zusammen. Die
Indianer waren seitwärts getreten, um sich leise zu beraten und bemerkten diese Bewegung nicht.

„Eins, zwei — drei — adjes, Dick   Hammerdull —

adjes, Pitt Holbers — kommt recht bald hinterdrein gesegelt!"

Das Vertrauen auf seine Riesenkraft hatte ihn bei dieser fast übermenschlichen Anstrengung nicht im Stich gelassen. Die Riemen sprangen; er schnellte empor, stürzte zum Pferd, schwang sich auf und flog davon.

Die Wilden hatten das Entkommen eines ihrer Gefangenen für unmöglich gehalten, und die Bewegungen des Steuermannes waren so blitzschnell gewesen, daß er schon eine ziemliche Strecke zurückgelegt hatte, ehe sie nach den Schußwaffen griffen. Die Kugeln trafen ihn nicht; aber zwei der Indianer saßen auf, ihn zu verfolgen. Die anderen blieben bei den beiden Gefangenen zurück.

Während des ganzen Zwischenfalles war kein Wort, kein Ruf zu hören gewesen; jetzt trat der junge Wilde, der vorhin gesprochen hatte, wieder zu den Jägern heran und fragte sie:

„Kennt ihr Deadly-gun, den weißen Jäger?"

Die Gefragten würdigten ihn keiner Antwort.

„Ihr kennt ihn, denn er ist euer Häuptling. Aber ihr habt auch Matto-Sih, die Bärentatze gekannt, dessen Blut von euren Händen geflossen ist. Er weilt in den ewigen Jagdgründen, und jetzt steht sein Sohn vor euch, um seinen Tod an den weißen Männern zu rächen. Er ist mit den Jünglingen den alten Kriegern nachgezogen, die das Feuerroß fangen wollten, und hat zweimal die Leichen seiner Brüder gefunden. Den Entkommenen hat er neue Pferde gefangen und wird nun die Mörder an den Marterpfahl liefern."

Er trat zurück. Die beiden Jäger wurden, ohne daß sie sich dagegen wehrten, auf ihre Pferde gebunden; dann ging es über das Flüßchen hinüber dem Walde zu, der sich längs des hügeligen Horizonts hinzog. Die drei Wilden wußten, daß sie wegen der zwei übrigen, die dem Steuermann nachgeritten waren, keine Sorge zu haben brauchten.

Als sie den Wald erreichten, war es Abend. Sie ritten an dessen Rand hin und dann ein kleines Stück hinein, bis sie auf eine Schar junger Indianer trafen, die um ein kleines, gedämpftes Feuer saßen. Sie hatten sich, obgleich sie keine erwachsenen Krieger waren, unter der Anführung des Häuptlingssohnes aufgemacht, um ihren älteren Angehörigen nach dem Überfall des Zuges entgegenzureiten, und hatten dabei deren Niederlage bemerkt. Sie brannten darauf, den Tod der Ihrigen zu rächen, und waren entzückt, als sie jetzt die Gefangenen sahen. Aufmerksam lauschten sie dem Bericht ihres jungen Anführers, der, hochaufgerichtet unter ihnen stehend, ihnen die Gefangennahme der Weißen erzählte und daran seine weiteren Vorschläge schloß.

Seine Worte schienen Beifall zu finden, wie ein oft eingeschaltetes „Uff!" seiner Zuhörer zeigte. Dann trat der einzige Weiße, der sich unter ihnen befand, hervor und begann:

„Der Große Geist öffne die Ohren meiner roten Brüder, damit sie das verstehen, was ich ihnen jetzt zu sagen habe!"

Nach einigem Räuspern fuhr er fort:

„Deadly-gun ist ein großer Jäger; er ist stark wie der Bär des Gebirges und klug wie die Katze hinter dem Stamm der Sykomore; aber er ist ein Feind des roten Mannes und hat ihm mehr als hundert Skalpe genommen. Er hat Matto-Sih getötet, den berühmten Häuptling der Ogellallahs, hat die Hälfte des Stammes niedergeschlagen und sich wieder freigemacht, als er in unsere Hände fiel. Deadly-gun hat das Gold der Berge in seinem Wigwam aufgestapelt, und niemand darf wissen, wo er wohnt. Er ist mein Feind, und darum nahm ich meine Männer, um seinen Wigwam zu finden und ihm das Gold zu nehmen. Da trafen wir auf unsere roten

157

Brüder, verbanden uns mit ihnen und wurden einig: sie das Blut und wir das Gold der Feinde. Aber am Himmel stand für uns kein günstiges Gestirn; die weißen Männer wurden außer mir alle getötet, und von den roten Brüdern behielten nur wenige das Leben. Wir waren ohne Waffen und Pferde, und die Not hätte uns ergriffen, wenn wir nicht auf die jungen Krieger des Stammes getroffen wären, die ausgezogen waren, um zu zeigen, daß sie würdig sind, in den Reihen der Tapfersten zu kämpfen. Sie werden die Getöteten rächen und die Skalpe ihrer Feinde nehmen, aber anders, als der junge Häuptling will."

Ein Ruf der Spannung ging durch den Kreis der Zuhörer. Der Sprecher fuhr fort:

„Ich habe den Zugang zum Wigwam des Feindes entdeckt. Er wohnt in einer Höhle, in die das Wasser führt, das die Spur seines Fußes und seiner Pferde verdeckt. Meine Brüder wollen in der Dunkelheit der Nacht da eindringen und ihn im Schlaf töten. Aber die roten Männer mögen erwägen, daß er nicht ohne Wächter ist und jetzt einer seiner Leute ihnen entkommen ist, der ihm ihre Anwesenheit verraten wird. Ich weiß einen besseren Weg zu ihm."

„Der weiße Mann spreche!" ertönte es.

„Das Wasser, das in den Wigwam fließt, bleibt sicher nicht darin, sondern fließt wieder ab. Ich habe den Ort gefunden und will jetzt den jungen Häuptling hinführen, um zu entdecken, ob durch die Erde zu gelangen ist. Man frage die beiden Gefangenen, ob sie davon wissen!"

Der Vorschlag wurde mit allgemeinem Beifall aufgenommen; der Kreis teilte sich, und der Anführer trat auf Pitt Holbers und Dick Hammerdull zu, die gefesselt und geknebelt in der Nähe lagen.

Sie hatten jedes Wort vernommen. Der Gedanke des feindlichen Trappers hatte jedenfalls seine Berechtigung, doch wußten sie von einem zweiten Eingang zu dem Hide-spot nicht das geringste.

Das Versteck Deadly-guns bestand allerdings aus einer Höhle, die von der Natur im Innern eines kalkfelsigen Berges gebildet worden war. Der Zugang zu ihr war durch das Wasser eines Baches gebrochen worden, der sich im Hintergrund der Höhle brausend in die dunkle Tiefe des Berginnern stürzte und nach der Meinung der Jäger dort verschwand. Deadly-gun hatte diese Höhle selbst entdeckt, sie als Versteck eingerichtet und über ihre Beschaffenheit nie anders gesprochen, als daß sie nur bis an den Rand des Sturzbaches zu betreten sei.

Es wurde den Gefangenen der Knebel aus dem Munde genommen; dann führte man sie in den Kreis, wo der weiße Trapper das Verhör begann:

„Ihr seid Leute von Deadly-gun?"

Hammerdull würdigte ihn keines Blickes, wandte sich aber zu seinem Freund.

„Pitt Holbers, altes Coon, was meinst du, wollen wir dem verräterischen Halunken antworten?"

„Hm, wenn du denkst, Dick, daß wir uns nicht zu schämen und zu fürchten brauchen, so stopfe ihm doch einige Worte in das Ohr!"

„Ob ich sie ihm hineinstopfe oder nicht, das bleibt sich gleich; aber er könnte wirklich denken, wir hätten aus Angst vor ihm und den Indsmen die Sprache verloren; also wollen wir ihm einiges zu hören geben!"

Der Trapper blieb zu dem „...Halunken' ruhig. Er wiederholte seine Frage:

„Ihr gehört zu Deadly-gun?"

„Ja, und Ihr nicht, weil der Colonel nur ehrliche Leute bei sich haben mag."

„Schimpft, wie Ihr wollt, wenn Ihr meint, daß für Euch etwas dabei herauskommt; für jetzt habe ich nichts dagegen. Wie nennt Ihr Euch?"

„Wäret Ihr vor zwanzig Jahren über den Mississippi

hinübergegangen und hättet vierzig Jahre lang gesucht, so wäre Euch vielleicht jemand begegnet, der Euch sagen könnte, wie ich heiße. Jetzt aber ist es zu spät."

„Mir auch gleich. Ihr habt Gold im Hide-spot?"

„Viel, sehr viel, jedenfalls aber mehr, als Ihr Euch dort holen werdet."

„Wo liegt es vergraben?"

„Wo es vergraben liegt, das bleibt sich gleich, Ihr braucht es ja nur zu finden!"

„Wie stark ist Eure Gesellschaft?"

„So stark, daß jeder einzelne Euch heimleuchten wird."

„Wer war der Indsman, der Eurem Colonel von den Banden half?"

„Das darf ich Euch schon sagen; er heißt ungefähr Winnetou."

„Der Apatsche?"

„Ob Apatsche oder nicht, das bleibt sich gleich; aber er wird es wohl sein."

„Wieviel Ausgänge hat Euer Versteck?"

„Gerade so viele, wie Männer da sind."

„Das sind?"

„Für jeden einen und denselben, nicht wahr, Pitt Holbers, altes Coon?"

„Wenn du denkst, Dick, ich habe nichts dagegen!"

„Beschreibt mir einmal die Höhle!"

„Seht sie Euch an, das wird Euch besser bekommen!"

„Gut, wie Ihr wollt! Ihr hättet Euch Eure Lage erleichtern können, aber Ihr wollt es nicht anders haben, als daß Ihr gepfählt und verbrannt werdet. Ihr werdet mit in die Dörfer der Ogellallahs genommen, und was dort geschieht, könnt Ihr Euch denken!"

„Pah, ob gepfählt oder verbrannt, das bleibt sich gleich; für jetzt jedoch sind wir noch hier, und Ihr mögt Euch vorsehen, daß ich Euch nicht ein wenig klopfe, damit Ihr später besser schmort und bratet, wenn Euch dieses Glück an unserer Stelle zustößt!"

Der Trapper wandte sich ab.

„Meine roten Brüder mögen diesen weißen Männern noch strengere Fesseln geben als bisher; sie verdienen den Tod am Marterpfahl!"

Hammerdull und Holbers wurden schärfer geschnürt und wieder zur Erde geworfen. Das Feuer brannte, wurde aber so spärlich und langsam genährt, daß der Geruch des Rauches nur auf wenige Schritte zu bemerken war. Der abendliche Schimmer, der vor kurzer Zeit noch über dem Laubdach des Urwaldes gespielt und geschwebt hatte, war verschwunden; es wurde finster und immer finsterer, und gar unter der Blätterdecke herrschte ein so dichtes Dunkel, daß das geübte Auge eines Indianers oder Westmannes dazu gehörte, die nächsten Gegenstände zu unterscheiden.

Da brach der Trapper mit dem jungen Anführer der Indianer auf, um ihm die Höhle Deadly-guns zu zeigen. Die anderen blieben zurück. Der junge Häuptling schritt lautlos hinter dem Weißen her. Der Weg, den der Trapper trotz der dichten Dunkelheit nicht verfehlte, führte in gerader Richtung durch den Wald, zwischen den Riesenstämmen tausendjähriger Eichen und Buchen hindurch, bis sie an den Lauf eines Wassers kamen, den sie mit verdoppelter Vorsicht aufwärts verfolgten.

Nach einiger Zeit gelangten sie an die Stelle, wo die Wellen aus dem Fuß des Berges traten. Dichtes Gesträuch bestand diesen Ort. Der Trapper langte in das Gestrüpp, schob es auseinander und verschwand dahinter. Der Indianer folgte ihm. Sie befanden sich in einem niedrigen natürlichen Stollen, dessen Sohle das Bett des Baches bildete, in dessen Wasser sie langsam vorwärts krochen.

Es war ein äußerst beschwerlicher Weg, den sie zurücklegten. Auch der Trapper verfolgte ihn zum erstenmal; er war heute bloß bis an den Eingang gekommen. Sie mochten wohl eine halbe Stunde lang dem durch das Innere des Berges in zahlreichen Windungen und kleinen Schnellen sich arbeitenden Wasser entgegengekrochen sein, als sie ein leises Brausen vernahmen, das von Sekunde zu Sekunde stärker wurde und endlich ein Getöse bildete, das auch den lautesten Schall der menschlichen Stimme unhörbar machte.

Sie standen vor dem senkrechten Fall des Baches. Oben über ihnen befand sich der Hide-spot Deadlyguns, und vor ihnen lag ein von dem stürzenden Wasser gewiß sehr tief ausgehöhltes Kesselloch, aus dem die Wellen an ihren Füßen vorüberspülten. Wurde der Wasserlauf wirklich als geheimer Ausgang benutzt, so mußte es irgendeine Vorrichtung geben, die die Möglichkeit bot, neben dem stürzenden Bach von oben in die Tiefe zu gelangen.

Der Trapper suchte mit tastenden Händen. Seine Erwartung hatte ihn nicht getäuscht; er ergriff ein Doppelseil, stark und haltbar aus Schlingpflanzenfasern gedreht und in zahlreiche Knoten geschlungen, so daß es keiner großen Anstrengung bedurfte, sich an ihm auf- oder abwärts zu bewegen.

Er unterrichtete seinen Begleiter von diesem Fund und dem daraus hervorgehenden Unternehmen, da zu sprechen nicht möglich war, durch fühlbare Fingerzeige dann versuchte er, ob das Seil oben auch genügend befestigt sei, und zog sich dann langsam an ihm in die Höhe.

Der Indianer folgte ihm.

Es war für die Uneingeweihten eine gefährliche und mühevolle Arbeit, sich neben dem Wassersturz, dessen Sprühregen sie durchnäßte und dessen Schall in den engen Raum sie fast betäubte, emporzuturnen, unter sich eine ungekannte Tiefe und über sich einen vielleicht nur allzu wachsamen Feind. Sie schreckten nicht vor ihm

162

zurück, der eine aus Gier nach dem Gold, von dessen Menge man sich Wunderdinge erzählte, und der andere aus jugendlicher Tatenlust.

Sie legten ihn glücklich zurück und faßten im oberen Bett des Wassers festen Fuß. Das Getöse des Falles machte es ihnen unmöglich, irgendein Geräusch vor sich zu entdecken; sie tasteten sich langsam vorwärts, bis der Schall sich zu einem leisen Rauschen gemildert hatte. Da blieb der Trapper stehen; es war ihm, als habe er menschliche Laute vernommen. Er zog das Messer, lockerte den wegen des Wassers bisher sorgsam verhüllten Revolver und schlich mit dem ebenso kampfbereiten Indianer langsam und geräuschlos vorwärts. Die Stimmen wurden deutlicher. Die beiden schlichen sich weiter hin, legten sich nieder, lauschten aufmerksam und hörten jemand leise sprechen:

„Verdammt, mir schneiden die Riemen in das Fleisch, als seien sie aus Messerschneiden gedreht. Der Teufel hole diesen Deadly-gun und seine ganze Gesellschaft!"

„Klage nicht, sage ich dir; es wird ja nicht besser dadurch. Wir sind nun selbst an unserer Lage schuld. Hätten wir besser Wacht gehalten, so wären wir nicht so schmählich überrumpelt worden. Dieser Winnetou ist ein wahrer Teufel, der Colonel ein Herkules und die anderen sind alle Männer, die schon manchen guten Messerstich in ihrem Fleische gefühlt haben. Aber einen Trost haben wir: sie werden uns nicht töten, und das gibt Hoffnung. Ich habe bald die Hände frei und dann, sacrebleu, dann werde ich mit ihnen Abrechnung halten, denn wir werden — —"

„Mertens — Master Mertens, seid Ihr es?" klang da eine leise Frage aus dem Hintergrund des Raumes, in welchem Mertens und Letrier gebunden lagen.

„Wer ist da?" antwortete der Gefragte, aufs höchste überrascht.

„Sagt erst, wer ihr seid!"

„Heinrich Mertens und Peter Wolf, weiter niemand. Wir liegen hier gefangen und gefesselt. Unsere Feinde sind weit vorn und können uns nicht hören. Wer aber seid Ihr?"

„Das sollt ihr gleich erfahren. Gebt einmal eure Riemen her; wir wollen sie gleich herunter haben!"

Einige Griffe genügten, um die Gefangenen von ihren Banden zu befreien. Die vier Männer hatten sich nach wenigen Worten erkannt und verständigt.

„Wie kommt ihr in die Höhle?" fragte Mertens. „Sie geht ja nur bis zum Wasserfall!"

„Für einen Schwachkopf, der nicht nachdenken kann, ja; ich aber habe mir die Sache so prächtig zusammengereimt, daß ich diesem alten Deadly-gun schnell hinter die Schliche gekommen bin. Das Wasser kann doch unmöglich hier im Berg verschwinden."

„Ah!"

„Es muß einen Ausweg, einen Abfluß haben."

„Natürlich. Daß ich doch an diesen Umstand nicht gedacht habe!"

„Diesen Ausweg habe ich gefunden und das andere dazu."

„Weiter, weiter!" drängte Mertens.

„An der Seite des Falles führt ein Seil hinab. Mit seiner Hilfe gelangt man wieder in den ruhigen Bach und von da in das Freie. Wollt ihr mit? Natürlich!"

Mertens überlegte einige Sekunden.

„Sehr gern; aber es geht nicht."

„Warum nicht? Fürchtet ihr euch vor dem bißchen Klettern?"

„Pah! Wir haben vielleicht mit dergleichen Tauen oder Seilen mehr zu tun gehabt als ihr. Aber wenn wir euch folgen, verderben wir euch und uns den ganzen Streich."

„Wieso?"

„Es ist jedenfalls geratener, ihr bindet uns wieder

und laßt uns hier, bis ihr mit allen euren Indsmen wiederkommt."

„Ich meine doch nicht, daß es euch hier so sehr gefallen kann!"

„Wenn ich mich jemals vor irgendwem fürchten könnte, so würde ich mich hüten, hier zu bleiben. Bedenkt, was für eine Menge Gold hier aufgestapelt liegt. Wenn unsere Flucht vor der Zeit entdeckt wird, so ist es für uns verloren, und wenn wir dann wiederkommen, um es zu holen, dann bereiten wir uns einen Empfang, der uns den letzten Atem nimmt."

„Beim Teufel, ihr habt recht; das konnte ich mir eher denken! Wir brauchen einige Stunden Zeit, ehe wir wieder hier sein können, und während dieser Frist würde alles verloren sein. Habt ihr wirklich den Mut, bis dahin zu bleiben, wo ihr seid?"

„Unnütze Frage! Nur setze ich voraus, daß ihr uns nicht etwa im Stich laßt."

„Fällt uns gar nicht ein! Die roten Gentlemen haben mit dieser Gesellschaft ein notwendiges Wörtchen zu sprechen, und ich bin auch nicht so dumm, das schöne Metall hier liegen zu lassen."

„Gut, so bindet uns wieder!"

„Kommt her! Fest werde ich es nicht machen; und hier habt ihr für den Notfall ein Messer, mit dem ihr euch helfen könnt. So, das ist getan, und nun fort!"

Die beiden kühnen Männer verschwanden mit unhörbaren Schritten. Die Gefangenen hatten ihre vorige Stellung wieder eingenommen; sie fühlten sich um vieles sicherer und leichter als vor wenigen Augenblicken. —

Während dies im Innern des Hide-spot geschah, lehnte der kleine Ben Cunning außerhalb des Lagers unweit des Haupteinganges an einem Baumstamm und horchte aufmerksam auf jedes Geräusch, das die nächtliche Stille ihm zu Ohren brachte. Er hatte den Posten

165

übernommen, um für die Sicherheit der Gesellschaft zu sorgen.

Da vernahm er ein Plätschern, wie von eiligen Schritten, die sich im Bache fortbewegten. Er warf sich zur Erde nieder, um den Nahenden besser zu erkennen, ohne selbst bemerkt zu werden. Dieser blieb in seiner Nähe stehen und versuchte, die dichte Dunkelheit zu durchdringen.

„Have-care — attention — Achtung! Ist denn hier kein Mann von der Wacht an Bord?" fragte er.

„Peter Polter, du bist es?"

„Na, wer sollte ich denn sein, wenn ich nicht der Peter Polter aus Langendorf bin, he? Wen hat der Colonel denn eigentlich hergestellt? Man kann ja nicht einmal sein eigenes Gesichtsbugspriet erkennen!"

„Wer ich bin? Kennt der Peter Polter den Ben Cunning nicht und steht doch nur zwei Schuh von ihm so lang da wie ein Hickorystamm! Wo sind denn die anderen?"

„Welche anderen denn, alter Swalker?"

„Nun, Hammerdull und Holbers! Und wie ist es mit dem Fleisch, das ihr holen sollt?"

„Das Fleisch holt euch nur selber und den Dicken dazu mitsamt dem Dünnen. Ihr findet alles bei den Indsmen draußen am Fluß, wenn sie nicht unterdessen um ein weniges weitergeritten sind."

„Indsmen — am Fluß? Was soll das heißen?"

„Das soll heißen, daß ich keine Zeit habe, mit dir ein langes Garn abzuwickeln", erwiderte Peter Polter dem kleinen Ben Cunning. „Ich muß hinein zum Colonel; von ihm kannst du nachher alles hören."

Er wandte sich dem Eingang der Höhle zu. Dort saßen die Jäger um das Feuer. Deadly-gun erkannte den Nahenden.

„Schon wieder hier, Steuermann?" fragte er. „Die anderen sind wohl mit dem Fleisch noch zurück?"

„Ja, mit dem roten Fleisch, Sir! Sie sind gefangen und werden nun gehenkt oder erschossen oder gefressen — mir ganz gleich."

Die Männer sprangen empor.

„Gefangen? Von wem? Erzähle!" riefen sie.

„Das soll geschehen. Aber langt mir einmal einen Schluck und einige Bissen von dem Zeug dort her. Ich bin gesegelt wie ein Avisokutter und krache in allen Fugen wie ein Wrack, das den Kalfater verloren hat. Der Teufel soll mich holen, wenn ich jemals wieder in diese unselige Prärie komme, und mich auf den Rücken einer solchen Bestie verteie, die mit mir in die Lappen geht, so daß ich den richtigen Kurs verliere und in alle Ewigkeit nicht wiederfinden kann. Hätte das Viehzeug nicht ganz von selbst den Hide-spot gewittert, so flöge ich noch in zehn Jahren draußen im Grase herum!"

Das Verlangte wurde ihm gegeben, und er begann seinen Bericht, der eine nicht geringe Aufregung hervorbrachte, obgleich sich diese bei den an Schweigsamkeit und Selbstbeherrschung gewöhnten Jägern nicht in heftiger und geräuschvoller Weise zeigte.

„Hammerdull und Holbers gefangen?" fragte der Colonel. „Sie müssen befreit werden, und zwar so bald wie möglich, denn die Roten werden kurzen Prozeß mit ihnen machen."

„Wir brechen sofort auf!" meinte Treskow, der die beiden originellen Trapper lieb gewonnen hatte und ihnen daher schleunigste Hilfe gönnte.

„Ja", stimmte Thieme bei; „wir müssen uns sofort aufmachen, sonst erhalten die Indsmen einen Vorsprung, den wir ihnen nicht wieder abgewinnen können!"

Deadly-gun lächelte.

„Ihr werdet doch warten müssen bis zum Anbruch des Morgens, da es in der Dunkelheit unmöglich ist, eine Spur zu erkennen. Ich glaube kaum, daß uns der

Steuermann jetzt an das Wasser zu führen vermag, wo er von ihnen überrumpelt worden ist."

„Ich — ? An das Wasser —?" rief Peter Polter erbost. „Was geht mich das armselige Wasser an, wo wir einen so elenden Schiffbruch erlitten haben? Ich lasse mich von oben bis unten durchsägen, wenn ich sagen kann, ob die Pfütze rechts oder links von hier liegt. Ich habe weder Kompaß noch Logleine mitgehabt und bin von dem Dicken und Langen ins Schlepptau genommen worden, so daß ich mir nicht die geringste Mühe gegeben habe, auf den Kurs zu merken, den wir gesteuert sind. Und später ist die verteufelte Bestie mit mir davongestrichen, daß mir Hören und Sehen vergangen ist. Was soll ich von eurem Wasser wissen? Laßt mich in Ruh damit!"

„Hihihihi", lachte der herbeigetretene kleine Ben Cunning in seiner gewöhnlichen Weise, „reitet der große Mensch draußen in der Prärie herum und weiß nicht, wo er gewesen ist! Nun werden wir erst seiner Fährte folgen müssen, ehe wir die Spuren der Redmen finden. Ist das nicht lustig, he?"

„Willst du wohl den Schnabel halten, du winziges Geschöpfchen, du?" donnerte ihm der ob dieses Spottes ergrimmte Steuermann entgegen. „Wenn ich an Bord eines guten Schiffes stehe, so weiß ich auch die Linie, wo ich mich befinde; aber hier in der Savanne und noch dazu auf dem Rücken eines solchen Pestilenzviehzeuges ist es einem ja so fürchterlich schlimm zumute, daß man sich vor Herzeleid nicht einmal auf den eigenen Verstand besinnen kann. Willst du deine Redmen haben, die Halunken, so suche sie dir selber!"

„Ich denke, wir brauchen weder der Spur des Steuermannes zu folgen, noch die Fährte der Indianer zu suchen", meinte Deadly-gun. „Die jungen Leute der Ogellallah sind in kriegerischem Tatendurst den erfahrenen Männern entgegengeritten, haben deren Leichen gefunden und dürsten nun nach Rache. Ganz sicher haben sie sich einen verborgenen Lagerplatz aufgesucht, zu dem man die beiden Gefangenen schleppt. Dort wird man sie nach unserem Hide-spot ausforschen; aber Hammerdull und Holbers sterben lieber, als daß sie uns verraten. Darum würde es den Indsmen schwer werden, ihn zu entdecken; aber ich meine, daß ihre entkommenen Genossen zu ihnen gestoßen sind, und da diese die Gegend unseres Versteckes so ziemlich wissen, so wird man einen Überfall beschließen und zwar einen baldigen, damit uns der ihnen entflohene Steuermann nicht zeitig genug zu warnen vermag. Aus eben diesem Grund sind sie sicher schon unterwegs und wir haben sie zu erwarten, ohne sie erst aufsuchen zu müssen. Der Posten mag daher wieder an seinen Platz gehen und wird verdoppelt. Wir anderen halten uns schlagfertig. Also, das Feuer aus vor der Höhle, Kinder! Die Kienfackeln im Innern können weiterbrennen. Ich werde einmal nach unseren beiden Gefangenen sehen."

„Ich gehe mit, Onkel", meinte Thieme; „ich habe die meiste Veranlassung, mich zu überzeugen, daß wir sie festhaben."

Er ergriff einen der brennenden Kienäste und leuchtete dem voranschreitenden Colonel.

Bei den Gefangenen angekommen, warf der letztere einen forschenden Blick auf sie. Sein Auge fiel dabei auf den feuchten und infolgedessen etwas weichen Kalkboden der Grotte. Über sein Gesicht zuckte ein gedankenschneller Blitz der Überraschung, der allerdings kaum zu bemerken war, da die düster rote Flamme nur von seitwärts auf ihn fiel.

„Alles sicher; komm!" meinte er ruhig und verließ mit seinem Begleiter den Platz. Aber zu den Seinigen zurückgekehrt, genügte ein halblauter Ruf, sie schleunigst um sich zu versammeln.

„Hört, Leute, ich habe recht geraten. Die Indsmen

sind nicht nur unterwegs, sondern sogar schon im Hide-
spot gewesen. Sie haben es entdeckt!"

Eine dem Schrecken nahe Verwunderung zeigte sich
auf den Gesichtern der sofort nach Messer und Revolver greifenden Leute. Der Colonel fuhr fort:

„Ich muß euch ein Geheimnis mitteilen, von dem ich
bisher aus Rücksicht auf die allgemeine Sicherheit kein
Wort verlauten ließ. Die Höhle hat nämlich einen verborgenen Ausgang."

„Ah!" klang es leise rundum.

„Ich fand ihn an demselben Tag, an dem ich die
Höhle entdeckte. Das Wasser des Baches fällt hinten in
die Tiefe und hat sich da einen Kessel gegraben, aus
dem es durch das Innere des Berges seinen Ausweg
findet. Ich befestigte damals an der Seite des Falles ein
festgedrehtes Doppelseil, ließ mich hinab und fand, daß
der Durchgang am Wasser entlang und hinaus ins Freie
möglich ist. Das Seil hängt noch und befindet sich in
gutem Zustand. Als ich nun jetzt nach unseren Gefangenen sah, bemerkte ich fremde Fußstapfen im Boden;
ein rascher Blick auf die beiden Männer überzeugte mich,
daß ihre Bande gelockert sind."

„Wie geht das zu?" fragte Treskow. „Ich habe sie
selbst gefesselt und zwar so, daß sie nur mit Hilfe
anderer befreit werden können."

„Die Indianer haben einige Kundschafter ausgeschickt,
denen die Entdeckung des Ausganges gelungen ist. Sie
sind hineingedrungen, an dem Seil emporgestiegen,
haben die Gefangenen gefunden, ihnen die Bande gelockert und sie jedenfalls auch mit einigen Waffen versehen. Dann sind sie zurückgekehrt, um die Ihrigen zu
holen."

„Warum haben sie da den Kapitän und Marc Letrier
nicht mitgenommen?" fragte Thieme.

„Weil dann alles verraten war, wenn wir deren Abwesenheit vor der Zeit entdeckten. Vor allen Dingen

müssen wir die zwei gefährlichen Burschen unschädlich machen, indem wir sie wieder binden. Vorwärts, Neffe; wir gehen voran! Die anderen folgen leise nach, um sich, sobald der Widerstand, den sie leisten werden, beginnt, auf sie zu werfen. Wir müssen alles Blutvergießen zu vermeiden suchen!" —

Während dieser Unterredung war in der Grotte auch ein leises Gespräch geführt worden.

„Marc, hast du den Blick gesehen?" fragte Mertens flüsternd, als sich Deadly-gun und Thieme entfernt hatten.

„Welchen Blick?"

„Den der Colonel auf den Boden warf."

„Nein; ich habe den Kerl gar nicht angesehen."

„Er hat alles entdeckt."

„Nicht möglich! Er ging ja ganz beruhigt fort."

„Nichts als schlaue Verstellung! Er sah die Fußspuren des Jägers und Indianers; ich habe es ihm trotz des halben Lichtes augenblicklich angemerkt. Es zuckte ganz verdächtig über sein Gesicht. Dann warf er einen kurzen, aber dolchscharfen Blick auf unsere Fesseln, und der Klang, den sein ‚Alles sicher' hatte, vervollständigte mir nur den Beweis, daß er alles durchschaut hat."

„Teufel! Wenn er nun fort wäre, um die Leute zu holen und uns wieder binden zu lassen. Es wäre zum Verrücktwerden!"

„Er bringt sie sicher."

„So wehre ich mich bis auf den letzten Blutstropfen. Denn wenn sie uns wieder fesseln, ist alles verloren. Sie werden uns in einen anderen Raum stecken und die Indsmen an unserer Stelle empfangen."

„Sicher! Aber eine Gegenwehr ist gar nicht notwendig."

„Wieso?"

„Der einfachste und zugleich einzige Weg zu unserer Rettung ist der, daß wir sofort fliehen."

„Aber wenn Ihr Euch irrt, Kapitän, wenn der Alte gar nichts bemerkt hat?"

„So wäre es einerlei. Sie kämen dann vor der Ankunft der Indianer gewiß nicht wieder hierher, so daß unsere Flucht entdeckt und der Plan des Überfalles verraten würde. Ich mache mich davon, wir haben ja gehört, welcher Weg zu nehmen ist. Rasch, ehe es zu spät ist!"

Sie befreiten sich von den Riemen und erhoben sich; dann folgten sie dem Rauschen des Falles und fanden, allerdings erst nach einem längeren und hastigen Suchen, das Seil, an dem sie sich hinunterließen. An der wallenden und brausenden Oberfläche des Beckens angelangt, untersuchte der vorangekletterte Mertens, sich mit den Händen fest am Seile haltend, die engen Felsenwände mit den Füßen und fand die niedere Seitenöffnung, durch die sich die abfließenden Wellen drängten. Ein Schwung brachte ihn in diese hinein; er zog das Seil fest an sich, um seinem Begleiter die Richtung zu geben. Es war ein gefährlicher Augenblick für die beiden Flüchtlinge, die sich wegen des Tobens des Falles keine hörbare Mitteilung machen konnten; aber das mutige Unternehmen gelang, und in tief gebückter Stellung im Wasser fortwatend, kamen sie nach einiger Zeit zwar vollständig durchnäßt, aber sonst ganz wohlbehalten ins Freie.

Hier reckten sie sich in die Höhe und blieben, von der Anstrengung einen Augenblick ausruhend, mit keuchendem Atem halten.

„Hier müssen wir warten, bis die Indsmen kommen", meinte Letrier.

„Das geht nicht. Der Colonel wird uns verfolgen lassen, sobald er ja unsere Flucht entdeckt. Wir müssen weiter fort."

„Aber wir kennen das Lager der Indianer nicht!"

„Tut nichts. Wir brauchen uns ja nicht weit zu entfernen, sondern suchen ein Versteck hier in der Nähe und warten das Weitere ab."

„Das Richtige ist es eigentlich, Kapitän; denn wenn wir jetzt auf die Roten treffen, so müssen wir wieder zurück, und dazu habe ich verteufelt wenig Lust. Jedenfalls ist es geratener, wir schicken die guten Leute für uns in das Feuer und sehen dann zu, wie wir auf eine praktische Weise zu den Kastanien gelangen."

„Ganz meine Meinung! Komm!"

Sie drangen einige Schritte weit in das Gesträuch ein und verbargen sich in dessen wirrem Dickicht. Hier verhielten sie sich so regungslos wie möglich und lauschten mit angestrengter Aufmerksamkeit in die Nacht hinaus.

Da klang ein leises Geräusch, ähnlich dem Rascheln eines kleinen Insektes, an ihr Ohr.

„Die Indianer!" flüsterte Mertens.

Er hatte sich nicht getäuscht. Mit dem weißen Jäger und dem Sohn des Häuptlings Matto-Sih an der Spitze, nahten sie sich, einer hinter dem anderen, in einer langen, mit großer Behutsamkeit sich vorwärts bewegenden Linie. An dem verborgenen Ausgang haltmachend, hielten sie eine kurze Beratung; dann verschwand einer nach dem anderen in der kleinen Öffnung des Wasserlaufes. Zwei aber blieben zurück, um Wache zu halten.

Es verging eine lange, lange Zeit. Der Himmel, den man in der Finsternis vorher nicht von dem Laubdach des Waldes zu unterscheiden vermochte, begann, davon abzustechen; erst ließen sich die einzelnen Stämme erkennen, sodann auch die Äste und Zweige; hier und da erhob ein erwachender Vogel seinen noch schläfrigen Morgenruf — die Nacht begann dem Tag zu weichen, und die Dämmerung brach herein.

Die zwei wachhaltenden Indianer standen regungslos am Ufer des Baches, da, wo dieser aus dem Berg trat. Sie fühlten gewiß nicht geringe Ungeduld über das unerwartet lange Verbleiben der Ihrigen, aber kein Zug ihrer jugendlichen, bronzenen Gesichter verriet dies. Sie hatten ganz das Aussehen zweier auf den Lauf ihrer Büchsen gestützter und mit allen indianischen Waffen versehener Standbilder.

Da krachten plötzlich zwei Schüsse zu gleicher Zeit, so daß sie wie ein einziger Schuß erklangen; die beiden Wachen stürzten, durch die Köpfe getroffen, zur Erde. Im nächsten Augenblick hoben sich neben ihnen zwei Gestalten empor, die von ihnen unbemerkt die enge Wasserpforte durchschritten hatten. Es waren Deadly-gun und der kleine Ben Cunning.

„Hihihihi!" lachte dieser, „sind zu früh flügge geworden, die kleinen Jungens; haben noch nicht gelernt, die Augen und Ohren aufzutun. Seht Ihr es, Colonel, daß ich recht hatte? Sie haben vergessen, ihre Spuren zu verwischen, und nun können wir den Lagerplatz suchen, wo der Dicke mit dem Dünnen angehobbelt liegt."

„Getraust du dich allein wieder zur Höhle empor-zuarbeiten, Ben?"

„Warum nicht? Glaubt Ihr etwa, Ben Cunning fürch-tet sich vor den zwei Tropfen Wassers, die er zu schlucken bekommt?"

„So kehre zurück, während ich inzwischen diesen Spuren folge, und bringe die anderen um den Berg herum zu dieser Stelle. Es braucht nur die gewöhnliche Wache zurückbleiben, denn der Platz ist völlig gesäu-bert. Ich gehe euch voran und ihr kommt mir nach. Sputet Euch aber, mich bald einzuholen!"

Der kleine Trapper verschwand nach einer zustim-menden Gebärde in der Öffnung, und Deadly-gun be-gann, die Fährte aufzunehmen. Diese war so deutlich, daß er, wenigstens für den Beginn ihrer Verfolgung, keine übermäßige Aufmerksamkeit auf sie zu verwenden brauchte und sie nur flüchtig nebst dem umherliegenden Gelände überblickte. Daher entgingen dem sonst so scharfsinnigen Manne die Spuren, die von den beiden

Flüchtlingen wegen des nächtlichen Dunkels notwendigerweise zurückgelassen waren, und er verschwand, den Fußstapfen der Indianer folgend, gar bald zwischen den Bäumen des Waldes.

Wiederum verging eine längere Zeit, dann flüsterte der Kapitän:

„Das ist Pech, sehr großes Pech! Diese braven, kleinen Indianer sind glücklich an dem gefährlichen Seile hinauf in die Höhle gekommen, aber sofort alle niedergemacht worden. Es ist jammerschade um sie! Nun stehen wir wieder allein gegen Deadly-gun und seine Leute!"

„Wäre es nicht besser, Kapitän, wenn wir ihm heimlich folgten?" fragte Marc Letrier. „Wenn wir glücklich entkommen wollen, müssen wir unbedingt Pferde haben und können uns nur an die Tiere der Roten halten."

„Das geht unmöglich. Die Jäger kommen nach und würden unsere Spur sofort entdecken."

„Was hindert uns, den Alten für immer unschädlich zu machen? Wir haben Messer."

„Marc, wir haben gar Vieles und Schweres möglich gemacht, aber Westmänner sind wir nicht. Der Colonel hat ein feines Gehör und ist uns mit seinen Waffen überlegen. Selbst wenn es uns gelänge, einen guten Stich anzubringen, und zu den Pferden gelangen, so hätten wir kaum einige Minuten später die ganze wütende Horde im Rücken."

„Wenn der Alte weg ist, brauchen wir die übrigen nicht zu fürchten. Der unsinnige Steuermann, Thieme, der harmlose Polizeispion, sie verstehen von der Prärie nichts und sind — —"

„Und Winnetou, der Apatsche?" fiel ihm Mertens in die Rede.

„Teufel, ja, an den habe ich gar nicht gedacht. Cher dieu, der wäre ganz allein imstande, uns einzuholen und mit seinem verdammten Tomahawk zu zerschmettern.

Aber, was tun? In Ewigkeit hier liegenbleiben können wir doch nicht."

„Du bist ein Schwachkopf, Marc. Im Hide-spot liegt ein ganzer Reichtum an Gold aufgestapelt. Wir warten, bis die Jäger fort sind . . ."

„Und dann?"

„Dann", flüsterte der Kapitän, obgleich kein Lauscher in der Nähe war, „dann kehren wir auf demselben Weg zurück, den wir gekommen sind."

„Teufel! Nach der Höhle?"

„Versteht sich!"

„Und lassen uns drin abschlachten!"

„Oder auch nicht. Du hast ja gehört, daß bloß ein einziger Jäger als Wache zurückbleiben soll. Er wird eine ganze Strecke von der Höhle entfernt am Bache stehen und uns gar nicht bemerken."

„Ah — richtig! Der Colonel hat einen großen Fehler begangen, daß er hier am Wasser keinen Posten aufstellte."

„Natürlich. Also wir kehren in die Höhle zurück."

„In die Höhle zurück!" wiederholte der andere eifrig, dem das neue Abenteuer zu gefallen begann.

„Suchen nach dem Gold —"

„Nach dem Gold —?"

„Nehmen es fort und —"

„Und?"

„Bewaffnen uns, denn im Hide-spot gibt es allerlei Schieß- und Stechzeug."

„Das ist wahr, eine ganze Rüstkammer voll."

„Dann stechen wir den Posten nieder."

„Das ist allerdings notwendig."

„Holen uns jeder ein gutes Pferd."

„Wo stecken die Tiere, Kapitän?"

„Ich weiß es allerdings noch nicht; sie werden aber schon zu finden sein. Die Jäger reiten stets im Bach empor; es muß in dessen Nähe irgendein Platz sein, wo man die Tiere anhobbelt. Wenn wir die Ufer aufmerksam untersuchen, so finden wir ihn ganz gewiß."

„Und dann?" fragte Marc Letrier.

„Dann geht es fort. Wohin, das wird sich finden, jedenfalls aber westlich. Wenn wir Geld oder Gold bekommen, sehen wir, daß wir nach San Francisco —"

Er hielt mitten in seiner Rede inne. Ein knisterndes Geräusch, das von der Seite her an ihre Ohren drang, hatte ihn verstummen lassen.

Leise Schritte erklangen. Ben Cunning drang durch die Büsche, hinter ihm außer dem zurückgelassenen Posten die sämtlichen Bewohner des Hide-spot. Auch Winnetou war dabei. Ohne Aufenthalt folgten sie den Spuren, die Deadly-gun ihnen mit Vorbedacht deutlich zurückgelassen hatte. Die beiden Versteckten hielten den Atem an; ein einziger Blick aus dem scharfen, geübten Auge des Apatschen konnte die allerdings jetzt kaum mehr bemerkbaren Eindrücke wahrnehmen, die sie zurückgelassen hatten. Die Gefahr ging glücklich vorüber, da Winnetou sich auf den vorangehenden Trapper verließ und den Boden nicht weiter beobachtete.

„Grace à dieu!" meinte Letrier, als das Knistern der Zweige in der Ferne verklungen war. „Jetzt stand wahrhaftig alles auf dem Spiel; und obwohl ich naß bin bis auf die Haut, habe ich geschwitzt, als steckte ich im Bade."

„Jetzt ist es Zeit; aber wir müssen nun vorsichtig sein und jede Spur hinter uns verwischen."

Dieses machte ihren ungeübten Händen so viel Mühe, daß eine bedeutende Weile verging, ehe sie im Bett des Baches verschwanden. Sie kannten den Weg, den sie schon einmal gemacht hatten, und gelangten trotz dessen Beschwerlichkeit glücklich oben an. Der hinter seinem Herrn emporkletternde Letrier hatte eben das Seil verlassen und festen Fuß gefaßt, als er sich von Mertens zurückgehalten fühlte. Sie standen vor einer ganzen Menge herumliegender menschlicher Körper. Durch Betasten überzeugten sie sich, daß es die getöteten Indianer seien. Sie stiegen über die Leichen hinweg und kamen so in die Grotte, wo sie vorher gefesselt gelegen hatten. Hier konnten sie wieder miteinander sprechen.

Letrier schüttelte sich.

„Brr, Kapitän, die armen Burschen sind einer nach dem anderen ruhig abgefangen und ausgelöscht worden, sobald sie in der Höhle ankamen. Ein Glück, daß wir uns verborgen hielten, sonst hätten wir mitgemußt und ganz dasselbe Schicksal erlitten!"

„Wir haben jetzt keine Zeit zu solchen Betrachtungen. Vorwärts, zu den Waffen!"

Sie kehrten wieder in den Hide-spot zurück, der von den Trappern verlassen war. Nur ein einziger Mann stand als Wächter draußen auf der anderen Seite.

In den Hauptraum der Höhle mündeten mehrere kleine Kammern. Eine davon war ringsum mit allen möglichen Kriegswerkzeugen, die das Leben in der Prärie erfordert, behangen. Auch Pulver, Blei und Kugelformen waren in Menge vorhanden. Lebensmittel, wenn auch nicht in einem großen Vorrat, zeigten sich im Nebenraum. In der Haupthöhle brannte eine Talglampe, die ihnen zur Beleuchtung diente.

Die beiden Männer versahen sich zunächst mit allem Nötigen; dann begannen sie, nach den verborgenen Reichtümern zu suchen.

Aber alle ihre Bemühungen waren vergebens. Die kostbare Zeit verging und ihr Forschen wurde von Minute zu Minute hastiger, ohne daß sie etwas fanden.

„Es ist zu sorgfältig versteckt, Marc", meinte endlich Mertens, als sie vor der letzten Kammer anlangten, die ihnen noch übrig blieb. „Und selbst wenn wir es entdeckten, wie wollen wir es fortbringen? Das Gold ist schwer, und ich wüßte mir keinen Rat."

„Wir packen es auf die Reservepferde."

„Das wäre das einzige, würde aber unsere Flucht bedeutend verzögern und unseren Marsch sehr verlangsamen. Aber sieh, das muß die Wohnung des Colonels sein!"

Der Raum war an seinen Wänden mit ungegerbten Fellen behangen, um die Feuchtigkeit der Wände abzuhalten, und enthielt einige roh gearbeitete Sessel und Kästen, über welch letztere die Suchenden sofort begierig herfielen. Auch sie enthielten nichts von dem erhofften Golde, sondern nur einen Vorrat von Kleidungsstücken und allerlei sonstigen Gegenständen. Die Sachen wurden in der Eile rings auf dem Boden umhergestreut. Da stieß der Kapitän einen halblauten Ruf der Freude aus. Er hatte eine alte, abgegriffene Brieftasche gefunden, die als letzter Gegenstand, sorgfältig eingewickelt, auf dem Boden eines der Kästen gelegen hatte.

„Kein Gold, aber vielleicht doch von Wert!" sagte er.

Er trat in die Haupthöhle zurück, weil es da lichter war, und öffnete die Tasche.

„Was ist drin, Kapitän?" fragte Letrier mit Spannung.

„Nichts, gar nichts; ich habe mich auch hier getäuscht", antwortete der Gefragte ruhig; aber in seinem Innern wogte es gewaltig auf und nieder. Der Inhalt bestand in höchst wertvollen Depositenscheinen. Deadlygun hatte bedeutende Mengen Gold bei verschiedenen Bankhäusern des Ostens abgeliefert und sich über die umgerechneten Summen diese Scheine ausstellen lassen. Der gegenwärtige Besitzer konnte sie bei jeder Bank in Münze umsetzen. Doch, das brauchte Letrier ja nicht zu wissen.

Die Summen, auf welche diese Scheine lauteten, gehörten nicht dem Colonel allein, sondern der ganzen Gesellschaft; darum waren sie so hoch. Jedenfalls gab es noch eine Menge von Goldstaub und Nuggets, sie konnte aber nicht gefunden werden. Eben als sie darüber ihre unmutigen Bemerkungen austauschten, hörten sie ein Geräusch. Es war der Posten, der in die Höhle kam. Mertens, der einen der vorgefundenen Revolver geladen hatte, schoß ihn nieder.

„Nun aber fort!" sagte er dann. „Wir müssen Pferde haben. Hoffentlich finden wir welche!"

Sie nahmen alles an sich, was sie für sich ausgesucht hatten, und gingen nach dem vorderen gewöhnlichen Eingang der Höhle. Draußen folgten sie dem Bach und kamen bald an einen schmalen Weg, der auf eine grasbewachsene Lichtung führte, wo sich die Pferde der Gesellschaft befanden.

Sie sattelten schnell zwei Tiere, denn Sättel und Zäume hingen da an den Bäumen, stiegen auf und ritten davon. — —

Inzwischen waren die Jäger alle, mit Ausnahme dieses Postens, den sie zu seinem Verderben allein zurückgelassen hatten, den Spuren der jungen Indianer gefolgt, um Dick Hammerdull und Pitt Holbers zu befreien. Deadly-gun, der vorausgegangen war, wurde bald eingeholt. Er hatte alle mitgenommen, weil man nicht wissen konnte, mit wieviel Roten man es zu tun bekam. Er ging, die Fährte lesend, mit Winnetou voran. Sie war, weil die Roten ihren Marsch des Nachts gemacht hatten, sehr deutlich ausgetreten, und es machte also keine Mühe, sie nicht zu verlieren. Dennoch sahen sie erst nach Stunden den Wald vor sich liegen, wo die Roten gelagert hatten und wohin Hammerdull und Holbers von dem Häuptlingssohn gestern geschafft worden waren. Sie durften nicht geradewegs hin, weil sie sonst von dort aus gesehen werden mußten; darum wichen sie jetzt von der Fährte ab und hielten sich mehr seitwärts, so daß sie den Wald an einer Stelle erreichten, die wohl eine Viertelstunde von der Einmündung der Spur in den Wald entfernt war.

Unter den Bäumen angekommen, wurde dann wieder in einem Winkel in die beabsichtigte Richtung eingelenkt, so daß man sich nun dem Lagerort nicht von vorn, sondern von der Seite näherte. Mit jedem Schritt, der jetzt weiter gemacht wurde, mußte man vorsichtiger sein. Die Männer huschten, immer gute Deckung suchend, von Busch zu Busch, von Baum zu Baum, bis Winnetou, stehenbleibend, den ihm Folgenden ein Zeichen gab. Er hatte Stimmen gehört und schlich mit Deadly-gun allein weiter. Bald sahen sie den Ort, den sie suchten, vor sich liegen. Zugleich bemerkte der Colonel, daß er zu vorsichtig gewesen war, als er alle seine Leute mitnahm, denn bei den zwei Gefangenen, die gefesselt an der Erde lagen, befanden sich nur drei Personen, nämlich zwei Indianer und der Weiße, der gestern die Roten zum Überfallen des Hide-spot aufgefordert hatte. Es bedurfte nur einiger Minuten, so war die Stelle umringt. Die drei Leute hätten sich ohne Gegenwehr ergeben müssen, sie wurden aber, freilich gegen den Willen Winnetous und des Colonels, niedergeschossen, dann schnitt man den Gefangenen die Riemen durch.

„Aber müßt Ihr unvorsichtig gewesen sein, Dick Hammerdull, daß Ihr Euch von solchen Knaben habt fangen lassen!" sagte Deadly-gun.

„Ob vorsichtig oder nicht, das bleibt sich gleich", antwortete der Dicke, indem er seine Glieder reckte; „sie haben uns eben erwischt. Dagegen war nichts zu machen. Was meinst du dazu, Pitt Holbers, altes Coon?"

„Hm!" antwortete der Lange. „Wenn du meinst, Dick, daß nichts zu machen war, so hast du recht, denn wir haben eben nichts dagegen gemacht."

„Und ein Weißer war dabei!" wunderte sich der Colonel.

„Ja", nickte Hammerdull; „und gerade dieser Kerl hat unser Hide-spot entdeckt. Er führte den jungen Häuptling hin, um es ihm zu zeigen, ist aber dann, als es überfallen werden sollte, nicht mitgegangen, sondern hiergeblieben. Wie steht es dort? Die Roten kamen nicht zurück."

„Sie sind alle ausgelöscht worden; auf welche Weise, das laßt Euch unterwegs erzählen. Jetzt wollen wir gleich fort, denn wir haben nur einen Mann daheim gelassen."

Was für einen Fehler er damit begangen hatte, das sah er nur zu deutlich, als sie wieder im Hide-spot ankamen. Da fanden sie die Leiche des Postens und sahen sofort, daß alle Abteilungen der Höhle durchsucht worden waren, von wem, darüber konnte es keinen Zweifel geben. Zu seiner Beruhigung überzeugte sich der Colonel zunächst, daß der höchst wertvolle Vorrat an Goldstaub und Nuggets nicht entdeckt worden war; um so mehr aber erschrak er, als er sah, daß die Brieftasche mit den Depositenscheinen fehlte. Der Grimm, den er darüber empfand, teilte sich allen anderen mit, und es gab nur eine einzige Stimme, nämlich die, daß Mertens und sein Genosse sofort zu verfolgen seien.

Das Geld mußte diesen das Entkommen erleichtern, wenn sie nur erst einen bewohnten Ort erreichten. Darum galt es, mit der Verfolgung keinen Augenblick zu säumen; aber die Trapper mußten sich auch mit den nötigen Mitteln versehen, um nicht ohne Geld zu sein, wenn es zum schnellen Fortkommen nötig sein sollte. Es war also bei allem Unglück noch ein Glück, daß die Entflohenen die Nuggets nicht auch gefunden hatten! — — —

8. Ein Piratenstreich

Wer zu Pferd von Osten nach San Francisco kommt, der muß zunächst in Oakland halten, weil sich ihm die hier elf Kilometer breite San Francisco-Bai in den Weg legt. Das ist aber kein Hindernis, denn für Gelegenheiten, auch mit den Pferden hinüberzukommen, ist mehr als reichlich gesorgt. Reiter setzten damals auf den breiten Oakland-Fährbooten über.

Mit einem dieser Boote landeten zwei Berittene, die selbst während der Überfahrt nicht aus dem Sattel gestiegen waren. Ihre Pferde schienen von guter Rasse zu sein, obgleich sie sehr abgetrieben aussahen. Die Reiter hatten das Äußere von Leuten, die eine geraume Zeit lang nichts mit den Segnungen der Zivilisation zu tun gehabt haben. Die Bärte hingen ihnen wirr bis auf die Brust herab; die breitrandigen Jägerhüte, weit und formlos geworden, ließen ihre Krempen bis tief in das Gesicht herunterschlappen; die ledernen Gewänder schienen aus vertrockneter, rissiger Baumrinde zusammengesetzt zu sein, und die ganze übrige Ausrüstung ließ auf fürchterliche Strapazen schließen, die die Männer überstanden haben mochten.

„Endlich — grace à dieu!" atmete der eine hoch auf. „Da sind wir, Marc, und ich denke, daß die Not nun nichts mehr mit uns zu schaffen haben wird."

Der andere schüttelte fast trübselig den Kopf.

„Verzeiht, Kapitän, daß ich nicht so zuversichtlich bin. Ich werde mich nur dann erst vollständig sicher fühlen, wenn ich auf einem festen Deck stehe, das einige Meilen von hier da draußen auf dem Wasser schwimmt. Der Teufel soll mich holen, wenn der Colonel mit seinem Volk uns nicht jetzt noch an, den Fersen hängt!"

„Möglich, aber nicht wahrscheinlich. Wir haben ihn ja so in die Irre geführt, daß er glauben muß, wir haben uns nach dem Gebirgsübergang hinauf nach Britisch-Columbien geschlagen. Wir haben diesen ungeheuren Umweg jedenfalls nicht umsonst gemacht."

„Ich will wünschen, daß Ihr Euch nicht irrt, aber ich traue diesem verteufelten Trappervolk nicht zehn Schritte weit und halte es für das beste, uns möglichst bald an Bord eines Schiffes zu begeben, das von diesem unglückseligen Land nichts mehr wissen will."

„Vor allen Dingen ist es nötig, uns wieder ein menschliches Aussehen zu geben."

„Dazu gehört wieder Geld."

„Jawohl. Schau da hinüber!"

Er deutete mit der Rechten nach einer Baracke, über deren niederem Dache ein Brett mit der Inschrift „Jonathan Livingstone, Horse-haggler" angebracht war.

„Ein Pferdehändler?" meinte Marc. „Wird für unsere halb verhungerten Tiere nicht viel bieten!"

„Müssen eben zusehen!"

Sie lenkten ihre Pferde dem angegebenen Ort zu. Ein Mann, dem der Pferdejude auf tausend Schritte Entfernung anzusehen war, trat aus der Tür, als sie abstiegen.

„Zu wem wollt ihr, Gentlemen?" fragte er.

„Zu dem ehrenwerten Master Livingstone, Sir."

„Der bin ich selbst."

„Ihr kauft Pferde?"

„Hm — ja — solche aber nicht", antwortete er mit einem geringschätzigen, aber doch aufmerksamen Blick auf die angebotene Ware.

„Well, dann good-bye, Sir!"

184

Im Augenblick saß Mertens wieder auf und machte Miene, sich zu entfernen.

„Slowly, Master, langsam, langsam; man wird sich die Tiere doch wohl einmal ansehen können!"

„Wenn Ihr ‚solche' nicht kauft, so sind wir fertig. Ihr habt kein Greenhorn vor Euch!"

„So, so! Da steigt einmal wieder herunter! Hm, elend, ungeheuer elend! Ihr kommt wohl aus der Savanne?"

„Yes!"

„Kann kaum etwas bieten; muß gewärtig sein, sie gehen mir noch drauf", meinte er, die Tiere eingehend musternd. „Wieviel wollt Ihr haben?"

„Was bietet Ihr?"

„Für alle zwei?"

„Für beide!"

„Hm, dreißig Dollars, nicht mehr und auch nicht weniger."

Sofort saß Mertens wieder auf und ritt ohne Antwort davon.

„Stop, Sir, wo wollt Ihr denn hin? Ich denke, Ihr wollt die Pferde verkaufen!"

„Ja, aber nicht an Euch."

„So kommt doch zurück! Ich gebe vierzig."

„Sechzig!"

„Fünfundvierzig."

„Sechzig!"

„Fünfzig!"

„Sechzig!"

„Unmöglich! Fünfundfünfzig und keinen Cent mehr!"

„Sechzig und keinen Cent weniger. Lebt wohl!"

„Sechzig? Nein, fällt mir gar nicht ein — doch halt, so wartet doch nur, he; bleibt doch da; Ihr sollt sie haben, die sechzig, obgleich das Viehzeug so ein Geld gar nicht wert ist!"

Lächelnd kehrte Mertens zurück und stieg wieder vom Pferde.

„Da nehmt sie, und zwar mit Zaum und Zeug!"

„Kommt herein, Master; der andere mag sie einstweilen halten."

Der Händler führte ihn in einen kleinen Verschlag, der durch einen alten, kattunenen Vorhang in zwei Teile geschieden war. Er verschwand dahinter und trat dann mit dem Geld wieder hervor.

„Hier sind die sechzig Dollars. Ihr habt ein Sündengeld bekommen!"

„Pah, macht Euch nicht lächerlich! Doch — hm — Ihr seid hier in der City bekannt?"

„Besser als mancher andere."

„So könnt Ihr mir wohl eine Auskunft geben —"

„Nach einem Boardinghouse wohl?"

„Nein, nach einem entgegenkommenden Bank- oder Lombardgeschäft."

„Lombard — hm, was für einen Antrag habt Ihr dort?"

„Ist Nebensache!"

„Ist Hauptsache, Sir, wenn Ihr richtige Auskunft wünscht."

„Will ein Wertpapier verkaufen."

„Worüber?"

„Über Goldstaub und Nuggets."

„Donnerwetter! Zeigt einmal her!"

„Hat keinen Zweck!"

„Warum nicht? Wenn das Papier gut ist, kaufe ich es selbst. Mache zuweilen auch diese Art von Geschäften, notabene, wenn etwas dabei zu verdienen ist."

„Das ist es!"

Er zog die im Hide-spot gefundene Brieftasche hervor und wählte einen der Scheine aus, den er dem Händler überreichte. Dieser machte ein erstauntes Gesicht und warf einen höchst achtungsvollen Blick auf den zerrissenen und zerfetzten Mann, der sich im Besitz eines solchen Reichtumes zeigte.

„Zwanzigtausend Dollars, auf den Inhaber lautend, deponiert bei Charles Brockmann, Omaha! Der Schein ist gut. Was wollt Ihr haben?"

„Wieviel gebt Ihr?"

„Die Hälfte."

Mertens nahm ihm das Papier aus der Hand und schritt nach dem Eingang.

„Lebt wohl, Master Livingstone!"

„Halt! Wieviel wollt Ihr haben?"

„Achtzehntausend zahlt mir jeder Bankier sofort und bar; aber ich bin einmal hier bei Euch und habe Eile. Gebt sechzehn, und Ihr bekommt den Schein."

„Unmöglich. Ich weiß nicht, ob Ihr der rechtmäßige — — "

„Well, Sir, Ihr wollt nicht, und damit gut!"

Der Mann hielt ihn am Arm zurück; er stieg mit seinem Gebot höher und höher und brachte endlich die verlangte Summe hinter dem Vorhang hervor. Er gehörte zu jener Art von Geschäftsleuten für alles, denen es trotz ihres unscheinbaren Aussehens und ihrer absichtlich ärmlichen Einrichtung an den nötigen Barmitteln doch niemals mangelt.

„Hier habt Ihr das Geld; ich habe heute einmal meinen schwachen Tag. Habt Ihr noch andere Scheine zu verkaufen?"

„Nein. Lebt wohl!"

Er ging. Livingstone begleitete ihn hinaus und nahm die Pferde in Empfang. Die beiden Fremden entfernten sich. Ein Gehilfe kam herbei, um die Tiere von Sattel und Zaum zu befreien.

„Gutes Geschäft gemacht", brummte der Pferdehändler Livingstone; „prächtige Rasse, schön gebaut; haben viel ausgehalten und werden sich bei guter Pflege bald wieder erholen."

Noch war er um die eingehandelten Pferde beschäftigt, so ertönte lauter Hufschlag die enge Straße herauf. Zwei Reiter, die mit dem nächsten Fährboot gekommen waren, erschienen im Galopp. Der eine war ein Indianer, der andere ein Weißer mit weit über dem Nacken herabwallendem Haupthaar. Auch ihnen war eine ungewöhnliche Strapaze sehr wohl anzusehen, doch zeigten sie in ihrer Haltung ebenso wie ihre prachtvollen Tiere nicht die geringste Ermüdung.

Im Galopp vorübersprengend, warf der Indianer unwillkürlich einen Blick herüber nach dem Händler und riß in derselben Sekunde sein Pferd herum.

„Mein weißer Bruder blicke diese Pferde an!" sagte er.

Der andere war ihm ebenso schnell bis an die Baracke gefolgt. Ein kurzer Blick genügte, er sah das Schild, ritt bis hart an den Händler heran und grüßte:

„Good day, Sir! Ihr habt soeben diese Pferde gekauft?"

„Yes, Master", antwortete der Händler.

„Von zwei Männern, die folgendermaßen aussahen?"

Er gab eine sehr genaue Beschreibung von Mertens alias Brétigny und Wolf alias Letrier.

„Das stimmt, Master."

„Sind die Männer noch hier?"

„Nein."

„Wo sind sie hin?"

„Weiß nicht; geht mich auch gar nichts an!"

„Ihr müßt aber doch die Richtung wissen, in der sie davongegangen sind?"

„Sie bogen um die Ecke dort. Weiter kann ich nichts sagen."

Der Frager besann sich einen Augenblick, warf einen scharfen, forschenden Blick auf den Händler und fuhr dann fort:

„Ihr kauft nur Pferde?"

„Pferde und manches andere."

„Auch Nuggets?"

„Auch. Habt Ihr welche?"

„Nicht hier; sie kommen nach. Darf ich sie Euch anbieten?"

„Wenn es nicht gleich ist, ja. Habe soeben all mein Geld ausgegeben."

„Den beiden Männern?"

„Dem einen."

„Er verkaufte Euch etwa einen Wertbrief?"

„Ja."

„Wie hoch?"

„Zu zwanzigtausend Dollars."

„Wollt Ihr so gut sein, Sir, und mir den Schein einmal zeigen?"

„Warum?"

„Um zu sehen, ob es der Gentleman gewesen ist, mit dem wir gerne zusammentreffen wollen."

„Hm, so! Den Schein sollt Ihr sehen; aber in die Hand bekommt Ihr ihn nicht."

Er trat in die Baracke und kam nach kurzer Zeit mit dem Papier zurück. Der Fremde betrachtete es genau und nickte dann vor sich hin.

„Ihr habt bloß diesen einen Schein von ihm erhalten?"

„Nur diesen."

„Danke, Sir! Die Männer werden nicht wiederkommen, sollte es aber dennoch geschehen, so kauft ihnen nichts mehr ab, sondern laßt sie festnehmen! Die Geldanweisungen gehören mir und sind mir von ihnen gestohlen worden. Ich werde vielleicht wieder bei Euch vorsprechen!"

Er zog sein Pferd herum, der Indianer tat desgleichen, dann sprengten beide wie vorher im Galopp die Straße entlang.

Es wurde kein Wort zwischen ihnen gewechselt, bis

sie am Kai des Hafens anlangten. Dort fragte der Weiße:

„Mein roter Bruder ist mir auf der Fährte der Räuber über die weiten Länder der Savanne gefolgt. Wird er bei mir bleiben, wenn ich gezwungen bin, ein Schiff zu besteigen?"

„Winnetou geht mit Deadly-gun über die ganze Erde und auch auf das große Wasser. Howgh!"

„Die Räuber wollen wahrscheinlich über das Meer entfliehen; sie werden sich nach den abgehenden Schiffen erkundigen. Das tun wir auch und bewachen die Fahrzeuge; da erwischen wir sie."

„Mein Bruder tue das und halte sich immer hier am Wasser auf, damit ich ihn wiederfinde. Winnetou aber wird zurückkehren vor die Häuser der großen Stadt da drüben, um die Jäger zu erwarten und herzuführen, die zurückgeblieben sind, weil ihre Pferde müde waren."

Deadly-gun neigte zustimmend den Kopf: „Mein Bruder ist klug; er tue, was er gesagt hat!"

Er stieg vom Pferd, das er dem Hausknecht eines in der Nähe befindlichen Gasthauses übergab. Der Apatsche aber kehrte allein den Weg zurück, den sie miteinander gekommen waren. —

Während dieses geschah, hatten Brétigny und Marc Letrier ihren Weg fortgesetzt. Langsam dahinschlendernd, bemerkten sie einen Mann, der aus einem engen Seitengäßchen hervortrat und, ihrer nicht achtend, in einiger Entfernung quer über die Straße schritt. Von kaum mittlerer Gestalt, und dabei schlank gebaut, trug er die Kleidung eines Diggers, der aus den Minen kommt, um von der anstrengenden Arbeit auszuruhen und dabei sich ein wenig in der Stadt umzusehen. Ein breitkrempiger und vielfach zerknitterter Strohhut hing ihm in das Gesicht hernieder, doch vermochte er nicht, das große, häßliche Feuermal zu verdecken, das sich

190

von dem einen Ohr quer über die ganze Wange bis über die Nase zog.

Überrascht blieb Brétigny stehen und faßte seinen Begleiter am Arm.

„Marc, kennst du den?" fragte er hastig.

„Den? Nein, Kapitän."

„Wirklich nicht?"

„Nein."

„Ich habe falsch gefragt. Es sollte heißen: kennst du die?"

„Die? Alle Wetter, die Gestalt, die Haltung, der Gang, Kapitän, es ist doch wohl kaum möglich!"

„Sie ist es, sage ich dir, sie und keine andere! Wir sind vollständig verwildert; aus dieser Entfernung erkennt sie uns nicht. Ein glücklicher Zufall führt sie uns vor die Augen; wir müssen ihr folgen!"

Sie schritten hinter dem Mann her, der nach kurzer Zeit in eine Bretterbude trat, über deren Tür mit einfachen Kreidezügen die Inschrift ‚Tavern of fine brandy' angebracht war. Vor und hinter diesen Buchstaben hatte man auch mit Kreide je eine Schnapsflasche auf das rissige Holz gemalt.

„Was tut sie in dieser Butike? Sie hat genug Geld und wohnt jedenfalls anständig. Ihr jetziges Äußeres ist also eine Verkleidung, und ihr gegenwärtiger Gang hat irgendeinen geheimnisvollen Zweck."

„Wir müssen ihr hineinfolgen, Kapitän."

„Das geht nicht, Marc. Sie würde uns trotz unseres verwilderten Zustandes doch sofort erkennen. Die Bude besteht aus einfachen Brettern; von vorn dürfen wir uns nicht nahen; vielleicht finde ich an ihrer Rückseite ein Astloch oder irgendeine Spalte, durch die es mir möglich ist, das Innere zu überblicken. Du bleibst zurück und beobachtest den Ausgang. Sollte sie den Ort verlassen, ehe ich zurückkehre, so kommst du schleunigst, um mich zu benachrichtigen."

Er wandte sich zur Seite. Die Gelegenheit war günstig. Die Hütte hatte keinen Ausgang nach hinten und wurde da durch einen kaum drei Fuß breiten Zwischenraum von einem ganz ähnlichen Bauwerk getrennt. Brétigny schob sich hinein und fand bald ein Astloch, durch das er einen großen Teil des Schankraumes, in dem zahlreiche Gäste saßen, zu überblicken vermochte.

Der Mann mit dem Feuermal hatte in der Nähe eines breiten Ofens Platz genommen, war aber dann plötzlich nach rückwärts verschwunden. Weiter nach dieser Seite hin, schloß Brétigny, befand sich vielleicht ein abgetrennter Raum, der für private Zwecke dienen konnte. Er schob sich leise in dieser Richtung weiter, bis er hart hinter der dünnen Wand, an der er lehnte, mehrere Stimmen erklingen hörte. Er legte das Ohr an das Brett und lauschte.

„Wo treffen wir uns, Sir?" hörte er fragen.

„Nicht hier, das wäre unvorsichtig, auch nicht am Kai, sondern in der kleinen Bucht oberhalb der letzten Fischerhütte."

„Und wann?"

„Wann ich kommen kann, ist noch unbestimmt, aber um elf müßt ihr versammelt sein, dürft jedoch vor meiner Anwesenheit nichts unternehmen."

„Schön. Es wird einen tüchtigen Kampf geben, ehe das Fahrzeug unser ist."

„Nicht so sehr, als ihr denkt. Die Offiziere und Subalternen sind heute abend an Land geladen, und an Bord selbst wird ein Festgelage stattfinden, das uns bestimmt in die Hand arbeitet."

„Das läßt sich hören. Gibt es keinen Freund an Bord?"

„Der lange Tom ist da mit noch einigen, die uns erwarten."

„Alle Teufel, Ihr habt das Ding fein eingeleitet!

192

Also der Kapitän Kaiman wird wirklich mit dabeisein?"

„Sicher. Es werden die Anker sofort gelichtet; der Wind ist gut; die Ebbe fällt passend, und wenn nicht ein unvorhergesehenes Hindernis eintritt, so wird man von der ‚l'Horrible‘ bald dieselben Geschichten wie früher erzählen."

„Auf uns könnt Ihr rechnen, Sir. Wir werden gegen dreißig Mann sein, und mit tüchtigen Offizieren und einem solchen Segler braucht man die ganze Marine der Welt nicht zu fürchten."

„Das meine ich auch. Hier habt ihr euer Draufgeld und noch einiges darüber, um zu trinken. Aber haltet euch nüchtern, damit der Handstreich uns nicht etwa mißlingt!"

Ein Stuhl wurde gerückt; der letzte Sprecher entfernte sich. Brétigny hatte ihn auch an der Stimme erkannt, obgleich sie eine verstellte und in die tieferen Tonlagen hinabgedrückte war. Das Gehörte war so außerordentlich, daß er eine ganze Weile vollständig bewegungslos stand und auch wohl noch länger so verblieben wäre, wenn ihn nicht ein leises „Pst!" aus seiner halben Erstarrung aufgeschreckt hätte. Marc Letrier stand vor dem Zwischenraum und winkte.

„Sie ist fort, wieder zurück; schnell, schnell!"

Der Kapitän drängte sich aus der Enge hinaus, gerade noch zur rechten Zeit, um den Gegenstand seiner Beobachtung hinter der nächsten Ecke verschwinden zu sehen. Die beiden Männer eilten ihm nach und verfolgten ihn durch die schmutzigen Gäßchen der Vorstadt und die breiten Straßen der besseren Stadtteile bis an das Gitter eines einsam gelegenen Gartens. Hier blickte er sich prüfend um und schwang sich, als er nichts Verdächtiges bemerkte, mit einem katzenartigen Sprung hinüber. Die Lauscher hielten wohl gegen eine Stunde Wacht, aber vergebens; er kehrte nicht zurück.

„Sie muß hier wohnen, Marc. Laß uns das Haus suchen, zu dem dieser Garten gehört!"

Um dies zu tun, mußten sie eine Seitengasse durchschreiten. Als sie aus dieser traten, bemerkten sie einen prächtigen Wagen, der von der Tür eines Hauses hielt, das kein anderes als das gesuchte sein konnte. Eine Dame war soeben eingestiegen und gab dem Kutscher das Zeichen. Die beiden traten in die Gasse zurück; das vornehme Fahrzeug rollte vorüber, so daß die Gesichtszüge der Inhaberin zu erkennen waren.

„Sie ist es!" rief Marc.

„Ja, sie ist es; hier ist eine Täuschung ganz unmöglich. Ich bleibe hier; du aber gehst in das Haus und suchst ihren jetzigen Namen zu erfahren."

Letrier gehorchte dem Gebot und kehrte schon in kurzer Zeit mit der gewünschten Auskunft zurück.

„Nun?"

„Frau de Voulettre."

„Ah! Wo wohnt sie?"

„Sie hat das ganze erste Stockwerk inne."

„Komm nach dem Hafen; dort werde ich dir weitere Mitteilungen machen!"

Sie schritten der genannten Gegend zu und kehrten auf diesem Weg in einem ‚Store of dressing' ein, den sie in Beziehung auf Wäsche, Kleidung und sonstige Ausstattung vollständig verändert verließen. Langsam schritten sie durch das Menschengewühl des Kais. Plötzlich zuckte es wie ein heftiger Schreck über das Gesicht Letriers; er faßte den Kapitän und zog ihn hinter einen großen Haufen aufgestapelter Warenballen.

„Was gibt es?" fragte dieser.

„Blickt geradeaus, Kapitän, und seht, ob Ihr den Mann kennt, der unter dem großen Kran steht!"

„Ah — alle Teufel, der Colonel, Deadly-gun! Sie haben sich also nicht irreführen lassen und sind uns auf dem Fuß gefolgt. Wo mögen die anderen stecken?"

„Die hat der verdammte Polizist gewiß in der Stadt verteilt, um uns aufzulauern und unseren Aufenthalt zu erforschen."

„Jedenfalls. Hat uns der Alte schon bemerkt?"

„Ich glaube nicht. Sein Gesicht war seitwärts gerichtet, als ich ihn sah, und bei unserem jetzigen Anzug sollte es ihm auch schwer werden, uns zu erkennen, wenn wir ihm nicht zu nahe kommen."

„Richtig. Jetzt blicke einmal da hinüber auf die Reede! Kennst du das Schiff, das in der Nähe des Panzerschiffes liegt?"

„Hm — ja — das — das ist — Donner und Wetter, das ist kein anderes als unsere ‚l'Horrible'; die kenne ich sofort, und wenn sie noch so sehr an seinen Segeln und Stangen herumgemodelt haben!"

„So komm!"

Sie nahmen ihren Weg durch das dichteste Gewühl und suchten sich ein entfernt liegendes Schankhaus, wo sie sich ein abgesondertes Zimmer geben ließen. Hier konnten sie ungestört verhandeln.

„Also du hast unsere ‚l'Horrible' erkannt?" fragte Brétigny-Mertens.

„Sofort, Kapitän."

„Weißt du, wer ihn jetzt befehligt?"

„Nein."

„Und weißt du, wer ihn morgen um diese Zeit befehligen wird?"

„Jedenfalls derselbe wie heute."

„Nein."

„So tritt ein Dienstwechsel ein?"

„Allerdings. Der heutige muß ‚aus der großen Tasse trinken'[1]) und an seine Stelle wird ein gewisser Camain treten oder, wenn du lieber willst, der Kapitän Kaiman."

Marc Letrier lächelte.

[1]) Wird ersäuft

„Dann wird die Miß Admiral wohl wieder Segelmeister?" meinte er, auf den mutmaßlichen Scherz eingehend.

„Gewiß."

„Und fegt mit der neunschwänzigen Katze das Verdeck wie vor alten Zeiten?"

„Oder auch nicht. Dieser Panther wird gezähmt; darauf kannst du dich verlassen!"

„Und der treue Marc Letrier: welche Stelle wird der haben?"

„Wird sich schon etwas Passendes finden lassen."

„Schade um das hübsche Kartenhaus!"

„Und wenn es nun kein Kartenhaus, sondern ein festes, sicheres und unumstößliches Gebäude wäre?"

Letrier war wirklich betroffen von dem ernsten, zuversichtlichen Ton. Er blickte dem Kapitän forschend ins Gesicht und brummte:

„Hm, in der Welt ist manches Unmögliche möglich, wenigstens für unsereinen."

„Allerdings. — Höre, Marc, was ich dir sagen werde!"

Er erzählte ihm, was er an den Brettern der Branntweinbude erlauscht hatte, und fügte die Vermutungen und Schlüsse bei, zu denen ihn das gehörte Gespräch berechtigte. Marc staunte.

„Teufel! Diesem Frauenzimmer ist wahrhaftig so etwas zuzutrauen."

„Sie wird es ausführen, darauf kannst du dich verlassen."

„Und wir?"

„Sagte ich dir nicht, daß ich heute abend die ‚l'Horrible' befehligen werde?"

„Gut! Sie wird sich aber wehren."

„Pah! Ich bin früher ihr Vorgesetzter gewesen und werde es auch jetzt sein. Sie ist immer noch die alte Ein Schiff zu stehlen! Mitten aus dem Hafen von Sar

Francisco heraus! Es ist ungeheuer! Aber uns kommt es vortrefflich zustatten. Welch ein Glück, daß wir sie gesehen und trotz ihrer Verkleidung erkannt haben!"

Während sie in eifrigem Gespräch beieinander saßen, wurden in der Wohnung der Frau de Voulettre Anstalten zu einer glänzenden Abendgesellschaft getroffen. Die Leckereien aller Länder, die Weine aller Zonen waren vertreten, und die Dame des Hauses, die von ihrer Spazierfahrt schon länger zurückgekehrt war, machte sich mit den letzteren persönlich viel zu schaffen. Sie öffnete eine Anzahl der Flaschen, schüttete in jede ein feines, weißes Pulver und versiegelte sie dann sorgfältig wieder.

Der Abend nahte heran; es wurde dunkel, und aus den Fenstern ihrer Wohnung glänzte eine Lichtflut, die den Schein der Straßenlaterne weit überstrahlte.

Die Gäste, auch der Kommandant des Panzerschiffes nebst den geladenen Offizieren der anderen Fahrzeuge hatten sich bei ihr eingefunden und schwelgten in den gebotenen Genüssen. Eine Menge vornehmer Pflastertreter und gewöhnlicher Leute belagerte den Eingang, um einen Blick in das geschmückte Innere zu werfen oder den Geruchssinn an den ausströmenden Wohlgerüchen zu weiden.

Unter ihnen befanden sich zwei Männer in Matrosentracht. Sie standen schweigend nebeneinander und warfen gleichgültige Blicke auf die anderen. Ihr Augenmerk schien vorzugsweise auf eines der erleuchteten Fenster gerichtet zu sein. Lange, lange harrten sie. Da endlich wurde der Vorhang herabgelassen, der Schatten einer erhobenen Hand strich einigemal hinter ihm auf und nieder; dann verlöschte das Licht.

„Das ist das Zeichen", flüsterte der eine.

„Komm!" antwortete der andere.

Sie schritten fort und bogen um die Ecke. An der Gartenpforte stand ein Koffer, neben ihm eine männliche

Gestalt. Es war hier so dunkel, daß man die Einzelheiten nicht genau zu erkennen vermochte, doch war so viel zu sehen, daß der Mann kaum die Mittelgröße erreichte und einen dunklen Vollbart trug. Es war Frau de Voulettre, die sich wieder verkleidet hatte. Der Koffer enthielt ihre nautischen Werkzeuge.

„Ist der Wagen bestellt?" fragte der Mann mit dem dunklen Vollbart.

„Ja", lautete die Antwort.

„Vorwärts!"

Seine Stimme klang befehlend, als sei er das Kommandieren von Jugend auf gewöhnt. Die Männer faßten den Koffer und schritten voran. Er folgte ihnen. An der Ecke einer Straße stand ein Wagen. Der Koffer wurde auf den Bock gehoben; die drei stiegen ein und das Gefährt rollte im Trab zur Stadt hinaus. Im Freien angekommen, hielt es an. Die Fahrgäste stiegen aus, ergriffen den Koffer wieder und wandten sich, während der Wagen zurückkehrte, dem Strand zu.

Sie hatten diesen noch nicht erreicht, so ertönte hinter einem Busch eine Stimme.

„Halt, wer da?"

„Kapitän Kaiman."

„Willkommen!"

Eine Schar dunkler Gesellen eilte herbei und umringte ehrfurchtsvoll den bärtigen Mann.

„Die Boote in Ordnung?" fragte er.

„Ja."

„Die Waffen?"

„Alles recht."

„Fehlt jemand?"

„Keiner."

„Dann come on; ich nehme den ersten Kahn!" ·

Der Koffer wurde eingehoben, die mit Lappen sorgfältig umwickelten Ruder angelegt, und die Fahrzeuge strichen geräuschlos durch die Wellen.

Zunächst strebten sie gerade auf die Höhe hinaus, dann legten sie scharf nach Steuerbord über und näherten sich auf diese Weise von der Seeseite aus mit außerordentlicher Vorsicht der mitten in tiefer Dunkelheit liegenden ‚l'Horrible‘, an deren Spriet und Stern nur je eine einsame Schiffslaterne brannte.

Sie waren jetzt so nahe an das Fahrzeug herangekommen, daß man sie bei der gewöhnlichen Aufmerksamkeit ganz sicher bemerken mußte. Derjenige, der sich Kapitän genannt hatte, stand aufrecht am Steuer und hielt sein scharfes Auge forschend auf die dunkle Gestalt des Schiffes gerichtet. Es war ein Augenblick, in dem sich alles entscheiden mußte und der seine ganze Aufmerksamkeit in Anspruch nahm.

Da ertönte der halblaute, heisere Schrei einer Möwe.

Die Leute in den Booten atmeten auf; es war das mit dem langen Tom verabredete Zeichen, daß an Bord alles gut gehe. Einige Taue hingen am Hinterteil herab.

„Legt an, und dann hinauf!“ ertönte das leise Kommando.

Einige Augenblicke später standen sämtliche Männer an Deck. Tom hatte sie erwartet.

„Wie steht es?“ fragte der Bärtige.

„Gut. Ich und die Unserigen haben die Wache. Die anderen schmausen unten in der Vormarskoje oder liegen schon betrunken am Boden.“

„Hinunter! Doch schont sie! Sie werden gefesselt und in den Raum geschlossen; später müssen sie zu uns schwören. Je mehr Arme wir bekommen, desto besser für uns.“

Dieser Befehl wurde schnell und ohne Lärm ausgeführt. Die nichts ahnende, vom Grog berauschte Mannschaft wurde leicht überwältigt, gebunden und in dem Kielraum geborgen. Dann zog man den Koffer empor, der in die Kapitänskajüte getragen wurde, und löste die Boote, die man mitgebracht hatte, von den

Tauen. Sie konnten schwimmen — das Schiff befand sich in der Gewalt der Korsaren.

Jetzt versammelte der Schwarzbärtige seine Leute um sich und wies jedem seine Stelle an.

„Wir stechen in See. Schmiert die Ankerwinde und die Takelrollen mit Öl, damit kein unnötiges Geräusch entsteht. Kommandieren darf ich nicht, sonst hört man mich da drüben auf dem Panzerschiff; aber ich hoffe, daß jeder weiß, was er zu tun hat!"

Die Mannschaft verteilte sich. Der Kommandant eilte von Ort zu Ort, um seine Befehle leise auszusprechen; der Anker hob sich, die Segel rollten empor und der günstige Wind begann, sie zu blähen. Das Schiff gehorchte dem Steuer; es legte sich langsam herum, teilte die widerstrebenden Wogen und schoß der offenen See entgegen.

Da erst erscholl von dem Deck des Panzerschiffes ein Schuß — ein zweiter — ein dritter. Man wußte dort, daß die Offiziere der ‚l'Horrible‘ an Land gegangen waren, hatte, allerdings zu spät, die Bewegung des Schiffes bemerkt, mußte natürlich sofort etwas Ungewöhnliches oder gar Gesetzwidriges vermuten und gab nun durch die drei Alarmschüsse das Zeichen zur allgemeinen Aufmerksamkeit.

Der neue Befehlshaber der ‚l'Horrible‘ hatte sich auf das Quarterdeck begeben. Der lange Tom stand an seiner Seite.

„Horch, Tom, sie haben bemerkt, daß wir uns davonmachen!" sagte er.

Der Angeredete warf einen forschenden Blick empor zu den sich vom nächtlichen Himmel abhebenden Segeltüchern.

„Wird ihnen nichts helfen. Sie haben die Augen zu spät aufgetan. Aber — Ihr kennt meinen Namen, Sir?"

„Ich dächte, der Kapitän Kaiman müßte ihn doch kennen; bist ja mit mir genugsam herumgesegelt."

„Mit Euch? Nichts für ungut, Sir, ein tüchtiger Offizier seid Ihr, das habe ich schon in der kurzen Zeit bemerkt, aber der Kaiman, der seid Ihr nicht, den kenne ich."

„Pah, ich werde es aber sein."

„Wird nicht gut gehen. Die Leute wollen nur unter ihm dienen, und der Rotmalige, ich meine den Agenten, der uns angeworben hat, versprach uns ja, daß er noch lebe und heute abend am Deck sein werde."

„Der Rotmalige? Hast du ihn wirklich nicht erkannt?"

„Erkannt —? Ihn —? Habe den Kerl in meinem ganzen Leben noch nicht gesehen!"

„Tausendmal schon, Tom; tausendmal, sage ich, hast du ihn oder vielmehr sie gesehen. Besinne dich!"

„Ihn —? Sie —? Donnerwetter, sie — sie —? Sollte — sollte es die Miß Admiral gewesen sein?"

„Sie war es. Und glaubst du nicht, daß sie ganz das Zeug hat, den Kapitän Kaiman zu spielen?"

Der Lange trat überrascht einige Schritte zurück.

„Alle Wetter, Sir — Miß wollte ich sagen, das ist ja eine ganz außerordentliche Geschichte. Ich denke, Ihr seid aufgehangen worden, als die Teerjacken die ‚l'Horrible' nahmen!"

„Nicht ganz. Aber höre: du bist an Bord der einzige, der den Kapitän wirklich kennt; du verschweigst, daß ich und der Agent ein und derselbe sind, und läßt sie dabei, daß ich der Kaiman bin. Verstehst du?"

„Vollständig!"

„Nun, du sollst dich nicht schlecht dabei stehen!"

„Hm, mir ist es sehr gleich, ob ein Sir oder eine Miß das Kommando führt, wenn es nur immer eine gute Prise gibt. Ihr könnt Euch auf mich verlassen."

„Gut. Doch schau, die Lichter im Hafen und auf der Reede werden lebendig. Man schickt sich zur Verfolgung an. Pah, in zwei Stunden sind wir ihnen, selbst bei hellem Tag, aus den Augen."

Der Bärtige ließ alle Leinwand aufziehen, so daß das auf der Seite liegende Schiff mit verdoppelter Geschwindigkeit die Wogen teilte, und hängte sich mit dem Arm in die Wantensprossen, um die lang entbehrte Genugtuung, den prächtigen Segler unter den Füßen zu haben, in vollen Zügen zu genießen.

Erst als der Tag zu grauen begann und seine Anwesenheit an Deck nicht mehr notwendig war, stieg er hinab und schritt zur Kajüte. Dort stand sein Koffer. Eine Lampe brannte.

„Hm", schmunzelte er, sich mit sichtlicher Befriedigung in dem netten Raum umsehend, „der Jenner ist so übel nicht, wie ich dachte; er hat sich hier ganz prächtig eingerichtet. Doch, ich muß vor allen Dingen sehen, ob mein geheimes Fach noch vorhanden ist, von dem selbst Kaiman nichts wußte."

Er schob einen Spiegel zur Seite und drückte auf ein dahinter befindliches und kaum sichtbares Knöpfchen. Ein Doppeltürchen sprang auf und ließ eine Vertiefung bemerken, in der allerlei Papiere aufgeschichtet lagen. Er griff nach ihnen.

„Wahrhaftig, alles unberührt! Das Versteck ist gut; ich werde es sofort wieder benutzen!"

Er zog einen Schlüssel hervor und öffnete den Koffer. Ein Fach darin enthielt nichts als Geldrollen und Pakete Banknoten.

Er barg es in das Versteck, verschloß dieses und schob den Spiegel wieder vor. Hierauf entnahm er dem Koffer allerlei Wäsche und Kleidungsstücke, die in dem Kajütenschrank Platz fanden, und zog dann dieselben kostbaren nautischen Werkzeuge hervor, die Leutnant Jenner bei der Frau de Voulettre gefunden hatte.

„Wenn dieser Leutnant gewußt hätte, weshalb seine schöne Dame sich mit diesen ‚langweiligen' Dingen befaßte! Bei allen Heiligen, es ist der beste Streich meines Lebens, den ich heute ausgeführt habe, und ich möchte nur wissen, was der Kapitän dazu sagte, wenn er hier stände und — —"

„Er sagt Bravo, Clairon!" ertönte es hinter ihr, während sich eine Hand auf ihre Schulter legte.

Entsetzt fuhr sie herum und starrte mit weit aufgerissenen Augen in das Gesicht des soeben Genannten.

„Kai — Kai — Kaiman!" stammelte sie beinahe kreischend.

„Der Kapitän Kaiman!" nickte dieser mit ruhigem, überlegenem Lächeln.

„Nicht möglich! Sein Geist — sein — sein — —"

„Papperlapapp! Glaubt der Segelmeister der ‚l'Horrible' an Geister?"

„Aber wie — wo — wann — wie kommst du nach Frisco und wie hier an Bord?"

„Das ‚Wie' werde ich dir später erklären; das ‚Warum' aber weißt du wohl?"

„Nichts weiß ich!"

„Auch von meiner Kasse weißt du nichts, die verschwunden war, als du es vorzogst, mich als elendes Wrack in New York liegenzulassen?"

„Nichts."

„So! Leider bin ich in der glücklichen Lage, mit vollständigen Beweisen vor dir zu stehen. Aber zunächst wollen wir dem Augenblick Rechnung tragen. Du hast die ‚l'Horrible' entführt."

Sie schwieg.

„Und dir dazu Leute angeworben —"

Sie schwieg auch jetzt.

„Denn du versprachst, daß der Kapitän Kaiman die Führung übernehmen werde."

Sie rang sichtlich noch unter dem Schreck, den ihr sein Erscheinen verursacht hatte.

„Um dir Gelegenheit zu geben, dein Wort zu halten, bin ich schon vor euch an das Schiff geschwommen und habe mich an den Sorrleinen und Puttingen versteckt, bis ich es an der Zeit fand, mich dir vorzustellen. Du bist wahrhaftig ein ganz verteufeltes Frauenzimmer, und weil du deine Sache so gut gemacht hast, werde ich dir, allerdings nur für einstweilen und bis wir abgerechnet haben, deine frühere Stellung als Segelmeister wieder einräumen. Tu also immerhin den Bart herab! Er ist dir lästig und den ‚Kaiman‘ kannst du ja doch nicht nachmachen.“

Er hatte in einem ruhigen, überlegenen Ton gesprochen, der ihr das Blut in die Wangen trieb und ihre Augen katzenartig funkeln ließ.

„Segelmeister, ich? Und wenn ich dich nun nicht kenne?“ zischte sie.

„So kennt mich der lange Tom und Marc Letrier. Sie hängen beide mehr an mir als an dem grausamen Panther, der sich Miß Admiral nannte.“

„Marc Letrier? Wo ist er?“

„Hier an Bord. Er kam mit mir und spricht oben mit dem langen Tom, um ihm zu sagen, daß ich wirklich anwesend bin.“

„Es wird dir und ihm nichts helfen“, raunte sie ihm grimmig entgegen.

Sie riß den Revolver von der Seite und schlug auf ihn an. Ein blitzschneller Schlag seines Armes schleuderte ihr die Waffe aus der Hand; dann faßte er sie bei den Schultern und drückte ihre schlanke, geschmeidige Gestalt an die Wand, als sei sie daran angenagelt.

„Miß Admiral, höre, was ich dir ein für allemal sage! Du hast meinen Tod gewollt, und mein Leben stand in Gefahr, solange ich dir vertraute. Ich bin Kapitän meines Schiffes, und du — du wirst unschädlich gemacht!“

Ein Schlag seiner geballten Faust traf ihren Schädel, so daß sie bewußtlos zusammenbrach. Er fesselte sie mit denselben Stricken, mit denen ihr Koffer eingeschnürt gewesen war, und stieg dann nach oben.

Der Morgen war jetzt hereingebrochen, so daß man

mit einem Blick die Lage zu übersehen vermochte. Die Mannen hatten sich alle an Deck versammelt und einen Kreis um den langen Tom und Letrier gebildet, die ihnen zu erzählen schienen. Da fiel der Blick des letzteren auf den Kapitän. Er sprang vor, schwenkte den Südwester und schrie:

„Das ist er, ihr Leute. Vivat, der Kapitän Kaiman!"

Die Hüte flogen in die Luft; der Ruf wurde von jeder Kehle wiederholt.

Der Pirat winkte ihnen gnädig zu und trat mit stolzem Schritt in ihre Mitte. In kurzer Zeit war allen der Eid abgenommen und jeder erhielt ein hoch bemessenes Segelgeld. Die Waffen und Wachen wurden verteilt, die Schiffsordnung einstweilen mündlich bestimmt, und als das alles in Ordnung war, begab sich der Kapitän mit Letrier wieder in seine Kajüte, um nach der Miß Admiral zu sehen.

Die Besinnung war ihr wiedergekehrt, doch schloß sie sofort die Augen, als sie ihn eintreten sah. Er bog sich über sie und fragte:

„Wo ist das Geld, das du mir raubtest?"

Ihre Lider öffneten sich; ein haßerfüllter Strahl schoß zwischen ihnen hervor.

Er wiederholte seine Frage.

„Frage, sooft du willst; eine Antwort bekommst du nicht", erklärte sie.

„Ganz nach Belieben!" lächelte er. „Ein großer Teil ist natürlich fort; die Frau de Voulettre hat jedenfalls kostspielige Bedürfnisse gehabt; das übrige aber ist hier an Bord, ich kenne dich."

„Suche es!"

„Das werde ich tun. Und finde ich nichts, so gibt es Mittel, dich zum Sprechen zu bringen. Marc!"

„Kapitän?"

„Das Frauenzimmer bleibt gefesselt wie bisher und erhält ihren Platz in meiner eigenen Koje. Ihr Wärter bin nur ich; kein anderer hat bei ihr Zutritt, auch du nicht. Und wer den kleinsten Versuch macht, sich ihr zu nähern, bekommt die Kugel. Übrigens darf außer dir kein anderer wissen, wo sie sich befindet. — Jetzt bringe die frühere Mannschaft der ‚l'Horrible‘ einzeln an Deck! Ich werde sehen, was aus den Leuten zu machen ist."

Marc ging. Der Kapitän zog seine Gefangene in die Nebenkoje und verdoppelte hier ihre Fesseln. Er wußte, daß er die Wahrheit gesagt hatte: sie hatte keine Macht mehr über ihn. — — —

9. Ein Seegefecht

Es war Abend geworden; es wurde zehn Uhr und noch später. Deadly-gun ging immer noch am Kai auf und ab, um sich keines der abstoßenden Boote entgehen zu lassen. Diese Aufgabe war für eine einzelne Person eine schwierige, wo nicht unmögliche, und in Wirklichkeit wurde auch gar mancher Kahn vom Lande gerudert, ohne daß der aufmerksame Trapper die rechte Zeit fand, den oder die Insassen zu mustern. Es herrschte ringsum tiefe Dunkelheit, die die Straßenlaternen und Schiffslichter nur spärlich zu durchdringen vermochten, und Deadly-gun stand am Ufer, um von dem anhaltenden Rundgang ein wenig zu verschnaufen, als gerade zu seinen Füßen der Führer eines unbesetzten Bootes bei den zu dem Wasser führenden Stufen anlangte.

„Good evening, Mann, wo kommt Ihr her?" fragte er ihn.

„Von draußen."

„Von welchem Schiff"

„Von keinem."

„Von keinem? Wart Ihr allein spazieren?"

„Fällt mir nicht ein!" antwortete der Schiffer, neben ihm stehenbleibend und seine vom Rudern angegriffenen Arme dehnend.

Der Trapper wurde aufmerksam.

„So habt Ihr jemand gefahren?"

„Wird wohl nicht anders sein, Master."

„Aber bei keinem Schiff angelegt und kommt leer zurück. Habt ihr ihn ersäuft?"

Der Schiffer lachte.

„So ähnlich. Aber **wartet** noch einige Stunden mit Euren Fragen, dann will ich sie Euch beantworten."

„Warum nicht eher?"

„Weil ich nicht darf."

„Und warum dürft Ihr nicht?"

„Weil ich es versprochen habe."

Der Mann schien Wohlgefallen daran zu finden, sich nach etwas fragen zu lassen, worüber er nicht bereit war, Auskunft zu erteilen. Der Jäger aber wurde von einem unbestimmten Gefühl getrieben, weiter zu forschen:

„Und **warum** habt Ihr dies versprochen?"

„Weil, weil — hört, Mann, Ihr fragt verteufelt dringlich — weil sich ein jeder gern ein Trinkgeld geben läßt."

„Ah so! Also eines Trinkgeldes wegen dürft Ihr nicht sagen, wen Ihr gefahren habt?"

„So ist es."

„Und Ihr werdet es dennoch sagen, wenn ich Euch ein besseres Trinkgeld gebe?"

Der Schiffer warf einen ungläubigen Blick auf das zerfetzte, lederne Kleid des anderen.

„Ein besseres? Wird Euch schwer werden!"

„Wieviel bekamt Ihr?"

„Meinen Lohn und einen Dollar obendrein."

„Bloß?"

„Was, bloß? Euch fallen wohl die Dollars durch den zerrissenen Jagdrock in die Tasche?"

„Dollars? Nein. Geld habe ich nicht, aber Gold!"

„Wirklich? Das ist ja noch besser!"

Der Fischer wußte aus Erfahrung, daß mancher abgerissene Miner mehr bei sich trug, als hundert Stutzer miteinander besitzen.

„Meint Ihr? Da seht Euch einmal dies Nugget an!"

Deadly-gun trat unter eine Laterne und zeigte dem Fischer ein Stück Waschgold, das er aus der Tasche gezogen hatte.

„Alle Teufel, Master, das Stück ist ja seine fünf Dollars unter Brüdern wert!" rief der Mann.

„Richtig! Und Ihr sollt es haben, wenn Ihr mir sagt, was Ihr verschweigen sollt."

„Ist es wahr?"

„Gewiß. Also, wen habt Ihr gefahren?"

„Zwei Männer."

„Ah! Wie waren sie gekleidet? Jäger?"

„Nein. Mehr wie Seeleute, ganz neuer Anzug."

„Auch möglich. Wie sahen sie aus?"

Der Schiffer gab eine Beschreibung, die ganz auf Camain und Letrier paßte, für den Fall, daß beide ihr Äußeres verbessert hatten.

„Wo wollten sie hin?"

„Da hinaus, in die Nähe der ‚l'Horrible', die dort auf den Ankern reitet."

„Der ‚l'Horrible'?" Deadly-gun wurde aufmerksamer. „Was sprachen sie unter sich?"

„Konnte es nicht verstehen!"

„Warum?"

„Sie fragten mich, ob ich gelernt hätte, französisch zu reden, und als ich nein sagte, parlierten sie ein Mischmasch, daß mir davon die Ohren klangen."

„Sie sind es! Wo stiegen sie aus?"

„Draußen im Wasser."

„Unmöglich!"

„Gerade so und nicht anders. Sie sagten, sie gehörten zum Schiff und wären ein wenig durchgekniffen, um sich an Land einen Spaß zu machen. Nun wollten sie ihre Rückkehr nicht merken lassen und sind deshalb bis an Bord geschwommen."

„Und vorher mußtet Ihr ihnen versprechen —"

„Einige Stunden nichts davon zu erzählen."

Ehe Deadly-gun eine weitere Frage tun konnte, fühlte er eine Hand auf seiner Schulter.

„Mein Bruder, komme mit mir!"

Winnetou war es. Er führte ihn einige Schritte abseits und fragte dann:

„Wie heißt das große Kanu, das da drüben im Wasser liegt?"

„l'Horrible'."

„Und wie heißt das Kanu, auf dem der Weiße, der sich Mertens nannte, Häuptling gewesen ist?"

„„l'Horrible'. Es ist dasselbe."

„Wird der Weiße nicht hinausrudern, um sein Kanu wieder zu besitzen?"

Deadly-gun stutzte und fragte:

„Wie kommt mein roter Bruder auf den Gedanken?"

„Winnetou verließ einmal seinen Posten, um nach dir zu sehen. Er kam mit der Fähre herüber, auf der weiße Männer waren, die von dem Kanu sprachen. Als sie die Fähre verlassen hatten, warteten sie kurze Zeit und stiegen mit anderen Männern und einem Koffer in mehrere Boote."

„Hat mein Bruder alles gehört, was sie sprachen?"

„Sie wollten auf das große Kanu und dessen Männer töten, weil der Kapitän Kaiman kommen werde."

„Und sie sind hinaus auf das Wasser?"

„Ja. Sie hatten Messer und Beile im Gürtel."

Deadly-gun überlegte. „Mein Bruder gehe zurück an seinen Posten; die Jäger müssen kommen, noch ehe der Morgen hereinbricht."

Der Apatsche folgte der Weisung. Auch der Schiffer hatte sich mit seinem Nugget entfernt, und so blieb der Colonel allein zurück.

Sollte wirklich etwas Ungewöhnliches auf der ‚l'Horrible' vorgehen? Winnetou hatte sich jedenfalls nicht geirrt; aber wenn das Schiff wirklich überfallen werden sollte, wie konnten diese Leute von der Ankunft des verfolgten Verbrechers so genau unterrichtet sein?

Während er noch sann, ertönten draußen auf der Reede drei Schüsse nacheinander, und trotz der späten

Stunde belebte sich der Kai innerhalb kurzer Zeit mit einer beträchtlichen Menschenmenge, die begierig war, die Ursache der Alarmschüsse zu erfahren. Die Dunkelheit gestattete nicht, alle im Hafen und auf der Reede liegenden Schiffe zu unterscheiden, aber die Beweglichkeit der auf ihnen herumgetragenen Laternen war ein sicheres Zeichen, daß irgend etwas Unerwartetes geschehen sei.

Ein von sechs Ruderern bemanntes und von einem Midshipman befehligtes Kriegsboot landete ganz in der Nähe des Jägers. Ein zufällig am Land befindlicher Steuermann, dem der Midshipman Rede und Antwort zu stehen verpflichtet war, trat auf ihn zu und fragte ihn:

„Was gibt es da draußen, Sir?"

„Die ‚l'Horrible' sticht mit vollen Segeln in See."

„Nun, was ist es weiter?"

„Was weiter? Ihre sämtlichen Offiziere befinden sich an Land; es ist jedenfalls irgendein Schurkenstreich geschehen, und ich habe Befehl, sie sofort zu benachrichtigen."

„Wer hat die Schüsse abgefeuert?"

„Wir, auf dem Panzermonitor. Unser Kapitän ist bei den Herren von der ‚l'Horrible'. Good night, Sir!"

Er eilte davon, zu Frau de Voulettre.

Deadly-gun hatte die Worte verstanden, folgte ihm unwillkürlich und gelangte so an das von Frau de Voulettre bewohnte Haus. Auch hier herrschte eine bedeutende Aufregung. Die Herrin war seit längerer Zeit spurlos verschwunden und fast sämtliche Gäste lagen betäubt und besinnungslos im Gesellschaftszimmer; die Folge eines in den Wein gemischten Giftes, wie die schleunigst herbeigeholten Ärzte aussagten. Mit Frau de Voulettre war eine wertvolle Sammlung von Seekarten und nautischen Werkzeugen verschwunden.

Dies alles hörte der Trapper erzählen. Ärzte, Poli-

zisten und Seeleute flogen aus und ein und ein riesiges
Gedränge war vor dem Hause entstanden. Jetzt befand
er sich selbst in Aufregung. Er konnte sich nicht erklären, in welcher Verbindung Mertens mit dieser Frau
de Voulettre stehe, aber daß jener mit deren Hilfe die
‚l'Horrible‘ entführt habe, wurde ihm zur unumstöß-
lichen Gewißheit, obgleich es ihm unmöglich war, die
Einzelheiten klar zu durchschauen.

Sollte er die Beobachtung des Apatschen der Polizei
mitteilen? Das hätte zu Vernehmungen und Weit-
läufigkeiten geführt, die seinem Zweck nur schaden
konnten. Es gab nur einen einzigen schnellen und sicheren Weg, den die Polizei ebenfalls ganz von selbst
einschlug: die ‚l'Horrible‘ mußte verfolgt werden.
Deadly-gun beschloß, dies auch auf seine eigene Faust
zu tun. Dazu gehörte aber vor allen Dingen Geld zur
Miete eines Schnelldampfers, und um dies zu bekommen,
mußte er das Eintreffen seiner zurückgebliebenen Leute
abwarten, die den gesamten im Hide-spot verborgen
gewesenen Goldreichtum mit sich führten. Seine Aufgabe
am Kai war erledigt; er konnte zu Winnetou zurückkehren und sah sich gezwungen, seine Ungeduld zu bemeistern.

Er fuhr nach Oakland über, suchte Winnetou auf und
legte sich bei ihm nieder. Winnetou schlief; er aber
wachte. Der Gedanke, daß der Räuber sich auf der
See vielleicht in Sicherheit befinde, während er selbst,
der ihm durch die weite Savanne Schritt für Schritt und
unter unsäglichen Anstrengungen und Entbehrungen bis
hierher gefolgt war, an das Land gebannt blieb und ihn
entwischen lassen mußte, folterte ihn, so daß er sich
ruhelos hin und her wälzte und die Minuten zählte, die
ihn noch von den Seinigen trennten.

Die Habe, die sie mit sich führten, hatte sie aufgehalten und darum war er mit dem Apatschen voraus-
geeilt. Nach seiner Berechnung konnten sie am Morgen

eintreffen, und so erwartete er mit fieberhafter Ungeduld den Anbruch des Tages.

Die Sterne kehren sich nicht an die Wünsche des
Menschenherzens; sie wandern ruhig den ihnen seit
Jahrmillionen vorgeschriebenen Lauf; aber endlich gehen
sie doch unter, und das siegreiche Licht des Tages wirft
seine Strahlenflut über die weite Erde hin. Der Morgen
war da. Deadly-gun beneidete den Apatschen um seinen
festen, ruhigen Schlaf und überlegte eben, ob es Zeit sei,
ihn zu wecken, als Winnetou plötzlich ganz von
selbst in die Höhe sprang, mit munteren, scharfen
Augen um sich blickte und sich dann wieder lauschend
auf die Erde legte. Hierauf richtete er sich wieder
empor.

„Mein Bruder neige sein Ohr an den Boden!" sagte er.

Der Trapper tat es und vernahm ein allerdings kaum
zu empfindendes Geräusch, das sich der Stadt näherte.
Der Sohn der Savanne hatte es sogar im Schlaf gemerkt.
Winnetou horchte nochmals.

„Es nahen Reiter auf müden Pferden. Vernimmt mein
Bruder das Wiehern eines Tieres? Es ist das böse Pferd
des fremden Mannes, der auf dem großen Wasser gefahren ist."

Er meinte den Dakotatraber, den der Steuermann
Peter Polter ritt. Deadly-gun wunderte sich nicht über
den außerordentlichen Scharfsinn des Indianers; er war
Ähnliches und noch Erstaunlicheres längst von ihm gewohnt. Er sprang erwartungsvoll von der Erde auf und
beobachtete die Ecke eines Gesträuches, das die Nahenden noch verbarg.

Nach einiger Zeit kamen sie zum Vorschein. Es war
Treskow mit dem Neffen des Colonels. Hinter ihnen
ritt der Steuermann, der wie gewöhnlich viel mit seinem
Pferd zu schaffen hatte. Dann kamen die Jäger, Dick
Hammerdull, Pitt Holbers, Ben Cunning; die übrigen
waren zum Schutz des Hide-spots zurückgelassen wor-

den. Jeder von ihnen hatte ein oder mehrere Pferde oder Maultiere am Leitzügel, die schwer beladen zu sein schienen.

„Seht ihr das Nest da vorn?" rief Peter Polter. „Ich glaube, es ist endlich dieses San Francisco, das ich von hier aus nicht kenne, weil ich es nur von der See aus gesehen habe."

„Ob wir es sehen oder nicht, das bleibt sich gleich", meinte Hammerdull, „aber Pitt Holbers, altes Coon, was meinst denn du dazu?"

„Wenn du denkst, daß es Frisco ist, Dick, so habe ich nichts dagegen", antwortete dieser in seiner gewohnten Weise. „Als uns dort am Wasser die Roten überrumpelten und in ihr Lager schleppten, hätte ich nicht gedacht, daß ich diese Gegend einmal zu sehen bekäme."

„Ja, alte Segelstange", bemerkte der Steuermann, „wenn damals Peter Polter aus Langendorf nicht gewesen wäre, so hätten sie euch die Haut heruntergeschunden. Doch, schaut einmal da nach Luv hinüber! Ich lasse mich kielholen, und dann mit Teer und Werg kalfatern, wenn das nicht der Colonel ist und —"

„Und Winnetou, der Apatsche!" fiel Treskow ein, sein Pferd zu rascherem Lauf antreibend, so daß er bald neben den beiden Genannten hielt.

„Gott sei Dank, daß ihr endlich kommt!" reif Deadlygun. „Wir haben auf euch gewartet, wie der Büffel auf den Regen."

„Es ging nicht schneller, Onkel", antwortete Thieme. „Wir sind die ganze Nacht geritten. Sieh unsere armen Tiere an; sie können kaum noch stehen."

„Wie ist es, Colonel", fragte Treskow; „habt ihr sie erreicht?"

„Nur um einen Augenblick kamen wir zu spät. Sie sind entwischt."

„Entwischt? Wann, wie und wohin?"

Deadly-gun erzählte das Geschehene. Ein ärgerlicher Fluch entfuhr den Lippen der Trapper.

„Wart Ihr auf der Polizei?" erkundigte sich Treskow.

„Nein; das hätte uns nur Zeit geraubt."

„Ganz richtig. Es gibt nur einen Weg. Wir mieten sofort einen guten Dampfer und fahren hinter ihnen her."

„Das war auch meine Ansicht, und darum erwartete ich euch mit Ungeduld. Wir sind ja nicht im Besitz von Münze und müssen schleunigst unser Gold umsetzen."

„Wird nicht viel helfen!" meinte der Steuermann, im höchsten Grade verdrießlich.

„Warum?"

„Ich mag keinen Dampfer; diese Art von Fahrzeugen sind die elendesten, die es gibt. Ein guter Segler findet stets Wind; so eine Rauchschaluppe aber braucht Kohlen und findet sie nicht überall. Dann liegt man vor Anker oder gar faul auf offener See und kann weder vor- noch rückwärts gehen."

„So laden wir eine hinreichende Menge."

„Mit Verlaub, Colonel, ein guter Jäger seid Ihr, das muß man sagen, aber zum Seemann taugt Ihr nichts. Erst müssen wir den Dampfer haben, und es fragt sich, ob gleich so ein Ding zur Hand liegt. Und, paßt auf, diese Yankees handeln und feilschen einen Tag lang mit Euch, ehe Ihr das Fahrzeug bekommt."

„Ich gebe, was man verlangt."

„Meinetwegen! Dann wird Mundvorrat, Munition und Kohle geladen, um eine lange Fahrt aushalten zu können. Das Schiff wird endlich besichtigt, ob es seetüchtig ist, und darüber vergehen Stunden und Tage, so daß die ‚l'Horrible' das Kap umfährt, ehe wir nur zum Auslaufen kommen. Der Teufel hole sie!"

Die anderen schwiegen.

„Ich kann das Gesagte wohl kaum bezweifeln", meinte Treskow endlich; „aber hier halten und das

Meer angucken, das führt zu nichts. Jedenfalls hat er schon genug Verfolger auf der Ferse; das ist ein Trost für uns. Und nach müssen wir auf jeden Fall."

„Aber wohin?"

Die übrigen sahen den Steuermann fragend an.

„Das ist nicht so leicht gesagt", entschied dieser. „War die ‚l'Horrible' gut mit Mundvorrat versehen, so haben sie jedenfalls die Strecke nach Japan oder Australien eingeschlagen. Dahinzu ist die See frei und ein Entkommen leicht. War sie aber schlecht ausgerüstet, so sind sie nach dem Süden, um sich an irgendeinem Ort der Westküste mit dem Nötigen versehen."

Die Wahrheit dieser Ansicht leuchtete allen ein.

„So werden wir die darauf bezügliche Erkundigung einziehen. Vorwärts!" ermunterte Treskow die Leute.

Sie ritten durch Oakland, fuhren über und suchten ein Bankhaus auf. Der Colonel verkaufte dort den mitgebrachten Goldvorrat.

„Das wäre abgemacht", meinte er. „Nun soll zunächst ein jeder den ihm gehörigen Anteil erhalten!"

Da trat Hammerdull hervor.

„Ob wir ihn erhalten oder nicht, das bleibt sich gleich, Colonel; aber was soll ich mit den alten Papieren tun? Ich brauche sie nicht, Ihr aber habt sie jetzt nötig. Pitt Holbers, altes Coon, was meinst du dazu?"

„Wenn du denkst, Dick, daß wir dem Colonel die Wische lassen, so habe ich nichts dagegen; ich mag sie nicht. Eine fette Bärentatze oder ein Stück saftige Büffellende ist mir lieber. Dir nicht auch, Ben Cunning?"

„Bin einverstanden", nickte dieser. „Ich esse kein Papier und mein Pferd auch nicht, hihihihi. Der Colonel wird es uns schon wiedergeben, wenn er es nicht mehr braucht."

„Ich danke euch für euer aufopferndes Vertrauen", antwortete der Genannte; „doch weiß man ja nicht, wie sich die Verhältnisse gestalten werden. Ich zahle euch aus, was ihr zu bekommen habt; mir bleibt mehr als genug übrig. Brauche ich dennoch mehr, so seid ihr ja immer noch da, wenngleich ich euch nicht zumuten will, mir auf die See zu folgen."

„Ob Ihr es uns zumutet oder nicht, das bleibt sich gleich, Colonel; ich gehe mit!"

„Ich auch!" fiel Holbers ein.

„Und ich!" rief der kleine Ben.

„Das wird sich später entscheiden", drängte Deadly-gun die treuen Leute zurück. „Jetzt laßt uns zunächst teilen!"

Gleich im Geschäft erhielt ein jeder das ihm Gehörige; dann verließen sie das Haus, stiegen wieder auf und ritten dem Hafen zu.

Außer den hier vor Anker liegenden Segelschiffen waren nur einige schwerfällige Schlepp- oder Güter-dampfer zu sehen. Alle leichter gebauten Steamer hatten den Hafen verlassen, um die von den anwesenden Kriegsfahrzeugen auf die ‚l'Horrible' unternommene Jagd ein Stück weiter zu verfolgen. Von den letzteren war nur das Panzerschiff zurückgeblieben, dessen Be-fehlshaber sich noch immer betäubt am Lande befand.

Es war der rührigen Polizei bereits gelungen, einiges Licht in das Dunkel des nächtlichen Ereignisses zu bringen. Ein Bewohner des Erdgeschosses jenes Hauses, dessen ersten Stock Frau de Voulettre innehatte, war zufälligerweise im Garten gewesen, als diesen drei Männer mit einem Koffer durchschritten hatten. Auch der Kutscher war ermittelt worden, von dem die drei bis vor die Stadt gefahren worden waren. Der Besitzer der am weitesten abgelegenen Schifferhütte hatte sich freiwillig gemeldet, um auszusagen, daß in voriger Nacht mehrere Kähne in seiner Nähe gehalten hätten. Er hatte sie heimlich beobachtet und gegen vierzig Männer einsteigen sehen, deren Anführer, von noch zweien begleitet, mit einem Koffer eingetroffen war und

217

auf den Zuruf der ausgestellten Wache mit ‚der Kapitän Kaiman' geantwortet hatte.

Diese Aussagen, verbunden mit der allgemeinen Sage, daß der Segelmeister des Kapitäns Kaiman ein Frauenzimmer gewesen sei, und endlich verschiedene in der Wohnung der Frau de Voulettre vorgefundene Papiere und sonstige Anzeichen gestatteten einen beinahe sicheren Einblick in den Zusammenhang des erst so undurchsichtigen Ereignisses. Dies alles erfuhren die Jäger von der am Kai auf und ab wogenden Menschenmenge, die sich über die Nachricht, daß der einst so furchtbare Seeräuber mitten aus einem sicheren und außerordentlich belebten Hafen ein wohlbesetztes Kriegsfahrzeug geraubt habe, in wilder Aufregung befand.

Der Steuermann musterte die anwesenden Schiffe.

„Nun?" fragte der Colonel ungeduldig.

„Keines, was für uns paßt; lauter Salztonnen und Heringsfässer, die in zehn Monaten keine zwei Meilen zurücklegen. Und da draußen —"

Er hielt inne. Jedenfalls hatte er sagen wollen, daß weiter draußen auch kein geeignetes Fahrzeug zu bemerken sei, aber sein scharfes Auge mußte bei seiner Beobachtung auf etwas gefallen sein, was ihm die begonnene Rede abschnitt.

„Da draußen — — was ist da draußen?" fragte der Colonel.

„Hm, ich will nicht Peter Polter heißen, wenn ganz da hinten nicht ein kleiner, weißer Punkt zu sehen ist, der nichts anderes als ein Segel sein kann."

„Also hier im Hafen finden wir wirklich kein passendes Fahrzeug?"

„Keines. Diese Holztröge schleichen wie die Schnecken und sind selbst für Geld nicht zu haben. Seht Ihr nicht, daß sie ihre Ladung löschen?"

„Und das da draußen?"

„Müssen es ruhig abwarten. Vielleicht geht es vorüber, vielleicht kommt es herein. Macht Euch keine Hoffnung! Auf ein Kriegsschiff kommen dreißig Kauffahrer, und diese Dinger taugen den Teufel zur Verfolgung eines Kapers, selbst wenn der Patron bereit wäre, uns das Fahrzeug zu vermieten. Der Punkt, daß es in den Grund gebohrt werden kann, wiegt schwer, macht viele Umstände und kostet ungeheures Geld."

„Und dennoch wird es versucht; es ist das einzige, was uns übrig bleibt. Wieviel Zeit kann vergehen, ehe das Schiff einläuft?"

„Eine Stunde, vielleicht auch zwei oder drei, je nachdem es gebaut ist und befehligt wird."

„So haben wir Zeit. Finden wir ein Fahrzeug, so gehen wir in See; finden wir keines, so müssen wir allerdings das Ergebnis der Verfolgung ruhig abwarten, ehe wir uns darüber entschließen können, was ferner zu tun ist. Wären wir nur zehn Minuten eher eingetroffen, so hätten wir die Halunken festgehabt. Jetzt laßt uns vor allen Dingen unsere Pferde einstellen und ein Store aufsuchen, um unsere abgerissenen Fetzen mit etwas Besserem zu vertauschen!"

Sie begaben sich in ein Gasthaus, wo sie ihre Tiere versorgten und ihren eigenen Durst und Hunger stillten; dann traten sie in ein Store, wo sie alles fanden, was ihnen notwendig war.

Darüber war einige Zeit vergangen, so daß sie nach dem Hafen zurückkehrten, um nach dem Segel auszuschauen, das vorhin zu sehen gewesen war.

Der Steuermann schritt voran. Als er an eine Stelle gelangte, die einen freien Blick auf den Hafen und die Reede bot, blieb er mit einem lauten Ausruf der Überraschung stehen.

„Behold, welch ein Segler! Da schießt er eben in den Hafen herein wie ein — mille tonnerre, sacrebleu, heiliger Schiffsrumpf, ein Klipper mit Schonertakelage, es

ist die ‚Swallow‘, die ‚Swallow‘, hurrrrrjeh, juchhei-
sassasassa!"

Er schlug vor Freude die sehnigen Hände zusammen
daß es wie ein Böllerschuß knallte, packte mit dem einer
Arme Hammerdull, den Dicken, mit dem anderen Pit
Holbers, den Dünnen, und tanzte mit ihnen im Kreise
herum, daß die Menge aufmerksam wurde und die
Gruppe der Jäger neugierig umringte.

„Ob juchheisassasa oder nicht, das bleibt sich
gleich", brüllte der sich gegen den unfreiwilligen Tanz
sträubende Hammerdull; „laß mich los, du wahnsinnige
Seeungeheuer. Was haben wir mit deiner ‚Swallow‘ zu
schaffen!"

„Was ihr damit zu schaffen habt? Alles, alles, sage
ich", erklärte Peter Polter, die beiden Bedrängten frei-
gebend. „Die ‚Swallow‘ ist ein Kriegsschiff und noch
dazu das einzige, das im Segeln der ‚l'Horrible‘ über
legen ist. Und wer ist sein Kommandant? Leutnant
Walpole, den ich kenne. Ich sage euch, jetzt können un
die beiden Halunken nicht mehr entgehen; jetzt sind
sie unser!"

Die Freude des Steuermannes teilte sich nun auch den
anderen mit. Es war ja gar kein Irrtum möglich, denn
unter dem Spriet des nahenden schmucken Fahrzeuge
breitete eine aus Holz geschnitzte blaue Schwalbe ihr
spitzen, vergoldeten Flügel aus. Leutnant Walpol
mußte ein kühner und gewandter Seemann sein und
sich vollständig auf jeden einzelnen seiner gut geschul
ten Leute verlassen können, denn er hatte noch nicht ein
einziges Reff geschlagen, obgleich er sich schon am Ein
gang des Hafens befand. Tief auf der Seite liegend
flog das scharf gebaute Fahrzeug unter der schweren
Last seiner Segel, wie vom Dampf getrieben, herbei
Ein leichter Rauch stieg an seinem Vorderkastell empor
die üblichen Salutschüsse ertönten; vom Hafen au

wurde die Antwort. Dann hörte man die laute, klangvolle Stimme des Befehlshabers:

„Mann am Steuer, nach Back fall ab!"

Das Schiff beschrieb einen kurzen, anmutigen Bogen.

„Die Reffs, Jungens. Laßt los!"

Die Leinwand ließ den Wind fahren und fiel laut schwappend an die Masten. Das Schiff stieg vorn, dann hinten in die Höhe, legte sich tief auf die andere Seite, stand wieder auf und lag dann ruhig auf den breiten Ringen, die von der hereingebrochenen Flut gegen die mächtigen Quader des Kais gespült wurden.

„Hurra, die ‚Swallow‘, hurra!" erklang es aus tausend Kehlen. Man kannte das prächtige Schiff, oder hatte wenigstens von ihm gehört und wußte, daß es die Jagd aufnehmen werde, auf die sich die Aufmerksamkeit von ganz San Francisco richtete.

Zwei Männer in Seemannsuniform drängten sich durch die Menge. Sie sahen erregt und angegriffen aus. Der eine trug die Kleidung eines Marineleutnants, der andere die Steuermannsabzeichen.

Ohne erst zu fragen, sprangen sie in ein leeres Boot, lösten es von der Kette, legten die Ruder ein und schossen auf die ‚Swallow‘ zu. Deren Befehlshaber stand an der Reling und blickte den Nahenden entgegen.

„Ahoi, Leutnant Jenner, seid Ihr es? Wo habt Ihr die ‚l’Horrible‘?" rief er herab.

„Schnell ein Tau oder das Fallreep, Sir", antwortete dieser; „ich muß zu Euch an Bord!"

Die Treppe fiel nieder; die beiden Männer legten an und stiegen empor.

„Perkins, mein Maate", stellte Jenner seinen Begleiter vor. „Herr, Ihr müßt mir augenblicklich Euer Schiff geben!" setzte er atemlos und in höchster Erregung hinzu.

„Mein Schiff geben? Wieso — warum?"

„Ich muß der ‚l’Horrible‘ nach."

„Ihr müßt — — ich verstehe Euch nicht."

„Sie ist mir gestohlen, geraubt, entführt worden."

Walpole blickte ihm in das Gesicht, wie man einen Wahnsinnigen beobachtet.

„Ihr treibt sonderbaren Scherz, Leutnant!"

„Scherz? Der Teufel hole Euren Scherz! Mir ist es nicht wie Spaß. Vergiftet, vom Arzt gequält, von der Polizei gemartert und von der Hafenbehörde gepeinigt, ist es einem nicht wie Fastnacht spielen."

„Ihr sprecht in Rätseln."

„Laßt Euch erzählen!"

Mit fürchterlicher Wut, die ihm die Glieder erbeben machte, trug er das Geschehene vor; er schloß mit der Wiederholung:

„Wie gesagt, Ihr müßt mir Euer Schiff geben!"

„Das ist nicht möglich, Sir."

„Was, nicht möglich", rief Jenner mit funkelnden Augen. „Warum?"

„Die ‚Swallow' ist mir, dem Leutnant Walpole, anvertraut; ich kann sie nur auf höheren Befehl einem anderen überlassen."

„Das ist schändlich, das ist feig, das ist —"

„Herr Leutnant — —!"

Jenner fuhr bei dem drohenden Klang dieser Stimme zurück. Er gab sich Mühe, seine Erregung zu bemeistern. Walpole fuhr in ruhigerem Ton fort:

„Ich will die Beleidigung als ungeschehen betrachten; der Zorn überlegt nicht, was er spricht. Ihr kennt die Gesetze und die Anweisung ebenso gut wie ich und wißt genau, daß ich das Kommando meines Schiffes aus eigener Macht niemand anvertrauen darf. Doch will ich Euch beruhigen. Ich werde die Verfolgung der ‚l'Horrible' schleunigst aufnehmen. Wollt Ihr mich begleiten?"

„Ob ich will? Ich muß ja mit, und wenn es durch tausend Höllen geht!"

„Gut. War die ‚l'Horrible' wohl verproviantiert?"

„Auf höchstens noch eine Woche."

„So ist ihr nichts anderes übrig geblieben, als Acapulco anzulaufen; schon Guayaquil oder gar Lima kann sie unmöglich erreichen."

„So werden wir sie bald haben. Ihr habt mir ja selbst den Beweis geliefert, daß die ‚Swallow' der ‚l'Horrible' überlegen ist. Zieht die Anker wieder auf, Sir; vorwärts, fort, fort!"

„Nicht so hastig, Kamerad! Allzu viel Eile ist oft schlimmer als allzu langsam sein. Zunächst habe ich hier einige Geschäfte zu erledigen."

„Geschäfte? Mein Gott, wer kann in solcher Lage an Geschäfte denken? Wir müssen augenblicklich in See stechen."

„Nein, ich muß erst an Land, um meine Anweisungen in Einklang mit unserer Aufgabe zu bringen. Sodann habe ich nicht den nötigen Mundvorrat; auch Wasser und Munition fehlen; ein Dampfer muß besorgt werden, der mich gegen die Flut aus dem Hafen bugsiert und — — — wieviel Kanonen hat die ‚l'Horrible'?"

„Acht auf jeder Seite, zwei im Stern und eine Drehbasse vorn."

„So ist sie mir im Gefecht überlegen. — Forster!"

„Ay, Sir!" antwortete, nähertretend, der Steuermann, dem von seinem bisherigen Platz aus kein Wort der Unterredung entgangen war.

„Ich gehe zur Meldung an Land und werde bis auf den Kai besorgen, was wir brauchen. Schickt einen Mann dort nach dem Schlepper; er scheint Zeit zu haben und soll sich in einer Stunde vor uns legen. Länger werde ich nicht abwesend sein."

„Well, Sir!"

„Fällt Euch vielleicht etwas ein, was nötig wäre?"

„Wüßte nicht, Kapt'n. Weiß ganz genau, daß Ihr selbst an alles denkt!"

Walpole wollte sich jetzt wieder an Jenner wenden, als einer der Leute meldete:

„Ein Boot am Fallreep, Sir!"

„Was für eines?"

„Zivil, acht Personen, auch ein Indianer dabei, wie es scheint."

Der Leutnant trat an die Reling, blickte hinab und fragte:

„Was soll es, Leute?"

Treskow bat in aller Namen, an Bord kommen zu dürfen. Es wurde ihnen gewährt. Als sie sich an Deck befanden, erklärte Deadly-gun sein Anliegen. Obgleich Walpole eigentlich keine Zeit hatte, hörte er ihn ruhig an und gewährte ihm dann die Bitte, die Jagd mitmachen zu dürfen. Es waren acht Personen: der Colonel, sein Neffe, der Steuermann, Holbers, Hammerdull, Cunning, Winnetou und Treskow.

„Laßt euch vom Maate Plätze anweisen!" sagte Walpole. „Ich gehe zwar jetzt von Bord, aber in einer Stunde lichten wir die Anker."

„Nehmt mich mit", bat Leutnant Jenner. „Ich kann Euch bei Euren Besorgungen unterstützen und würde hier vor Ungeduld vergehen!"

„So kommt!"

Beide stiegen in das Boot, das Jenner zum Schiff gebracht hatte, und ruderten dem Land zu. Sie waren kaum von dem Fahrzeug abgestoßen, als sich auf diesem eine possierlich-rührende Szene abspielte.

Peter Polter war vor- und auf den Maate zugetreten.

„Forster, John Forster, alter Swalker, ich glaube gar, du bist Maate geworden!" rief er aus.

Der Angeredete sah dem schwarzgebrannten und jetzt vollbärtigen Mann verwundert in die Augen.

„John Forster —? Alter Swalker —? Der weiß meinen Namen, obgleich ich ihn nicht kenne. Wer bist du, he?"

„Heigh-day, kennt der Kerl seinen alten Steuermann

nicht mehr, von dem er doch so manchen guten Hieb auf die Nase bekommen hat und — was der Teufel!"

Er trat auf Perkins zu, den er erst jetzt von Angesicht zu sehen bekam.

„Da ist ja auch Master Perkins, oder wie der Mann hieß, den ich damals in Hoboken auf der ‚Swallow‘ herumgeführt habe, und der mich dann zum Lohn dafür bei Mutter Dodd fast unter den Tisch getrunken hat!"

Auch dieser sah ihn staunend an. Es war kein Wunder, daß sie ihn nicht erkannten. Die ganze Schiffsmannschaft stand um die Gruppe, und Peter fuhr voll Freude von einem zum anderen.

„Da ist der Plowis, der Miller, der Oldstone, der krumme Baldings, der — —"

„Steuermann Polter!" rief da einer, der es endlich herausgebracht hatte, wer der riesenhafte Fremde sei.

„Polter — Polter — hurra, Peter Polter — juch, in die Höhe mit dem alten Kerl, hoch, hoch, hurra!"

So rief, schrie und brüllte es durcheinander; sechzig Arme streckten sich aus; er wurde gefaßt und emporgehoben.

„Hol—la, hol—la, hol—la", begann einer mit kräftiger Baßstimme; „hol—la, hol—la", fielen die anderen im Marschtakt ein; der Zug setzte sich in Bewegung und „hol—la, hol—la!" wurde der beliebte Mann mehrere Male rund um das Deck getragen.

Er fluchte, wetterte und schimpfte; er bat, ihn doch herabzulassen; es half nichts, bis endlich der Maate sich unter herzlichem Lachen ins Mittel legte und ihm zum freien Gebrauch seiner Arme und Beine verhalf.

„Steig herab vom Thron, Peter Polter, und komm vor nach dem Kastell! Du mußt erzählen, wo du herumgesegelt bist, du alter Haifisch!"

„Ja, ja, ich will, ich will ja erzählen; so gebt mich doch nur endlich frei, ihr verteufelten Jungens!" rief er und schlug mit den gewaltigen Armen um sich, daß die Leute wie schwache Kinder zur Seite flogen.

Unter lautem Lachen und Jubeln ward er von der lustigen Rotte Korah, Dathan und Abiram nach dem Vorderdeck gestoßen, geschoben und gezogen und mußte dort wohl oder übel wenigstens in kurzen Umrissen seine Erlebnisse zum besten geben.

Dabei wurde aber der Dienst nicht im geringsten versäumt. Der Maate erfüllte den ihm gewordenen Auftrag, und die für die laufenden Arbeiten benötigten Männer sonderten sich von der fröhlichen Gruppe ab, obgleich sie gern bei dem „Tau" gewesen wären, das Polter abzuwickeln hatte.

Die Jäger waren stille Zeugen dieses Auftrittes gewesen. Sie gönnten dem braven Seemann, den alle liebgewonnen hatten, den Triumph und machten es sich auf dem Deck so bequem, wie es die ihnen ungewohnten Verhältnisse gestatteten.

Der Indianer war noch nie auf einem Schiff gewesen. Er hatte sich auf die Büchse gestützt und ließ sein Auge langsam und gleichgültig über die ihm fremde Umgebung gleiten. Aber wer ihn kannte, der wußte, daß diese Gleichgültigkeit eine tiefe Anteilnahme verbergen sollte, der selbst der kleinste Gegenstand nicht entgehen konnte.

Es war noch nicht die Hälfte der anberaumten Stunde vergangen, so wurden drüben am Kai die Proviant- und Munitionsvorräte aufgestapelt, die der Leutnant bestellt hatte. Sie wurden in Booten abgeholt und an Bord gewunden. Als Walpole zurückkehrte, war man mit dieser Arbeit fertig und der Dampfer rauschte bereits heran, um die ‚Swallow' in Schlepptau zu nehmen.

Jetzt waren Kapitän und Mannschaft vollständig in Anspruch genommen, doch als die hohe See erreicht war, der Dampfer sich verabschiedet und die Segel gehißt und gestellt waren, konnte man sich einer ungestörteren Unterhaltung hingeben.

Was die beiden Leutnants miteinander zu besprechen hatten, war schon während ihrer Abwesenheit vom Schiff erledigt worden. Jetzt trat Walpole zum Steuer, an dem Peter Polter neben Forster stand.

„Ihr seid Peter Polter?" fragte er ihn.

„Peter Polter aus Langendorf, Kapt'n", erwiderte der Gefragte in strammer, dienstlicher Haltung, „Hochboots-mannsmaat auf Ihrer englischen Majestät Kriegsschiff Nelson, dann Steuermann auf dem Vereinigten-Staaten-Klipper ‚Swallow' —"

„Und jetzt Steuermann par honneur auf demselben Schiffe", fügte der Leutnant hinzu.

„Kapt'n!" rief Polter erfreut und schickte sich an, eine Dankesrede zu halten, der Kommandant aber winkte ihm abwehrend zu.

„Schon gut, Steuermann! Was meint Ihr zu dem Kurs, den die ‚l'Horrible' eingeschlagen haben wird?"

Peter Polter merkte recht gut, daß der Leutnant diese Frage nur aussprach, um seine seemännische Umsicht einer kleinen Prüfung zu unterwerfen. Er fühlte sich vollständig in seinem Element und antwortete daher kurz, wie es sich einem Offizier gegenüber schickt:

„Wegen Mangels an Mundvorrat nach Acapulco."

„Werden wir sie bis dahin erreichen?"

„Ja, der Wind ist günstig und wir segeln mehr Meilen als sie."

„Wollt Ihr Euch mit Forster in das Steuer teilen?"

„Gern."

„So seht gut nach Kompaß und Karte, damit wir genaue Richtung haben!"

Er wollte sich abwenden, wurde aber durch eine ganz unerwartete Frage Peter Polters davon abgehalten:

„Nach Acapulco oder Guayaquil, Sir?"

„Warum Guayaquil?"

„Um sie zu überholen und von vorn zu nehmen. Sie ist uns dann sicherer, weil sie die Verfolger nur hinter sich vermuten kann."

Walpoles Augen blitzten auf.

„Steuermann, Ihr seid kein übler Maate. Ihr habt recht, und ich werde Euch ohne Zögern folgen, obgleich die ‚l'Horrible' auf den Gedanken kommen kann, von Acapulco aus uns auf der Sandwich-Strecke zu entgehen."

„So müssen wir zwischem dem Süd- und Westkurs kreuzen, bis wir sie haben."

„Richtig! Legt zwei Strich nach West hinüber, Forster. Ich werde alle Tücher hissen. Meine Anweisung lautet ungesäumt nach New York zurück; der Handel mit der ‚l'Horrible' kann nur als kurzes Zwischenspiel gelten."

Er sprach das so gelassen, als sei der Weg um Kap Horn bis New York und die Wegnahme eines Piraten eine ganz alltägliche Kleinigkeit. Dann trat er zu der Gruppe der Jäger, denen er sein Willkommen aussprach und dann ihre Plätze anweisen ließ. Der Indianer schien ihn sehr anzuziehen.

„Hat Winnetou nicht Sehnsucht nach der Heimat der Apatschen?" fragte er ihn.

„Die Heimat des Apatschen ist der Kampf", lautete die stolze Antwort.

„Der Kampf zur See ist schlimmer als der Streit zu Lande."

„Der Häuptling des großen Kanus wird Winnetou nicht zittern sehen!"

Walpole nickte; er wußte, der Indianer hatte die Wahrheit gesprochen.

Die Aufregung, die der Tag mit sich gebracht hatte, legte sich allmählich, und das Leben an Bord kam gar bald wieder in das gewöhnliche, ruhige Gleis. Tag um Tag verging; einer glich so vollständig dem anderen, daß die an die unbeschränkte Freiheit der Prärie gewöhnten Jäger nach und nach Langeweile fühlten.

Die Breite von Acapulco lag schon seit gestern hinter ihnen und Walpole befahl, herumzulegen, um beide Kurse, nach Guayaquil und den Sandwich-Inseln, im Auge behalten zu können.

Eine sehr stramme Brise hatte sich erhoben und die Sonne sank zwischen kleinen, aber dunklen Wölkchen im Westen.

„Werden morgen eine ganze Handvoll Wind haben, Kapt'n", meinte Peter Polter zu Walpole, als dieser auf einem Spaziergang über das Deck am Steuer vorbeikam.

„Wäre gut für uns, wenn uns dabei der Kaper in die Hände liefe. Er vermag im Sturm nicht zu manövrieren wie wir."

„Segel in Sicht!" ertönte es da vom Mast herab, wo einer auf dem Ausguck saß.

„Wo?"

„Nordost bei Nord."

Im Nu war der Leutnant oben und nahm dem Mann das Glas aus der Hand, um das gemeldete Schiff zu beobachten. Dann kletterte er in sichtbarer Hast herab und trat auf das Quarterdeck, wo Jenner ihn erwartete.

„Hand an die Brassen!" ertönte sein Befehl.

„Was ist es?" fragte Jenner.

„Ist noch nicht genau zu sehen, jedenfalls aber ein Dreimastenschiff wie die ‚l'Horrible'. Wir sind kleiner und unter dem Blendstrahl der Sonne; sie hat uns also noch nicht gesehen. Ich werde die Segel tauschen."

„Wie?"

Walpole lächelte.

„Eine kleine Einrichtung, die geeignet ist, einen auf größere Entfernung hin unsichtbar zu machen. Hinauf zu den Rahen!"

Wie die Katzen waren die wohlgeschulten Matrosen sofort oben.

„Weg mit Klüver-, Stangen- und Vorstangensegel. Refft und beschlagt!"

Im Nu wurde das Kommando ausgeführt. Das Schiff lief nun mit halber Geschwindigkeit.

„Das schwarze Tuch. Gebt acht!"

Einige dunkle Segel wurden auf dem Deck parat gehalten.

„Tauscht um das Haupt-, Fock- und Bugsegel!"

In wenigen Minuten befand sich dunkle Leinwand an Stelle der lichten. Die ‚Swallow' war jetzt für das nahende Schiff unsichtbar.

„Maate, leg um nach Südwest bei Süd!"

Die ‚Swallow' ging langsam vor dem anderen Fahrzeug her. Ihre Besatzung hatte sich auf dem Deck versammelt. Walpole aber stieg wieder empor, um zu beobachten. Es war über eine halbe Stunde vergangen und die Dunkelheit brach herein, als er wieder herabkam. Sein Gesicht drückte vollkommene Befriedigung aus.

„Alle Mann an Deck!"

Dieses Kommando war eigentlich gar nicht nötig; die Leute standen schon alle um ihn herum.

„Jungens, es ist die ‚l'Horrible'. Paßt auf, was ich euch sage!"

Mit gespannter Erwartung drängten sie sich näher.

„Ich will den Kampf Bord gegen Bord vermeiden. Ich weiß, daß keiner von euch sich fürchtet, aber ich muß sie unbeschädigt haben. Kapitän Kaiman hat sich außer Völkerrecht gestellt und soll als Räuber behandelt werden. Wir werden die ‚l'Horrible' mit List nehmen."

„Ay, ay, Kapt'n, so ist es recht!"

„Wir haben Neumond und die See ist schwarz. Wir treiben bloß mit dem Hauptsegel vor ihr her; sie muß uns für notleidend halten, wird beidrehen und uns als gute Prise betrachten."

„So ist es!" klang es zustimmend.

„Ehe sie uns ansegelt, setzen wir die Boote aus. Der Maate behält die ,Swallow' mit nur sechs Mann. Wir anderen gehen fertig zum Entern in die Boote, und während sie vom Back sich mit dem Schiff beschäftigt, steigen wir vom Steuer auf sein Deck. Jetzt macht euch fertig!"

Während die ,Swallow' in langsamer Fahrt durch die Wogen strich, schoß die ,l'Horrible' mit ihrer gewöhnlichen Geschwindigkeit vorwärts. Es war Nacht geworden, kein Segel zu erblicken gewesen und die Besatzung fühlte sich vollständig sicher. Der Piratenkapitän hatte soeben eine Unterredung mit seiner Gefangenen gehabt, ergebnislos wie immer, und schickte sich nun an, die Ruhe zu suchen, als plötzlich aus ziemlicher Entfernung ein matter Schuß ertönte.

Schnell war er an Deck. Ein zweiter Schuß ließ sich hören; ein dritter folgte.

„Notschüsse, Kapt'n", meinte der lange Tom, der in seiner Nähe stand.

„Wäre das hinter uns, so könnte es eine Kriegslist sein, vor uns aber ist das ganz unmöglich. Jedenfalls ist es ein verunglücktes Fahrzeug ohne Masten, sonst hätten wir vor Abend seine Segel sehen müssen. Geschützmeister, eine Rakete und drei Schüsse!"

Die Rakete stieg empor und die Schüsse krachten. Die Notzeichen des anderen Fahrzeuges wiederholten sich.

„Wir kommen näher, Tom; es wird eine Prise, nichts weiter." Er zog das Nachtrohr an das Auge. „Schau, dort liegt es; es trägt nur ein altes Hauptsegel. Die Luft ist etwas steif, aber ich werde beidrehen, um mit ihm zu sprechen!"

Er gab die nötigen Befehle; die Segel fielen; das Schiff drehte sich herum und trieb dann in geringer Entfernung neben der ,Swallow' her.

„Ahoi, welches Schiff?" ertönte es herüber.

Fast die ganze Besatzung der ‚l'Horrible' hatte sich nach Backbord gedrängt.

„Vereinigte-Staaten-Kreuzer. Was drüben für eins?"

„Vereinigte-Staaten-Klipper ‚Swallow', Leutnant Walpole", ertönte es statt von drüben an der Steuerbordseite der ‚l'Horrible'.

Eine wohlgezielte Salve krachte mitten unter die Seeräuber hinein, und dann stürzte sich eine Schar dunkler Gestalten auf sie, die einen Überfall für unmöglich gehalten hatten und nicht einmal notdürftig bewaffnet waren. Walpole hatte seinen Plan ausgeführt.

Nur eine einzige Person hatte das Nahen der Kähne bemerkt — die Miß Admiral. Kaum hatte der Kapitän die Tür hinter ihr verschlossen, so richtete sie sich trotz ihrer Fesseln unter unsäglicher Mühe empor und trat an die Wand der Koje, in der sie einen langen, scharfkantigen Nagel entdeckt hatte. Seit mehreren Nächten hatte sie gearbeitet, um daran ihre Bande durchzureiben, und heute, so weit war ihr Plan bereits gediehen, mußte sie frei von ihnen sein. Schon befand sie sich in voller Tätigkeit, als die drei Schüsse ertönten; dann vernahm sie das Rauschen nahender Ruderschläge.

Was gab es? Einen Überfall? Einen Kampf? Die Rettung Notleidender? Jeder dieser Fälle war geeignet, ihr Vorhaben zu unterstützen. Fünf Minuten fürchterlicher Anstrengung machten ihr die Hände frei und schon fielen die Bande auch von ihren Füßen, als droben auf dem Verdeck Revolverschüsse krachten und sich das Getrampel eines Nahkampfes erhob. Sie fragte sich nicht nach dessen Ursache; sie wußte, daß Kapitän Kaiman noch oben sei. Mit einem kräftigen Tritt sprengte sie die Tür zur Kajüte auf und riß von den an der Wand hängenden Waffen so viele herunter, als sie brauchte, um für alle Fälle gerüstet zu sein. Dann warf sie einen forschenden Blick durch die Steuerbordluke hinaus auf das Wasser. Drei Boote hingen an einem Tau, das man unvorsichtigerweise bei Einbruch der Nacht nicht eingezogen hatte.

„Überfallen", murmelte sie. „Von wem? Ha, das ist die Strafe! Die ‚l'Horrible' ist wieder verloren, und ich werde den Kapitän selbst ans Messer liefern. Noch sind die Gefangenen nicht übergetreten! Ich werde sie befreien und dann fliehen. Wir befinden uns unter der Breite von Acapulco. Komme ich unbemerkt in ein Boot, so bin ich in zwei Tagen am Land!"

In einer Ecke der Kajüte stand ein kleiner Handkoffer. Sie nahm einen Teller voll Biskuits und zwei Flaschen Limonade auf, die auf dem Tisch standen; dann öffnete sie das geheime Fach und entnahm ihm seinen Schatz, den sie im Koffer verbarg. Nun schlich sie sich nach oben bis zur Luke, um zu erkunden, wie es stand. Die Räuber waren überfallen und auf das Hinterdeck gedrängt; sie mußten unterliegen.

Rasch tauchte sie wieder unter das Deck, begab sich nach dem Kielraum und riß den Riegel von der Luke, die ihn verschloß.

„Seid ihr wach?" fragte sie die gefangene vorige Bemannung der ‚l'Horrible'.

„Ja, ja. Was ist oben los?"

„Die Piraten sind überfallen. Seid ihr gefesselt?"

„Nein."

„So eilt nach oben, und tut eure Schuldigkeit! Doch, halt, wenn der Kapitän Kaiman diesen Abend überlebt, so sagt ihm, die Miß Admiral läßt ihn grüßen!"

Sie sprang voraus, eilte in die Kajüte zurück, ergriff den Koffer und stieg an Deck. Unbemerkt erreichte sie die Reling. Die eine Hand zwischen die Griffe des Koffers steckend, wollte sie sich an dem Tau zu den Booten hinabturnen; da wurde sie gefaßt. Peter Polter hatte sie gesehen, sprang herbei und packte sie von hinten.

„Halt, Bursche!" rief er. „Wohin willst du mit diesem Koffer segeln? Bleib noch ein wenig da!"

Sie antwortete nicht, gab sich aber alle Mühe, sich ihm zu entreißen, jedoch vergeblich. Gegen seine Riesenkraft konnte sie nicht aufkommen. Er hielt sie so fest, daß sie sich nicht rühren konnte, und rief einige Kameraden herbei, von denen sie gebunden wurde.

Der Piratenkapitän war durch den Überfall überrascht worden, hatte sich jedoch rasch gesammelt.

„Herbei zu mir!" schrie er, zum Hauptmast springend, um für sich und die Seinen eine feste Stellung zu gewinnen.

Die Untergebenen folgten seinem Ruf.

„Wer Waffen trägt, hält stand; die anderen durch die Hinterluke nach den Enterbeilen!"

Es war der einzige Rettungsweg, den diese Worte vorschrieben. Während die wenigen, die zufälligerweise mit Waffen versehen waren, sich dem andringenden Feind entgegenwarfen, eilten die übrigen nach unten und kehrten im Handumdrehen zurück, mit Dolch und Enterbeil bewaffnet.

Obgleich der erste Angriff seine Opfer gefordert hatte, waren die Räuber der Besatzung der ‚Swallow' an Zahl noch weit überlegen, und es entspann sich ein Kampf, der um so fürchterlicher war, als seine Einzelheiten und der Schauplatz nicht zu überblicken waren.

„Fackeln herbei!" brüllte Camain.

Auch dieser Befehl wurde ausgeführt. Kaum aber verbreitete sich der Schein des Lichtes über die blutige Szene, so fuhr der Kapitän zurück, als habe er ein Gespenst erblickt. War es möglich? Gerade vor ihm, den Tomahawk in der Rechten, das Skalpmesser in der Linken, stand Winnetou, der Apatsche, und an seiner Seite wehte das mähnenartige Haar von Deadly-gun.

„Die weiße Schlange wird ihr Gift hergeben!" rief der erstere, warf die im Weg Stehenden auf die Seite und faßte den Seeräuber an der Kehle. Dieser wollte den Feind abschütteln; es gelang ihm nicht; auch der Colonel hatte ihn ergriffen und im Nu schlangen sich starke Fesseln um seine Arme.

Die Überrumpelung war über die Piraten gekommen wie ein wirrer, angstvoller Traum; die Überraschung hielt ihre Kräfte gefangen, und der Fall ihres Anführers raubte ihnen den Zusammenhalt und den letzten Rest von Mut.

In diesem Augenblick öffnete sich die Luke und spie die gefangene Mannschaft der ‚l'Horrible‘ aus. Der erste, den der vorderste von diesen Leuten erblickte, war Leutnant Jenner.

„Hurra, Leutnant Jenner, hurra, drauf auf die Halunken!“ schrie er.

Ein jeder raffte von den umherliegenden Waffen auf, was ihm in die Hand kam; die Räuber gerieten zwischen zwei Treffen; sie waren verloren.

Zwei standen, Rücken an Rücken, mitten unter ihnen; wer ihnen zu nahe kam, büßte es mit dem Tode. Es waren die ‚verkehrten Toasts‘, Hammerdull und Holbers. Da drehte letzterer den Kopf zur Seite, damit er von dem Gefährten verstanden werde.

„Dick, wenn du denkst, daß dort der Schuft, der Peter Wolf steht, so habe ich nichts dagegen.“

„Der Peter — verdammter Name, ich bringe ihn niemals fertig. Wo denn?“

„Dort an dem Hickorybaum, den diese wunderlichen Leute Mast nennen.“

„Ob Mast oder nicht, das bleibt sich gleich. Komm, altes Coon, wir fangen ihn lebendig!“

Noch ein anderer hatte Letrier bemerkt, nämlich Peter Polter, der Steuermann. Dieser hatte Messer, Revolver und Enterbeil zur Seite getan und eine Handspeiche ergriffen, die ihm geläufiger war. Jeder Hieb damit streckt einen Mann nieder. So hatte er sich eine Strecke

235

in den dicht zusammengedrängten Haufen der Räuber hineingekämpft, als er Letrier erblickte. Im nächsten Augenblick stand er vor ihm.

„Mille tonnerre, der Marc! Kennst du mich, Spitzbube?" rief er.

Der Gefragte ließ den erhobenen Arm sinken und wurde leichenblaß, er hatte einen Gegner erkannt, dem er nicht zur Hälfte gewachsen war.

„Komm her, mein Junge, ich will dir sagen, was die Glocke geschlagen hat!"

Er faßte ihn beim Schopf und bei den Hüften, riß ihn empor und schleuderte ihn mit solcher Macht an den Besanmast, um den das Handgemenge jetzt tobte, daß es laut krachte und er wie zerschmettert und zermalmt zur Erde stürzte. Die beiden Jäger kamen zu spät.

Nun endlich sahen die Piraten ein, daß nicht die leiseste Hoffnung mehr für sie vorhanden sei, und streckten die Waffen, obgleich sie dadurch ein Anrecht auf Gnade nicht erlangen konnten.

Ein vielstimmiges Hurra scholl über das Deck; die ‚Swallow' antwortete mit drei Kanonenschüssen; sie hatte ihren Ruf gerechtfertigt und ihren bisherigen Ehren eine neue, größere hinzugefügt. — — —

10. In Hoboken

Wieder war es bei Mutter Dodd in Hoboken. Die gute, brave Frau war noch immer die alte; hatte sie sich verändert, so hatte höchstens ihre umfangreiche Gestalt noch einige Zoll im Durchmesser zugenommen. Es war bereits am Spätnachmittag und es hatte sich eine beträchtliche Anzahl Gäste eingefunden.

Die allgemeine Unterhaltung beschäftigte sich mit den politischen und kriegerischen Neuigkeiten des Tages. Das Glück, das den Sklavenbaronen bis jetzt in auffälliger Weise treu und günstig gewesen war, hatte sie endgültig verlassen. Jeder Erfolg auf dem Kriegsschauplatze wurde mit großem Jubel von jenen aufgenommen, deren Ansichten mit der ebenso menschlichen, wie tatkräftigen Politik des Präsidenten Abraham Lincoln übereinstimmten.

Da öffnete sich die Tür; einige Seeleute traten ein, die sich ganz augenscheinlich in einer angenehmen Aufregung befanden.

„Holla, ihr Mannen, wollt ihr hören, was es für eine Neuigkeit gibt?" fragte einer von ihnen, indem er, um die Aufmerksamkeit auf sich zu lenken, mit der gewichtigen Faust auf den ihm am nächsten stehenden Tisch schlug, daß es krachte.

„Was ist es —? Was soll es sein —? Was gibt es —? Heraus damit; erzähle!" rief es von allen Seiten.

„Was es gibt, oder vielmehr, was es gegeben hat? Nun, was denn anderes als ein Seegefecht, ein Treffen, das seinesgleichen sucht."

„Ein Seegefecht — ein Treffen —? Wo — wie — wann — zwischen wem?"

„Wo? — auf der Höhe von Charleston. Wie? — verteufelt wacker. Wann? — den Tag weiß ich nicht, vor ganz kurzem jedenfalls. Und zwischen wem? — ratet einmal!"

„Zwischen uns und den Rebellen!" rief einer.

Alles lachte. Der Angekommene lachte mit und rief: „Schau, was du für ein kluger und gescheiter Junge bist, so etwas Schwieriges sofort zu erraten! Daß es zwischen uns und dem Süden sein muß, das ist so flüssig wie Seewasser; aber wie die Schiffe heißen, he, das wird deine Weisheit wohl nicht so schnell finden!"

„Welche sind es? Wie heißen sie, und wer hat gesiegt?" klang rund umher die stürmische Aufforderung.

„Was das Widderschiff ‚Florida' ist — — —"

„Die ‚Florida' ist es gewesen?" unterbrach ihn Mutter Dodd, indem sie sich mit ihren dicken Armen durch die Gäste Bahn brach, um in die unmittelbare Nähe des Berichterstatters zu gelangen. „Die ‚Florida' ist das neueste, größte und stärkste Fahrzeug des Südens und soll mit seinem Teufelssporn vollständig unwiderstehlich sein. Es ist aus lauter Eisen gebaut. Wer hat es gewagt, diesen Leviathan anzugreifen?"

„Hm, wer? Ein kleiner Leutnant mit einem ebenso kleinen Schiffe, der noch dazu nur ein Klipper ist und sich um Kap Horn herum müde gesegelt hat. Ich meine die ‚Swallow', Leutnant Walpole."

„Die ‚Swallow' — Leutnant Walpole —? Unmöglich! Gegen die ‚Florida' können zehn Linienschiffe nichts ausrichten, wie soll es da einem Klipper in den Sinn kommen, ein solches Ungeheuer — —"

„Stop!" fiel da Mutter Dodd dem Sprecher in die Rede. „Sei still mit deinem Klipper, von dem du nichts verstehst! Ich kenne die ‚Swallow' und auch den Walpole, der mehr wert ist als alle deine zehn Linienschiffe zusammengenommen. Aber die ‚Swallow‘ ist ja in den Gewässern von Kalifornien, he?"

„Gewesen — gewesen, hat aber Befehl erhalten, um das Kap herum nach New York zu gehen. Sie muß ein ganz vertracktes Fahrzeug sein; ihr habt ja doch alle die Geschichte von der ‚l'Horrible‘ gehört, die der Kapitän Kaiman von der Reede von San Francisco weggenommen hat und die der Walpole so prachtvoll wiederholte. Beide, die ‚Swallow‘ und die ‚l'Horrible‘, haben von da an zusammengehalten, sind vom Süden herauf, an Brasilien vorüber und bis auf die Höhe von Charleston gesegelt und da auf die ‚Florida‘ gestoßen, die sofort die Jagd auf sie begonnen hat. Walpole hat das Kommando der beiden Segler gehabt, die ‚l'Horrible‘ scheinbar zur Flucht auf die hohe See hinausgeführt und der ‚Swallow‘ die Stangen und Spieren nebst dem Segelwerk heruntergenommen, so daß es geschienen hat, als sei sie von Sturm und Wetter so fürchterlich mitgenommen, daß sie lahm gehe und der ‚Florida‘ in die Hände fallen müsse."

„Ja, ein Teufelskerl, dieser Walpole!" meinte Mutter Dodd. „Weiter, weiter!"

„Das Widderschiff hat sich wirklich täuschen lassen und ist der ‚Swallow‘ bis in die Untiefen von Blackfoll gefolgt, wo es sich festgeritten hat. Nun erst hebt Walpole die Stangen und Spieren, zieht die Leinwand auf, ruft die ‚l'Horrible‘ herbei und beginnt ein Bombardement auf den hilflosen Koloß, das ihm bald den Rest gegeben hat. Einer der ersten Schüsse hat ihm das Steuer genommen; es ist sogar zum Entern gekommen und dabei teufelsmäßig blutig hergegangen; aber die ‚Florida‘ liegt auf dem Grund, und die beiden anderen sind bereits unterwegs und können jeden Augenblick hier Anker werfen."

„Beinahe unglaublich! Wo hast du es her?"

„Hab' es auf der Admiralität gehört, wo man es sicher

schon seit längerer Zeit wüßte, wenn die Telegraphen nicht von den Rebellen zerstört worden wären."

„Auf der Admiralität? Dann ist es auch wahr, und ich will es dem armen Jenner von der ,l'Horrible' gönnen, daß es ihm auf diese Weise gelungen ist, die Scharte wegen des Kapitäns Kaiman so leidlich auszuwetzen."

„Ja, das ist eine Kunde, die das Herz erfreut und die Seele erhebt", meinte die Wirtin. „Hört, Jungens, ich werde euch ein Fäßchen Freibier anstecken lassen; trinkt, solange es euch schmeckt, auf das Wohl der Vereinigten Staaten, des Präsidenten, der ,Swallow' und — und — und — —"

„Und auf das Wohl von Mutter Dodd!" rief einer, das Glas erhebend.

„Hoch, vivat Mutter Dodd!" antwortete es von allen Ecken und Enden.

„Hoch, Mutter Dodd, vivat, alte Schaluppe!" ließ sich jetzt eine dröhnende Baßstimme unter der geöffneten Tür vernehmen.

Alle wandten sich nach dem Mann um, der eine so außerordentlich kräftige Kehle besaß. Kaum aber hatte die Wirtin ihn erblickt, so eilte sie mit einem Ausruf der freudigsten Überraschung auf ihn zu.

„Peter, Peter Polter, tausendmal willkommen in Hoboken! Wo kommst du denn her, alter Junge? Aus dem Westen?"

„Ja, tausendmal willkommen in Hoboken", antwortete er. „Komm, ich muß dich wieder einmal in meine Arme quetschen; gib mir einen Kuß! Halte-là, heighday, — heda, ihr Leute, laßt mich doch einmal hindurch! Komm her an meine Weste, mon bijou!"

Er warf die im Weg Stehenden wie Spreu auseinander, faßte die Wirtin bei ihrem umfangreichen Gurt, hob sie trotz ihrer Schwere zu sich empor und drückte ihr einen schallenden Schmatz auf die Lippen.

Sie litt diese Liebkosung trotz der vielen Zeugen so

ruhig, als sei diese etwas ganz Alltägliches und Selbstverständliches, dann wiederholte sie die schon einmal ausgesprochene Frage nach dem Woher.

„Woher? Na, woher denn anders als auf der ‚Swallow‘ um Kap Horn herum!"

„Auf der ‚Swallow‘?" rief es aus aller Lippen.

„Ja, wenn es euch recht ist, ihr Leute."

„So wart Ihr auch mit gegen die ‚Florida‘?"

„Versteht sich! Oder meint ihr etwa, daß der Peter Polter aus Langendorf sich vor der ‚Florida‘ fürchtet?"

„Erzählt, Master, erzählt! Was seid Ihr auf dem Schiff? Ist es schon hier oder — —"

„Stop! Euch fahren ja die Fragen aus dem Mund wie die Jodler dem Schiffsjungen, wenn er Prügel bekommt. Ich werde euch meine Leine ganz nach der richtigen Ordnung abwickeln. Ich bin der Peter Polter aus Langendorf, Hochbootsmannsmaat auf Ihrer englischen Majestät Kriegsschiff ‚Nelson‘, dann Steuermann auf dem Vereinigten-Staaten-Klipper ‚Swallow‘, dann deutscher Polizeileutnant in der Prärie, nachher wieder Steuermann, und zwar par honneur auf der ‚Swallow‘, und bin jetzt — — —"

„Gut, gut, Peter", fuhr ihm Mutter Dodd dazwischen, „das hat nachher auch noch Zeit; vor allen Dingen aber komme ich mit meinen Fragen; die sind notwendiger als alles andere. Wie steht es mit all den Leuten, die bei dir waren? Wo sind sie jetzt? Wie war es mit dem Thieme, dem Heinrich Mertens und Peter Wolf? Was ist es mit der ‚l'Horrible‘ und dem Kapitän Kaiman? Ich denke, ihr suchtet ihn im Westen, und doch hörte ich, daß ihn die ‚Swallow‘ zur See gefangen hat! Habt ihr den Deadly-gun, oder wie er hieß, getroffen und war es auch der richtige Onkel? Wie steht es mit dem Polizisten? Und in welcher Gegend habt ihr denn eigentlich — — —"

„Bist du bald fertig, Alte", rief lachend der Steuermann, „oder hast du noch genug Atem, um in dieser Weise noch einige Stunden fort zu schwadronieren? Gib einen vollen Krug her; eher bekommst du keine Antwort! Vorher aber will ich diesen Gentlemen die Geschichte mit der ‚Florida‘ erzählen. Das andere ist nicht für jedermann; das sollst du drin in der anderen Stube hören.“

„Nicht einen Tropfen bekommst du, bis ich wenigstens nur ein klein wenig weiß, woran ich bin!“

„Neugierde, die du bist! So frage noch einmal, aber einzeln und kurz!“

„Der Thieme? Wo ist er?“

„Auf der ‚Swallow‘.“

„Der Polizist?“

„Auf der ‚Swallow‘.“

„Der Kapitän Kaiman?“

„Auf der ‚Swallow‘ gefangen.“

„Der giftige Marc?“

„Ebenfalls.“

„Der Onkel Deadly-gun?“

„Ist auch da.“

„Leutnant Walpole?“

„Auch, aber verwundet.“

„Verwundet? Mein Gott, ich hoffe doch nicht, daß —“

„Papperlapapp! Ein paar Schrammen, weiter nichts; er wird für einige Zeit Urlaub nehmen müssen. Es ging ein wenig heiß her auf der ‚Florida‘, aber wir haben da drinnen in der verdammten Prärie noch ganz andere Dinge durchmachen müssen. Zum Beispiel mein Pferd, der Racker, war ein wahrer Dämon von einem satanischen Drachen und ich kann heute noch nicht sagen, ob mir nicht einige Schock Knochen aus dem Leib herausgeritten habe. Doch, du wolltest ja fragen!“

„Wo ist die ‚Swallow‘?“

„Sie kreuzt bei widrigem Winde draußen vor dem Lande; der Forster steht am Steuer. Unterdessen ging der Kapt'n auf einem Dampfboot mit mir herein, um seine Meldung zu machen, während ich hier auf ihn warte."

„Du wartest auf ihn? Hier bei mir? So wird er hier vorsprechen?"

„Versteht sich! Ein braver Seegaste kehrt zuallererst bei Mutter Dodd ein, wenn er in New York vor Anker geht. Und in einer Stunde ist die ‚Swallow' im Hafen, da kommen noch andere auch herbei, der Pitt Holbers —"

„Pitt Holb — —"

„Der Dick Hammerdull —"

„Dick Hammerd — —"

„Der Colonel Deadly-gun —"

„Colonel Deadly-gun —"

„Der Thieme, Treskow, der kleine Ben Cunning, Winnetou, der Apatsche, und —"

„Winnetou, der A — —"

Die Namen blieben der guten Mutter Dodd im Mund stecken, so überrascht war sie, eine so ungewöhnliche Gesellschaft von Männern bei sich zu sehen. Plötzlich aber besann sie sich auf ihre Pflicht als Wirtin.

„— patsche", fuhr sie daher in ihrem Ausruf fort. „Aber da stehe ich und faulenze, und in einer Stunde habe ich die Sirs zu bedienen! Ich eile, ich fliege, ich gehe, Peter, um mich auf sie vorzubereiten. Erzähle einstweilen diesen Leuten hier die Geschichte von der ‚Florida', die ihr in den Grund gebohrt habt!"

„Ja, das werde ich, aber sorge dafür, daß ich immer etwas im Krug habe, denn ein Seegefecht muß auch in der Erzählung feucht gehalten werden!"

„Keine Angst, Steuermann", wurde er von den anderen getröstet; „wir werden Euch schon mit begießen helfen!"

„Schön, gut! Also hört, ihr Mannen, wie es mit der ‚Florida' zuging: Wir hatten den Äquator und nachher die Antillen längst hinter uns, umfuhren den Finger vor

‚Florida' und näherten uns dann Charleston. Natürlich hielten wir uns so weit wie möglich in die See hinaus, denn Charleston gehört den Südstaaten, die ihre Kaper und Kreuzer weit hinausschicken, um jeden ehrlichen Nordländer wegzufangen."

„War die ‚l'Horrible' mit?"

„Versteht sich. Sie war von Anfang an uns stets in unserem Kielwasser gefolgt, weshalb wir immer nur halbe Segel nehmen durften, da wir besser fuhren. So kamen wir glücklich und ungesehen vorwärts und hatten endlich auch Charleston hinter uns, weshalb wir wieder mehr auf Land zuhielten."

„Da traft ihr nun auf die ‚Florida'?"

„Wart es ab, Grünschnabel! Da stehe ich eines Morgens am Steuer — ihr müßt nämlich wissen, daß ich vom Kapt'n die Stelle eines Steuermannes par honneur bekam, wie ich euch schon vorhin sagte — und denke eben an Mutter Dodd und was für Freude sie haben werde, wenn ich wieder einmal bei ihr sein darf; wir segeln ein weniges voraus, während die „l'Horrible' uns mit voller Leinwand folgt, da ruft der Mann vom Ausguck:

‚Rauch Nordost bei Ost!'

Ihr könnt euch denken, daß wir sofort alle Mann auf Deck waren, denn mit einem Dampfer, wenn er die feindliche Flagge trägt, ist nicht zu spaßen. Der Kapt'n ist auch sofort oben am Masthead und zieht das Rohr; dann schüttelt er den Kopf, steigt wieder herab und läßt ein Reff legen, damit die ‚l'Horrible' in Sprachweite an uns komme. Als dies geschehen ist, ruft er hinüber:

‚Dampfer gesehen, Leutnant?'

‚Ay, Sir!'

‚Was wird es für einer sein?'

‚Weiß nicht', antwortete Leutnant Jenner; ‚das Fahrzeug hat weder Mast noch Rumpf; es geht tief, sehr tief, Sir.'

,Wird eines von den südstaatlichen Widderschiffen sein. Wollt Ihr ihm aus dem Weg gehen?'

,Ich tue, was Ihr tut.'

,Gut; sehen wir uns den Mann ein wenig an!'

,Well, Sir; aber wir sind um das Zehnfache zu schwach.'

,Schwächer, aber schneller. Wer kommandiert?'

,Ihr.'

,Danke! Wir lassen ihn heran; zieht er die feindliche Flagge, so flieht Ihr langsam vor ihm in See; ich sorge dafür, daß er sich an mich hält, und führe ihn auf den Sand. Dann kommt Ihr und laßt ihn Eure Kugeln schmecken!'

,Well, well! Noch etwas?'

,Nein!'

Darauf ziehen wir die großen Segel auf, nehmen das kleine Werk samt Stangen und Spieren herab, so daß es aussieht, als hätten wir im Sturm Havarie erlitten und könnten nicht von der Stelle, und lassen den Mann auf Schußweite an uns herankommen. Er gibt das Signal zum Hissen der Flagge; wir ziehen die Sterne und Streifen, er aber läßt die südstaatlichen Fetzen sehen. Es war das neue Widderschiff ,Florida', mit Doppelpanzer und einem Spießhorn, mit dem es die beste Fregatte in Grund und Boden rennen kann."

„Und an den habt Ihr Euch gewagt?"

„Pah, ich bin der Peter Polter aus Langendorf und habe mich mit den schuftigen Ogellallahs herumgehauen. Weshalb sollte ich mich da vor so einer Blechkanne fürchten? Ein gutes Holzschiff ist besser als so ein Eisenkasten, von dem man sich nicht einmal einen elenden Zahnstocher herunterschnitzen kann. Unser Admiral Farragut sagt auch so. Also er fordert uns auf, uns zu ergeben, wir aber lachen und schießen unter seinen

Kugeln vorüber. Er wendet, um uns nachzukommen und uns den Sporn in das Holz zu rennen; ich werfe das Steuer herum und weiche ihm aus; er wendet abermals; ich halte von ihm ab; so geht es unter Wenden und Ausweichen fort, bis er in die Hitze kommt und die Klugheit vergißt. Seine Kugeln haben uns nichts getan; sie gingen über uns hinweg; er aber ist uns unbesonnen bis in die Nähe der Küste gefolgt und läuft dort auf eine Sandbank, an der wir vorüberschlüpfen, weil wir nicht so tief gehen."

„Bravo, hallo; die ‚Swallow' soll leben!"

„Ja, sie soll leben, Jungens, trinkt!"

Nachdem er selbst einen unvergleichlichen Zug getan hatte, der den Boden des Kruges zum Vorschein brachte, fuhr er fort:

„Jetzt gehen wir an seinen Stern, und während seine Mannen sich alle im Raum unter dem Wasserspiegel befinden, schießen wir ihm das Steuer weg, so daß er vollständig verloren ist. Die ‚l'Horrible' kommt auch herbei; die ‚Florida' kann sich nicht verteidigen; sie scheuert sich im Sand wund; das Wasser dringt ein; wir helfen nach — dann streicht sie die Flagge. Sie muß sich ergeben; wir nehmen ihre Leute an Bord, und kaum ist dies geschehen, so legt sie sich auf die Seite: die Wogen haben sie gefressen."

„Hallo, so ist es recht! Dreimal hoch die ‚Swallow'!"

„Danke euch, Jungens, aber vergeßt auch die ‚l'Horrible' nicht; sie hat das Ihrige auch getan."

„Schön. Ein Hoch der ‚l'Horrible'. Stoßt an!"

Die Krüge klirrten zusammen. Da ertönten draußen einige Salutschüsse, ein Zeichen, daß ein Schiff in den Hafen laufe, und gleich darauf vernahm man ein vieltöniges Stimmengewirr und ein Rennen durch die Straße, als ob ein außerordentliches Ereignis bevorstehe. Peter Polter erhob sich, trat an das Fenster und öffnete es.

„Holla, Mann, was gibt es hier zu laufen?" fragte er, indem er einen Vorübereilenden beim Arme erfaßte.

„Eine frohe Botschaft, Master: Die ‚Swallow', die den prächtigen Zusammenstoß mit der ‚Florida' gehabt hat, läuft soeben in den Hafen. Alle Schiffe haben gewimpelt und geflaggt, um den tapferen Kapitän zu ehren, und jedermann eilt, die Landung zu betrachten."

„Danke, Master!"

Er schlug das Fenster zu und bemerkte im Umdrehen, daß sämtliche Gäste auf die erhaltene Auskunft hin sofort ihre Plätze verlassen hatten und sogar das Freibier vergaßen, um der Landung des berühmten Schoners beizuwohnen.

„Immer lauft", lachte er; „werdet nicht gar viel zu sehen bekommen. Der Kapt'n ist schon an Land, und die vom Bord gehen, das sind keine echten Seegasten, obgleich sie mitgemacht haben, daß es gewettert hat. Ich bleibe bei meiner Mutter Dodd, wo ich den Mr. Walpole erwarten muß."

Es verging doch eine geraume Zeit, ehe der Genannte kam, und noch hatte er die Tür nicht verschlossen, so nahte sich ein lärmendes Rufen und Jauchzen dem Hause. Eine Menge Volks kam vom Hafen her, voran die Männer, die von der ‚Swallow' an Land gegangen waren. Sie traten gleich hinter Walpole in die Stube, und das Volk drängte hinter den Helden des verwegenen Seegefechtes her, daß der Raum die Gäste gar nicht zu fassen vermochte. Die entschlossene Wirtin, die unterdessen mit ihren Vorbereitungen zu Ende gekommen war, wußte sich schnell zu helfen. Sie öffnete das Ehrenzimmer, schob sich mit den Erwarteten hinein und verschloß dann die Tür, die Bedienung der anderen ihrem Personal überlassend.

„Welcome, Sir!" begrüßte sie Walpole, der ihr als alter Bekannter freundlich die Hand reichte.

Auch die anderen wurden mit einem herzlichen Handschlag begrüßt. Sie mußten Platz nehmen und brauchten bloß zuzugreifen, so umsichtig war in der kurzen Zeit für alles Wünschenswerte gesorgt worden.

„Mutter Dodd, du bist doch die trefflichste Brigantine, der ich jemals in die Arme gesegelt bin!" rief der Steuermann. „In dieser armseligen Prärie gab es nichts als Fleisch, Pulver und Rothäute. Auf der See ging es auch knapp her, da wir zu viel hungrige Mägen geladen hatten; bei dir aber ißt und trinkt es sich wie beim großen Mogul oder wie der Kerl heißen mag, und wenn ich nur eine Woche hier vor Anker liege, so lasse ich mich hängen, wenn ich nicht einen Schmerbauch habe, wie da dieser fette Master Hammerdull."

„Ob fett oder nicht, das bleibt sich gleich", meinte dieser, wacker zulangend, „wenn man nur einen guten Bissen zwischen die Zähne bekommt. Ich hab' es nötiger als ihr anderen alle, denn seit ich meine alte, gute Stute in Francisco lassen mußte bin ich vor Sehnsucht nach dem lieben Viehzeug ganz vom Fleisch gefallen. Ist es nicht wahr, Pitt Holbers, altes Coon?"

„Wenn du denkst, Dick, daß dich die Stute dauert, so habe ich nichts dagegen. Es geht mir ja mit meinem Tier ganz ebenso. Wie ist es bei dir, Ben Cunning?"

„Bei mir? Wo mein Pferd steckt, ist mir gleichgültig, hihihihi; die Hauptsache ist, daß es mir bei Mutter Dodd gefällt."

„So ist es recht", stimmte die Wirtin bei; „greift zu, so viel und so lange es euch beliebt. Aber vergiß dabei auch dein Versprechen nicht, Peter!"

„Welches?"

„Daß du erzählen wolltest."

„Ach so! Na, wenn du tüchtig einschenkst, so soll es mir auf einige Worte mehr nicht ankommen; dir erzähle ich immer gern."

Während er kauend von den erlebten Abenteuern berichtete, saß Winnetou an seinem Platz und sprach den ihm ungewohnten Speisen der Bleichgesichter mit höchster Mäßigkeit zu. Den Wein rührte er gar nicht an. Er wußte, daß das ‚Feuerwasser' der schlimmste Feind seines Volkes war; darum haßte und verschmähte er es. Seine Aufmerksamkeit war auf die lebhafte Unterhaltung gerichtet, die von den anderen in jenem halblauten Ton geführt wurde, der stets ein Zeichen der Wichtigkeit des Gegenstandes ist.

„Wie war es auf der Admiralität?" fragte Deadlygun den Leutnant.

„Ganz nach Erwartung", antwortete dieser, der den einen Arm in der Binde trug, wie auch die anderen verschiedene Zeichen von Verwundung aufzuweisen hatten. „Ernennung zum Kapitän und Beurlaubung bis nach vollendeter Genesung."

„Was wird mit der ‚Swallow'?"

„Sie hat gelitten und geht zur Ausbesserung in die Trockendocks."

„Und unsere Gefangenen?"

„Denen geschieht nach ihrem Verdienst."

„Das heißt?"

„Sie werden gehängt, wie es Korsaren nicht anders zu erwarten haben."

„Korsaren? Dieser Camain behauptet doch, die ‚l'Horrible' nur deshalb genommen zu haben, um für die Südstaaten Kaperei zu treiben. Kommt er damit nicht durch?"

„Nein, denn er hat keinen Kaperbrief. Und wenn er einen hätte, so ist er eben der Kapitän Kaiman, der wegen seines früheren Sklavenhandels und der dabei betriebenen Piraterie aufgehangen wird."

„Und die ‚Miß Admiral'?"

„Wird auch gehängt, darauf dürft ihr euch verlassen. Auch alle Gefangenen, die behilflich waren, die ‚l'Horrible' zu nehmen, und dann, als wir sie enterten, mit dem Leben davonkamen, werden wahrscheinlich denselben Tod erleiden, denn sie sind als Seeräuber zu betrachten. Sie werden mit ihrem Schicksal wohl nicht so zufrieden sein wie ihr mit der Nachricht, die ich euch von der Admiralität bringe."

„Also eine gute?"

„Eine sehr gute. Erstens wird die große Summe, die wir bei der ‚Miß Admiral‘ fanden und mit der sie fliehen wollte, als Prise betrachtet, die uns gehört. Zweitens soll eine sehr hohe Belohnung dafür ausgesetzt werden, daß wir die ‚l'Horrible‘ dem Kapitän Kaiman wieder abgenommen haben. Und drittens erhalten wir ganz bedeutende Prisengelder für unseren Sieg über die ‚Florida‘. Sie liegt zwar jetzt auf Grund, wird aber später gehoben werden. Dieses Geld teilen wir unter uns, und es wird dabei auf jede Person so viel kommen, daß —"

„Auf mich nicht", unterbrach ihn Deadly-gun.

„Warum nicht?"

„Weil ich kein Geld nehme, das mir nicht gehört."

„Ihr habt es aber verdient!"

„Nein. Ich bin nur Gast auf Eurem Schiff gewesen; die Prisengelder gehören der Bemannung."

„Ihr waret nicht Gast, sondern Mitkämpfer und habt also teil daran."

„Mag sein; aber ich nehme nichts. Ich habe dem Kapitän Kaiman die Anweisungen wieder abgenommen, die er mir im Hide-spot stahl. Die eine hatte er zwar schon verkauft, aber nur wenig davon ausgegeben; ich bin also vollständig zufriedengestellt. Winnetou nimmt erst recht nichts; und was meine braven Trapper betrifft, so wird es ihnen auch nicht einfallen, Eure Seegasten um ihre Prisengelder zu bringen. Wir haben es im Gegenteil nur Euch und ihnen zu verdanken, daß wir wieder zu unserem Geld gekommen sind. Sagt einmal, Dick Hammerdull, wollt Ihr das Geld haben?"

„Ob ich es haben will oder nicht, das bleibt sich

gleich; aber ich nehme es nicht", antwortete der Dicke. „Was sagst denn du dazu, Pitt Holbers, altes Coon?"

Der Lange erwiderte gleichmütig:

„Wenn du denkst, daß ich es nicht nehme, Dick, so habe ich nichts dagegen. Es wird es überhaupt keiner von uns nehmen. Und wenn man es uns etwa mit Gewalt aufnötigen will, so bekommt Peter Polter meinen Anteil, und wenn es auch nur wäre, um ihm Lust zu machen, wieder einmal zu uns nach dem Westen zu kommen. Ich sehe ihn gar zu gern zu Pferd sitzen."

„Laßt mich in Ruhe mit euren Pferden!" rief da der Steuermann. „Lieber laß ich mich zerstampfen und Schiffszwieback aus mir machen, als daß ich mich noch einmal auf so eine Bestie setze, wie der Traber war, auf dem ich dieses letzte Mal zu euch gesäuselt kam. Weiter will ich euch nichts sagen, denn was ich noch sagen könnte, mag lieber unausgesprochen bleiben, so übel ist mir dabei zumute gewesen."

„Hast es auch nicht nötig, wieder den Westmann zu machen", sagte Walpole. „Ich habe auf der Admiralität erwähnt, was wir dir verdanken und wie brav du dich gehalten hast. Man wird bei der nächsten freien Stelle an dich denken und dir einen Posten anvertrauen, auf den du stolz sein kannst."

„Ist es wahr? Wirklich? Ihr habt bei den hohen Gentlemen an mich gedacht?"

„Ja."

„Und man will mir einen solchen Posten geben?"

„Es wurde mir ganz bestimmt versprochen."

„Ich danke, Sir, ich danke Euch! Ich werde schnell befördert werden! Heisa, hurra, hurra! Der Peter Polter — — —"

„Was hast du denn so gewaltig zu schreien, alter Seelöwe?" unterbrach ihn die Wirtin, die soeben zur Tür hereintrat.

„Das fragst du noch?" antwortete er. „Wenn ich ein

Seelöwe bin, muß ich doch brüllen! Und ich habe auch allen Grund dazu. Weißt du, alte Mutter Dodd, ich soll nämlich für meine großen Verdienste Admiral werden!"

„Admiral?" lachte sie. „Das glaube ich wohl, denn du hast das Zeug dazu, und ich gönne es dir. Wie steht es denn aber mit deinem neuen Beruf, auf den du so stolz bist und an dem du mit ganzer Seele hängst?"

„Neuer Beruf? Welcher denn?"

„Westmann, Waldläufer, Biberjäger — — —"

„Schweig! Kein Wort weiter, wenn du es nicht ganz und gar mit mir verderben willst! Wenn ich mich auf ein Pferd setze, weiß ich nie, wohin es laufen wird. Stehe ich aber auf den Planken eines guten Schiffes, so kenne ich den Kurs genau und kann nicht aus dem Sattel fallen. Also Westmann hin, Westmann her, ich habe ein Haar drin gefunden und bleibe der alte Seebär, der ich stets gewesen bin!" — — —

Es war Abend geworden und man dachte daran, sich zur Ruhe zu begeben. Mutter Dodd hatte ihre besten Zimmer hergerichtet.

Deadly-gun erging sich mit seinem Neffen noch ein wenig in den Garten, der zu Mutter Dodds Gasthaus gehörte. Eben sprach er:

„Lange habe ich geschwankt, aber da ich nun doch schon einmal hier im Osten angelangt bin, so soll es sein: ich begleite dich hinüber."

„Und bleibst für immer bei uns, lieber Onkel?"

Der Colonel schüttelte langsam den Kopf.

„Wen die Prärie einmal gepackt hat, mein Junge, den läßt sie nie wieder los. Ich werde eine Spanne Zeit drüben bleiben und dann wieder zu meinen Trappern zurückkehren. Die Savanne bietet uns den unendlichen Raum zum freien Leben, sie hat auch Platz genug für uns im Tod."

Eben waren die beiden in eine Ecke des Gartens gelangt, in der einige hohe, dicht belaubte Linden standen, als sie eine dunkle Gestalt bemerkten, die ausgestreckt im Grase lag.

„Wer ist das?" fragte Deadly-gun.

Sie traten näher.

„Wer ist hier?" fragte auch Thieme.

Die Gestalt löste sich aus der Decke, die sie umhüllte, und erhob sich. Es war Winnetou.

„Der Wigwam, in dem meine weißen Brüder schlafen, ist sehr schön, aber der Sohn der Prärie liebt die freie Luft und den Glanz der Sterne. Der Apatsche wird in den Halmen des Grases ruhen und sich mit den Wolken des Himmels bedecken, wie es die Kinder seines Volkes von Jugend auf tun. Howgh!" — — —

Der Kanada-Bill

1. Der Falschspieler

Der „Kolorado-Mann" schob sich in eine bequeme Stellung, und während die übrigen Trapper mit Spannung seinen Worten folgten, erzählte er:

„Ja, es ist so, wie ich sage: Es hat in den Vereinigten Staaten niemals einen größeren Schurken gegeben als den Kanada-Bill.

Habe eine Rechnung mit ihm, ein ganzes, großes, vollgeschriebenes Schuldbuch. Er ist ja so berüchtigt, daß sogar drüben im alten Lande die Zeitungen über ihn schrieben, wie ich erfahren habe. Keinem aber hat er so mitgespielt wie mir.

Man läßt am liebsten solch blutige Sachen ruhen; aber da wir hier bei Mutter Thick einmal beim Erzählen sind, so will ich euch den Willen tun. Wißt ihr, Gent's, die Staaten sind ein eigentümliches Land, wo das Größte hart neben dem Kleinsten, das Gute gleich beim Schlimmen steht, und ich sage euch alle drei Male, die ich mit diesem berüchtigten Mann zusammengekommen bin, ist auch stets der berühmteste dabei gewesen, den wir aufzuweisen haben: Abraham Lincoln, der Präsident. —

Eigentlich bin ich in Kentucky zu Hause, war aber noch ein Bube, der die Büchse kaum zu halten versteht, als wir hinunter nach Arkansas gingen, um zu sehen, ob das Land dort wirklich so gut sei, wie es beschrieben wurde. Ich sage: wir, und meine damit die Eltern, mich, und den Nachbar Fred Hammer mit seinen beiden Töchtern Mary und Betty. Er war ein Deutscher und erst vor einigen Jahren aus Germany herübergekommen.

Ich will auf der Stelle geteert und gefedert werden, wenn es in den ganzen Staaten ein schöneres und besseres Mädchen gibt, als diese deutschen Ladies waren. Wir wuchsen zusammen auf, taten einander allen möglichen Gefallen, und als ich mich eines Tages besinne, finde ich, daß die Mary zu nichts anderem geschaffen ist als zu meiner Frau.

Na, ihr könnt euch denken, daß ich diesen Gedanken nicht an die Wand klebte, sondern ihn so eilig wie möglich in die Welt hinausposaunte, und richtig, es stimmte ganz genau: die Mary dachte gar nicht daran, daß ich etwas anderes sein könne als ihr Mann. Die Eltern waren einverstanden, und nun wurde gesorgt und geschafft, uns in die gehörige Ordnung zu bringen.

Das war ein Leben wie im Himmel, Mesch'schurs, und ich will es jedem von euch herzlich gönnen, der solch glückliche Tage aufzuweisen hat; nur mögen sie bei ihm länger gedauert haben als bei mir.

Eines Tages war ich in den Wald gegangen, um mir eine gute Zahl Fenzstangen zu zeichnen. Da kam einer durch die Tannen geritten und hielt seinen Gaul bei mir an.

„Good day, Boy! Ist da herum eine Farm zu finden?" fragte er.

„Zwei für eine, wo jeder gerne einen Unterschlupf findet", antwortete ich.

„Wo liegt die nächste?"

„Kommt; ich werde Euch führen!"

„Ist nicht nötig. Ihr seid hier beschäftigt und wenn ich die Richtung erfahre, werde ich nicht fehl gehen."

„Ich bin fertig. Kommt!"

Der Mann war noch jung, vielleicht kaum zwei oder drei Jahre älter als ich, trug ein fast neues Jagdgewand aus Hirschleder, hatte vorzügliche Waffen und ein Pferd, das so munter war, als sei es eben erst aus der Umzäunung genommen. Große Anstrengungen konnte er nicht hinter sich haben, sonst hätten er und sein Tier weniger frisch ausgesehen. Es wäre ganz gegen den Gastgebrauch gewesen, wenn ich nach seinem Namen und anderen Dingen gefragt hätte; ich schritt also schweigsam neben seinem Pferde hin, bis er selbst begann:

„Wie weit habt Ihr bis zum nächsten Nachbar, Boy?"

„Nach den Bergen hin fünf und über den Fluß hinüber acht Meilen."

„Seid Ihr schon lange hier im Lande?"

„Nicht allzu sehr. Wir wohnen noch in der ersten Blockhütte."

„Und Euer Name, Boy?"

Was hatte er nur mit seinem Boy? War ich etwa ein Knabe, der seine Strümpfe noch trägt? Ich machte die Sache so kurz wie möglich: „Kroner."

„Kroner? Schön! Ich heiße William Jones und bin da oben in Kanada zu Hause. Wer ist der Besitzer der zweiten Farm, von der Ihr sprecht?"

„Ein Deutscher, der sich Fred Hammer nennt."

„Hat er Söhne, Boy?"

„Zwei Töchter."

„Hübsch?"

„Weiß nicht, Boy. Seht sie Euch selber an!"

Es ärgerte ihn, daß ich ihn auch Boy genannt hatte, das konnte ich deutlich sehen. Er sprach nicht wieder, bis wir vor dem Tor des Farmhauses anlangten.

„Wen bringst du hier, Tim?" fragte der Vater, der gerade im Hofe stand und die Truthühner fütterte.

„Weiß nicht, was er ist; ein Master William Jones aus Kanada, glaube ich."

„Welcome, Sir! Steigt herunter und kommt herein!"

Er gab ihm die Hand, führte ihn in die Stube und überließ es mir, für das Pferd zu sorgen. Als ich damit fertig war und nachfolgte, stand der Fremde vor Mary, die während meiner Abwesenheit auf Besuch herübergekommen war, und kniff sie in die Wangen, indem er zu ihr sagte: „Damn, seid Ihr eine allerliebste, hübsche Miß!"

Sie errötete über diese Dreistigkeit, hatte aber sofort das rechte Wort auf der Zunge: „Habt Ihr vielleicht einen Schluck Whisky zu viel, Sir?"

„Wohl kaum, denn in der Prärie ist dieses Labsal nicht zu finden."

Er wollte den Arm um sie legen, bekam aber einen Stoß von ihr, daß er zurücktaumelte und den Stuhl, an dem er sich zu halten versuchte, beinahe umgerissen hätte.

„Zounds, seid Ihr ein tapferes Weibsbild! Mögt wohl ein andermal zahmer sein!"

Das ging mir an die Galle. Ich trat ihm näher und ließ ihn meine Fäuste ein ganz klein wenig sehen. „Diese Miß ist meine Braut, und wer sie ohne meine Erlaubnis anrührt, kann sehr leicht einige Zoll Bowieknife zu kosten bekommen. Hierzulande gilt das Gastrecht heilig, und wer dies vergißt, wird danach behandelt, Boy!"

„Alle Wetter, versteht Ihr eine Rede zu halten, mein Junge! Also eine Braut habt Ihr schon? Well, so trete ich zurück!"

Er hängte seine Büchse an die Wand und machte es sich so bequem, als ob er zur Familie gehörte. Der rothaarige Bursche gefiel weder mir noch dem Vater, und auch die Mutter machte sich nicht viel mit ihm zu schaffen. Das schien ihn aber nicht zu kümmern; er tat, als habe ihm kein Mensch etwas zu sagen, und als am Abend Fred Hammer mit Betty auf eine Stunde kam, führte er das große Wort und erzählte von den Abenteuern, die er in der Prärie erlebt haben wollte.

Ich wette zehn Bündel Dickschwanzfelle[1]) gegen einen einzigen Kaninchenbalg, daß der Mensch mit keinem

[1] Biberhäute

Fuß in der Savanne gewesen war, denn dazu war seine ganze Kleidung zu sauber. Wir ließen ihn das auch merken, und um sich aus der Klemme zu ziehen und das Gespräch auf etwas anderes zu lenken, griff er in die Tasche und zog ein Päckchen Spielkarten hervor.

„Spielt ihr gern, Mesch'schurs?" fragte er dabei.

„Zuweilen", meinte der Vater. „Der Nachbar Fred stammt aus Germany, wo man ein schönes Spiel macht, das Skat genannt wird. Er hat es uns gelehrt, und da gibt es des Abends einen Zeitvertreib, wenn man sonst nichts Besseres vorzunehmen weiß."

„Habt Ihr auch von dem Spiel gehört, das man da drüben ,Kümmelblättchen' nennt, Master Hammer?" fragte Jones.

„Nein."

„Hier im Lande heißt es ,Three carde monte' und ist das schönste Spiel, das es gibt. Habe es zwar nur ein einziges Mal gesehen und bin ein Lehrling dabei; aber ich werde es Euch doch einmal zeigen."

Es ist wahr, dieses ,Three carde monte' gefiel uns allen, und bald hatten wir uns darin vertieft, und selbst die Frauen wagten einige Cents zu setzen. Es schien wirklich so, daß Jones nichts davon verstand; wir gewannen, und es dauerte nicht lange, so mußte er in die Goldstücke greifen, deren er eine ganze Menge bei sich trug. Wir wurden mutiger, und setzten mehr; das Glück begann zu wanken, so daß wir das Gewonnene verloren und zum eigenen Geld greifen mußten. Einzelne Treffer lockten uns immer weiter. Die Frauen hatten längst wieder aufgehört, und auch ich zog mich zurück. Vater und Fred Hammer wollten ihr Geld wieder gewinnen; sie setzten immer größere Summen, und trotz meiner Mahnungen und der Bitten der Ladies gewann das Spiel für beide immer größere Gefährlichkeit.

Da bemerkte ich plötzlich eine eigentümliche Bewegung von Jones: im Nu hatte ich seinen linken Arm ergriffen und zog ihm das Treffblatt aus dem Ärmel heraus. Er hatte mit vier Blättern gespielt und war ein Falschspieler. Er sprang empor.

„Was geht Euch meine Karte an, Boy?" rief er zornig.

„Ebensoviel wie uns unser Geld, Sir", antwortete der Vater und strich sofort den ganzen Gewinn, den Jones vor sich liegen hatte, zu sich herüber.

„Her mit den Dollars! Sie gehören mir, und wer sich daran vergreift, ist ein Dieb!"

„Stop, Sir! Wer die Karte fälscht, ist ein Betrüger, der wieder hergeben muß, was er nahm. Geht zu Bett, und macht Euch morgen früh von dannen! Nur das Gastrecht verhindert mich, Euch zu zeigen, wie man ehrlich ‚Three carde monte' spielt."

„Euer Gast? Ich bin es keinen Augenblick länger. Werde sofort Euer Haus verlassen, nachdem ich das geraubte Geld zurückbekommen habe!"

„Well! Ich lege Eurem Gehen nicht das mindeste in den Weg. Geht dorthin, woher Ihr gekommen seid; die Prärie ist es sicher nicht. Eure Kasse sollt Ihr zurückerhalten, von dem Unserigen aber nicht einen Penny. Tim, führe sein Pferd vor das Tor!"

„Damn, wollt ihr so? Dann sollt ihr den Kanada-Bill kennenlernen!"

Er griff zum Messer. Da erhob sich auch Fred Hammer und legte ihm die Hand schwer auf die Schulter. Er war eine gewaltige Figur, und liebte zu schweigen; aber wenn er einmal ein Wort sagte, so wußte man auch genau, was seine Meinung war.

„Tut den Knife weg, Mann, sonst zerdrücke ich Euch hier zwischen meinen zehn Fingern wie Pfefferkuchen", warnte er. „Nehmt Eure Kasse, packt Euch von hinnen und kommt uns nicht wieder unter die Augen! Wir sind ehrliche Leute und verstehen gar wohl, einem Menschen

Eures Gelichters zu zeigen, wohin der Weg zum Paradies geht."

Jones merkte, wie sein Stecken zu schwimmen begann. Er mußte auf alle Fälle den kürzeren ziehen und gab nach.

„So gebt her! Aber merkt euch dieses ‚Three carde monte‘; ihr werdet den Gewinn doch noch bezahlen!"

„Eure Drohung gilt uns gerade so viel wie der Spinnenfaden in der Luft. Zähl ab, Nachbar; dann mag er sich trollen!"

Er bekam, was er zu fordern hatte, und ging. Unter der Tür wandte er sich noch einmal um und drohte:

„Also denkt daran! Das Geld hole ich mir, und — und spreche auch noch mit dieser hübschen Miß!"

Hätten wir ihm doch auf der Stelle eine Kugel gegeben! —

Einige Zeit später mußte ich hinunter nach Little Rock, um Verschiedenes für die Hochzeit einzukaufen. Ich hatte es bei der Rückkehr sehr eilig und war sogar des Nachts geritten, so daß ich am Morgen auf der Farm anlangte. Sie war verschlossen und weder Pferd noch Rind zu sehen. Ich eilte voll Besorgnis hinüber zu Fred Hammer und fand es bei ihm ebenso. Mich erfaßte eine entsetzliche Angst; ich gab dem Pferd die Sporen und jagte hinauf zu Nachbar Holborn. Er wohnte, wie ich schon dem Kanada-Bill gesagt hatte, fünf Meilen entfernt. Ich legte diese Strecke in nicht ganz einer Stunde zurück. Als ich an der Fenz abstieg, kamen Betty und die Mutter aus dem Hause geeilt.

„Um Gottes willen, ihr weint! Was ist vorgefallen?" fragte ich sie.

Unter vielem Jammern und Schluchzen erzählten sie mir, was geschehen war.

Betty hatte mit ihrem Vater Maiskolben geknickt, und Mary war allein daheim geblieben. Das Feld lag in ziemlicher Entfernung von dem Hause, dennoch aber war es ihnen gewesen, als ob sie von dort her den unterdrückten Schrei einer weiblichen Stimme gehört hätten. Sie sprangen hinzu und kamen gerade zur rechten Zeit, um zu sehen, daß ein Trupp Männer davonsprengte, von denen einer das gefesselte Mädchen vor sich quer über dem Sattel liegen hatte. Sie waren am hellen Tag eingebrochen und hatten meine Braut entführt. Im Hause lag alles durcheinander; das Geld, Kleider und Waffen nebst der vorhandenen Munition waren verschwunden und die Pferde aus der Umzäunung getrieben worden, um eine sofortige Verfolgung unmöglich zu machen.

Fred Hammer lief zu meinem Vater. Auch hier fehlten die Pferde. Mit Mühe fing man zwei ein und die beiden Männer bewaffneten sich; Mutter und Betty mußten aufsteigen; die Farmen wurden verschlossen und sämtliche Rinder und sonstige Tiere hinüber zu Holborn getrieben, wo sie bis auf weiteres bleiben sollten. Auch der Nachbar nahm seine Kentuckybüchse zur Hand und stieg zu Pferd; dann machten sich die drei Männer ungesäumt hinter den Räubern her. Für mich ließen sie die Weisung zurück, ihnen nach meiner Rückkehr sofort zu folgen.

„Welche Richtung haben sie eingeschlagen?" fragte ich.

„Den Fluß hinauf. Sie wollen dir deutliche Zeichen zurücklassen, damit du sie nicht verfehlen kannst."

Ich nahm ein frisches Pferd und jagte davon. Es war schon öfters von einer Bande Bushheaders erzählt worden, die von dem Mittellaufe des Arkansas bis hinauf zum Gebiet des Missouri ihr Wesen trieben, doch hatten sie sich niemals in unserer Nähe gezeigt. Sollte der Kanada-Bill sie beredet haben, ihm zur Befriedigung seiner Rache behilflich zu sein?

Ich fand die versprochenen Zeichen: es war von Zeit zu Zeit ein Ast abgebrochen oder ein Schnitt in die Baumrinde gemacht worden, und ich kam also ohne großen Aufenthalt immer schnell vorwärts. So ging es bis zum Abend, wo mich die Dunkelheit zwang, haltzumachen. Ich pflockte mein Pferd an und wickelte mich in die Decke. Die Wipfel des Waldes rauschten über mir, und in mir tobte der Sturm; ich konnte weder Schlaf noch Ruhe finden. Schon beim Tagesgrauen nahm ich den Weg wieder unter die Hufe und kam noch am Vormittag an die Stelle, wo der Vater mit den anderen beiden gelagert hatte. Die Asche ihres Feuers war feucht vom Morgentau, ein sicheres Zeichen, daß auch sie sich früh erhoben hatten.

So ging es bis zur Mündung des Kanadian. Der Wald war hier dichter; die Zeichen wurden immer deutlicher und frischer. Ich drang in größter Eile vorwärts, und mein gutes Tier zeigte trotz des angestrengten Rittes noch keine Spur von Ermüdung.

Da vernahm ich plötzlich eine laute tiefe Männerstimme, die mit mächtigem Schall in den Forst hineinsprach. Die Worte waren englisch; es mußte also ein Weißer sein, der sich so unvorsichtig vernehmen ließ. Ich lenkte mein Tier der Stelle zu, an der er sich befand. Was denkt ihr wohl, was ich erblickte?

Auf einem alten Baumstumpf in der Mitte einer kleinen Lichtung stand ein Mann, fuhr mit den Händen in der Luft herum und hielt den Sykomoren- und Hikkorystämmen eine Rede, die er bei einem Campmeeting nicht besser und schöner hätte anbringen können. Ich bin ein ziemlich eigener Kopf und gebe nicht viel auf das, war mir versprochen wird; aber dieser Mann hatte eine Stimme und eine Art des Ausdruckes, die mir das Lachen benahm, in das ich beinahe ausgebrochen wäre, weil es mir ganz verteufelt wunderlich vorkam, daß einer mitten im Urwald den Käfern und Moskitos eine Predigt hielt.

Ich konnte schon in der Ferne sein Gesicht deutlich erkennen. Er war lang und stark, frisch, derb und zähe, wie ein echter, richtiger Yankee, hatte eine scharf hervorspringende Nase, spiegelblanke Augen ohne Lug und Trug, einen breiten, scharfen Mund, ein eckiges, kräftiges Kinn und konnte trotz der Gutmütigkeit, die ihm anzusehen war, doch vielleicht auch ein wenig verschmitzt und listig sein, wenn er es für gut hielt.

Vor dem Stumpf, auf dem er stand, lagen eine gewaltige Axt, eine gute Büchse und noch einiges andere, was man in jenen Gegenden vonnöten hat. Es war augenscheinlich, daß sich der Mann im Reden übte, und er schien mir ganz zu einem Selfmademan gemacht zu sein, der es versteht, sich durch Not, Kampf und Arbeit zu einer besseren Stelle, als sie der Westen bietet, emporzuringen.

Ich vernahm jedes seiner Worte:

„Was meint ihr? Die Sklaverei sei eine heilige und notwendige Sache, die weder durch Gewalt noch Gründe abzuschaffen sei? Ist die Bedrückung eines Menschen, die Verachtung und Peinigung einer ganzen Menschenrasse heilig? Ist es notwendig, ein abscheuliches Eigentumsrecht auf Menschenkräfte zu legen, die für guten Lohn weit besser und weit treuer arbeiten würden? Ihr wollt weder Gründe hören noch irgendeine Gewalt anerkennen? Nun wohl, ich werde euch dennoch Gründe sagen, und laßt ihr sie nicht gelten, so wird sich dennoch eine unwiderstehliche Gewalt erheben, die euch die Negerpeitsche zerbricht, den Eigennutz aus dem Herzen reißt und alles zermalmen und vernichten wird, was sich ihr in den Weg zu stellen wagt. Ich sage euch, es wird eine Zeit kommen, in — — —"

Er hielt mitten in seiner Rede inne; er hatte mich bemerkt. Im nächsten Augenblick war er vom Baumstumpf herunter, hatte die Büchse zum Schuß erhoben und rief:

„Stop, Mann, keinen Schritt weiter! Wer seid Ihr?"

„Pshaw! Legt das Schießzeug nur immer beiseite.

Habe keine Lust, Euch aufzufressen oder ein rundes Stück Blei in den Leib zu bekommen", antwortete ich.

Ein zweiter, schärferer Blick mußte ihn von der Friedfertigkeit meiner Person überzeugt haben. Er nahm das Gewehr nieder, nickte mit dem Kopf und forderte mich auf:

„Well! So kommt einmal her und sagt, wer Ihr seid!"

„Heiße Tim Kroner, Sir, und komme seit gestern längs des Flusses herauf, um eine Bande Bushheaders zu verfolgen, die mir die Braut geraubt haben."

„Und mein Name ist Lincoln, Abraham Lincoln. Ich komme von den Bergen herunter und will mir hier ein Floß zimmern, um das Holz im Süden zu verkaufen. Ich bin erst seit einer Stunde hier. Eine Bande Bushheaders, die Eure Braut geraubt haben, sagt Ihr? Wie stark sind sie wohl?"

„Zehn bis zwölf Köpfe."

„Zu Pferd?"

„Ja".

„Bounce! Ich habe vor ganz kurzer Zeit eine Spur von gerade so viel Pferden quer durchschnitten und eine ähnliche hier ganz in der Nähe wiedergefunden; doch schien es mir, als ob diese letztere ein Dutzend Hufe weniger gezeigt hätte."

„Das ist mein Vater mit zwei Nachbarn, die ihnen schon vor mir gefolgt sind."

„Stimmt! Ihr seid also vier gegen zwölf. Wollt Ihr meine Arme haben?"

„Gern, wenn Ihr mir sie leiht."

„Gut. Come on!"

Er nahm seine Sachen zu sich, hing die Büchse auf die eine und warf die Axt über die andere Schulter. Dann schritt er vorwärts, als ob es sich von selbst verstehe, daß ich ihm folgen müsse.

„Wohin, Sir?" frage ich, da er eine Richtung einschlug, die meine frühere im Winkel schnitt.

„Den Männern nach; was sonst? Ein Stück weiter oben haben sich die Bushheaders vom Fluß weg nach Norden gewandt, und wir kürzen den Weg, wenn wir schon jetzt dasselbe tun."

Er hatte eine so eigene, sichere Art und Weise, daß es mir gar nicht einfiel, ihm zu widersprechen. Ich ließ ihn daher voranschreiten und hielt mein Pferd hart hinter ihm. Sein Schritt war lang und ausgiebig, wie man ihn selten findet, und wäre ich nicht beritten gewesen, so hätte es mich sicher nicht wenig Mühe gekostet, ihm zu folgen. So ging es fort, bis er an einer Stelle halten blieb und auf den Boden zeigte.

„Hier ist die Fährte wieder. Zwei, sechs, neun, elf, fünfzehn Pferde! Als ich die Spur vorhin überschritt, waren es nur zwölf. Die Eurigen sind also auch vorüber, und das kaum vor einer Viertelstunde, denn die niedergebogenen Halme haben sich noch nicht wieder emporgerichtet. Laßt Euer Tier ausgreifen, damit wir sie bald erreichen!"

In gewaltigen Schritten eilte er vorwärts. Wahrhaftig, ich mußte mein Tier in einen kurzen Trab setzen, um nicht zurückzubleiben.

Der Wald hatte schon längst aufgehört und war in ein niedriges, durchbrochenes Gebüsch übergegangen. Jetzt kamen wir auf eine lichte, offene Bucht, die sich von der Prärie tief in das Gehölz hineinschob; in der Ferne jedoch bemerkten wir wieder einen dichten Streifen starken Holzes, und zwischen ihm und uns bewegten sich drei Reiter, nach Indianersitte einer hinter dem anderen. Die Sonne war verschwunden, und der Tag neigte sich, doch konnten wir sie deutlich erkennen. Lincoln hob den Arm.

„Dort sind sie. Go on!"

Er warf sich in weiten Sprüngen vorwärts, indem er den Schwerpunkt immer auf das eine Bein legte und wenn dies müde wurde, ihn auf das andere überwechselte. Das ist die einzige Art, einen solchen Lauf lange auszuhalten. So wurde die Entfernung zwischen uns und ihnen schnell kleiner, und da sie uns bemerkten und nun stehen blieben, hatten wir sie bald erreicht.

„Endlich, Tim!" rief uns der Vater entgegen. „Wer ist dieser Mann?"

„Ein Mister Abraham Lincoln, den ich am Fluß traf und der uns helfen will. Aber erzählt nichts; ich weiß schon alles. Macht nur vorwärts, daß wir die Räuber einholen!"

„Sie sind nicht mehr weit und werden dort im Wald ihr Lager aufschlagen wollen. Vorwärts, ehe es dunkel wird und wir ihre Spur verlieren!"

Es ging weiter, ohne Worte, aber das Messer locker und die Büchse schußgerecht in der Hand. Als wir die ersten Bäume erreichten, bog sich Lincoln nieder, um die Fährte genau zu untersuchen. Dabei sagte er:

„Laßt uns noch einmal sehen, woran wir sind, Gentlemen! Im Dunkel des Forstes läßt sich das nicht mehr sehen. Hier diese Hufeindrücke sind die tiefsten; das Pferd hat eine schwerere Last zu tragen als die anderen; es wird also das sein, das den Reiter und das Mädchen zu schleppen hat. Und seht, es lahmt; der linke Hinterfuß stößt nur mit der vorderen Schärfe auf den Boden. Sie werden ihm Ruhe gönnen müssen und bald absteigen."

„Well, Sir, ich gebe Euch recht", meinte der Vater. „Macht rasch weiter, Leute!"

„Stop, Mann! Das wäre ein ganz gewaltiger Fehler. Ich rechne, daß sie höchstens eine Viertelstunde vor uns sind, und vielleicht haben sie sich schon gelagert. Wollt Ihr Euch durch die Pferde verraten und uns den schönen Spaß verderben?"

„Richtig, wir müssen die Tiere zurücklassen. Aber wo?"

269

„Da drüben ist ein Wildkirschengebüsch; dort sind sie sicher, wenn Ihr sie fest anhobbelt[1]).“

So geschah es, und dann gingen wir zu Fuß wieder vorwärts. Lincoln schritt voran; wir mußten ihn ganz unwillkürlich als unseren Führer anerkennen. Seine Vermutung hatte ihn nicht getäuscht, denn wir waren noch nicht weit vorgedrungen, so witterten wir einen brenzligen Geruch und sahen dann auch einen hellen Rauch, der sich droben zwischen den Kronen der Bäume einen Ausweg suchte.

Jetzt galt es, auch das kleinste Geräusch zu vermeiden. Hinter jedem Baum Deckung suchend und die Zwischenräume blitzschnell überspringend, schlichen wir uns immer näher und bemerkten nun das Feuer und elf Männer, die sich darum gelagert hatten. Zwischen ihnen saß Mary, totenbleich, an den Händen gefesselt und mit tief gesenktem Kopf.

Diesen Anblick konnte ich nicht ertragen. Ohne nach der Ansicht der anderen zu fragen, erhob ich das Gewehr.

„Halt“, warnte Lincoln, „es fehlt einer und — —“

Da krachte aber schon mein Schuß. Die Kugel war dem Mann, auf den ich gezielt hatte, mitten in die Stirn gedrungen. Im Nu standen die anderen auf den Füßen und hatten die Waffen ergriffen.

„Feuer und dann drauf!“ kommandierte Lincoln.

Mir galt dieser Ruf nicht mehr, denn ich hatte schon die Büchse fortgeworfen, war zu Mary hingesprungen und kniete bei ihr, um den Riemen zu durchschneiden, der ihre Hände umschlungen hielt.

„Tim, ist es möglich!“ rief sie und schlug vor Entzücken die befreiten Arme um mich, daß ich mich kaum zu rühren vermochte.

„Laß los, Mary, es gibt jetzt mehr zu tun!“ bat ich sie.

1) Mit einem Riemen die Vorderbeine so zusammenbinden, daß sie zwar grasen, aber nicht fortlaufen können

Ich zog das Messer und sprang auf. Neben mir schlug Lincoln einem die Axt über den Kopf, daß der Mann lautlos zusammenbrach. Es war der letzte der elf. Man hatte von beiden Seiten nur einmal geschossen und dann zur Klinge gegriffen.

„Tim, um Gottes willen!" rief in diesem Augenblick Mary und stürzte sich, nach einem Baum zeigend, an meine Brust.

Ich warf den Blick hinüber und gewahrte den Lauf eines Gewehres, das gerade gegen uns gerichtet war. Der Schütze stand hinter dem Stamm verborgen.

„Das ist für das ,Three carde monte'!" rief eine Stimme.

Noch ehe ich eine Bewegung machen konnte, blitzte es auf; ein schneller Ruck ging mir durch die Muskel des Oberarmes, ein Schrei von Marys Lippen: ihre Arme ließen mich los, und sie glitt zu Boden. Die Kugel war mir durch den Arm und ihr in das Herz gegangen.

„Drauf!" knirschte es neben mir.

Es war der Vater. Mit erhobenem Büchsenkolben stürzte er sich gegen den Stamm, ich ihm nach. Da blitzte es aus dem zweiten Lauf; eine Gestalt, die ich nicht genau erkennen konnte, eilte von dannen; der Vater lag, durch die Brust getroffen, zu meinen Füßen. Fast wahnsinnig vor Wut, stürzte ich mich dem Entfliehenden nach. Zu sehen vermochte ich ihn nicht mehr, aber die Richtung wußte ich doch. Schon nach wenigen Sprüngen kam ich an den Platz, wo sie die Pferde angehobbelt hatten. Die Tiere waren weg, und nur die Enden der rasch durchschnittenen Lassos steckten an den Pflöcken in der Erde. Ich mußte erkennen, daß ich den Mann nun nicht mehr erreichen könne; er war beritten und ich nicht.

Als ich zum Kampfplatz zurückkehrte, hatte man die beiden Leichen nebeneinander gelegt, und Lincoln war beschäftigt, sie zu untersuchen.

„Kein Leben mehr, Mesch'schurs, keine Spur von Leben!" sagte er.

Ich konnte kein Wort hervorbringen, auch Fred Hammer nicht; es gibt eine Qual, die das Herz verkohlt, ohne daß nach außen ein einziger Laut zu hören ist. Lincoln erhob sich, bemerkte, daß ich wieder zurück war, und sagte zürnend zu mir:

„Das wäre nicht geschehen, wenn Ihr mit dem Schuß bis zur rechten Zeit gewartet hättet. Ich rechne, das wenige Pulver und die kleine Kugel kosten Euch die Braut und den Vater, und es wird gut sein, wenn Ihr ein anderes Mal die Vorsicht mehr zu Rate zieht."

„Könnt Ihr es beweisen, Sir?" fragte ich.

„Beweisen? Pshaw! Nach dem Tod hört der Beweis auf. Wir mußten sie umzingeln und auf ein Zeichen unsere Büchsen alle zugleich losdrücken. Jeder von uns hatte einen Doppellauf, macht zehn Mann, ehe sie nur an Widerstand hätten denken können. Und Euren ‚Three-carde-monte-Mann' hätten wir während des Umschleichens sicher auch abgefangen, so daß er nicht zum Schuß gekommen wäre!"

Das war die rechte Lehre, im rechten Augenblick gegeben, Gentlemen. Ich habe sie und diesen Augenblick niemals vergessen, darauf könnt ihr euch verlassen!" — — —

2. Der Aufwiegler

Der Erzähler seufzte tief auf, machte eine Pause und strich sich dabei mit der Hand über das Gesicht, als ob er die traurige Erinnerung fortwischen wollte. Dann trank er sein Glas aus und begann von neuem:

„Wenn das Wild über die Savanne saust oder durch den stillen Busch schleicht, so hinterläßt auch der kleinste, leiseste Huf eine Spur, der das Auge des Jägers zu folgen vermag; das wißt ihr alle, Gentlemen. Und wenn die Tage, Monate und Jahre wie im Sturm über den Menschen dahinfliegen oder langsam und heimtückisch durch sein innerstes Leben schleichen, so gibt es Fährten im Gesicht und Fährten im Herzen, denen man nur nachzugehen braucht, um die Ereignisse aufzustöbern, die ein Menschenkind gerade zu dem machen, was es geworden ist.

Ich wollte ein fleißiger Farmer sein und ein fleißiger Farmer bleiben, aber mein Stecken war doch nach einer anderen Richtung hin geschwommen. Mary war tot, der Vater tot; die Mutter nahm sich das so sehr zu Herzen, daß sie bald zu kränkeln begann und sich dann zum Sterben hinlegte. Ich konnte es nicht länger da aushalten, wo ich früher so glücklich gewesen war, verkaufte die Farm um ein Billiges an Fred Hammer, der sie mit der seinen vereinte, warf die Büchse über die Schulter und ging nach dem Westen, gerade eine Woche vorher, ehe die Betty Hammer einen Mulatten heiratete, der ein sehr hübscher Kerl war und braver, als die Farbigen gewöhnlich zu sein pflegen.

Das war damals ein reges, munteres Leben dahinten

in den dark and bloody grounds, besser, viel besser als
jetzt; das sage ich euch, und darum könnt ihr es glauben.
Die Rothäute kamen um ein Beträchtliches weiter ins
Land herein als heutzutage, und man mußte die Augen
offenhalten, wenn man sich nicht eines Abends zum
Schlaf hinlegen und dann des Morgens ohne Skalp in den
ewigen Jagdgründen erwachen wollte. Doch, das war
nicht so schlimm, denn etliche drei, vier und auch mehr
Indsmen kann man sich schon vom Leibe halten;
aber es trieb sich neben den Roten auch allerlei weißes
Gesindel dort herum, so etwa, was man im Osten
Runners und Loafers nennt, oder wie die Tramps, die
in neuer Zeit dem ordentlichen Mann so viel zu schaffen
machen; und diese Kerls waren bösartig und durch-
trieben genug und mehr zu fürchten, als alle Indianer
zwischen dem Mississippi und dem großen Meer zusammengenommen.

Einer besonders machte viel von sich reden, der ein
so verwegener Satan war, daß sein Ruf sogar bis hinüber in die Länder des europäischen Erdteils gedrungen
ist. Ihr werdet erraten, wen ich meine, nämlich den
Kanada-Bill. Wißt ihr denn aber auch, daß er von Geburt nichts anderes ist als ein englischer Zigeuner? Er
kam zuerst nach Kanada und trieb dort einen ganz leid-
lichen Pferdehandel, bis er gewahrte, daß mit der Karte
doch ein Merkliches mehr zu verdienen sei. Nun legte
er sich auf das ‚Three carde monte‘ und machte damit
zunächst die britischen Kolonien unsicher, bis er es zu
einer solchen Meisterschaft gebracht hatte, daß er sich
auch über die Grenze herüber zu den offenköpfigeren
Yankees wagen konnte. Nun trieb er sein Wesen zunächst im Norden und Osten, beutelte die pfiffigsten
Gentlemen bis auf den letzten Penny aus und suchte
dann den Westen auf, wo er außer dem Spiel noch
allerhand trieb, was ihn zehnmal an den Strick gebracht
hätte, wenn er nicht so schlau gewesen wäre, stets den

richtigen Beweis abzuschneiden. Hatte er es bei mir nicht gerade ebenso gemacht? Ich wußte, wer der Mörder Marys und des Vaters war; ich konnte tausend Eide auf ihn schwören; aber hatte ich ihn gesehen, als er schoß? Nein, und darum war es unmöglich, eine regelrechte Jury über ihn zusammenzubringen. Aber geschenkt war ihm nichts, darauf könnt ihr euch verlassen; eine gute Büchse ist die beste Jury, und ich wartete bloß darauf, daß mich mein Weg einmal mit ihm zusammenführen werde.

Ich war schon lange nicht mehr grün im Fach, hatte eine gute Faust, ein helles, offenes Auge, einen gesunden Körper und hinter mir einige Jahre voller Mühe und Erfahrung. Zuletzt war ich am oberen Lauf des alten Kansas auf Biber gewesen, hatte einen hübschen Fang gemacht und die Felle an einige Companymänner, die mir begegneten, verkauft. Jetzt suchte ich mir eine passende Gelegenheit nach dem Mississippi, denn ich wollte ein wenig hinüber nach Texas, von dem damals so viel erzählt wurde, daß einem die Ohren ordentlich klangen.

Freilich gab es dabei mancherlei Schwierigkeiten, denn die Gegend, durch die ich den Pfad nehmen mußte, war ganz verteufelt unsicher. Die Creeks, Seminolen, Choctaws und Komantschen lagen einander in den Haaren, bekämpften sich bis auf die Messerspitzen und behandelten dabei jeden Weißen als gemeinschaftlichen Feind. Es galt also, die Augen und Ohren offen zu halten. Mein Weg führte mich mitten durch das Kampfgebiet, und ich war ganz allein, also nur auf meine eigene Vorsicht und Ausdauer angewiesen. Sogar ein Pferd mangelte mir; die Companymänner hatten es mir abgeschachert, und ich war deshalb gezwungen, auf meinen alten Mokassins zu reiten. So hielt ich ungefähr immer auf Smoky-Hill zu und konnte nach meiner Berechnung nicht mehr weit vom Arkansas sein. Ich traf immer mehr Wasserläufe, die sich nach ihm hinzogen, und stieß auf allerlei Getier, das nur an den Ufern großer Flüsse zu finden ist.

So schritt ich durch den Wald und stieß ganz unerwartet auf die Spur menschlicher Tritte. Sie rührten von einem Weißen her, denn die Zehenteile der Fußstapfen standen auswärts und nicht, wie es bei einem Indianer der Fall gewesen wäre, einwärts. Ich folgte den Spuren mit der größten Vorsicht und blieb nach einer Weile verwundert stehen. Eine laute menschliche Stimme ertönte, und ich vernahm aus den Worten, daß eine zahlreiche Zuhörerschaft vorhanden sein müsse.

„So ist vorhin von dem Prokurator[1]) gesagt worden, Gentlemen und Ladies, die ihr vor dem Richterhof versammelt seid, um zu sehen und zu hören, in welcher Weise sich ein Mann, der des Mordes beschuldigt wird, auf der Anklagebank benimmt. Jetzt endlich komme auch ich, der Verteidiger dieses Mannes, an die Reihe und werde euch beweisen, daß er unschuldig ist. Denn das muß ich euch sagen, ich heiße Abraham Lincoln, und der ehrenwerte Sir, dem dieser Name gehört, nimmt nur dann das Mandat eines Klienten an, wenn er die Überzeugung gewonnen hat, daß damit nicht die Verteidigung eines Schurken verbunden ist — — —"

„Lincoln, Abraham Lincoln?" dachte ich. „Da brauche ich nicht zu zögern. Vorwärts, hin zu den Gent's und Ladies, mit denen er spricht!"

Ich schritt rasch voran. Wahrhaftig, da glänzte mir die helle Fläche des Stromes zwischen den Bäumen hindurch entgegen, und auf dem Wasser bemerkte ich die erste Stammlage eines angefangenen Floßes. Darauf stand Lincoln, nicht mit Gentlemen und Ladies, sondern ganz allein, hielt ein aufgeschlagenes Buch in der Linken und focht zur Begleitung seiner Rede mit der Rechten in der Luft herum, als wolle er die Schnaken und Libellen fangen, die über den Wogen spielten.

[1]) Staatsanwalt

Er bemerkte mich, als ich an das Ufer trat, ließ sich aber nicht im mindesten stören.

„Good day, Master Lincoln! Darf ich ein wenig hinüber zu Euch?"

„Wer ist das? By god, das ist Master Kroner, der sich um seine Braut geschossen hat! Bleibt noch zwei Minuten am Lande, damit ich meine Rede erst vollenden kann! Es kommt viel darauf an, daß ich sie fertigbringe, denn ich habe einen Unschuldigen zu retten, der einen Mord begangen haben soll."

„So fahrt fort! Ich werde mich bis dahin hier niedersetzen."

Ich kann euch sagen, Mesch'schurs, die Rede, die er hielt, war ausgezeichnet, und hätte die Sache auf Wirklichkeit beruht, so wäre der Mann sicher freigesprochen worden. Der ganze Vorgang kam mir keineswegs lächerlich vor, denn ich bemerkte gar wohl, daß Lincoln sich hier in der Wildnis auf das Amt eines Lawyer[1]) vorbereitete. Als er fertig war, sprang ich zu ihm hinüber. Er streckte mir die Hand entgegen.

„Welcome, Master Kroner! Wie kommt Ihr hierher zum alten Kansas?"

„War eine Zeitlang droben in Colorado und den Spanish Peaks, habe eine gute Bibererente gehalten und will nun hinunter zum Mississippi, um ein wenig nach Texas zu gehen."

„Ja, warum geht Ihr denn eigentlich nach dem Westen und bleibt nicht daheim auf Eurer Farm, wo es mir damals trotz der beiden Toten für mehrere Tage so wohl behagte?"

Ich erzählte ihm das Nötige. Er schüttelte mir darauf noch einmal die Hand.

„So ist es recht! Das Herzeleid ist ein schlimmer Gesell, und man darf sich nicht mit ihm an einem Ort fesseln

[1]) Rechtsanwalt

und zusammenbinden lassen, sondern man schafft es hinaus in das Weite, wirft es weg und kehrt dann als freier Mann zurück. Ich bin noch immer, was ich damals war: ich fälle Holz, wo es mich nichts kostet, und schaffe es dahin, wo ich einen guten Dollar dafür erhalte. Aber dieses soll mein letztes Floß sein, das ich zusammenhänge; dann gehe ich nach dem Osten und sehe, ob ich dort etwas Besseres zu schaffen vermag. Wäre ich hier fertig, so könntet Ihr mit mir fahren, leider aber werde ich noch gegen vierzehn Tage hier zubringen."

„Das tut nichts, Sir! Wenn es Euch recht ist, bleibe ich doch bei Euch. Einem Westmann kommt es auf eine Woche mehr oder weniger nicht an, und wenn Ihr mir erlaubt, Euch zu helfen, so werden wir in der halben Zeit fertig, was Ihr gewiß nicht für einen Schaden halten werdet."

„Mir ist es recht, wenn Ihr bleiben und ein wenig helfen wollt, denn das wird mir auch in anderer Beziehung von Nutzen sein. Die Indsmen schwärmen nämlich seit kurzem wie die Mücken hier umher, und da gelten zwei Männer mehr als einer, wie Ihr wohl wißt. Oder habt Ihr die Büchse immer noch fünf Minuten vor der rechten Zeit bei der Hand?"

„Keine Sorge, Sir! Tim Kroner ist ein besserer Kerl geworden und wird Euch keine Schande machen."

„Well, hoffe es! Aber an einer Axt fehlt es, wenn Ihr mit zugreifen wollt. Man müßte da hinunter nach Smoky-Hill gehen, um sie zu holen, und könnte da auch gleich etwas Munition mitbringen, die mir auf die Neige geht."

„Wie weit ist es hinab?"

„Zwei gute Tagreisen. Doch ließe sich die Sache auch besser und schneller machen. Man hängt noch ein Feld an das Floß, damit es mehr Widerstandskraft besitzt und sich besser regieren läßt, und fährt dann den Strom hinunter, was nicht ganz einen Tag erfordert. Die Stämme läßt man dort vor Anker und hängt sie später hinten an."

„So werde ich gehen und holen, was wir brauchen."

„Ihr? Könnt Ihr ein Floß regieren?"

„Wenn ich eines habe, ja, sonst aber nicht. Es wird ja klein genug werden und also nur einen Mann erfordern."

„Aber der Rückweg ist gefährlich, falls die Indsmen sich nicht in eine andere Richtung schlagen. Es wundert mich, daß sie mir hier noch keinen Besuch abgestattet haben."

„Es wird gehen, Sir; darauf könnt Ihr Euch verlassen!"

„Gut. So ruht Euch von der Wanderung aus; ich werde mich sofort an die Arbeit machen, denn morgen muß das Floß fertig sein!"

„Ich bin nicht müde, und werde helfen."

„Bounce! Ich sehe, daß Ihr ein brauchbarer Mann geworden seid. Come one also, ans Geschäft!"

Am anderen Morgen schon schwamm ich auf dem Wasser. Der Strom war immer frei, hatte ein gutes Gefälle, und so sah ich, als der Abend hereinbrach, das Fort vor mir liegen. Ich lenkte an das Ufer, befestigte meine Stämme und schritt auf die Einfassung zu, welche die festen Blockhäuser umgab, die man hier Festung nannte.

Ein Posten stand vor dem Eingang. Er ließ mich durch, als ich den Zweck meines Besuches angegeben hatte. Im ersten Hause zog ich nähere Erkundigung ein.

„Da müßt Ihr mit Colonel Deering, der hier befehligt, selber sprechen", wurde mir geantwortet. „Er befindet sich drüben im Offiziersgebäude."

„Wer wird mich melden?"

„Melden? Mann, Ihr befindet Euch nicht vor dem Weißen Hause in Washington, sondern beim letzten Posten vor der Indianergrenze; da treibt man nicht derlei überflüssige Allotria! Wer durch die Palisaden gelassen wird, darf seine Nase gerade dahin stecken, wo schon andere Nasen gewesen sind."

Ich schritt auf das mir bezeichnete Gebäude zu und trat durch die Tür in ein Wohnzimmer, in dem sich kein Mensch befand. Aber aus dem Nebenraum erklangen mehrere Stimmen und das Geräusch von Gold- und Silberstücken.

Die Tür war nur angelehnt. Ehe ich eintrat, wollte ich erst sehen, mit wem ich es zu tun bekam, und warf einen Blick durch die Spalte. Inmitten des Zimmers stand eine roh zubehauene Tafel, an der vielleicht zehn Offiziere verschiedener Grade saßen und beim Licht einiger Hirschtalgkerzen Karten spielten. Und gegenüber dem Colonel — wahrhaftig, er und kein anderer war es — da saß der Kanada-Bill vor einem mächtigen Haufen von Geld, Goldstaub und Klumpen und warf die drei Blätter hin und her, daß es eine Art hatte.

Sie spielten ‚Three carde monte'.

Keiner von den Männern konnte mich sehen; ich zögerte, einzutreten, und überlegte eben noch, wie ich den Bill begrüßen solle, als ich dieselbe blitzschnelle Bewegung bemerkte, mit der er schon damals die vierte Karte in den Ärmel geworfen hatte. Im Nu stand ich hinter ihm und hatte seinen Arm erfaßt.

„Verzeihung, Gentlemen, dieser Mann spielt falsch!" sagte ich.

Er wollte aufspringen, kam aber nicht dazu, denn während meine Linke seinen Arm gefaßt hielt, hatte ich ihm die Rechte so fest um den Hals geschnürt, daß ihm der Atem verging und er keine Bewegung erzwingen konnte.

„Spielt falsch?" fuhr der Oberst auf. „Beweist es!

Wer seid Ihr, und was wollt Ihr hier? Wie kommt Ihr in diesen Raum?"

„Ich bin ein Trapper, Sir, und komme, mir einiges aus Eurem Store zu nehmen. Ich kenne diesen Menschen sehr genau; er heißt William Jones oder, wenn Euch der andere Name vielleicht geläufiger ist, der Kanada-Bill."

„Der Kanada-Bill? Ist es wahr? Er nannte sich hier Fred Flater. Laßt ihn doch einmal los!"

„Nicht eher, als bis Ihr Euch überzeugt habt, daß ich die Wahrheit rede. Er spielt nicht mit drei, sondern mit vier Blättern."

„Wo ist das vierte?"

„Nehmt es ihm hier einmal aus dem Ärmel!"

Einer der Leutnants griff zu und brachte die Karte zum Vorschein.

„Zounds, Ihr habt recht, Mann, und wir sind Euch allen Dank schuldig, denn der Kerl hatte uns beinahe bis auf den leeren Tisch ausgesogen. Laßt ihn nun los; jetzt hat er es mit uns zu tun."

„Und auch so ein wenig mit mir, Gentlemen. Er hat mir zwei Personen erschossen, die mir die liebsten waren in meinem ganzen Leben, und soll jetzt stillhalten, bis ich mit ihm abgerechnet habe."

„Steht es so? Wenn Ihr Eure Behauptung beweisen könnt, so ist es um ihn geschehen!"

Ich ließ die Hand von ihm. Er war beinahe erwürgt und sog die Luft in hastigen, kurzen Zügen ein, ehe ihm das volle Bewußtsein seiner Lage zurückkehrte. Dann sprang er auf.

„Was wollt — — — —"

Er hielt mitten in seiner Frage inne; denn erst jetzt bekam er mich vor die Augen und hatte mich sofort erkannt.

„Was dieser Mann von Euch will, werdet Ihr zu

hören bekommen", meinte der Colonel. „Ihr seid William Jones, der Kanada-Bill?"

„Damn! Geht mir mit Eurem Kanada-Bill! Ich kenne ihn nicht und heiße Fred Flater, wie ich Euch ja längst gesagt habe."

„Auch gut! Der Name ist uns gleichgültig, denn nicht er, sondern die Tat wird gerichtet. Ihr habt falsch gespielt!"

„Ist mir nicht eingefallen, Sir! Oder haltet Ihr Euch oder diese Gentlemen etwa für Leute, bei denen man dergleichen Kunststücke wagen kann?"

„Wir sind ein ehrliches Spiel gewohnt, und in der Voraussetzung, daß Ihr kein Gauner seid, haben wir Euch nicht auf die Finger gesehen. Hätten wir gewußt, wen wir vor uns haben, so wäre Euch der Streich nicht gelungen."

„Hier kann von keinem Streich die Rede sein. Ich habe ehrlich gespielt."

„Und die Karte in Eurem Ärmel?"

„Geht mich nichts an; ich habe sie nicht hineingesteckt. Oder habt Ihr dies vielleicht gesehen, Colonel?"

„So ist sie Euch von selbst hineingeflogen!"

„Oder hineingesteckt worden. Wer mir den Arm gehalten hat, wird wohl wissen, wie sie hineingekommen ist!"

Ich konnte nicht anders, ich erhob den Arm und schlug ihm die Faust auf den Kopf, daß er auf den Stuhl niederfiel.

„Ihr führt einen guten Hieb, Master", meinte der Oberst lachend; „aber laßt das lieber sein; es gehört nicht notwendig zur Sache. Wir werden ihn schon zwischen die Hände nehmen, daß er genug bekommt."

„Ich verlange, daß Ihr mich gegen solche Angriffe schützt, Sir", meinte Jones, indem er sich langsam wieder emporzurichten versuchte. „Ich klage diesen Menschen an, mir die Karte in den Ärmel gezaubert zu haben."

„Ja, ganz dieselbe Karte, die Ihr uns einige Sekunden früher vorzeigtet. Laßt Euch wenigstens nicht auslachen! Was meint ihr, Kameraden: erkennt ihr diesen Master Jones oder Flater für schuldig?"

„Er hat falsch gespielt; daran ist kein Zweifel!" erklang es rund im Kreis.

„So laßt uns ihm sein Urteil geben, und das auf der Stelle!"

Sie traten beiseite, um zu beraten. Der Kanada-Bill verriet sich. Er warf einen Blick auf den noch vor ihm liegenden Geldhaufen und einen zweiten nach dem offenstehenden Fenster. Mit einem raschen Griff erfaßte er von den Münzen so viel, als er in der Schnelligkeit zu erlangen vermochte, dann sprang er zum Fenster. Aber schon hatte ich die Büchse erhoben.

„Stop, Master Jones! Noch einen Schritt und Ihr seid kalt!" rief ich ihm zu.

Er blickte sich um, sah, daß es Ernst war, und blieb stehen.

„Ich zähle bis drei; liegt dann das Geld nicht wieder an seinem Platz, so gebe ich Feuer. Eins —"

Er setzte den Fuß zögernd zum Tisch zurück.

„Zwei — —!"

Er legte das Geld zu dem anderen.

„So, jetzt setzt Ihr Euch nieder, und wartet ruhig, was geschieht!"

Ich ließ den Lauf des Gewehres sinken. Die Offiziere waren mit ihrer Beratung fertig und traten nun wieder herbei. Der Oberst reichte mir, abermals lachend, die Hand.

„Ihr seid ein ganzer Kerl, Master — — ja, wie nennt Ihr Euch denn eigentlich?"

„Tim Kroner ist mein Name, Sir!"

„Also, Master Kroner, Ihr seid ein ganzer Kerl.

Schade, daß Ihr nicht eine Stelle oder so etwas bei meinem Regiment habt." Und sich zu Jones wendend, fuhr er fort: „Ihr werdet für Eure Posse fünfzig gute Streiche auf die glatte Haut erhalten, Gem'man, und ich hoffe, daß sie Euch gut bekommen!"

„Fünfzig Streiche? Ich bin unschuldig und erkenne sie nicht an!"

„Well, Mylord, so erhaltet Ihr sie unschuldig; doch wenn Ihr sie habt, werdet Ihr sie wohl anerkennen müssen. Wollt Ihr aber nachher beim Präsidenten der Vereinigten Staaten dagegen Beschwerde erheben, so will ich Euch zu diesem Zweck einen Kreditbrief auf weitere fünfzig oder hundert schreiben. Leutnant Welhurst, nehmt den Mann hinaus auf den Hof, und sorgt dafür, daß er auch ganz und voll erhält, was er zu beanspruchen hat!"

„Ihr dürft Euch da ganz gehörig auf mich verlassen, Colonel!" meinte der junge Offizier, indem er auf Jones zutrat. „Go on, Mann; die fünfzig warten draußen!"

„Ich gehe nicht von der Stelle. Ich will mein Recht!" rief Jones.

Da fuhr der Oberst auf den Absätzen herum.

„Er ist nicht zufrieden mit seiner Ration, Leutnant. Gebt ihm zehn mehr, also sechzig! Ich kann das wohl sagen, weil ich die Verantwortung auf mich nehme. Und geht er auch nun nicht mit, so erhält er für jede Minute weitere zehn mehr!"

„Nun?" fragte der Leutnant mit drohendem Blick.

„Ich muß gehen; aber dieses ‚Three carde monte' werdet Ihr wohl nicht vergessen, denn ich werde mich an einen Richter wenden, an den jetzt keiner von euch denkt!"

Er schritt voran, und der Leutnant folgte mit gespanntem Revolver. Jetzt wandte sich der Oberst wieder zu mir.

„Was ist es mit dem Mord, Sir? Wenn Eure Beweise

gut sind, so bilden wir auf der Stelle eine Jury und geben ihm den Strick. Ihr wißt, auf welchem Territorium wir uns befinden, und daß ich das Recht habe, kurzen Prozeß zu machen."

Ich erzählte ihm das Nötige.

„Das steht auf schwachen Füßen, wie ich höre", meinte der Offizier. „Wir müssen entweder ein Geständnis oder wenigstens einen guten Zeugen haben, auf den man sich verlassen kann. Ich gebe Euch mein Wort: wenn ich ihn verhöre, so heißt er Fred Flater und kennt Euch nicht. Und gesehen habt Ihr ja nicht, daß der Kanada-Bill derjenige war, der geschossen hat; ja, Ihr könnt gar nicht einmal beweisen, daß er bei den Bushheaders gewesen ist. Ich werde mein möglichstes versuchen; das verspreche ich Euch; aber ich weiß genau, daß wir ihn laufen lassen müssen. Das andere ist dann allerdings Eure Sache. Sobald er und Ihr das Fort im Rücken habt, könnt Ihr ganz ungestört in Eurer Weise mit ihm sprechen!"

Nach einer Weile wurde der Kanada-Bill wieder hereingebracht. Sein Aussehen war ein entsetzliches. Mit blutunterlaufenen Augen stierte er im Kreis umher und schien die Züge jedes einzelnen seinem Gedächtnis einprägen zu wollen. Der Oberst begann das Verhör; es führte zu dem vorausgesagten Ergebnis.

„Gebt dem Mann alles wieder, was er bei sich trug, und schickt ihn dann unter sicherer Bedeckung stromabwärts fünf Meilen von dem Fort hinweg. Mag er Fred Flater oder William Jones heißen; er soll keinen Augenblick länger in unseren Grenzen bleiben!"

So lautete der Schlußbescheid des Colonels. Dann wandte er sich zu mir:

„Ihr seid unser Gast, solang es Euch beliebt, Master Kroner, und nehmt dann aus unserem Magazin unentgeltlich alles, was Ihr braucht. Oder wollt Ihr dem Mann sofort nach?"

„Ja, wenn Ihr ihn nach einer anderen Richtung geschickt hättet. Aber mein Maat wartet zwei Tagreisen stromauf von hier auf mich; ich muß zu ihm und werde, da die Sachen nicht anders gefallen sind, aufbrechen, sobald ich eine gute Axt und einige Munition bekommen habe. Der Kanada-Bill, so rechne ich, wird meine Spur schon wieder kreuzen!"

„Well, Sir, laßt ihn laufen! Solches Ungeziefer kommt sicher wieder vor den Schuß. Die Axt und Munition sollt Ihr haben, und weil Ihr unser Geld gerettet habt, stelle ich Euch ein Kanu mit sechs Ruderern zur Verfügung, die Euch bis morgen früh wohl über den Halbstrich Eures Weges hinausbringen werden. Das ist für Euch ein Vorteil und für sie eine Übung, die ihnen bei dem faulen Leben hier recht gut bekommen wird. Doch nehmt Euch vor den Indsmen in acht! Ich habe weite Außenposten stehen, die mir melden, daß unsere guten roten Brüder das Kriegsbeil ausgegraben haben."

Er war also schon gewarnt, und ich konnte meine Bemerkungen sparen. Kaum eine Viertelstunde später saß ich, mit allem Nötigen wohl versehen, schon in der Piroge[1]) und ließ mich von den sechs Männern im schnellsten Tempo gegen die Wogen des alten Arkansas rudern. Der Kanada-Bill war mir so schnell entgangen, wie ich ihn gefunden hatte; doch lag mir der brave Lincoln jetzt mehr am Herzen als er.

Ich bedurfte der Ruhe und schlief die ganze Nacht im Boot bis weit in den Morgen hinein, und als ich erwachte, bemerkte ich, daß die gute Hälfte meines Weges bereits zurückgelegt sei. Trotz meiner Mahnung setzten mich aber die Ruderer nicht eher an das Ufer, als bis ich ihnen sagte, daß ich unseren Lagerplatz nun noch am heutigen Tag erreichen werde. Dann kehrten sie um, und ich trat schwer bepackt meine Wanderung an.

Am späten Abend traf ich bei Lincoln ein. Er war

[1]) Ruderkahn

überrascht über meine schnelle Rückkehr und hörte meinem Bericht über das Geschehene mit außerordentlicher Teilnahme zu.

„Recht so, Tim Kroner, daß Ihr den Jones gehen ließet", sagte er. „Ihr trefft schon noch bei einer besseren Gelegenheit auf ihn. Wundern freilich sollte es mich, wenn er die Schläge hinnähme, ohne wenigstens einen Racheversuch zu machen. Es wird mir hier zu schwül; wir wollen fest an die Arbeit gehen, damit wie baldigst von hier wegkommen!"

Wir arbeiteten nun wie die Bären; Stamm um Stamm mußte fallen, und als die Woche vergangen war, hatten wir nur noch das Schlußfeld an das Floß zu fügen.

Ich war eine ziemliche Strecke landeinwärts gegangen, um gute, haltbare Bandruten zu schneiden, hatte ein hinreichendes Bündel zusammen bekommen und streckte mich zu einer kurzen Ruhe auf den Boden nieder. Es war so still rundum, daß ich jedes Blatt fallen hören konnte.

Da vernahm ich aus einiger Entfernung ein ganz leises Rascheln. Es war nicht in den Zweigen, sondern auf dem Boden. War es eine Schlange, ein sonstiges Kriechtier oder ein Mensch? Nur mit den Finger- oder Zehenspitzen den Boden berührend, kroch ich geräuschlos auf die Stelle zu, und was meint ihr, Gentlemen, was ich sah? Einen Indianer in voller Kriegsrüstung. Es war ein Choctaw, noch jung, denn ihr wißt ja, daß manche Stämme nur die jungen Leute, um deren Mut und ihre List zu erproben, zu Kundschaftern verwenden. Jedenfalls hatte er den Auftrag, das Ufer des Flusses abzusuchen. Er hatte noch keine von unseren Spuren bemerkt und wand sich mit ziemlichem Geschick durch die Büsche. Ich hatte schon manchmal eine rote Haut geritzt und wußte, daß ich ihn nicht entkommen lassen durfte, wenn ich nicht unser Leben auf das Spiel setzen wollte. Da galt kein Zögern. Ich zog das Messer, zwei Sprünge

— er wandte sich nach mir, gab dadurch die Brust frei, und in demselben Augenblick fuhr ihm die Klinge ins Herz.

Der arme Bursche konnte mich eigentlich dauern; er war ohne Kampf und auf seinem ersten Kriegspfad gefallen. Aber die Prärie ist eine grausame, unerbittliche Herrin, die keine andere Schonung kennt, als nur die eigene. Er war so gut getroffen, daß er nicht einen Laut hatte ausstoßen können. Ich ließ ihn liegen, nahm mein Bündel und eilte zu Lincoln.

„Habt Ihr ein wenig Zeit, Sir?" fragte ich ihn.

„Wozu?"

„Einen Indsman in das Wasser zu schaffen; ich traf ihn zwei Gänge von hier beim Spionieren und gab ihm das Messer."

Ohne ein Wort zu sagen, ergriff er die Büchse und folgte mir. Bei der Leiche angekommen, bog er sich zu ihr nieder.

„Tim Kroner, Ihr habt einen famosen Stoß. Hättet Ihr den Spion nicht getroffen, so wären wir verloren gewesen. Ich sehe nun, Ihr seid wirklich ein ganzer Mann geworden. Hier meine Hand; wir sind Freunde!"

„Topp! Für diese Ehre lasse ich sogar den Kanada-Bill laufen. Aber was nun?"

„Was nun? Sagt Eure Meinung, Tim; ich möchte sehen, ob Ihr das Richtige trefft."

„Wir machen das Floß, so weit wir es gebaut haben, ganz fertig; das erfordert keine halbe Stunde; dann sehen wir uns nach den Indsmen um, damit wir wissen, woran wir sind. Es ist möglich, daß sie das Fort überfallen wollen, und dann müssen wir den Colonel warnen."

„Richtig! Greift zu!"

Die Waffen des Indianers wurden unter Moos und Laub versteckt und er dann selbst so unter Wasser befestigt, daß der Leichnam nicht emporsteigen und vor der Zeit zum Verräter werden konnte. Dann ging es über das Floß her. Die Stämme des Schlußfeldes lagen bereit. Sie bekamen einstweilen Notbänder, da wir diese später mit festeren vertauschen konnten; die bereits fertigen Ruderstangen wurden befestigt; dann brachten wir alles auf Vorrat geschossene Wild nebst den vorhandenen Kien- und Feuerspänen auf das Floß und waren nun, wenn die Not eine schnelle Abfahrt erforderte, dazu bereit.

Jetzt kehrten wir zu der Stelle zurück, wo ich den Choctaw getroffen hatte, und verfolgten von hier an seine Fährte. Sie war sehr deutlich zu erkennen, was bei einem alten Krieger sicherlich nicht der Fall gewesen sein würde, und wir kamen daher, den Blick immer zur Erde senkend, schnell vorwärts.

So waren wir bereits weit über eine Stunde durch den Wald dahingeschritten. Da es allmählich zu dunkeln begann, fürchteten wir schon, daß wir die Spur nicht mehr erkennen und die Indianer nicht finden würden. Plötzlich bemerkten wir, daß wir uns nicht mehr im tiefen Forst, sondern innerhalb einer schmalen Waldzunge befanden, die sich tief in eine freie Grasfläche schob, die entweder eine größere Lichtung oder eine weite, einschneidende Savannenbucht sein mußte.

Draußen lagen die Gesuchten im Grase oder tummelten ihre Mustangs umher. Wir schätzten auf dreihundert Krieger, und da es nur Choctaws waren, konnten wir vermuten, daß die ihnen verbundenen Komantschen auch in der Nähe seien. Wir standen zwischen hohen Farnkräutern und konnten das ganze Lager überblicken. Die Roten hatten schon die Abendfeuer angezündet; sie wurden nicht in der unvorsichtigen Weise der weißen Jäger genährt, die Scheit auf Scheit türmen und so zwar viel Wärme, aber auch eine hohe, verräterische Flamme und dichten Rauch erzielen, sondern nach der vorsichtigen Indianersitte, daß man die Hölzer nur mit den

Spitzen in die Flammen legt und sie langsam, Rauch und Flamme regelnd, nachschiebt.

Ein Aasgeier kam über den Wald gezogen und begann, Beute witternd, seine Kreise über der Lichtung zu beschreiben. Einer der Indsmen erhob sich, richtete sein Gewehr empor, drückte los und traf so gut, daß der Raubvogel in einer immer enger werdenden Schnekkenlinie zur Erde fiel. Wer der Schütze war, sollten wir sofort hören, denn:

„Uff!" ertönte es da seitwärts von unserem Standpunkt. „Der Sohn des ‚Schwarzen Panthers‘ ist ein großer Krieger. Seine Kugel holt die Schwalbe aus den Wolken!"

Die Worte waren in jenem wunderlichen Gemisch von Englisch und Indianisch gesprochen, dessen sich die Rothäute bedienen, wenn sie mit einem Weißen sprechen. Es steckte also jemand ganz nahe bei uns im Gebüsch, und es war nicht eine, sondern zwei Personen, denn wir hörten gleich darauf eine andere Stimme in derselben Mundart antworten:

„Aber auch ein unvorsichtiger Mann. Der Kundschafter ist noch nicht zurück, und wir wissen nicht, ob sich etwa Feinde in der Nähe befinden, die durch den Schuß auf die roten Männer aufmerksam werden könnten."

„Ein Weißer!" flüsterte Lincoln. „Der Schuft ist ebenso unvorsichtig wie der Sohn des ‚Schwarzen Panthers‘. Er predigt ja so laut, daß man es drüben in San Francisco hören kann. By god, ohne das gute ‚Uff‘ wären wir den beiden ganz gemütlich in die Hände gelaufen!"

„Fürchtet sich mein weißer Bruder?" fragte der Indianer mit stolzem Ton. „Er ist zu uns gekommen, um uns das Haus des Kriegshäuptlings zu öffnen, und Manitou hat uns eine gute Medizin gesandt, die unsere Tomahawks scharf und unsere Messer spitz und sicher macht.

Das feste Haus der Weißen wird verbrannt, ihr Haupt skalpiert und ihr Pulver von uns genommen werden."

„Und jeder Offizier muß vorher hundert Streiche leiden; so hat es mir mein roter Bruder versprochen!"

„Der ‚Schwarze Panther' hat es gesagt, und er bricht nie sein Wort. Deine weißen Feinde sollen die Streiche erhalten. Aber der rote Mann kämpft nur mit der Waffe; er schlägt keinen Feind mit der Rute. Du mußt die Streiche selbst geben, Howgh!"

„Desto besser. Die Krieger der Komantschen kommen noch diese Nacht; dann sind wir stark genug, und wenn die Sonne noch einmal im Westen gesunken ist, wird das Fort vernichtet."

„Zounds, der Kanada-Bill!" meinte ich leise.

Lincoln nickte und nahm mich bei der Hand.

„Zurück und fort von hier! Wir könnten die beiden niederstechen, hätten aber damit nichts gewonnen, sondern viel verloren. Wir müssen sofort abfahren und den Colonel warnen. Wir kennen jetzt die Zeit des Überfalles, und das ist die Hauptsache. Der Tod dieser beiden Halunken würde eine Änderung darin hervorbringen, die uns nicht lieb sein kann."

Wir zogen uns leise und vorsichtig zurück und eilten, als wir außer Hörweite gekommen waren, mit raschen Schritten unserem Landeplatz zu. Wir wußten, daß nur ein Kundschafter ausgeschickt worden war; dieser war gefallen, und so hatten wir keine feindliche Begegnung zu fürchten.

Es war kaum eine Stunde vergangen, so schwammen wir bereits auf dem Wasser. Das Floß war viel größer als dasjenige, mit dem ich nach dem Fort gekommen war, und seine Führung nahm, besonders da es Nacht war, unsere ganze Kraft und Aufmerksamkeit in Anspruch. Doch ging die Fahrt glücklich vonstatten, und der Mittag war noch ziemlich fern, als wir bei Smoky-Hill anlegten.

Eine Abteilung Infanterie hielt in der Nähe des Wassers Schießübungen, die der Colonel selbst überwachte. Er erkannte mich, bevor ich noch das Land betreten hatte.

„Ah, Master Kroner! Braucht Ihr wieder Axt und Pulver?"

„Heute nicht, Sir, sondern wir kommen, weil ich denke, daß Ihr uns braucht."

„Ich euch? Wozu?"

Wir sprangen ans Ufer.

„Die Choctaws und Komantschen wollen heute nacht das Fort überfallen."

„Alle Teufel! Ist es wahr? Ich habe gewußt, daß sie sich in der Nähe umhertreiben, doch meinte ich, sie hätten mit den Creeks und Seminolen genug zu tun, denen sie noch vor drei Tagen ein hübsches Treffen geliefert haben, wie mir meine Leute berichteten."

„Der Kanada-Bill hat sie gegen Euch gehetzt."

„Wißt Ihr das genau, Mann? Dann ist er wieder stromauf gegangen, als ihn seine Bedeckung verlassen hat. Hätte ich dem Menschen doch die Kugel geben lassen! Erzählt!"

„Da seht Euch erst einmal meinen Maat an! Abraham Lincoln heißt er und ist ein Kerl, der es noch zu etwas bringen kann!"

„Well, Master Lincoln, will es Euch wünschen! Aber nun macht, daß ich die Hauptsache erfahre!"

Wir erzählten ihm das gestrige Abenteuer.

„Schön, gut!" lachte er, als wir zu Ende waren, in seiner sicheren, überlegenen Weise. „Ich danke euch, Mesch'schurs, für den Wink und werde ihn gehörig benutzen. Wollt ihr das mitansehen, oder schwimmt ihr weiter?"

„Wir bleiben hier, wenn Ihr es erlaubt, Sir. Ein seltenes Vergnügen darf man nicht versäumen."

„So kommt herein und macht es euch bequem!"

„Später!" meinte Lincoln. „Wir werden unser Floß eine halbe Meile weiter unten anlegen, damit es den Roten nicht vor die Augen kommt. Sie werden auf alle Fälle erst die Umgebung des Fortes absuchen, und da ist es nicht nötig, sie wissen zu lassen, daß jemand von oben herabgeschwommen ist. Sie könnten, da ihnen der Kundschafter verlorenging, Verdacht schöpfen."

Dieses durch die Vorsicht gebotene Vorhaben wurde ausgeführt; dann kehrten wir zum Fort zurück, wo bereits alle Vorkehrungen zum Empfang der Rothäute im Gang waren. Die Außenposten wurden eingezogen, um den Indianern das Anschleichen so leicht wie möglich zu machen, die vier Kanonen mit Kartätschen geladen, und jeder Mann erhielt außer der Doppelbüchse oder dem zweiläufigen Karabiner eine Pistole und ein scharfes Bowiemesser. Die Offiziere waren ohne Ausnahme jeder mit mehr als einem Revolver bewaffnet. Es galt, die Feinde gleich beim ersten Angriff mit möglichst viel Schüssen zu begrüßen.

Wir saßen am Abend mit an der Offizierstafel, und es war erstaunlich, was Lincoln in der Unterhaltung für ausgezeichnete Kenntnisse entwickelte. Trotz seiner Bescheidenheit schlug er einen der Gentlemen nach dem anderen, und als die Rede dann auf den Überfall kam, meinte er:

„Die Hauptsache wäre, sie nicht bloß zu empfangen, sondern in der ersten Verwirrung mitten unter sie hineinzufahren. Ich rechne, wenn wir erfahren könnten, wo sie die Pferde lassen, so sind sie auf alle Fälle verloren. Ihr habt eine Anzahl Dragoner zur Verfügung, Colonel; laßt diese Leute nach der ersten Salve aufsitzen und sich der Pferde bemächtigen, oder — bounce, da kommt mir ein Gedanke! Habt Ihr Raketen oder sonst ein Feuerwerk bei der Hand, vielleicht einige Schwärmer?"

„Die könnt Ihr haben, Sir. Was wollt Ihr damit?"

„Die Pferde versprengen. Tim, geht Ihr mit?"

„Natürlich!" antwortete ich.

„So brauche ich weiter keinen, Colonel. Besorgt das Zeug und laßt uns dann hinaus!"

„Das könnt Ihr doch unmöglich wagen!"

„Pshaw! Man hat noch andere Dinge zu wagen als das. Eine Lunte oder zwei müssen wir haben, um uns nicht durch Feuerschlagen zu verraten."

Aus Rücksicht auf uns wollte man nicht auf diesen Vorschlag eingehen; Lincoln überwand alle Bedenken, und bald schlichen wir, jeder mit einer Lunte und den nötigen Feuerwerkskörpern versehen, hinaus in den Wald.

Die Aufgabe, die wir uns gestellt hatten, war schwer und gefährlich, aber mit einiger Vorsicht konnte ihre Lösung gelingen. Es war anzunehmen, daß die Roten ihre Pferde nicht im Walde anhobbeln, sondern im Freien unter der Aufsicht einiger Leute zurücklassen würden; darum wandten wir uns so bald wie möglich nach rechts, wo sich eine Reihe von Lichtungen, wie kleine Binnenseen, in den Forst hineinzog.

Als wir am Rand der ersten dahinglitten, faßte der voranschreitende Lincoln plötzlich meinen Arm und zog mich in das Gebüsch. Er hatte sehen können, was seine Gestalt mir verdeckte: ein Indianer kam im Schatten der Bäume dahergeschlichen, neben ihm ein Weißer.

„Der Kanada-Bill mit dem ‚Schwarzen Panther'", flüsterte mein Gefährte.

Es war so dunkel im Schatten, daß man das Gesicht von Jones nicht deutlich erkennen konnte, aber es verstand sich von selbst, daß es kein anderer war. Die beiden gingen als Beobachter voran. In einiger Entfernung von ihnen bewegte sich eine unabsehbare Schlange von Indsmen, immer einer hinter dem anderen, und wir mußten eine sehr lange Zeit warten, bis der letzte vorüber war.

„Ein schöner Zug, Tim! Erst die Choctaws und dann

die Komantschen, zusammen wenigstens sechshundert rote Felle. Der Colonel wird einen harten Stand bekommen und wir nicht minder. Ich hoffe, daß unser Feuerwerk ausreicht."

Wir setzten unseren Weg fort und hatten kaum den Rand der zweiten Lichtung erreicht, so sahen wir im Halbdunkel der Sternennacht, was wir suchten. Mitten auf dem freien Platz lag eine dunkle Masse. Es waren die Pferde.

„Nur die von dem einen Stamm. Der andere wird die seinen weiter hinten gelassen haben. Komm!" sagte Lincoln.

Wieder ging es vorwärts bis zu der dunklen Ecke, hinter der sich die nächste Lichtung verbarg.

„Well, dort sind die anderen, und auch die Wächter dabei, hier drei Mann und dort vier. Denkt Ihr, daß wir an sie herankommen können?"

„Warum nicht? Das Gras ist hoch, und wenn wir ihnen den Wind abgewinnen, so daß uns die Tiere nicht verraten, so wird es gehen."

„Der Indsman überfällt den Feind am liebsten gegen Morgen; diese aber dünken sich so sicher und stark, daß sie schon jetzt beginnen. Ich rechne, sie sind bereits in der Nähe des Fortes angekommen; wir können also anfangen. Aber, Tim, nur Messer und Tomahawk darf arbeiten; nur keine laute Waffe!"

Er legte sich zu Boden und wand sich, unsichtbar und geräuschlos wie eine Schlange, durch das Gras. Ich folgte dicht hinter ihm. Wir kamen den drei an der Erde sitzenden Indianern so nahe, daß wir beinahe ihren Atem zu hören vermochten. Ein kleines Hufgefecht zwischen zwei Pferden verursachte ein Geräusch, das es uns ermöglichte, bis auf Griffweite an den Rücken der ahnungslosen Männer zu kommen. Ich sah das Messer Lincolns blitzen, nahm auch das meine zwischen den Zähnen hervor und stieß zu. Zwei waren still.

„Ugh!" rief der dritte, emporspringend, sank aber sofort, von dem Tomahawk Lincolns getroffen, wieder zusammen.

„Tot, alle drei! Tim, der Handel fängt nicht unrecht an. Nun zu den vier da drüben! Vorwärts!"

Dieses Mal wurde es uns nicht so leicht. Wir mußten, um den Wind gegen uns zu bekommen, einen Umweg machen, und da einer von den vier Männern aufrecht stand, so konnten wir von ihm leicht bemerkt werden. Unter Anwendung aller Vorteile kamen wir dennoch immer weiter an sie heran und — ja, da erscholl aus weiter Ferne ein satanisches Geheul, dem ein fürchterlicher Schwall von Schüssen folgte. Die Indianer hatten ihren Angriff auf das Fort begonnen.

„Jetzt ist alles gleich, Tim", flüsterte Lincoln. „Nehmt den Revolver; aber keiner darf entkommen. Go on!"

Im nächsten Augenblick war er mitten unter ihnen, ich an seiner Seite. Vier leichte Knalle, einige nachhelfende Hiebe und Stiche, und wir waren auch hier Herren des Platzes.

„Das ging! Jetzt brauchen wir weder Lunte, noch Feuerwerk, Tim, um ein Meisterstück auszuführen, von dem man hier noch lange erzählen soll. Es sind Indianerpferde, merkt es wohl, und gewohnt, eines hinter dem anderen zu gehen. Schnell die Riemen an die Schwänze!"

Das war allerdings ein Gedanke, den nur ein Lincoln haben konnte, aber er kam nicht zur Ausführung, denn wir vernahmen jetzt die tiefen Stimmen der Kanonen und gleich darauf einen hundertstimmigen Schrei, der uns vom Stand der Dinge unterrichtete.

„Es ist keine Zeit dazu; sie fliehen und werden gleich hier sein. Heraus mit den Schwärmern! Springt schnell zur anderen Herde! Ihr braucht die Tiere gar nicht loszupflöcken, sie reißen sich selbst los. Da drüben bei den Hickorys treffen wir uns!"

Ich eilte zu der ersten Pferdetruppe zurück, riß Feuerzeug und Lunte heraus, setzte die Zünder in Brand und warf dann alles mitten unter die Tiere hinein. Als ich zu den Hickorys kam, wartete Lincoln schon auf mich.

„Paßt auf, Tim; es wird gleich losgehen!" lachte er.

Beide Herden ließen ein verdächtiges Schnauben hören; die Tiere erkannten am Geruch die Gefahr. Da prasselte, knallte und sprühte es los, erst drüben, dann hüben; im Funkenregen sahen wir die glühenden Augen, schnaubenden Nüstern und gesträubten Mähnen der erschreckten und an den Lassos zerrenden Tiere. Dann bäumte es sich empor mit aller Kraft, wogte erst ratlos hin und her, bis es im vollen enggeschlossenen Trupp ausbrach und in der Richtung gerade nach dem Fort zu dahinsauste.

„Herrlich, prächtig, Tim! Sie reißen, stürmen und treten ihre eigenen Herren nieder, von denen sicher kein einziger wieder zu seinem Tier kommt. Ich wette, sie werfen sich in den Fluß und werden dann vom Fort aus leicht gefangen!"

Wir konnten jetzt nichts Besseres tun, als uns im Gebüsch verbergen. Augen und Ohren blieben offen, und wenn wir auch nichts zu sehen vermochten, so hörten wir desto mehr: das Wutgeheul der enttäuschten Indsmen, die statt ihrer Pferde die Leichen der Wächter fanden, den Galoppschlag der Dragoner, die hinter den Fliehenden hergestürmt kamen, das Krachen der Karabiner und Pistolen, das sich nach und nach in die Ferne verlor, und dann zuweilen ein leises Rascheln, das von einem Flüchtling herrührte, der sich in das Dickicht geworfen hatte.

Erst als der Morgen zu grauen begann, verließen wir unser Versteck und traten auf die Lichtung, wo die Leichen der Getroffenen lagen. Um das Fort herum sah es wie auf einem Schlachtfeld aus; Indsman lag an Indsman, getroffen von den Kugeln der Soldaten, deren jeder hinter den Palisaden seine zwei, drei Mann aufs

Korn genommen hatte, und vor dem Tor lag ein entsetzlicher Haufen von Leichen und zerrissenen Gliedern hochaufgetürmt; das hatten die Kartätschen getan.

Der Colonel empfing uns strahlenden Blickes.

„Kommt herein in den Hof, wenn ihr euer Werk sehen wollt! Ich glaubte euch beinahe verloren, da ihr so spät eintrefft. Seht hier den Leichenturm! Das ist das Werk des Kanada-Bill, denn kein anderer hat die Roten verführt, einen geschlossenen Angriff zu unternehmen, als der erste Anprall so glanzvoll abgewiesen wurde.“

„Ist er unter den Toten?“

„Hier nicht; er müßte sich weiter draußen finden.“

Im Hof stand eine ganze Herde eingefangener Indianerpferde.

„Schaut her, Mesch'schurs, euer Eigentum, das ich euch abkaufen werde, wenn ihr die Tiere nicht mit auf das Floß nehmen könnt. Ich glaube, die Roten lassen es sich nicht gleich wieder einfallen, Smoky-Hill anzugreifen; und das haben wir euch zu verdanken, ohne die wir wohl verloren gewesen wären. Kommt herein, damit ihr seht, wie hoch wir den Gewinn bei diesem ‚Three carde monte‘ rechnen können!“ — — —

3. Der Brandstifter

Wieder machte der Erzähler eine Pause, tat einen tiefen Zug aus seinem Glas, das ihm inzwischen wieder gefüllt worden war, sah seine Zuhörer einen nach dem anderen an, nickte und fuhr dann fort:

„Wißt ihr, Gentlemen, was ein gutes, schnelles und ausdauerndes Pferd für den Präriemann zu bedeuten hat? Nehmt dem Luftschiffer seinen Ballon und dem Seemann sein Schiff, und beide haben aufgehört, zu sein. Ebenso ist auch ein Savannenjäger ohne Pferd undenkbar. Und welch ein Unterschied besteht ebensowohl unter den Schiffen als auch unter den Pferden! Pshaw, ich will euch darüber keine Rede halten; aber wenn ich euch sage, daß ich eines der besten Pferde der weiten Steppe jahrelang zwischen den Leggins gehabt habe, so werdet ihr wissen, was ich meine. Ich habe es gehalten wie mich selbst, ja weit besser noch; wir hatten einander nicht nur ein- oder etlichemal das Leben zu verdanken, und als es endlich unter der Kugel eines roten Halunken stürzte, habe ich es begraben und den Skalp seines Mörders dazu gelegt, wie es sich schickt für einen Westmann.

Und von wem ich es hatte, fragt ihr? Von wem anders als von dem ‚Schwarzen Panther‘ damals in Smoky-Hill! Es befand sich unter den eingefangenen Tieren, hatte eine dunkle Pantherdecke auf dem Rücken und die Mähne voll eingeflochtener Adlerfedern, Beweis genug, daß es das Tier des Häuptlings gewesen war. Ich bestieg es und bemerkte, daß es die feinste indianische Dressur hatte, die ich jemals gefunden habe. Darum konnte ich mich nicht wieder von ihm trennen, brachte es auf das Floß, wo ich ihm einen guten und trockenen Stand herrichtete, und nahm es dann, als wir den Mississippi erreichten und ich mich von Lincoln trennte, unter den Sattel. Da hat es sich so bewährt, daß mich alle Welt um den ‚Arrow‘[1]) beneidete, wie ich den Hengst nannte.

Ich ging nach Texas, trieb mich einige Jahre in Neu-Mexiko, Kolorado und Nebraska umher und ritt dann sogar nach Dakota hinauf, um mich ein wenig mit den Sioux herumzuschlagen, von denen selbst der schlaueste Trapper noch Klugheit lernen kann.

Da kam ich an den Black-Hills mit einigen Jägern zusammen, von denen ich eine sehr frohe Nachricht erhielt. Als wir nämlich abends um das Feuer lagen und uns dort ein saftiges Stück Büffellende brieten, kam das Gespräch auf dies und jenes. Da meinte einer der Männer:

„Kennt ihr die Hochebene, die sich von Yankton am Missouri rechts vom Flusse gerade nach Norden zieht und sich dann in die Hudson-Bai-Länder steil hinunterwirft? Man nennt sie das côteau du Missouri!"

„Warum sollte man das côteau nicht kennen? Freilich wagt sich niemand gern hinauf in die finsteren, steilen Bluffs und Schluchten, wo Redman, Bär und Luchs die Herrschaft führen und man nichts erjagen kann als einen elenden Skunk oder eine Wildkatze, die keinen Nutzen bringt."

„Und dennoch bin ich droben gewesen und habe etwas gefunden, was ich dort nicht gesucht hätte, nämlich eine der schönsten Ansiedlungen, die es in den Vereinigten Staaten gibt."

„Wie? Da droben? Auf dem wilden côteau?"

„Ja, dort oben; wie sie hinaufgekommen ist, das geht mich nichts an. Ich habe drei Tage daselbst geweilt und

[1]) Pfeil

habe eine Gastfreundschaft genossen, wie selten einer. Man hat mich gehalten wie den Präsidenten selbst."

„Wie hieß er denn, Euer gastlicher Wirt?"

„Guy Willmers. Nicht wahr, ein ganz absonderlicher Name? Aber der Mann selbst ist schöner, ein Mulatte zwar, aber ein Kerl wie ein Bild. Und seine Frau, die er Betty nennt, stammt aus Germany drüben. Ihr Vater, ein Master Hammer, hat drunten am Arkansas gewohnt und viel Herzeleid erfahren. Die Bushheaders haben ihm eine Tochter ermordet und — — —"

Ich sprang empor.

„Guy Willmers —? Ein Mulatte —? Fred Hammer — nicht wahr, Fred hieß der Mann?"

„Ja, Fred Hammer, eine lange, breitschulterige Gestalt mit schneeweißem Kopf- und Barthaar. Aber, was ist mit Euch? Kennt Ihr vielleicht diese Leute?"

„Ob ich sie kenne? Besser als euch alle! Fred Hammer wohnte neben uns, und Mary, seine älteste Tochter, war meine Braut; sie wurde mir von den Bushheaders geraubt und, als wir die Bande verfolgten, mit meinem Vater von dem Kanada-Bill erschossen."

„Das stimmt, das stimmt! So seid Ihr also der Tim Kroner, von dem mir Willmers so viel Gutes erzählt hat?"

„Der bin ich! Ich ging dann in die Prärie und fand, als ich nach Jahren einmal zurückkehrte, fremde Leute auf der Stelle."

„Fred Hammer hat gut verkauft und später ein Geschäft in St. Louis gehabt. Guy Willmers ist für ihn gereist und dabei einmal auf das côteau gekommen, wo er sich niedergelassen hat. Seine Verwandten sind ihm nach und nach dahin gefolgt. Freunde kamen hinzu, und das Settlement war entstanden. Ihr müßt sie besuchen, Master Kroner, und werdet damit eine heillose Freude anrichten, das kann ich Euch versichern!"

„Zounds, ich will gespießt und gebraten werden wie

dieses Stück Büffellende, wenn ich nicht gleich morgen früh aufbreche! Ich habe die Black-Hills satt und will einmal hinauf zu den Redmen, Luchsen und Bären."

„Vorher aber müßt Ihr die Geschichte von den Bushheaders erzählen. Der Kanada-Bill soll kürzlich in Des Moines gewesen sein und zwölftausend Dollars im ‚Three carde monte' gewonnen haben. Ein ganz verteufeltes Spiel, wie mir scheint, viel schlimmer noch als das gewöhnliche Monte, das man in Mexiko und da herum treibt."

„Mich kostete es viel mehr als einen ganzen Berg voll silberne Dollars. Und wie das zugegangen ist, nun, well, Ihr sollt es hören!"

Ich erzählte die Geschichte, und dann wickelten wir uns in unsere Decken, stellten die erste Wache aus und machten die Augen zu. Aber ich konnte keine Ruhe finden. Der Gedanke an Fred Hammer, Betty und Guy Willmers ging mir im Kopf herum; die alten Bilder waren in neuer Frische wieder erwacht, und als endlich doch ein kleiner Schlummer über mich kam, träumte ich vom fernen Arkansas, von den beiden kleinen Farmen, von Vater und Mutter, von Mary, die vor mir stand in der ganzen Schönheit und Güte, wie ich sie früher gesehen hatte. Auch der Kanada-Bill war dabei; er wollte mich erwürgen, und als er nach mir faßte, erwachte ich.

„Tim Kroner, Ihr habt die letzte Wache. Die Zeit ist da, wie mir scheint!"

Es war der alte Fallensteller gewesen, der meinen Arm ergriffen hatte; aber, ich sag' es euch, ich hätte viel darum gegeben, wenn ich wirklich den William Jones vor mir gehabt hätte!

Ich hatte mir, um früh zum Aufbruch gerüstet zu sein, mit Vorbedacht die letzte Wache geben lassen. Als sie vorüber war und ich die Leute weckte, erkundigte ich mich bei dem Trapper nach dem Weg, den ich einzuschlagen hatte.

„Ihr reitet immer geradeaus nach Osten zum Missouri, geht da, wo der Green-Fork einmündet, über das
Wasser und haltet Euch dann am rechten Ufer stromauf. Das côteau tritt in hohen Vorgebirgen, die wie
riesenhafte Kanzeln aussehen und leicht zu zählen sind,
an das Tal des Flusses heran. Zwischen der vierten und
fünften Kanzel steigt Ihr empor und durchschneidet nach
Norden zu einen zwei Tagereisen langen Urwald; dann
kommt eine weite Büffelgrasprärie, durch die Ihr in
derselben Richtung geht, vielleicht vier Tage lang, bis
Ihr auf einen kleinen Fluß stoßt, an dessen Ufern
Willmers wohnt."

„Was für Redmen gibt es in der Gegend?"

„Sioux, meist vom Stamm der Ogellallah. Das
schlimmste Volk, das ich kenne. Doch kommen sie nur
zur Zeit der Frühlings- und Herbstwanderung der
Büffel hinauf. Jetzt ist es Hochsommer, und Ihr seid
vielleicht vor ihnen sicher. Sie werden sich zwischen
den Platte-River und Niobrara zurückgezogen haben."

„Ich danke Euch und werde Euch, wenn wir uns
irgendwo wiederfinden sollten, von diesem Ritt erzählen."

„Schön! Grüßt die braven Leute von mir, denen ich
ihr Glück von Herzen gönne!"

Ich nahm Abschied von der Gesellschaft, bestieg
meinen Arrow und wandte mich dem Osten zu. Der
Mann hatte mich richtig gewiesen. Am Green-Fork
schwamm ich über den Missouri und sah die einzelnen
hohen, runden Bergmassen, zwischen denen tief geklüftete wirre Täler zur Höhe führten. Als ich den
vierten Riesen hinter mir hatte, bog ich rechts ein. Die
Schlucht war so von herabgestürzten Felsblöcken, Steingeröll und umgestürzten, halb faulen und von allerlei
Schlinggewächsen überwucherten Baumstämmen ange

füllt, daß ich meine Mühe und Not hatte, mit dem Pferd vorwärtszukommen, und ich dankte es meinem guten Tomahawk, mit dem ich mir den Weg hauen mußte, daß ich endlich die hohe Ebene erreichte.

Hier befand ich mich mitten im prächtigsten Urwald, der keine Spur von Unterholz zeigte, so daß ich schnell vorwärts kam. Ich brauchte mit meinem wackeren Arrow nicht ganz zwei Tagereisen, um die Prärie zu erreichen, vor der ich erst haltmachte, um mich mit Dürrfleisch zu versehen; denn ich wußte nicht, ob ich auf der Savanne ein jagdbares Wild antreffen würde.

Als dies geschehen war, ging es frisch dem Norden zu. Der erste Tag verging ohne ein besonderes Ereignis, der zweite ebenso. Am dritten Morgen hatte ich mich nicht gar zu früh aus der Decke gewickelt und stand eben im Begriff, Arrow den Sattel aufzulegen, als ich in der Ferne einen Reiter bemerkte, der auf meiner Fährte dahergeritten kam.

Wer konnte der Mann sein, der Gründe hatte, diese abgelegene Savanne zu durchreisen? Ich lockerte, mehr aus alter Gewohnheit als aus gebotener Vorsicht, Messer und Revolver und erwartete ihn im Sattel. So war ich auf alle Fälle gerüstet.

Je näher er kam, desto deutlicher konnte ich die Einzelheiten seiner hohen, breiten Figur unterscheiden. Er ritt einen sehr langbeinigen Klepper, der einen außerordentlich großen Kopf, aber einen desto kleineren und höchst ärmlich behaarten Schwanzstummel hatte; doch vollführte das Tier einen Schritt, vor dem man alle Achtung haben mußte. Auf dem Kopf trug er einen Filzhut mit unendlich breiter Krempe; der Leib steckte in einem engen Lederkoller, dessen einfacher Schnitt keine Bewegung hemmte, und die Beine in einem Paar Aufschlagstiefel, die bis an den Leib herangezogen waren. Über die Schulter hing die Doppelbüchse und an dem Gürtel der Pulver-, Schrot-

und Mehlbeutel; ein Revolver hing neben dem Bowie-
messer, und außerdem waren dort zwei sonderbare
Gegenstände angebracht, die sich später als eiserne
Handschellen erwiesen.

Das Gesicht konnte ich wegen der breiten Hut-
krempe nicht erkennen. Ich ließ ihn bis innerhalb
Schußweite herankommen und erhob dann die Büchse.

„Stop, Master! Was tut Ihr hier in dieser Gegend?"
Er hielt das Pferd an und lachte.

„Heigh-day, das ist ein Spaß! Tim Kroner, alter
Waschbär, wollt Ihr mich etwa erschießen?"

„Alle Wetter, diese Stimme sollte ich kennen", erwiderte ich, indem ich das Gewehr sinken ließ. „Aber
der verfluchte Hut ist mir im Wege. Abraham Lincoln,
seid Ihr es wirklich, der hier auf solch einem Ziegenbock in den Morgen hineinreitet?"

„Freilich bin ich es, wenn Ihr nichts dagegen habt.
Darf ich hin zu Euch?"

„Kommt her und sagt, was Ihr hier treibt!"

„Erst muß ich wissen, was Euch auf Eurem Arrow
in diese schöne Gegend führt!"

„Ich will einen Bekannten suchen."

„Einen Bekannten? Wer ist es?"

„Ratet!"

„Ah, vielleicht Guy Willmers, der da vorne in einem
Bluff wohnt?"

„Good lack, Ihr kennt ihn?"

„Persönlich nicht, aber Ihr habt mir ja den Namen
von Fred Hammers Schwiegersohn in Smoky-Hill genannt."

„So habt Ihr gewußt, daß Fred Hammer nach dem
côteau du Missouri gezogen ist?"

„Nein. Ich weiß, daß ein Fred Hammer hier wohnt;
doch daß es der unserige ist, ahnte ich erst, als Ihr von
einem Bekannten spracht, denn da fiel mir auch der
Name Guy Willmers wieder ein."

„Well, also zu ihnen will ich. Und Ihr?"

„Auch zu ihnen."

„Was —? Auch —? Was wollt Ihr dort?"

„Das ist ein Geheimnis, doch Euch kann ich es sagen. Aber nehmt die Zügel und kommt vorwärts! Seht mich einmal an. Wofür haltet Ihr mich?"

„Hm, für den tüchtigsten Kerl zwischen Neuschottland und Kalifornien."

„Das ist eine sehr überflüssige Antwort. Ich meine das Gewerbe?"

„Laßt raten, wen Ihr wollt, nur mich nicht! Ich schlage lieber einen Büffel nieder, als daß ich ein Rätsel auseinanderschieße."

„Nun, seht Ihr nichts an mir, was sonst wohl nicht zu einer Trapperausrüstung gehört?"

„Ja, hier die beiden Mausefallen. Ich glaube gar, Ihr seid Policeman geworden!"

„So eigentlich nicht; aber wenn es Euch recht ist, so könnt Ihr mich für einen Lawyer halten, der bereits einen kleinen Namen hat. Ihr habt mich am alten Kansas mit dem Gesetzbuch und bei der Rede getroffen; das war meine Universität, und, schaut, ich habe sie nicht umsonst besucht! Schon anno 1836 ließ ich mich in Springfield als Lawyer nieder."

„Ein Lawyer also! Ja, ich hab' es gewußt, daß Ihr einen guten Weg emporsteigen würdet, und glaube, Ihr werdet auch auf dem jetzigen Punkt nicht lange stehen bleiben. Doch was hat der Lawyer mit Eurem Ritt zu tun?"

„Sehr viel! Der Westmann mit seinem scharfen Spürsinn steckt noch im Lawyer, und da ist es mir einige Male gelungen, ganz besonders abgefeimten Verbrechern, die selbst dem geschultesten Policeman gewachsen waren, das Handwerk zu legen. Nun hat sich da unten in Illinois und Jowa ein ausgefeimter Loafer den Spaß gemacht, verschiedene Geld- und Verwaltungsgrößen gehörig an der Nase zu führen, und weil ihn kein Detektiv bisher zu fangen vermochte, ist mir der schöne Auftrag geworden, ihn zu suchen und ihn womöglich lebendig der Gerechtigkeit zu überliefern. Dieses ‚womöglich' gibt mir die Erlaubnis, nach Befinden Gebrauch von der Waffe zu machen."

„Wie heißt der Kerl?"

„Er trägt einige Dutzende von Namen, von denen man nicht weiß, welcher der richtige ist. Seinen letzten Geniestreich, die Fälschung bedeutender Wechsel, hat er in Des Moines ausgeführt. Von da schien seine Spur nach dem côteau zu gehen und ich vermute, daß er sich zu Guy Willmers gewendet hat."

„Heigh-ho, das sollte ihm nicht gut bekommen! Ich hoffe, wenn er dort zu finden ist, werde ich ein Wörtchen mit ihm sprechen. Der Kanada-Bill wird es doch nicht sein?"

„Nein. Warum?"

„Weil dieser zuletzt in Des Moines gesehen wurde, wo er zwölftausend Dollars gewonnen haben soll."

„Ich weiß es. Er ist von dort spurlos verschwunden und wird, wie immer, an einem anderen Ort wieder auftauchen, wo man ihn am wenigsten vermutet. Er ist ein ganz gefährlicher Mensch, und zwar besonders deshalb, weil man ihm das Spiel nicht verbieten kann und er seine anderen Streiche in einer Weise vollführt, daß man keine Handhabe findet. Es sollte mich wundern, wenn wir ihm nicht begegneten, denn sooft wir beide uns getroffen haben, ist es gewesen, mit dem wir es zu tun hatten."

Der Ritt wurde nun in Gemeinschaft fortgesetzt. Wir hatten noch ein Nachtlager hinter uns zu legen und mußten dann dem Flusse nahe sein.

Es war allerdings vor uns nichts zu sehen als die weite, ebene Prärie, doch nach einiger Zeit bemerkten wir einen Dunststreifen, der sich von Ost nach West über die Savanne zog; wir kamen ihm schnell näher, und als wir ihn erreichten, hielten wir auch am Ufer des Flusses, an dem sich eine lange Reihe von Häusern hinzog. Oben, einige hundert Pferdelängen vom Wasser entfernt, stand neben umfangreichen Scheunen ein auffallend schönes Wohngebäude; weiter unten sah ich hart am Wasser eine Anzahl kleiner Häuschen, die jedenfalls als Arbeiterwohnungen dienten. Wo das Auge nur hinblickte, waren Sauberkeit und Wohlstand wahrzunehmen.

„Good-luck, hier ist es!" sagte Lincoln; er schnallte die Handschellen vom Gürtel los und fuhr fort:

„Ich will die Armspangen nun unter die Decke nehmen. Es ist nicht notwendig, daß sie verraten, weshalb ich komme."

Als wir das Haus erreichten, trat ein Arbeiter aus der Tür.

„Good day, Mann! Ist hier der Ort, wo ein Master Willmers wohnt?" fragte Lincoln.

„Yes, Master. Geht nur hinein. Die Gent's und Ladies sitzen soeben beim Essen!"

Wir pflockten die Pferde an und traten ein. Im Speisesaal saßen Fred Hammer, Guy Willmers und Betty; ich erkannte sie sofort wieder. Zwei junge Ladies, die dabei waren, mußten die Töchter sein, zwischen denen ein mir fremder Gentleman saß. Willmers erhob sich.

„Nur näher, Mesch'schurs! Was bringt ihr uns?" fragte er.

„Einen ganzen Kürbis[1]) voll Grüße von einem gewissen Tim Kroner, wenn ihr den Mann vielleicht kennt", antwortete ich.

„Von unserem Tim? Das ist — — heigh-ho, du bist es ja selber, alter Bär! Beinahe hätte ich dich nicht wiedererkannt. Die Prärie hat dir einen Bart gemacht,

---

1) Trapperausdruck für „sehr viel"

daß nur die Nasenspitze zu erkennen ist. Welcome tausendmal! Hier, gib auch den anderen deine Hand!"

Na, das wurde ein Empfang, mit dem ich herzlich zufrieden sein konnte! Ich wurde beinahe erdrückt und fand kaum Zeit, an meinen Gefährten zu denken:

„Und hier habe ich euch einen mitgebracht, den ihr auch noch kennen müßt. Oder habt ihr Abraham Lincoln vergessen, der uns damals hinter den Bushheaders herführte?"

„Abraham Lincoln? Wahrhaftig, er ist es! Willkommen, Sir, und nehmt es nicht übel, daß wir nicht sofort an Euch dachten! Ihr habt Euch um ein weniges verändert, seit wir uns nicht sahen."

Wir mußten uns, so wie wir da standen, mit zur Tafel setzen, und erst jetzt wurde des fremden Mannes Erwähnung getan.

„Hier ist unser Sir David Holman, der uns seit einer Woche mit seinem Besuch beehrt", wurde er uns von Willmers vorgestellt. „Später kann ich euch auch Master Belfort zeigen, der ins Tal gegangen ist, um bei der Einfuhr der Ernte zuzusehen. Ein feiner Gentleman, sage ich euch, voll Erfahrung und Geschicklichkeit, wie selten einer. Er versteht, mit der Karte die ganze Hölle herbeizuzaubern."

Es entspann sich eine sehr lebhafte Unterhaltung, und es wunderte mich, daß Lincoln dabei so auffallend einsilbig blieb. Warum warf er zuweilen, wenn Master Holman es nicht bemerkte, einen so scharfen, forschenden Blick auf ihn? War dies der Mann, den er suchte?

Da ging die Tür auf, und ich konnte nicht anders, ich mußte aufspringen und den Eintretenden mit stieren Augen betrachten. Das dunkle Haar und der dichte, schwarze Vollbart machten mich irre, vielleicht auch die Kleidung, die der eines wohlhabenden Gentlemans glich; aber ich hätte schwören mögen, daß — — doch ich kam nicht dazu, meinen Gedanken Worte zu geben; Guy Willmers erhob sich.

„Hier kommt Master Belfort, den ich euch hiermit vorstelle, Gentlemen! Er ist — — —"

„Master Belfort?" sagte Lincoln. „Ich meine, der Mann kann ebenso gut Fred Flater oder William Jones heißen, wenn er nur zugibt, der Kanada-Bill zu sein!"

„Der Kanada-Bill?" fragte Fred Hammer, indem er nach dem ersten besten Messer griff und sich erhob.

„Nehmt Eure Zunge in acht, Sir!" meinte Jones; denn er war es wirklich; ich erkannte ihn auch jetzt an der Stimme. „Einen Gentleman beleidigt man nicht ungestraft."

„Das ist richtig", antwortete Lincoln, „doch bin ich gewiß, keinen Gentleman beleidigt zu haben. Wie viel Klettenwurzeln und Höllenstein habt Ihr verbraucht, um Euer Haar schwarz zu färben? Ich gebe Euch den guten Rat, bei späterer Gelegenheit einen Bleikamm zu gebrauchen, dann werden auch die Haarwurzeln schwarz, die bei Euch vollständig hell geblieben sind. Master Willmers, Ihr sagtet, daß er mit der Karte zu zaubern verstehe. Hat er Euch nicht ein wenig ‚Three carde monte' gezeigt?"

„Ja, und ein schönes Geld abgenommen", antwortete Fred Hammer. „Ich bin alt und meine Augen sind schwach geworden, sonst müßte ich ihn sofort erkannt haben; jetzt aber ist kein Zweifel mehr, daß ich Marys Mörder vor mir habe, und, by god, er soll seine Bezahlung auf der Stelle erhalten!"

„Wollt Ihr Euren Gast erstechen, Fred Hammer?" fragte der Kanada-Bill. „Könnt Ihr mir nachweisen, daß ich es wirklich gewesen bin, der Eure Tochter erschossen hat?"

„Und meinen Vater auch!" fiel ich ein. „Nein, nachweisen nicht, aber beschwören können wir es. Und ebenso, daß Ihr in Smoky-Hill sechzig aufgezählt bekamt und dann die Indsmen brachtet."

„Ich? Die sechzig kann ich nicht wegleugnen", lachte er grimmig, „und ich werde eines schönen Tages ihretwegen mit Euch abrechnen; aber beweist mir einmal das von den Rothäuten! Könnt Ihr es?"

„Wir, nämlich ich und Master Lincoln hier, standen hart bei Euch, als Ihr mit dem ‚Schwarzen Panther‘ den Schuß seines Sohnes beobachtet und Euren Plan bespracht, und wir standen an der Lichtung, als Ihr die Indsmen geführt brachtet, Ihr mit dem Häuptling voran. Wir teilten natürlich dem Colonel Euer Vorhaben mit und machten dann mit Feuerwerk Eure Pferde locker. Das war ein Hauptstreich! Nicht, Master Jones?"

Er erfuhr diese Tatsachen jetzt zum erstenmal; seine Augen funkelten, und seine Hände ballten sich zusammen; aber er sah, daß er sich beherrschen müsse.

„Habt ihr mich wirklich so deutlich erkannt, daß ihr mir so etwas sagen dürft, Mesch'schurs?" zischte er.

Jetzt trat Lincoln hart an ihn heran.

„Will Euch sagen, Mann, daß wir mit Euch schnell verfahren könnten. Ihr wißt ja wohl, daß Master Lynch ein strenger Gesell ist. Aber Ihr seid Gast in diesem Hause, und ich will ehrlich gestehen, daß wir beim Smoky-Hill wohl Eure Stimme erkannt und dann Eure Gestalt gesehen, Euch aber nicht so deutlich wahrgenommen haben, daß wir Euch mit gutem Gewissen eine Kugel geben könnten. Wir sind freie Bürger der Vereinigten Staaten und richten nur nach vollständigem Beweis! Das Geld, das Ihr diesen Gentlemen hier abgenommen habt, werden sie wohl nicht zurückverlangen; dazu steht Ihnen der Kanada-Bill zu niedrig, und darum will ich Euch meinen Bescheid sagen: Ihr verlaßt sofort diesen Ort, und zwar binnen zehn Minuten; in der elften aber beginnt meine Büchse zu sprechen; darauf könnt Ihr Euch verlassen!"

„Seid Ihr vielleicht Herr und Besitzer des Hauses hier?" fragte jetzt David Holman. „Ihr könnt Master Jones nichts beweisen, und unser Spiel ist ein ehrliches gewesen."

„Allerdings bin ich es nicht, Gem'man, aber doch etwas, vor dem man Achtung zu haben pflegt. Und wenn ich diesem Mann meinen Bescheid sage, so weiß ich ganz genau, was ich tue."

„So laßt dieses etwas einmal sehen, Sir!"

„Hier ist es!"

Er zog ein Papier aus der Tasche, reichte es ihm und gab mir einen Wink, den ich sofort verstand. Ich ging hinaus und holte die Handschellen unter der Pferdedecke hervor. Als ich eintrat, sah ich Holman bleich in das Papier starren.

„Nun, Master Holman oder Rayer oder Pancroft oder Agston, wie gefällt Euch dieses Dekret?" fragte Lincoln. „In Jowa und Illinois, besonders aber in Des Moines hat man großes Verlangen nach einem Menschen, der diese schönen Namen führt. Es ist wirklich schade, daß Euch der linke kleine Finger fehlt; seine Abwesenheit hat Euch verraten. Ich werde unseren Freund Willmers von zwei Gästen befreien, die nicht an eine so anständige Stelle gehören!"

„Stop, Sir, so weit sind wir noch nicht!" rief Holman.

Er warf einen forschenden Blick nach Tür und Fenster.

„Ich denke, wir sind so weit. Und wenn Ihr es nicht glauben wollt, so seht Euch einmal diese Juwelen an, die ich Euch jetzt anlegen werde!"

Er nahm mir die Handschellen ab, und ich griff zum Revolver. Auch Holman fuhr nach seiner Tasche.

„Weg mit der Hand, oder ich schieße!" drohte ich ihm.

„Seht Ihr es, daß wir so weit sind?" lachte Lincoln.

„Gebt die Hände ruhig her, denn ich sage Euch: Ihr habt meine Vollmacht gelesen, die Euch mir vollständig in die Hände gibt. Ich zähle bis drei. Habt Ihr dann die Eisen noch nicht an den Händen, so schmeckt Ihr die Kugel. Tim, drücke los bei drei!"

Er trat zu ihm hin und öffnete die Schellen.

„Eins — — zwei — —!"

Holman sah, daß es Ernst war; er hielt die Hände hin und ließ sich fesseln. Dann wandte sich Lincoln zu William Jones.

„Fünf Minuten sind vorüber; Ihr habt nur noch die anderen fünf. Ich spaße nicht. Macht Euch von dannen!"

Fred Hammer hatte noch immer sein Messer in der Hand. Er legte Jones die Faust drohend auf die Schulter und sagte:

„Vorwärts, Mann! Ich werde dafür sorgen, daß Ihr ohne Mühe und Störung weiter kommt."

Er schob ihn zur Tür hinaus, und wenige Augenblicke später sahen wir den Kanada-Bill fortreiten.

„Habt Ihr nicht einen festen Raum", wandte sich jetzt Lincoln an Willmers, „in dem wir unseren guten Mister Holman aufbewahren können?"

„Ein sehr gutes und sicheres Behältnis. Kommt!"

Die drei gingen ab, und ich hatte nun sehr zu tun, Betty und den beiden kleinen Ladies den Vorgang, der so unerwartet über sie gekommen war, zu erklären. Als wir alle wieder beisammen saßen, ergossen sich Hammer und Willmers in Dankeserklärungen gegen Lincoln, die dieser nach Kräften von sich wies. Er wollte schon am nächsten Morgen wieder fort, stieß aber auf allgemeinen Widerspruch.

„Ihr müßt mit Eurem Gefangenen den weiten beschwerlichen und gefährlichen Ritt über das côteau hinunter nach Jowa machen", erklärte ihm Willmers. „Wartet noch einige Tage, so gehen hier drei Kähne den Fluß hinunter in den Missouri, und Ihr könnt in aller Bequemlichkeit mitfahren. Bis Yankton und Dacota seid Ihr schnell und habt dann nur die kurze Strecke bis hinüber nach Des Moines zurückzulegen. Ihr bleibt also hier. Euer Gefangener ist Euch sicher."

Lincoln sah das Vorteilhafte des Anerbietens ein und gab nach.

Der Abend kam. Wir hatten unsere Pferde losgepflockt und ließen sie frei grasen gehen. In den Stall durften wir sie nicht bringen; sie waren die Freiheit gewöhnt und hätten sich in dem engen Raum Schaden getan. Die Ladies und Gents außer mir saßen plaudernd im Wohnzimmer; ich schritt am Flusse abwärts, weil ich nach den Pferden sehen wollte. Es war sehr dunkel, so daß ich die Wogen kaum von dem festen Boden unterscheiden konnte. Sinnend schaute ich in das strömende Wasser, über das jetzt ein Lichtstrahl dahinhuschte. Er blinkte durch die zerrissenen Bretterwände einer der mit Heu und Getreide gefüllten Scheunen. Da hörte ich Schritte. Eine Gestalt huschte an mir vorüber, noch eine. Die Finsternis verhinderte mich, genau zu sehen, aber es war mir, als hätte ich Jones und Holman unterschieden.

Sie waren in der Dunkelheit verschwunden, ehe ich ihnen zu folgen vermochte. Ich eilte so schnell ich konnte, zurück, trat in das Wohnzimmer und fragte Lincoln:

„Ist Holman noch fest, Abraham?"

„Warum? Vor einer halben Stunde war ich bei ihm."

„Ich glaube, ihn und Jones draußen gesehen zu haben. Schnell, wollen schauen, ob er noch vorhanden ist!"

Wir eilten hinaus. Die eisernen Riegel vor der festen Tür des Gewölbes, in dem man den Gefangenen untergebracht hatte, waren vorgeschoben. Es wurde geöffnet; er war fort.

„Der Kanada-Bill ist zurückgekehrt und hat ihn befreit!" rief Lincoln. „Wir müssen — —"

„Laßt sie, Sir!" fiel ihm Willmers in die Rede. „Morgen früh werden wir ihre Spuren finden und ihrer Fährte folgen. Sie sind uns sicher."

Wir traten wieder ins Freie. Eine blendende Helle fesselte unsere Blicke. Wo vorhin der Lichtstrahl hin und her huschte, züngelten Flammen gen Himmel. Mit unheimlicher Geschwindigkeit fraß das Feuer. Zwischen schwelendem Qualm und roter Glut lohten da und dort brennende Garbenbündel auf. Wir eilten näher.

Da erblickte ich eine Gestalt, die dagestanden hatte, um das Feuer zu beobachten, aber sofort davonrannte, als sie mich bemerkte. Diese Flucht kam mir verdächtig vor, und ich lief nach. Je näher ich dem Mann kam, desto deutlicher sah ich, daß er durch irgend etwas im Laufen gehindert wurde; seine Arme bewegten sich nicht. Ich verdoppelte meine Schnelligkeit, erreichte ihn und erkannte Holman, dessen Hände noch in den Schellen steckten. Ich faßte ihn, warf ihn nieder und kniete auf ihn; er versuchte, sich zu wehren. Der Handschellen wegen konnte sein Widerstand von keiner Bedeutung sein. Ich riß ihm das Tuch vom Hals und band ihm damit die Füße zusammen. Er knirschte vor Wut mit den Zähnen und funkelte mich mit grimmigen Augen an, ließ aber kein einziges Wort vernehmen. „Guten Abend, Master!" sagte ich. „Euer Spaziergang hat nicht lange gedauert. Wollt Ihr mir wohl mitteilen, wo William Jones steckt?"

Er antwortete nicht.

„Gut! So werden wir versuchen, ihn ohne Euch zu finden."

Ich nahm ihn beim Kragen und schleifte ihn nach dem Wohnhaus zurück, wo er sofort wieder eingesperrt wurde. Dann zerstreuten wir Männer uns, um nach Jones zu suchen. Aber alle Mühe war vergebens; wir fanden ihn nicht; er war entkommen.

Inzwischen waren die Arbeiter herbeigeeilt. Es gelang

ihnen, das Feuer einzudämmen, und schließlich erlosch es aus Mangel an Nahrung. Allzu viel geschadet hat es nicht, wenigstens nicht so viel, wie Jones und Holman beabsichtigt haben mochten.

Holman wurde, als die Kähne nach dem Missouri gingen, von Lincoln fortgeschafft. Das gab einen Abschied, der mir nicht wenig zu schaffen machte, denn der brave Abraham war mir gewaltig an das Herz gewachsen. Ich durfte nicht mit. Fred Hammer und Guy Willmers meinten, das ginge nicht, und die Ladies baten so schön, daß ich nicht anders konnte; ich mußte bleiben.

Später erfuhren wir, daß Holman für die Lebenszeit in die Zelle gekommen ist.

Abraham Lincoln ist nicht beim Lawyer stehen geblieben, sondern hat es bis zum Höchsten gebracht, was ein braver Selfmademan werden kann; er ist Präsident der Vereinigten Staaten geworden und hat leider für das, was er Gutes tat und wollte, einen Schuß bekommen; Fluch dem Schurken, der ihn abfeuerte!

Und ich? Man ließ mir keine Ruhe, ich mußte bei Willmers mein Wigwam aufschlagen. Arrow ist damit nicht zufrieden gewesen, und auch ich habe zuweilen ein so heilloses Zwicken in den Gliedern bekommen, daß ich zu Büchse und Tomahawk gegriffen habe und auf einen Monat oder zwei hinausgeritten bin in die Savanne und die Woodlands, wo ich den Büffeln oder Indsmen zeigen konnte, daß Tim Kroner noch keine Lust hat, die schöne Prärie mit den ewigen Jagdgründen zu vertauschen. Zwischen Longs Peak und den Spanish Peaks ist mein Jagdrevier, und dort habe ich mir den Namen geholt, mit dem ihr mich vorhin genannt habt, nämlich, der ‚Kolorado-Mann‘, Mesch’—schurs.

Den Kanada-Bill habe ich seither nicht wieder gesehen. Vor einiger Zeit hörte ich einmal, er habe sich am unteren Mississippi blicken lassen und dort mit dem

‚Three carde monte' ein schönes Geld verdient. Über dreißig Jahre sind seit unserer letzten Begegnung vergangen, doch hoffe ich, daß er noch lebt und mir einmal in die Hände fällt. Dann ist ihm meine Kugel sicher." — — —

Der ‚Kolorado-Mann' hatte geendet. Nachdenklich betrachtete er seine alte Büchse, die vom Kolben bis zum Laufteil mit zahlreichen Einschnitten, Kerben und sonstigen für Uneingeweihte rätselhaften Zeichen versehen war.

4. Der Nugget-Arzt

Nach einer kleinen Weile hub einer der Zuhörer an:

„Habt eine traurige Geschichte erzählt, Mann. Glaube aber doch, Euch einen Trost geben zu können: der Kanada-Bill hat bereits seinen Lohn empfangen und sein böses Leben abgeschlossen."

„All devils, was sagt Ihr da?"

„Ja, der Kanada-Bill ist tot, hat geendet in der Mission Santa Lucia bei Sacramento."

„An was? Doch nicht an einer Krankheit? Einen solchen Tod hätte der Halunke nicht verdient."

„Oh, so billig ist er nicht weggekommen. Er hat sein Ende einem Manne zu verdanken, dessen Namen wir alle kennen: Old Firehand."

„Was? Old Firehand hat ihm das Handwerk gelegt? Wie ist das geschehen, Sir?"

„Das ist eine spannende Geschichte, die ich eigentlich hätte veröffentlichen sollen. Ich bin nämlich Schriftsteller, Mesch'schurs; es ist eigentlich von einem Bücherschreiber nicht klug, etwas mündlich zu erzählen, was er durch die Presse veröffentlichen will; das werdet ihr einsehen, Gents. Aber da wir heute so schön beim Erzählen sind und ich hier bei euch auch schon mancherlei Stoff für meine Feder geholt habe, will ich nicht grausam sein und euch berichten, was ich weiß."

Er setzte sich zurecht und begann im Ton eines geübten und gewandten Erzählers:

„Es war im Hafen von Sacramento, in dem sich ein Bild von den lebhaftesten Farbentönen entwickelte. Die Menge, die sich geschäftig über den Kai ergoß oder lungernd umhertrieb, schien nicht aus den Bewohnern eines besonderen Distrikts oder gar einer einzelnen Stadt zu bestehen, sondern glich eher einem Karneval, der die Vertreter aller Nationen für kurze Zeit vereinigt hat.

Hier stand eine Gruppe magerer Yankees in dem unvermeidlichen schwarzen Frack, den hohen Zylinderhut weit nach hinten auf den Kopf gedrückt, die Hände in den Taschen, und goldene Ketten, Tuchnadeln, Hemdknöpfchen und Uhrgehänge eingehakt. Dazwischen drängte sich ein kleiner Schwarm Chinesen herum in ihren blauen Kattunjacken und weiten, weißen Hosen, die langen Zöpfe wohl gepflegt und geflochten. Südseeinsulaner waren da, die scheu, verlegen und verwundert auf dem fremden Boden einhergingen und, wenn ihnen etwas nach ihren Begriffen gar zu Absonderliches in die Augen sprang, die Köpfe leise flüsternd zusammensteckten. Mexikaner stolzierten umher mit ihren an der Seite bis oben hin aufgeschlitzten und mit silbernen Knöpfen besetzten Samthosen und den kurzen, ebenso verzierten Jacken, den breitrandigen Wachstuchhut auf dem Kopf. Kalifornier mit ihren langen, in den prachtvollsten Farben gewebten Ponchos, die ihnen fast bis an die Knöchel herabreichten; schwarze Ladies und Gentlemen, nach tausend Wohlgerüchen duftend und in dem überzeugendsten Putz steckend; ernste Indsmen, die mit würdevollem Schritt durch die Menge stiegen; gemütliche Deutsche, Engländer mit Kotelettenbärten und riesigen Zwickern auf der Nase; bewegliche, kleine Franzosen, zankend, erzählend, rufend und aufs lebhafteste mit den Armen fuchtelnd; rothaarige Irländer, nach Aguardiente[1]) duftend; Chilenen in ihren kurzen Ponchos; Trapper, Squatter, Backwoodsmen in ihren ledernen Jagdhemden, die lange Büchse noch auf der Schulter, wie sie gerade über das

1) „Feuerwasser" = Schnaps

Felsengebirge gekommen waren; Mestizen und Mulatten in allen Farbenstufen und Schattierungen, und dazwischen die aus den Minen oft mit schweren Beuteln von Gold zurückgekehrten Goldwäscher in phantastischen Kostümen, in ihren Kleidern auf das entsetzlichste abgerissen, mit geflickten Hosen, Röcken, Westen und Jacken, mit zerrissenen Stiefeln, aus denen die nackten, strumpflosen Zehen hervorblickten, und Hüten, die monatelang am Tage der Sonne und dem Regen getrotzt und dann des Nachts als Kopfkissen gedient hatten. Und in den kleinen Gruppen standen dabei die Eingeborenen des Landes, die eigentlichen, rechtmäßigen Herren des Bodens und doch vielleicht die einzigen vollständigen Besitzlosen in der ganzen Masse, die ihr Leben jetzt durch Tagelohn kärglich fristen mußten.

Und dieser bunten Völkermischung schlossen sich allerlei achtunggebietende glänzende Gestalten an: amerikanische und englische Seeleute mit breiten Schultern, riesigen Fäusten und herausforderndem Blick, und eine Anzahl spanischer Marineoffiziere, die in ihren blitzenden, goldgestickten Uniformen von San Francisco herbeigekommen waren, um sich einmal das geschäftige Treiben in der Nähe der Golddistrikte anzusehen.

Man hätte sagen können: „Wer zählt die Völker, nennt die Namen?"

Und was hatte all diese Bestandteile einer vielgestaltigen anthropologischen Mischung herbeigetrieben? Nichts anderes als — das Gold.

Die Ansiedlung von Oberkalifornien, die im Jahre 1768 von Mexiko aus geschah, hatte das Land unter die weltlich-geistliche Herrschaft der Missionäre gebracht. Die Jesuiten waren treffliche Volkswirtschaftler und errichteten an vielen geeigneten Orten Klöster und Missionen zur Ausübung ihrer Propaganda.

Als die Herrschaft der Priester durch die mexikanische Zentralregierung im Jahre 1823 gestürzt wurde, weigerten sich die Missionäre zum großen Teil, diese Regierung anzuerkennen, und verließen das Land. Die wenigen, die blieben, hatten ihren Einfluß verloren, fristeten ein kümmerliches Leben und verschwanden nach und nach auch.

Nicht weit von Sacramento lag ein mehrere Stockwerke hohes, mächtiges Gebäude, das einen großen Hof umschloß; seine nach der Stadt zu gelegene Seite wurde von der altertümlichen, aus ungebrannten Backsteinen aufgeführten Kirche begrenzt.

Dieses Gebäude war die Mission ‚Santa Lucia‘, deren ganze, kasernenartige Räumlichkeiten in der letzten Zeit nur von zwei Personen bewohnt waren: einem alten, ehrwürdigen Geistlichen und einem Deutschen, der eigentlich Karl Werner hieß, von denen, die mit ihm verkehrten, aber nach seinem Vornamen nicht anders als Señor Carlos genannt wurde und das Faktotum des Pfarrers war.

Da wurden die Goldfelder Kaliforniens entdeckt, und die Nachricht von den in den Bergen liegenden fabelhaften Schätzen rief eine Einwanderung hervor, die zunächst aus dem benachbarten Mexiko und den Vereinigten Staaten ihre Scharen herübersandte, bald aber das Land mit den Kindern aller Weltteile überschwemmte. Den zunächst herbeieilenden Abkömmlingen der alten spanischen Konquistadoren folgten Sandwich-Insulaner, dann Australier und Europäer, und selbst chinesische Kulis schwärmten herüber, um ihren Teil von dem Gold zu holen und reiche Leute zu werden.

San Francisco war der Hauptsammelpunkt der Fremden, von wo aus sie weiter nach Norden oder in das Innere des Landes gingen. Sacramento war einer der hervorragendsten Nebenpunkte.

Die Zahl der Menschen wuchs von Tag zu Tag, und da die einsetzenden Regen ein Lagern im Freien nicht gestatteten, aber auch nicht jeder ein Zelt oder eine sonstige Wohnung mit sich führte, so wurde alles, was zur Herberge dienen konnte, in Anspruch genommen.

Auch die alte Mission ‚Santa Lucia' erlitt ein solches Schicksal, das mit ihrer ursprünglichen Bestimmung so wenig Ähnlichkeit hatte.

Ein Franzose aus dem Elsaß errichtete unten in einem der Flügel eine Brauerei, mauerte einen riesigen Kessel ein und fing an, ein Getränk zu kochen, das er mit Verwegenheit Bier nannte. In der vorderen Flanke, gerade neben der Kirche, setzte sich ein Amerikaner fest und errichtete eine Gastwirtschaft, wobei er es für außerordentlich zweckmäßig fand, einen Teil des Kirchenschiffes in einen Tanzsaal umzuwandeln, in dem allwöchentlich einige „Reels", „Hornpipers" oder „Fandangos" abgehalten werden konnten. Dadurch wurde ein unternehmender Irishman aufmerksam gemacht, an die andere Seite der Kirche eine Branntweinkneipe setzen zu lassen.

Von dem unteren Teile des anderen Seitenflügels nahm ein Engländer Besitz, der sich mit einem schlauen New-Hampshireman vereinigte, Chinesen herbeizuschaffen, ein Geschäft, bei dem sich die beiden Gentlemen, wie sich bald zeigte, sehr gut standen. So ging es fort, und nicht lange dauerte es, so war die alte Mission außer dem obersten Bodenraum des einen Flügels vollständig in Anspruch genommen.

Der alte Pfarrer konnte nichts dagegen tun. Anfangs hatte er, nicht imstande, Gewalt anzuwenden, eine Anzahl Prozesse angestrengt, um die Lästigen von dem frommen Hause abzuhalten; aber nur zu bald sollte er die traurigen Folgen kennenlernen, denn er fiel dadurch einer ganzen Schar von Geiern in die Hände, die alle Zahlung von ihm haben wollten, ohne daß sie aber das geringste für ihn ausgerichtet hätten.

Dadurch wurde ihm die ‚Santa Lucia' verleidet, und

eines schönen Morgens war er spurlos verschwunden. Es hatte auch niemand Lust, nach ihm zu forschen, und so blieb von den ursprünglichen Bewohnern nur Señor Carlos zurück, der mit seiner Frau und Anita, seiner Tochter, ein paar kleine Stuben des Erdgeschosses neben der Brauerei bewohnte.

Aber auch der Bodenraum sollte einen Besitzer finden. Angeblich von Buenos-Aires war ein Mann nach Sacramento gekommen, der aus Cincinati stammte und sich Doktor White titulierte; ob er in Wirklichkeit Arzt sei, danach wurde er von niemand gefragt. Er wollte in Sacramento ein Hospital gründen, fand aber keinen geeigneten Platz dazu und kam nun zur Mission geritten, wo er die Dachräume, da er keinen Menschen fand, dem er sie abmieten konnte, einfach mit Beschlag belegte. Er war ein praktischer Mann, der recht gut wußte, daß in diesem Lande das Recht des gegenwärtig Besitzenden nur schwer anzutasten war.

Schon am nächsten Tag traf eine Anzahl von Maultieren mit wollenen Decken und Matratzen ein, hinter denen eine Schar von Mexikanern die nötigen eisernen Bettstellen herbeitrug. Noch vor Abend standen zwanzig Betten dort oben unter dem alten, schadhaften Ziegeldach auf dem offenen Boden, durch den der oft stürmische Wind nach allen Richtungen hin seinen Durchzug hatte und auf dem es zur Regenzeit eine ganz heillose Überschwemmung gab. Das war nun das Hospital, das seiner unglücklichen Patienten harrte.

Diese stellten sich auch nur zu bald ein.

So gesund das Klima in Kalifornien an und für sich auch ist, in den Minen gibt es doch stets der Kranken mehr als genug. Die wilde, unregelmäßige Lebensart trägt ebenso viel wie die schwere, für Tausende ungewohnte Arbeit und die vielen Regengüsse dazu bei, viele, besonders hitzige Fieber zum Ausbruch zu bringen, die für den Betroffenen aus Mangel an Pflege und ärzt-

licher Behandlung nur zu oft einen schlimmen und tödlichen Ausgang nehmen.

Da waren diejenigen noch glücklich zu preisen, die
von der Krankheit nicht allein und in der Wildnis be-
fallen wurden, sondern Freunde fanden, die sie aus den
Bergen und Schluchten wieder in den Bereich der Zivilisation und ordentlichen Pflege brachten. Die meisten
freilich fanden bei den Minen nichts als sechs Fuß Erde
über sich und einen armen Ring von Steinen um das
enge Grab. Viele starben unterwegs oder lebten gerade
lange genug, um mit dem letzten brechenden Blick eine
menschliche Niederlassung zu erfassen, und nur wenigen
gelang es, wieder hergestellt zu werden, um mit ge-
kräftigtem Körper ihre Arbeit aufs neue beginnen zu
können.

Eines aber büßte jeder Kranke sicher ein: das mit-
gebrachte Gold.

In damaliger Zeit wurde die Arznei geradezu mit
Gold aufgewogen, und ein tüchtiger Arzt hatte seine
einträglichste Mine in den Krankheiten seiner Patienten.
Wie viele Quacksalber gab es, die dies zu benutzen verstanden und bei denen vielleicht mancher Kranke nur
deshalb starb, weil er Gold besaß, das er im Falle der
Genesung wieder mitgenommen hätte! — — —

Die Anhöhe zur Mission hinauf schritt ein kräftig
gebauter Jüngling, dessen lichtem Haar, regelmäßigen
Gesichtszügen und von Gesundheit roten Wangen man
die germanische Abstammung sofort ansah, obwohl er
die bequeme mexikanische Kleidung trug.

An den Mezquitebüschen, die die Mission umzogen,
blieb er stehen und wandte sich nach Westen.

Der Abend nahte, und die Sonne tauchte ihre schimmernden Gluten in die strahlende Flut; vor ihm lag die
Stadt, von funkelndem Licht übergossen, und die Fenster
des alten Gemäuers warfen ihren blitzenden Widerschein
in die Ferne hinaus.

Er ließ sich auf den weichen Rasen nieder und versank so tief in den Anblick, daß er die leichten Schritte nicht vernahm, die sich ihm von seitwärts her näherten.

Ein kleines Händchen legte sich auf seine Schulter, und ein Köpfchen bog sich zu ihm herab. Er hörte die Worte:

„Willkommen auf der Mission, Señor! Warum seid Ihr so lange Zeit nicht hier bei uns gewesen?"

„Ich war in San Francisco, Señorita, wo ich allerlei Geschäfte hatte", antwortete er.

„Und wo Ihr den Señor Carlos mitsamt seiner armen, kleinen Anita vollständig vergessen habt!"

„Vergessen? Per dios, nein, und tausendmal nein! Anita, wie könnte ich jemals Euer vergessen?"

Sie ließ sich ohne Ziererei an seiner Seite nieder. „Habt Ihr wirklich an mich gedacht, Señor Eduardo?"

„Bitte, Anita, sprecht meinen Namen deutsch aus; ich höre ihn dann so gern aus Eurem Munde. Und fragt nicht erst, ob ich an Euch denke! Wer hat sich meiner angenommen, als ich, durch böse Menschen um Hab und Gut gebracht, hier ankam, als Euer Vater? Und wer hat dann, als mich die Entbehrung und die erlittenen Strapazen auf das Krankenlager warfen, mich gepflegt wie einen Sohn oder einen Bruder? Ihr und Eure Mutter! Und wen habe ich hier im fremden Lande, zu dem ich gehen und mir Rat holen kann, als Euch? Anita, ich werde Euch nie vergessen!"

„Ist das wahr, Eduard?"

„Ja", antwortete er einfach, indem er ihre Hand ergriff und ihr voll und offen in die Augen blickte.

„Auch dann nicht, wenn Ihr wieder in die Heimat kommt?"

„Auch dann nicht! Ich habe Euch ja gesagt, Anita, daß ich nicht ohne Euch in die Heimat zurückkehren werde; habt Ihr das vergessen?"

„Nein", antwortete sie.

„Oder leuchtet jetzt die Sonne Eurer Teilnahme für einen anderen?"

„Für einen anderen? Wer sollte das sein?"

„Es ist der Arzt da droben, der Doktor White."

„Der —?" fragte sie gedehnt. „Wer möchte wohl die Sonne dieses dürren Master Chinarindo sein! Wenigstens meinetwegen könnte er im Dunkeln bleiben, solange es ihm gefällt!"

„Anita, ist das wahr?" rief der junge Mann.

„Warum möchtet Ihr meinen Worten keinen Glauben schenken?"

„Weil ich weiß, daß er Euch nachgeht auf Schritt und Tritt und bei Euren Eltern gern gesehen ist."

„Daß er mir nachgeht, kann ich nicht leugnen; aber daß ich ihm ausweiche, so viel nur möglich, ist ebenso sicher. Auch das ist wahr, daß ihm Vater nicht gram ist; er hat ihm viel von einem großen Vermögen vorgeschwatzt und will mit uns hinüber in die Heimat, nach Deutschland gehen, wenn er genug erworben hat."

„Nach Deutschland? Will denn Euer Vater hinüber in die Heimat?"

„Ja. Seit die Mission zur Kaserne für jedermann geworden ist, gefällt es ihm nicht mehr. Aber wir sind arm und Vater ist zu alt, um noch so viel zu erwerben, daß wir fortkönnten, und da — —"

„Und da — —?"

„Und da denkt er, daß ein wohlhabender Schwiegersohn ihm diesen Wunsch erfüllen könne."

Eduard schwieg eine Weile. Dann fragte er: „Würde Euer Vater Eure Hand dem Doktor geben?"

„Ja. Doch mag ich ihn nicht leiden, und die Mutter auch nicht."

„Aber mich könntet Ihr wohl leiden?"

Sie nickte. Er ergriff jetzt auch ihre andere Hand und sagte:

„Mir ist immer so gewesen, als ob wir zusammengehörten für das ganze Leben. Du bist so fromm, so gut, und ich möchte immer, immer bei dir sein. Darf ich das deiner Mutter sagen, die den Arzt da oben nicht leiden kann?"

„Ja."

„Jetzt gleich?"

„Jetzt gleich!"

„So komm!"

Er erhob sich, und sie folgte ihm. Sie gingen miteinander durch das Tor und schritten über den Hof weg der Tür zu, die zur Wohnung Werners führte. Vom Flur aus vernahmen sie eine harte, spitze Stimme, die in eindringlichem Ton sprach.

„Der Doktor ist drin", meinte Anita.

„Komm; wir treten in die Küche und warten, bis er sich entfernt hat!"

Sie taten es und vernahmen nun jedes Wort des zwischen White und den Eltern geführten Gespräches.

„Damn it, Master Carlos, meint Ihr etwa, daß ich den Beutel nicht offen zu halten verstehe?" fragte jener. „Die Medizin ist mehr wert als das beste Placement droben bei den Miners, und sobald ich genug habe, gehen wir fort von hier nach New York oder Philadelphia und von da noch weiter, wohin Ihr wollt. Ist es Euch recht?"

„Hm, recht wär es mir schon, wenn ich nur auch wüßte, daß Ihr Wort haltet!"

„Teufel! Haltet Ihr mich für einen Lügner?"

„Nein. Ihr habt mir noch keine Veranlassung dazu gegeben. Aber das alte Kalifornien ist in neuerer Zeit sehr dazu angetan, einen mißtrauisch oder wenigstens vorsichtig zu machen."

„So will ich Euch Sicherheit geben! Ich kann ohne Frau mein Geschäft nicht länger mehr fortsetzen, und Eure Tochter hat ein verteufelt einnehmendes Gesicht, so daß ich glaube, ich bin ihr gut über alle Maßen. Gebt sie mir zum Weibe, und ich versichere Euch, ich mache sie zu meinem Buchhalter und übergebe ihr sogar die Kasse. Ist Euch das nicht genug?"

„Hm, ja. Aber habt Ihr denn schon mit dem Mädchen gesprochen?"

„Nein, scheint mir auch nicht nötig zu sein. Der Doktor White ist schon der Mann, ein Mädchen zu bekommen, wenn er sie überhaupt haben will, und gegen Euren Willen wird sie auf keinen Fall schwimmen können."

„Das ist wohl wahr, aber ich denke, daß sie bei so einer wichtigen Sache ihren Willen ebenso gut haben muß wie ich den meinen; und so gern ich ja sage, wenn sie dagegen ist, so unterbleibt es. Also sprecht vorher mit ihr, Doktor, und kommt dann wieder!"

„Soll gleich geschehen; habe nicht viel Zeit zu solchen Sachen übrig, habe einundzwanzig Patienten oben liegen, die mir viel zu schaffen machen. Wo ist sie?"

„Weiß nicht; vielleicht draußen vor dem Tor."

„Schön! Muß sie finden; werde nach ihr suchen."

Er wandte sich nach der Tür, blieb aber überrascht stehen, denn vor ihm standen Anita und Eduard, die in diesem Augenblick aus der Küche getreten waren.

„Hier ist sie, die Ihr sucht, Master Doktor", meinte der junge Mann, „und die Angelegenheit, die Ihr mit ihr besprechen wollt, wird nicht viel Zeit wegnehmen."

„Wieso, wie meint Ihr das, Señor Eduardo?" fragte White, der seinen Nebenbuhler wohl kannte, da er ihn fast täglich bei Anitas Eltern getroffen hatte.

„Ich meine, daß Ihr zu spät kommt, da ich soeben mit Anita einig geworden bin. Sie hat keine Lust, Frau Doktorin zu werden, und will es lieber einmal mit mir versuchen."

„Ist das wahr, Anita?" Werner erhob sich vor Überraschung und warf die ausgeglimmte Zigarette aus der Hand.

„Ja, Vater. Oder ist es dir nicht recht so?"

„Recht? Oh, recht würde es mir schon sein, denn ich habe den Jungen selber lieb; aber was tut ihr mit der bloßen Liebe in einem Land, wo Weg und Steg mit blanken Dollars bepflastert sind? Señor Eduardo ist noch jung; er kann es noch zu etwas bringen, wenn er sich nicht vorzeitig an ein Mädchen hängt. Der Doktor aber weiß schon längst, was er hat; das ist der Unterschied, Anita; er will mit nach Deutschland gehen und — —"

„Eduard geht auch mit", unterbrach ihn das Mädchen; „er will — —"

„Kann er denn? Es gehört mehr dazu als der gute Wille."

„Señor Carlos", meinte Eduard jetzt, „es ist jetzt nicht der Augenblick, uns in der richtigen Weise auszusprechen. Aber sagt mir einmal aufrichtig: würdet Ihr mir Anita geben, wenn ich weniger arm wäre als jetzt?"

„Ja."

„Und wie viel müßte ich haben?"

„Hm, das ist schwer zu sagen! Je mehr, desto besser; wenigstens aber müßte es zulangen, um die Heimat erreichen und dort ein Gütchen oder so etwas kaufen zu können."

„Und werdet Ihr mir die Zeit geben, so viel zu erwerben?"

„Zeit? Wie lange meint Ihr denn?"

„Sechs Monate!"

„Hm, das ist nicht übermäßig lange. Was sagt Ihr dazu, Doktor?"

„Damn it, das klingt gerade wie ein trockenes, regelrechtes Geschäft; erlaubt, daß ich beitrete!"

„Das sollt Ihr!"

„So will ich Euch einen Vorschlag machen, Master Carlos!"

„Welchen?"

„Ihr wollt doch wohl hinauf nach den Minen, Master Eduardo?" fragte er höhnisch, sich zu dem jungen Mann wendend.

„So ist es."

„Well, Sir; wir geben Euch sechs Monate Zeit. Kommt Ihr bis dahin mit dreitausend Dollars zurück, so ist Miß Anita Euer, und ich sage kein Wort dagegen. Kommt Ihr aber nicht, oder mit weniger, so ist die Miß mein. Seid Ihr damit einverstanden, Master Carlos?"

„Vollständig, vorausgesetzt, daß Eure Verhältnisse so sind, wie Ihr sie mir beschrieben habt!"

„Sie sind so. Also wir sind einig. Good-bye; ich muß zu meinen Fieberkranken." — — —

Es vergingen Monate und wieder stieg ein junger Mann die Anhöhe nach der Mission hinauf und wandte sich am Mezquitegebüsch nach der hinter ihm liegenden Landschaft um. Es war nicht Eduard, obgleich die ausbedungenen sechs Monate bis auf einige Tage vergangen waren, sondern ein anderer.

Nachdem er sein Auge an dem sich ihm bietenden Panorama gesättigt hatte, ging er durch das Tor über den Hof und traf unter dem Eingang des Seitenflügels mit Anita zusammen. Er fragte sie:

„Könnt Ihr mir vielleicht sagen, Señorita, ob hier der Doktor White zu finden ist?"

„Er wohnt hier. Steigt hinauf bis unter das Dach; dann seid Ihr in seinem Hosiptal, wo Ihr ihn sicher treffen werdet."

Er folgte der Weisung und stieg höher und immer höher empor, bis er auf den Bodenraum gelangte, wo er zwei Reihen Betten erblickte, zwischen denen sich die Gestalt des Doktors bewegte. Der Raum war ein an und für sich nicht sehr heller, und da es draußen bereits zu dunkeln begann, so ließen sich die Gegenstände nicht genau unterscheiden.

White bemerkte den Fremden und trat herbei. „Was wollt Ihr, Señor?" fragte er.

Der Gefragte horchte bei dem Klang dieser Stimme auf und fragte gespannt: „Ihr seid Master White, der Doktor, Sir?"

„Ja".

„Ich bin Pharmazeut, habe mein Glück in Kalifornien aus der Erde graben wollen, aber nichts gefunden, und bin dann zum Vermittlungsamt gegangen, um mir ein Placement zu suchen. Dort wurde mir gesagt, daß Ihr einen Krankenwärter braucht, und so bin ich zu Euch hinaufgestiegen, um zu sehen, ob die Stelle noch offen ist."

„Sie ist noch unbesetzt. In welchem Ort und welcher Offizin habt Ihr gearbeitet?"

„Hm", antwortete der Fremde bedächtig, indem er rasch über die ersten Namen hinwegging, auf den letzten aber eine hörbar absichtliche Betonung legte. „In New York, Pittsburg, Cincinnati und zuletzt in Norfolk, Nordkarolina, bei Master Cleveland."

„In Norfolk bei Master Clev — — —"

Er trat rasch näher, um das Gesicht des Fremden besser sehen zu können, und fuhr dann erschrocken zurück:

„Bei allen Teufeln, der verdammte Deutsch — — wollte sagen, Master Gromann, der mit mir zu gleicher Zeit dort — — aber kommt doch einmal mit hinunter in meine Wohnung, Sir! Es freut mich wirklich unend-lich, in dieser entlegenen Gegend so unerwartet einen Kollegen zu finden, der mit mir an einem und demselben Platz tätig war!"

Er konnte das sehr zweideutige Lächeln in den Zügen des anderen nicht sehen und stieg eine Treppe tiefer, wo er ein Zimmer betrat und Licht machte. Der kleine Raum bildete augenscheinlich Wohn- und Schlafzimmer zu gleicher Zeit.

„So, setzt Euch nieder und erzählt! Wie ist es in Norfolk gegangen, nachdem ich fort war? Ich hatte einen kleinen Zwist mit dem Prinzipal, weshalb ich im Ärger ohne Kündigung fortging. Ich hoffe, es geht dem alten Master Cleveland gut!"

„Gut? Es hat überhaupt bei ihm aufgehört, zu gehen. Als Ihr fort wart, hatte sich unbegreiflicherweise auch die Kasse mit sämtlichen Wertpapieren, die in besonderer Verwahrung lagen, entfernt. Der Mann war dadurch ruiniert und hat sich nicht darüber wegsetzen können. Er ist tot."

„Ist es möglich! Was Ihr sagt! Hm, der Alte hat niemals so recht fest gestanden und niemand in seine Verhältnisse blicken lassen. Ich glaube daher sehr, daß die Entfernung der Kasse nur ein kleiner Kunstgriff von ihm selbst gewesen ist. Daß ich mich hier als Arzt niedergelassen habe, darf Euch nicht wundern. Es fragt hier kein Mensch nach dem Diplom, und die Sache ernährt ihren Mann. Also Ihr kommt nach der Stelle?"

„Ja; aber sagt mir, Dare, wie Ihr zu den Mitteln kamt, eine solche Anstalt zu gründen, und warum Ihr nicht Euren richtigen Namen beibehieltet!"

„Hm, die Mittel habe ich mir droben in den Minen geholt, und der Name wurde umgeändert, weil White gelehrter klingt als Dare. Aber um wieder auf die Stelle zu kommen, so sollt Ihr sie haben, vorausgesetzt, daß Ihr mir keine Veranlassung zur Klage gebt. Arbeitet Ihr Euch gut ein, so ist es sogar möglich, daß Ihr meine rechte Hand und vielleicht sogar mein Teilhaber werdet."

„Habt Ihr Wohnung für mich?"

„Es wird sich wohl Rat schaffen lassen. Also schlagt Ihr ein?"

„Natürlich!"

„Topp!"

„Sollt Euch nicht über mich zu beklagen haben. Bin

auch genügsam herumgeworfen worden, so daß mir nicht viel daran liegt, an die Vergangenheit zu denken."

Gromann wurde angestellt und nach und nach in die verschiedenen Geheimnisse der Hospitalverwaltung eingeweiht. Der Doktor war gezwungen gewesen, ihn anzustellen, beruhigte sich aber bei der Beobachtung, daß sein Assistent selbst solche Vorkommnisse ganz an ihrem Platz fand, die der Öffentlichkeit vorsichtig entzogen werden mußten.

White hatte jetzt mehr Muße und benutzte diese zu häufigen Besuchen bei Señor Carlos, in dessen Vertrauen er sich mit schlauer Berechnung einzuarbeiten wußte. Der Vater berücksichtigte auch nicht im mindesten, daß der Arzt viele Jahre älter war als seine Tochter, und ein Wesen und Auftreten besaß, das jedermann abstoßen mußte.

Endlich waren die sechs Monate vergangen, ohne daß Eduard sich sehen ließ. Daß weder eine briefliche Nachricht noch sonst ein Lebenszeichen von ihm gekommen war, hatte Anita wenig beunruhigt; sie wußte, daß die Postverbindung mit den Minen eine äußerst unvollkommene war und fast in Privathänden ruhte, so daß man auf den richtigen Empfang eines Briefes nie rechnen konnte. Es kam sogar häufig vor, daß Leute, die mit der Besorgung von Briefen und Geldsendungen beauftragt waren, entweder unterwegs überfallen, beraubt und totgeschlagen wurden oder ein Schiff suchten und mit den ihnen anvertrauten Geldern durchgingen.

Heute nun war der letzte Abend, und Eduard kam noch immer nicht. Das Mädchen wurde von einer fürchterlichen Unruhe hin- und hergetrieben. Auch dem Doktor ging es so. Bis jetzt hatte er alle Aussichten für sich, aber sein Nebenbuhler konnte jeden Augenblick noch kommen, und das — das mußte verhütet werden. Er übergab die Patienten dem Assistenten und verließ die Mission.

Die Kranken konnten mit der Anstellung Gromanns, der den Hilflosen als ein rettender Engel erschienen war, sehr zufrieden sein. Indem er sich dem Doktor gegenüber vollständig gehorsam und willenlos zeigte, handelte er hinter dessen Rücken ganz nach eigenem Ermessen und hatte die Überzeugung, daß ihm mancher Patient, der von White dem Tod geweiht war, das Leben und Eigentum zu verdanken haben werde." — —

Der Erzähler ließ eine Kunstpause eintreten, während er sich eine neue Zigarre ansteckte. Dann nahm er den Faden wieder auf:

„Also, ich habe euch berichtet, daß Doktor White die Kranken seinem Assistenten übergeben habe und fortgegangen sei. Die Unruhe ließ ihn nicht bleiben, denn obgleich es bereits der Abend des letzten Tages und die sechsmonatige Frist bis auf wenige Stunden verstrichen war, konnte sein Nebenbuhler doch noch kommen. Es trieb ihn also von der Mission fort nach der Stadt und nach dem Bahnhof, wo er den bald fälligen letzten Abendzug, der aus den Minen kam, erwarten wollte.

Es dauerte auch nicht lange, so kam er, und wer stieg aus? Mister Eduard, der sich also doch noch zur rechten Zeit einstellte. Als er schon vor dem Wagen stand, drehte er sich noch einmal um und grüßte hinein, als ob er sich von jemandem verabschiede; dann schritt er fort. White ging kurz entschlossen auf ihn zu und sagte zu ihm:

„Wahrhaftig, da kommt Ihr doch noch angefahren! Schon glaubten wir, Ihr würdet die Frist nicht innehalten. Die Hauptsache ist nun, ob Ihr auch glücklich gewesen seid und Gold gefunden habt."

„Ich war glücklich, über alles Erwarten glücklich", lautete die frohe Antwort.

„Habt Ihr dreitausend Dollars?"

„Mehr, noch viel mehr!"

„Das ist kaum zu glauben! Andere arbeiten jahrelang

in den Diggins und setzen die Gesundheit und das Leben daran, ohne etwas zu finden; Ihr aber geht nur auf einige Monate hin und kommt gesund und reich zurück! Doch das ist nicht zu ändern, und ich muß zurücktreten. Geht Ihr gleich von hier nach der Mission?"

„Ja."

„Ich auch. Wir gehen also miteinander. Kommt!"

Sie entfernten sich, ohne daß White auf den Mann achtete, mit dem Eduard noch zuletzt gesprochen hatte und der inzwischen auch ausgestiegen war. Eduard hatte Sehnsucht, zu Anita zu kommen und sie von der Sorge zu befreien, die sie gewiß um ihn hatte; darum ging er sehr schnell. Doch hatte er vorerst noch einige Besorgungen in der Stadt zu machen, die sehr aufhielten, und als sie diese hinter sich hatten, war es bereits dunkel um sie her. White konnte somit, ohne daß sein Begleiter es bemerkte, einen Revolver aus der Tasche ziehen und die Sicherung daran zurückschieben.

„Also glücklich seid Ihr gewesen?" sagte er. „Wer hätte das gedacht! Nun habe ich freilich das Nachsehen, denn Ihr habt mich aus dem Felde geschlagen. Habt Ihr allein in den Minen gearbeitet, oder hattet Ihr Kollegen?"

„Allein."

„Was? Ihr versteht doch nichts von der Sache! Da ist es freilich ein großes Glück, ein ganz außerordentlicher Zufall, daß Ihr gleich auf eine Stelle geraten seid, wo Ihr einen solchen Fund machtet."

„Es war kein Glück und kein Zufall, denn die Stelle wurde mir gezeigt."

„Gezeigt? Unmöglich! Es wird niemals einem Digger einfallen, einem anderen eine Fundstelle zu verraten."

„Der es tat, war kein Digger, kein Goldgräber."

„Was denn?"

„Er war ein Indianer."

„Wirklich? Dann ist es recht verwunderlich. Ja, es

gibt Indianer, die wissen, wo Gold liegt; aber es fällt ihnen nicht ein, dies einem Weißen zu sagen."

„Dieser Indianer brauchte kein Gold; er war ein großer und berühmter Häuptling der Apatschen."

„Wie hieß er?"

„Intschu-tschuna."

„Alle Teufel! Intschu-tschuna! Wie seid Ihr denn mit diesem zusammengekommen?"

„Durch einen weißen Jäger, einen Freund von ihm, mit dem er sich in den Diggins befand."

„Wie hieß dieser?"

„Old Firehand."

„Ah — — — —!"

Der arglose Eduard bemerkte gar nicht, welchen Eindruck diese beiden Namen auf White machten; er fuhr ganz unbefangen fort:

„Ich traf diesen Old Firehand zufällig. Er fragte mich nach meinen Verhältnissen, denn er mochte sehen, daß ich kein Digger sei und nicht in die Minen paßte. Ich erzählte ihm alles aufrichtig und natürlich auch, daß ich gekommen sei, um mir in sechs Monaten dreitausend Dollars zu erarbeiten. Erst lachte er darüber; dann wurde er ernst und sagte mir, daß er mir einen Mann bringen wolle, der mir wahrscheinlich einen guten Rat geben könne. Am nächsten Tag kam er mit Intschu-tschuna, der mich ansah, als ob er mir durch und durch blicken wolle. Dann nickte er seinem weißen Bruder still zu, und ich mußte mit ihnen gehen. Wir wanderten und stiegen fast den ganzen Tag umher, wobei Intschu-tschuna überall die Beschaffenheit des Bodens, der Erddecke untersuchte. Endlich, es war schon fast Abend, blieb er an einer Stelle stehen und sagte:

„Hier muß mein junger Bruder graben, aber allein, mit keinem anderen; da wird er Nuggets und goldenen Sand finden."

Ich löste mir den betreffenden Klaim und grub.

Intschu-tschuna hatte recht gehabt; ich fand Nuggets. Ich mußte mich zwar sehr vor den anderen Diggers in acht nehmen und meinen Fund verheimlichen, denn das ist meist räuberisches Gesindel, und es wäre mir vielleicht auch noch übel ergangen, wenn nicht in den letzten Tagen Old Firehand wiedergekommen wäre, um sich nach meinen Erfolgen zu erkundigen."

„War er wieder mit Intschu-tschuna zusammen?"

„Nein; er hatte sich für einige Zeit von ihm getrennt, um erst nach Sacramento und dann nach San Francisco zu gehen. Er blieb bei mir, bis ich die Minen verließ, und sorgte dafür, daß mir kein Digger nahe kam. Dann fuhr er mit mir hierher."

„So ist er mit Euch hier angekommen?"

„Natürlich! Wir saßen miteinander in einem Wagen."

„Als Ihr ausgestiegen waret, spracht Ihr noch einmal in den Wagen hinein, wohl mit ihm?"

„Ja. Er stieg nicht gleich mit mir aus, weil er noch mit einem anderen Reisegefährten zu reden hatte. Ich sagte ihm guten Abend und bat ihn, Wort zu halten."

„Welches Wort?"

„Er hat mir versprochen, mich morgen auf der Mission zu besuchen."

„Teufel! Ist es wahr!"

„Ja", antwortete Eduard, der nicht sah, in welcher Aufregung sich der Doktor jetzt befand. Diesem gelang es nur mit Mühe sich zu beherrschen; hastig erkundigte er sich:

„Könnt Ihr denn auch beweisen, daß Ihr die dreitausend Dollars habt? Die müßt Ihr natürlich gleich heute abend vorzeigen können!"

„Das kann ich. Ich habe den ganzen Goldstaub in gute Papiere umgetauscht, die ich bei mir trage."

Da blieb White stehen, zog den Hahn des Revolvers leise auf und sagte:

„Wißt Ihr, Euer Glück, Old Firehand und Intschu-tschuna getroffen zu haben, ist groß; noch größer, noch viel, viel größer aber ist Eure Dummheit, mir das alles zu erzählen."

„Dummheit? Warum?"

„Weil Ihr nun das Mädchen nicht bekommt und auch das Geld nicht behaltet. Ihr werdet das sogleich erfahren."

Im nächsten Augenblick krachte sein Schuß, und Eduard stürzte zu Boden, wo er liegenblieb, ohne sich zu rühren. White hob ihn auf, trug ihn ein Stück vom Weg abseits und warf ihn dort nieder. Er wollte ihn einstweilen liegenlassen, um ihn später in der Nacht irgendwo einzuscharren; vor allen Dingen mußte er ihm die Taschen leeren. Eben als er damit beginnen wollte, hörte er Schritte, die sich rasch näherten; er huschte fort, um sich nicht sehen zu lassen. Der Tote lag gut, und er konnte ihm das Geld später auch noch nehmen. Er ging gar nicht erst in seine Wohnung, sondern gleich zu Werner, um dort Punkt zwölf Uhr seine Ansprüche geltend zu machen. — — —

Inzwischen war Old Firehand vom Bahnhof in die Stadt gegangen. Er hatte sich ein Gasthaus gesucht und auch eine gute Unterkunft gefunden. Doch litt es ihn nicht auf seinem Zimmer; daher schlenderte er ein wenig durch die Straßen. Dabei dachte er an Eduard, dem er für den nächsten Tag seinen Besuch versprochen hatte, und erkundigte sich sogleich nach dem Weg zur Mission. Man wies ihn ein, und ganz unwillkürlich verließ er die Stadt und wandte sich der Gegend von ‚Santa Lucia' zu. Schon dunkelte es.

Es war ein herrlicher Abend. In Gedanken versunken ging Old Firehand langsam dahin. Ringsum herrschte die Stille der Wildnis; nur von fern her klang der Lärm der Stadt herüber. Da plötzlich zerriß ein jäher Knall den Frieden der Nacht — ein Schuß. Gerade hatte Old Firehand umkehren wollen; nun eilte er rasch vorwärts, auf die Stelle zu, wo der Schuß gefallen war. Hier blieb er stehen und lauschte. Es war ihm, als ob sich jemand leise entferne. Er suchte, ob jemand getroffen sei und vielleicht an der Erde liege, aber er fand niemand. Da aber hörte er von der Seite her einen klagenden Ton. Er ging der Richtung dieses Tones nach und fand Eduard, der sich halb aufgerichtet hatte und die Hände auf die Gegend des Herzens drückte.

„Ihr seid es?" fragte er erschrocken, da er ihn trotz der Dunkelheit erkannte.

„Ja", antwortete Eduard leise.

„Seid Ihr getroffen?"

„Ja. — Ins — Herz, gerade ins — Herz."

Das Sprechen fiel ihm schwer; der Atem fehlte ihm.

„Ins Herz? Das ist nicht möglich!" sagte Old Firehand. „Wenn man Euch ins Herz getroffen hätte, wäret Ihr tot. Bleibt still! Ich werde Euch untersuchen."

Er öffnete ihm den Rock, die Weste, das Hemd — keine Spur von Blut, von einer Wunde! Er suchte weiter, kam an die Brusttasche, befühlte diese und erklärte dann erfreut:

„Gott sei Dank! Ihr habt in dieser Tasche den großen Beutel mit Nuggets, wodurch die Kugel aufgefangen wurde. Hier fühle ich das kleine Loch im Tuch. Der Schuß hat Euch umgeworfen und den Atem genommen; aber die Kugel ist in den Nuggets steckengeblieben. Wohnt nicht der Arzt, Euer Nebenbuhler, da in der Mission?"

„Ja."

„Zu dem werde ich Euch führen oder tragen. Er wird Euch — — —"

„Um Gottes willen, nein!"

„Warum nicht?"

„Der ist es ja, der auf mich geschossen hat."

„Ah! War dies der Mann, mit dem Ihr gegangen seid? Und wie heißt er? Oder vielmehr, wie heißt er jetzt?"

„White, Doktor White."

„Ein Doktor, ein Arzt! Welch verschiedene Laufbahnen dieser Schurke doch schon eingeschlagen hat; es soll aber seine letzte sein. Dieses Mal werde ich ihm das Handwerk für immer legen!"

„Kennt Ihr ihn denn?"

„Nur zu gut! Aber das ist jetzt Nebensache. Hauptsache ist, wir Ihr Euch befindet."

„Es ist mir leichter; ich habe wieder Atem."

„Und schmerzt die Brust?"

„Nicht sehr."

„So wollen wir versuchen, ob Ihr aufstehen und gehen könnt. Stützt Euch auf mich!"

Der Versuch gelang; es ging langsam, aber es ging. Unterwegs erzählte Eduard das Gespräch, das er mit White gehabt hatte. In der Nähe der Mission angekommen, mußte er sich seitwärts an einer versteckten Stelle niedersetzen. Old Firehand ließ sich Bauart und Einteilung des Hospitals beschreiben und ging dann in das Haus, um White aufzusuchen. Die Wohnung war verschlossen; da stieg er die schlecht erleuchteten Treppen bis zum Bodenraum hinauf, dessen Tür er öffnete, ohne anzuklopfen. Hier standen die Betten der Patienten, und an einem kleinen Tischchen saß der Assistent. Dieser stand auf, nicht wenig erstaunt über den späten Besuch. Und als er diesen gar genauer betrachtete, da wollte er beinahe erschrecken.

„Wer seid Ihr? Was wollt Ihr hier?" fragte er.

„Ich suche Doktor White."

„Der ist nicht hier. Er wird unten bei Señor Werner sein."

„Und wer seid Ihr?"

„Ich heiße Gromann und bin der Assistent."

„So kommt einmal her, Mr. Gromann. Ich muß Euer Gesicht sehen."

Er zog ihn zum Licht, betrachtete ihn und sagte, indem seine ernsten Züge einen milden Ausdruck annahmen:

„Ihr scheint kein Halunke zu sein."

„Bin auch keiner, sondern stets ein ehrlicher Mensch gewesen. Wie aber kommt Ihr zu Eurem befremdlichen Verhalten und diesen sonderbaren Worten, Sir?"

„Das will ich Euch sagen. Ist Euch vielleicht der Name Old Firehand bekannt?"

„Ja".

„Dieser Mann bin ich. — Aber sagt einmal, was haltet Ihr von Eurem Prinzipal, dem Doktor White?"

„Ich weiß nicht, Sir, was Ihr mit Eurer eigentümlichen Frage bezweckt!"

„Nun — — er hat soeben erst einen Mordversuch begangen."

„Zounds! Was sagt Ihr da?! Wißt Ihr das genau? Sprecht! Wo? An wem?..."

„Geduld, Sir! Ihr sollt alles hören! Doch vorerst..."

„Vorerst hört mich! Es ist eigentlich ein Geheimnis; doch Euch darf ich es sagen. Ich bin nämlich Detektiv."

„Geheimpolizist? Als Assistent dieses Doktors White?"

„Gerade als dieser! Kennt Ihr den Kanada-Bill?"

„Habe dann und wann von ihm gehört, war einer der größten Halunken weit und breit. Jetzt ist er schon lange verschwunden."

„Nun, der sogenannte Doktor White scheint der Kanada-Bill zu sein. Sollt alles hören. — Aber zuvor, Sir, teilt mir erst mit, was Ihr von dem Mordversuch wißt!"

Old Firehand erzählte ihm die Sache, und da hielt denn auch Gromann nicht länger hinter dem Berg und sagte:

„Da muß ich aufrichtig mit Euch sein. Ich war früher Pharmazeut und als solcher bei Mr. Cleveland in Norfolk, Nordkarolina, beschäftigt. Da trat bei ihm ein gewisser Dare ein, der angestellt wurde, weil er gute

Zeugnisse besaß, die aber, wie wir uns später überzeugten, gefälscht waren. Bald stellte es sich heraus, daß er von der Pharmazie fast weniger als ein Anfänger verstand; es gab sehr ernste Auftritte zwischen ihm und dem Prinzipal, und dann verschwand er plötzlich und mit ihm der Inhalt der Kasse mit dem ganzen Vermögen Clevelands. Ich liebte meinen Prinzipal; er war mein Wohltäter gewesen. Der Verlust richtete ihn vollständig zugrunde; die Polizei fand keine Spur von dem Verbrecher, und so nahm ich mir vor, ihm persönlich nachzuspüren. Indem ich nach ihm suchte, kam ich auf die Fährte anderer Personen, die ebenso wie er gesucht und nun durch mich der Gerechtigkeit überliefert wurden. Das verschaffte mir einen guten Ruf bei der Polizei, und ich wurde als Detektiv verpflichtet. Nun standen mir weit mehr Mittel verschiedenster Art zu Gebote, mit deren Hilfe es mir gelang, einen Anhalt zu gewinnen. Auf diesem fußte ich weiter, bis ich endlich eine sichere Spur entdeckte, die mich hierher führte."

„Zu White?"

„Ja. Er ist jener Dare."

„Er muß Euch aber doch erkannt haben!"

„Gewiß; aber ich machte ihm die Sache so einleuchtend, daß er mich anstellte, natürlich nur, um mich zum Schweigen zu bringen. Nun bin ich als Assistent bei ihm, aber meines Lebens keinen Augenblick sicher, denn ich muß zu jeder Stunde gewärtig sein, daß er mich auf irgendeine Weise aus dem Wege räumt, um einen Zeugen seiner Vergangenheit zu beseitigen. Welche Vorsicht und Aufmerksamkeit das meinerseits erfordert, könnt Ihr Euch kaum denken!"

„Warum macht Ihr ihn nicht unschädlich?"

„Auf welche Weise könnte ich das tun?"

„Indem Ihr ihn verhaftet."

„Das kann ich nicht, weil ich keinen Beweis gegen ihn habe. Ich weiß, daß er das Vermögen Clevelands gestohlen hat, aber überführen kann ich ihn nicht. Ich habe ihn Tag und Nacht beobachtet, habe alle seine Geheimnisse zu ergründen versucht, habe in jedem Winkel, in jeder Ecke, die mir zugänglich war, nachgeforscht; dabei habe ich aber nur herausgebracht, daß er einst als Kanada-Bill bekannt war."

„In jeder Ecke, die Euch zugänglich war — — das ist die Sache! Er wird sich hüten, Euch seine Geheimnisse zugänglich zu machen. Bei diesem Halunken kommt Ihr mit aller Eurer List nicht weiter; bei ihm kann man einen Knoten nicht aufknüpfen, sondern man muß ihn zerhauen, und das werden wir heute tun. Hoffentlich kann ich dabei auf Eure Hilfe rechnen?"

„Oh, selbstverständlich, wenn Ihr meine geringe Hilfe brauchen könnt!"

„Hat er Schränke, Kästen, in die Ihr noch nicht gekommen seid?"

„Jawohl, in seiner Privatwohnung unten."

„Die wird er uns einmal öffnen müssen! Könnt Ihr jetzt vielleicht hier abkommen?"

„Ja. Wir haben augenblicklich keinen schweren Fall."

„So steigt mit mir hinunter!"

Sie gingen die Treppen hinab und kamen zu der Stelle, wo Eduard wartete. Dieser erhielt von Old Firehand Anweisung, wie er sich zu verhalten hatte, und dann begaben sie sich nach dem Erdgeschoß, wo Werner wohnte. Es war gerade um Mitternacht.

Sie gingen über den Hof und von dem Flur aus in die Küche, wo Eduard damals mit Anita gelauscht hatte. Auch heute war diese leer. Werner saß mit Frau, Tochter und White in der Stube. Eben sagte der letztere:

„Jetzt, Señor Carlos, ist es gerade zwölf; die sechs Monate sind vorüber, und Eduard ist noch nicht da. Ich erinnere Euch an Euer Wort und hoffe, daß Ihr es halten werdet."

„Ich halte es", antwortete Werner, „und gebe Euch meine Einwilligung, wenn Ihr mir beweist, daß Ihr wirklich so wohlhabend seid, wie Ihr gesagt habt."

„Ich habe mich vorbereitet, diesen Beweis anzutreten. Hier seht Euch diese Papiere an! Die Summen, die da verzeichnet stehen, habe ich auf der Bank hinterlegt. Genügen sie Euch?"

Man hörte Papiere rascheln, und dann rief Werner aus:

„Señor Doktor, das ist ja viel mehr, als ich erwarten konnte! Ihr seid ein reicher Mann!"

„Oh, ich könnte Euch beweisen, daß ich noch mehr habe; dies mag aber genügen. Und damit Ihr seht, was für einen aufmerksamen Gatten Eure Anita an mir haben wird, will ich Euch diesen Schmuck zeigen, den ich ihr schon bei der Verlobung schenken werde. Es sind lauter Edelsteine."

Man hörte Kästen öffnen, und dann erklangen Werners Ausrufe des Erstaunens und der Bewunderung. Da trat Gromann an die Küchentür, die ein wenig aufstand, und sah in das Zimmer. Kaum hatte er einen Blick hineingeworfen, so fuhr er zurück und flüsterte Old Firehand zu:

„Hört, Sir, ich habe jetzt, was ich brauche. Dieser Schmuck ist Mr. Cleveland gestohlen worden. Er gehörte seiner verstorbenen Frau und wurde nach ihrem Tod im Geldschrank aufbewahrt. Dann verschwand er mit Dare und dem Geld."

Jetzt fragte White drin:

„Nun, Señor Carlos, habe ich Euch überzeugt?"

„Ja, Señor. Komm her, Anita, und gib dem Doktor deine Hand!"

Die Lauscher horchten gespannt, was Anita sagen würde.

„Ich gebe sie ihm nicht!" sagte sie in sehr entschlossenem Ton.

„Du weißt, daß er mein Versprechen hat!"

„Das deinige, ja; aber von mir hat er kein Versprechen erhalten."

„Versprechen ist Versprechen!" rief White. „Ich denke doch, daß jede Tochter ihrem Vater Gehorsam schuldet! Eduard ist nicht gekommen; wahrscheinlich ist er in den Minen verdorben und gestorben, und — — —"

Er kam nicht weiter in seiner Rede, denn Eduard trat in das Zimmer, und sagte:

„Ich bin gekommen, wie Ihr seht. An Euch, Señor White, liegt es freilich nicht, daß ich noch lebe und nicht gestorben bin!"

Anita flog mit einem Freudenruf auf ihn zu. White aber starrte ihn erschrocken wie einen Toten an, der plötzlich aus dem Grabe steigt. Da öffnete sich die Küchentür wieder, und Gromann kam herein. Er trat an den Tisch, griff nach den Kästen und sagte:

„Dieser Schmuck ist Mr. Cleveland gestohlen worden; ich beschlagnahme ihn."

„Beschlagnahmen?" fuhr White auf. „Ich möchte den sehen, der den Mut hat, sich an meinem wohlerworbenen Eigentum zu vergreifen!"

„Das tue ich, weil es nicht wohlerworben ist. Ich bin Detektiv und erkläre Euch, daß Ihr mein Gefangener seid, Mr. Dare, der sich hier White nennt!"

Und abermals wurde die Tür geöffnet. Old Firehand kam herein und sagte:

„Auch Dare ist sein richtiger Name nicht. Er hat schon hundert Namen getragen und seinen ursprünglichen wohl darüber vergessen; sein berühmtester oder berüchtigster aber ist Kanada-Bill."

„Wer seid Ihr und was — — —"

„Man pflegt mich Old Firehand zu nennen!"

Jetzt wurde der Schreck des angeblichen Doktors geradezu zum Entsetzen; sein Gesicht erbleichte bis zur

Farbe des Papiers, und seine Gestalt wankte, so daß er sich mit den Händen auf den Tisch stützen mußte.

„Old — — Fi — — re — — hand!" kam es dabei bebend über seine blutleeren Lippen.

„Ja, Old Firehand! Jetzt wißt Ihr wohl, daß nun kein Entrinnen ist! Eure Taten schreien zum Himmel auf, und es wäre besser, Ihr hättet die Kugel, die diesen jungen Mann hier töten sollte, ins eigene Herz gejagt; da wäret Ihr dem Strang entgangen, dem ich Euch ausliefern werde. Eure verbrecherische Laufbahn ist jetzt zu Ende!"

Die Wirkung dieser Worte riß die Gestalt des Kanada-Bill aus ihrer zusammengesunkenen Haltung empor. Seine Wangen färbten sich wieder, und seine Augen blitzten. Er griff mit der Hand in die Tasche und schrie:

„Meint Ihr? Noch ist es nicht so weit!"

„Es ist so weit, und selbst Euer Revolver kann Euch nicht retten. Heraus mit der Hand aus der Tasche!"

„Ja, heraus!"

Er hob die Hand, in welcher der Revolver blitzte, und richtete ihn auf Old Firehand. Der Schuß krachte; Old Firehand machte eine blitzschnelle Bewegung zur Seite; die Kugel ging vorüber, und fast in demselben Augenblick traf seine Faust den Kanada-Bill mit solcher Wucht auf den Kopf, daß er zu Boden krachte und mehrere Stühle mit sich niederriß.

Werner saß vor Schreck lautlos; seine Frau aber schrie laut auf.

„Still!" gebot der Jäger. „Er ist gefällt und wird keinem Menschen mehr schaden. Gebt einige Schnüre her, um ihn zu binden, und schickt dann nach der Polizei! Die wird sich über einen solchen Fang freuen."

Er hob den Revolver auf, der dem Kanada-Bill entfallen war, und dann wurde der Bewußtlose gefesselt. Nun ging es ans Fragen, Antworten und Erklären, und

346

als sich die Polizei einstellte, wurde die Wohnung des Verbrechers untersucht. Mit Hilfe der Schlüssel, die er bei sich hatte, konnte man alles öffnen, und da fanden sich denn so viele Beweise seiner Taten, daß er der Todesstrafe nicht entgehen konnte. Vor allen Dingen gab es viel Goldstaub und Nuggets, die er den kranken Diggers im ‚Hospital‘ abgenommen hatte, wenn sie von ihm aus dem Leben ‚gedoktort‘ worden waren. Auch die ganze Summe, die er Mr. Cleveland abgenommen hatte, war vorhanden und durch seine Aufzeichnungen nachweisbar.

Der Verhaftete kam während der Durchsuchung seiner Wohnung nicht wieder zu sich und wurde in diesem bewußtlosen Zustand fortgeschafft. Als er dann später in der Haft erwachte, begann er zu schreien und zu wüten. Der Fausthieb Old Firehands hatte sein Gehirn in der Weise erschüttert, daß er nicht wieder richtig zur Besinnung kam. Er kämpfte Tag und Nacht mit den Gestalten derer, an denen er sich vergangen hatte, und wurde dabei so gefährlich, daß ihn nur die Zwangsjacke bändigen konnte. Die Tobsucht ließ nicht von ihm, bis sie ihn in schäumendem Ringen tot niederwarf.

So, ich bin mit meiner Geschichte fertig, und nun wißt ihr, Mesch'schurs, wo und wie der Kanada-Bill geendet hat.“ — — —

Lange saßen die Zuhörer unter dem Eindruck der Erzählung still da; unwillkürlich hatten sich aller Augen auf den Kolorado-Mann gerichtet. Der hatte seinen Bowieknife gezogen, und mit wuchtiger Hand schnitt er in den Kolben seiner alten Büchse zwei sich kreuzende Kerben. —

Das sprechende Leder

1. Stehlende Hand

Ihr müßt wissen, Gents, begann der greise Indianeragent, daß ich über den Wilden Westen und die Indianer meine eigenen Ansichten habe, ganz andere, als sie hier landläufig sind; die Roten sind weit besser als ihr Ruf, und ich möchte manchem Weißen wünschen, so zu sein wie sie!

Ja, ich bin eine Reihe von Jahren Indianeragent gewesen, aber nicht einer von der Sorte, die, um sich selbst zu bereichern, die Roten um ihr Recht prellen und um ihr Hab und Gut betrügen. Diese Art von Agenten trägt die meiste Schuld daran, daß der Indianer nie aus dem Zorn gegen die Weißen herauskommt. Gewissenlos bereichern sie sich an der Armut und Nacktheit der bedauernswerten Indsmen und schreien Ach und Weh, wenn diese dann endlich einmal die Geduld verlieren und mit den Waffen in der Hand Gerechtigkeit verlangen.

Gerade, weil ich immer bestrebt war, ehrlich an den roten Männern zu handeln, habe ich auch viel treue und aufopferungsfähige Freunde unter ihnen getroffen und besonders die Apatschen waren und sind mir ans Herz gewachsen. Habe schon manchmal widersprechen müssen, wenn ein Gast hier bei unserer würdigen Mutter Thick behauptete, die Apatschen seien früher durch ihre Feigheit und Hinterlist bekannt gewesen und hätten sich durch sie den Schimpfnamen ,Pimo' zugezogen; erst seit Winnetou ihr Häuptling ist, seien geschickte Jäger und tapfere, verwegene Krieger aus ihnen geworden.

Ja, es gibt allerdings einige Stämme unter ihnen,

denen die Natur ihrer Wohnsitze nichts, gar nichts zu bieten vermag und die darum nicht bloß körperlich, sondern auch geistig heruntergekommen sind. Daran sind aber die Weißen schuld, die sie von ihren einstigen, besseren Jagd- und Weidegründen verdrängt haben und nun glauben, sie verachten zu dürfen. Von anderen Stämmen aber, und besonders von den Mescaleros, darf man das nicht sagen. Ich habe sie längst gekannt, bevor Winnetou geboren war, und schon mit seinem Vater Intschu-tschuna eine vieljährige und innige Freundschaft gehalten. Er war vielleicht nicht so durchgeistigt wie Winnetou, allein auch schon in ihm lagen alle edlen Keime, die bei seinem Sohn so herrlich zur Vollendung kamen. Und, seht ihr, dieser prächtige Indsman wurde von Weißen ermordet, er und Nscho-tschi, seine Tochter, die Schwester Winnetous, diese schönste, beste und seelenreinste Tschargoocha[1]) der Apatschen! —

Doch könnt ihr euch ja selbst ein Urteil über die Apatschen bilden aus der Geschichte, die ich euch versprach. Ich will versuchen, sie auch so hübsch und fließend zu machen wie die anderen Masters vor mir. Also, es mag beginnen:

Es war ein wunderbar schöner Junimorgen, eine wirkliche Seltenheit in jener weit entlegenen Ecke, die der nordwestliche Winkel des Indianerterritoriums mit den gradlinigen Grenzen von Kansas, Kolorado und Neu-Mexiko bildet. Es hatte während der Nacht ziemlich stark getaut; nun funkelten an Halmen und Zweigen brillante Tropfen, und der eigenartige Duft des Büffelgrases und der kurzlockigen Grama erhielt eine so erquickende Frische, daß die Lunge das balsamische Cumarin in langen, tiefen Zügen einatmete.

Ein solcher Morgen pflegt auf die Stimmung des Menschen von wohltätiger Wirkung zu sein, und doch ritt ich ziemlich verdrossen in den prachtvollen Tag hinein.

1) Mädchen

Der Grund war ein sehr einfacher: mein Pferd ging lahm. Es war vorgestern beim Galoppieren an einer Wurzel hängengeblieben. Und in der Prärie ein lahmes Pferd zu reiten, das ist nicht nur ärgerlich, sondern es kann sogar verhängnisvolle Folgen haben. Bei den dort täglich drohenden Gefahren hängen Leben und Sicherheit des Jägers nur zu oft von der Brauchbarkeit seines Tieres ab.

Ich hatte mit einigen Trappern droben in der Nähe von Spanish Peaks gejagt und war dann über die Willow-Springs hierher nach dem Nescutunga-Creek gekommen, um an dessen rechtem Ufer mit Will Salters zusammenzutreffen, mit dem ich vor Monaten' in Nebraska Biber gefangen und beim Scheiden das gegenwärtige Stelldichein verabredet hatte. Wir wollten das Indianerterritorium bis an die südöstliche Grenze durchreiten und dann gerade nach Westen in den Llano estacado gehen, um diese berüchtigte Wüste kennenzulernen.

Dazu war vor allem ein gutes Pferd nötig, und das meinige lahmte. Es hatte mich treu durch viele Gefahren getragen; ich wollte es gegen kein anderes vertauschen, und so war ich gezwungen, ihm Ruhe zu gönnen, bis der Fuß sich wieder eingerichtet haben würde. Die dadurch entstehende Zeitversäumnis war allerdings höchst unangenehm.

Während mein Mustang langsam über die Prärie hinkte, sah ich mich nach Anzeichen um, aus denen ich die Nähe des Flusses zu erraten vermochte. Da, wo ich ritt, gab es nur vereinzeltes Buschwerk. Nach Norden aber zog sich eine dunkle Linie hin, die mich auf geschlosseneren Baum- und Strauchwuchs schließen ließ. Ich lenkte also nach dieser Richtung ab, denn wo sich mehr Pflanzenleben findet, muß auch mehr Wasser sein.

Ich hatte recht gehabt. Die dunkle Linie bestand aus Mezquite- und wilden Kirschensträuchern, die sich an beiden Ufern des Flusses hinzogen. Dieser war nicht breit und, wenigstens an der Stelle, wo ich auf ihn traf, auch nicht tief.

Ich ritt langsam am Ufer hin und suchte aufmerksam nach einem Zeichen Will Salters, der ja schon vor mir hier angekommen sein konnte.

Und richtig! Im seichten Wasser lagen zwei große Steine hart nebeneinander, zwischen die ein größerer Ast so eingeklemmt war, daß der kleine Zweig, der sich daran befand, flußabwärts wies.

Dies war unser verabredetes Zeichen, das ich in kurzen Unterbrechungen noch viermal bemerkte. Salters befand sich hier und war dem Lauf des Wassers nachgeritten. Da seine Fährte nicht mehr zu erkennen war und die Blätter der Signalzweige sich bereits in welkem Zustand befanden, so war er nicht später als höchstens gestern hier gewesen.

Nach einiger Zeit bog der Fluß noch mehr nach Norden ab; er schien einen Bogen zu machen. An dieser Stelle zeigte der Ast, den Will in den Ufersand gesteckt hatte, in die Prärie hinein. Er war also dem Fluß nicht weiter gefolgt, sondern hatte dessen Bogen auf der Sehnenlinie abschneiden wollen. Ich tat dasselbe.

Nun gewahrte ich gerade vor mir einen nicht sehr hohen, einzeln stehenden und zerklüfteten Berg, der vermöge seiner einsamen Lage ganz geeignet war, einem Westmann als Wegweiser zu dienen. In einer guten halben Stunde hatte ich ihn erreicht. Sein Gipfel war kahl und der untere Teil nur sehr dürftig von Buschwerk bestanden. Darum wunderte ich mich, beim Umreiten an der Ostseite mehrere Gruppen von Platanen zu erblicken, von denen die stärkste sicher über tausend Jahre zählte. Es fiel mir auf, daß das Erdreich hier in einem beträchtlichen Umkreis tief aufgewühlt war. Es gab da Löcher von einigen Metern Tiefe, sichtlich mit Hacke und Schaufel ausgearbeitet. Weilten hier in dieser entlegenen Gegend Menschen? Wozu waren diese Löcher gemacht worden?

Ich ritt weiter, hielt aber bereits nach kurzer Zeit wieder an, denn ich gewahrte eine Fußspur im Grase. Als ich abgestiegen war, um sie genau zu untersuchen, fand ich, daß sie von einem weiblichen oder noch nicht ausgewachsenen männlichen Fuß, der mit indianischem, absatzlosem Mokassin bekleidet gewesen war, herrührte. Gab es hier Indianer? Oder hatte ein Weißer indianisches Schuhwerk getragen? Die Eindrücke beider Füße waren gleichmäßig; jetzt fiel mir dieser Umstand nicht besonders auf; später jedoch sollte ich an ihn erinnert werden.

Eigentlich hätte ich dieser Fährte folgen sollen; aber sie führte nach Norden, dem Fluß zu, während meine Richtung ostwärts ging; ich wollte baldigst auf Salters treffen; darum stieg ich wieder auf und ritt weiter.

Nach einiger Zeit dachte ich, aus gewissen Anzeichen schließen zu müssen, daß diese Gegend nicht so unbesucht sei, wie ich vorher geglaubt hatte. Einzelne zerknickte Halme, an den Zweigen gebrochene Ästchen, hier und da ein wie von einem menschlichen Fuß zu Mehl zertretenes Steinchen ließen vermuten, daß hier irgendein Nachkomme des ersten Menschenpaares vorübergekommen sei. Darum war ich auch nur erstaunt, nicht aber erschrocken, als ich später, den Fluß wieder erreichend, hart an dessen Ufer ein mit jungen Tabaks- und Maispflanzen bestecktes Feld bemerkte. Jenseits davon erhob sich ein niedriges Blockhaus mit einer hohen, aber sehr beschädigten Fenz um den beträchtlichen Vorplatz.

Also eine Farm hier am Nescutunga-Creek! Wer hätte das denken sollen! Hinter der Fenz rieb sich ein alter, spitzhüftiger Gaul den Kopf an dem leeren Futtertrog, und vor ihr erblickte ich einen jungen Menschen, der beschäftigt war, eine schadhafte Stelle der Umzäunung auszubessern. Er zählte wohl kaum mehr als sechzehn

Jahre, obgleich sein kräftig entwickelter Körper auf ein höheres Alter deutete.

Er schien über mein Erscheinen zu erschrecken, blieb aber stehen, bis ich bei ihm anhielt.

„Good morning!" grüßte ich ihn. „Darf ich erfahren, wie der Besitzer dieses Hauses heißt?"

Er strich sich mit der Hand durch das dichte blonde Haar, betrachtete mich forschend mit den prächtigen, germanisch blauen Augen und antwortete:

„Rollins heißt er, Sir."

„Ihr seid der Sohn?"

„Ja, der Stiefsohn."

„Ist Euer Vater daheim?"

„Seht Euch um! Da kommt er."

Er deutete nach der engen, niedrigen Tür. Aus dieser trat soeben ein Mann, der sich bücken mußte, um oben nicht anzustoßen. Er war sehr lang, sehr hager und schmalbrüstig, und zwischen den wenigen Haaren seines dünnen Vollbartes blickte die Haut wie gegerbtes Leder hervor. Sein Yankeegesicht verfinsterte sich, als er mich sah. Er hatte ein altes Gewehr und eine Hacke in den Händen und legte beides nicht weg, als er langsam auf mich zutrat. Feindselig richtete er den stechenden Blick auf mich und erkundigte sich mit heiser klingender Stimme:

„Was wollt Ihr hier?"

„Zunächst will ich Euch fragen, Master Rollins, ob nicht vielleicht gestern oder vorgestern ein Mann bei Euch vorgesprochen hat, der sich Salters nannte und irgendeinen Auftrag zurückgelassen hat."

Da antwortete der Sohn schnell:

„Das war gestern früh, Sir. Dieser Salters war —"

Er konnte nicht weitersprechen. Sein Vater stieß ihm den Gewehrkolben in die Seite, so daß der arme Junge wimmernd gegen die Fenz taumelte, und rief zornig:

„Willst du schweigen, Kröte! Wir haben keine Lust,

einen jeden Landstreicher zu bedienen!" Und zu mir gewendet, fuhr er fort: „Macht Euch von dannen, Mann! Ich wohne weder für Euch noch für Euren Salters hier!"

Das war einfach grob. Ich hatte meine eigene Hinterwaldsart, solche Leute zu behandeln. Gemütlich stieg ich vom Pferd, band es an die Fenz und sagte:

„Diesmal werdet Ihr doch eine Ausnahme machen müssen, Master Rollins. Mein Pferd geht lahm, und ich werde hier bei Euch bleiben, bis es geheilt ist."

Er trat einen Schritt zurück, maß mich mit zornblitzenden Augen vom Kopf bis zu den Füßen herab und schrie:

„Seid Ihr toll? Mein Haus ist kein Boardinghaus, und wer sich hier breitmachen will, dem brenne ich sehr einfach eine Ladung Schrot auf den Pelz. Zounds! Da ist ja auch dieser elende Indsman wieder! Warte, Bursche, dich will ich forträuchern!"

Ich folgte schnell mit meinem Blick dem seinigen, der bei den letzten Worten auf ein in der Nähe gelegenes Buschwerk gerichtet war. Von dorther kam ein junger Indianer herbeigeschritten. Rollins erhob das Gewehr und legte auf ihn an. Er drückte gerade in dem Augenblick ab, als ich ihm den Lauf zur Seite schlug. Der Schuß krachte, ging aber fehl.

„Hund! Du vergreifst dich an mir?" brüllte mich der Yankee an. „Da, nimm das dafür!"

Er drehte schnell das Gewehr um und holte zum Kolbenhieb aus. Die Hacke hatte er vorher, um schießen zu können, weggelegt. Ich stieß ihm die Faust unter den erhobenen Arm und schleuderte ihn so kräftig gegen die Fenz, daß sie unter ihm zusammenbrach. Die Büchse entfiel ihm und ich griff sie auf, ehe er sich wieder erhoben hatte. Er riß im Aufstehen das Messer aus der Scheide und gurgelte mit vor Zorn erstickter Stimme:

„Mir das! Auf meinem Grund und Boden! Das kostet Blut und Leben!"

Ich hatte ebenso schnell meinen Revolver in der Hand, hielt ihm diesen entgegen und antwortete:

„Ihr meint wohl Euer Blut und Leben? Steckt sofort das Messer ein! Meine Kugel ist schneller als Eure Klinge, Mann!"

Er ließ den bereits erhobenen Arm sinken und hielt die Augen nicht gegen mich, sondern nach der anderen Ecke des Blockhauses gerichtet. Dort hielt ein Reiter, der unbemerkt von uns herbeigekommen war und mir lachend zurief:

„Schon bei der Arbeit, alter Bursche? Recht so, schlage den Kerl nieder; er hat es verdient. Aber gib ihm keine Kugel, denn einen Schuß Pulver ist er nicht wert."

Dieser Reiter war Will Salters. Er kam vollends herbei, gab mir die Hand und fuhr fort:

„Welcome, Kamerad! Wenn es nach diesem scurvy fellow gegangen wäre, hättest du mich nicht wiedergefunden. Ich schätze, der hat dich gerade so empfangen, wie gestern mich. Dafür erhielt er einige Nasenstüber, für die er mir eine Kugel nachschickte, die aber höflicher war als er; sie wich mir zur Seite aus. Ich wollte dich hier bei ihm erwarten, durfte aber nicht. Ich sagte seinem Sohn, daß ich heute zurückkehren würde, um zu sehen, ob der Mann bei besserer Laune sei. Wenn es dir recht ist, geben wir ihm eine Belehrung im Umgang mit unseresgleichen. Ich will mich einstweilen seiner Persönlichkeit versichern!"

Er stieg ab. Da raffte Rollins die Hacke vom Boden auf und floh in weiten Sprüngen davon. Wir blickten ihm verwundert nach. Sein Verhalten war befremdend. Erst rücksichtslose Grobheit und nun feige Flucht! Wir kamen nicht dazu, eine Bemerkung darüber zu machen, denn aus der Tür trat jetzt eine Frau, die bisher ängstlich dahinter versteckt gewesen war. Sie hatte Rollins hinter den Büschen verschwinden sehen und sagte, froh aufatmend:

„Gott sei Dank! Ich glaubte schon, es werde zum Blutvergießen kommen. Er ist betrunken. Er hat während der ganzen Nacht phantasiert und dann die letzte Flasche Brandy ausgetrunken!"

„Ihr seid seine Frau?" fragte ich.

„Ja. Ich hoffe, daß ich es nicht zu entgelten habe, Mesch'schurs. Ich kann ja nichts dafür."

„Das wollen wir glauben. Fast möchte man annehmen, daß Euer Mann geistig gestört sei."

„Das ist er leider auch. O Gott, ihr glaubt gar nicht, wie unglücklich ich bin! Er bildet sich ein, daß ein Schatz hier in der Nähe vergraben liege. Den will er heben. Kein anderer soll ihn finden, und darum duldet er keinen Menschen in dieser Gegend. Hier dieser junge Indsman ist schon seit vier Tagen hier. Er konnte nicht weiter, weil er sich den Fuß vertreten hat, und wollte bei uns bleiben, bis er wieder richtig zu laufen vermag; aber Rollins jagte ihn fort. Nun muß der arme Teufel im Freien übernachten."

Sie deutete auf den Indianer, der herbeigekommen war. Es war alles so schnell geschehen, daß ich ihn noch nicht wieder hatte beachten können.

Er mochte achtzehn Jahre alt sein. Sein Anzug war aus mit Gehirn gegerbter Hirschhaut gefertigt und an den Nähten ausgefranst. Diese Fransen waren nicht mit Menschenhaaren geschmückt; er hatte also noch keinen Feind getötet. Sein Kopf war unbedeckt. Seine Waffen bestanden aus einem Messer und Bogen mit Köcher. Er durfte wohl noch kein Feuergewehr tragen. Um den Hals trug er eine messingene Kette, woran das Rohr einer Friedenspfeife hing; ihr Kopf fehlte. Das war das Zeichen, daß er sich auf der Wallfahrt nach den heiligen Steinbrüchen befand, aus denen die Indianer den Pfeifenton beziehen. Während dieser Reise ist ein jeder unverletzlich. Selbst der blutgierigste Gegner muß ihn da unbeschädigt ziehen lassen, ja nötigenfalls sogar beschützen.

Die offenen, klugen Züge dieses Jünglings gefielen mir. Das Gesicht hatte einen fast kaukasischen Schnitt. Die Augen waren sammetschwarz und mit dem Ausdruck des Dankes auf mich gerichtet. Er streckte mir die Hand entgegen und sagte:

„Du hast Ischarshiütuha beschützt. Ich bin dein Freund!"

Diese letztere Versicherung klang sehr stolz; das gefiel mir ebenso wie der Sprecher selbst. Sein Name aber verblüffte mich. Ischarshiütuha ist ein Apatschenwort und heißt so viel wie ‚Kleiner Hirsch', darum fragte ich:

„Bist du ein Apatsche?"

„Ischarshiütuha ist der Sohn eines großen Kriegers der Mescalero-Apatschen, der tapfersten roten Männer."

„Sie sind meine Freunde, und Intschu-tschuna, der größte ihrer Häuptlinge, ist mein Bruder."

Sein Blick fuhr rasch und scharf an meiner Gestalt empor. Dann fragte er: „Intschu-tschuna ist der tapferste der Helden. Wie nennt er dich?"

„Yato-inta."

Da trat er um mehrere Schritte zur Seite, senkte den Blick und sagte: „Die Söhne der Apatschen kennen dich. Ich bin noch kein Krieger; ich darf nicht mit dir sprechen."

Das war die Demut eines Indianers, der den Rang eines anderen offen anerkennt, den Kopf aber nicht um einen Zehntelzoll niederbeugt.

„Du darfst mit mir sprechen, denn du wirst einst ein berühmter Krieger sein. Du wirst in kurzer Zeit nicht mehr Ischarshiütuha, der kleine Hirsch, heißen, sondern Pehnulte, der große Hirsch. Du hast einen kranken Fuß?"

„Ja."

„Und bist aus deinem Wigwam ohne Pferd gegangen?"

„Ich hole den heiligen Pfeifenton. Ich laufe."

„Dieses Opfer wird dem Großen Geist gefallen. Komm mit ins Haus!"

„Ihr seid Krieger, und ich bin noch jung. Erlaubt, daß ich bei meinem kleinen weißen Bruder bleibe!"

Er trat zu dem hübschen, blonden, blauäugigen Knaben, der still und traurig dagestanden hatte, die Hand auf die Stelle gelegt, wo ihn der Gewehrkolben seines Vaters getroffen hatte. Die beiden wechselten ganz unbewußt einen Blick, der mir aber sofort auffiel. Sie standen jedenfalls jetzt nicht zum erstenmal nebeneinander. Der ‚kleine Hirsch‘ war nicht ohne Absicht hier; er verbarg ein Geheimnis, vielleicht gar ein für die Bewohner des Blockhauses gefährliches. Ich fühlte das Verlangen, dahinter zu kommen, ließ mir aber nichts merken.

Die Knaben blieben im Freien; ich folgte mit Will Salters der Frau in das Haus oder vielmehr in die Hütte, deren Inneres aus einem einzigen Raum bestand.

Da sah es denn höchst ärmlich aus. Ich war schon in mancher Blockhütte gewesen, deren Bewohner sich auf das Notwendigste zu beschränken hatten; hier aber war es schlimmer. Das Dach war sehr schadhaft und die Verstopfung der Zwischenräume in den Blockwänden verschwunden. Durch diese Löcher und Ritzen kroch das Elend ein und aus. Über dem Herd hing kein Kessel. An Speisevorrat erblickte ich nur eine geringe Anzahl von Maiskolben, die in einer Ecke lagen. Die Kleidung der Frau bestand aus dünnstem, verschossenem Druckkattun. Sie ging barfuß. Ihr einziger Schmuck war die Sauberkeit, die trotz dieser Ärmlichkeit wohltuend an ihr auffiel. Ihr Sohn ging ebenfalls dürftig gekleidet, doch war jede zerrissene Stelle sorgfältig ausgebessert.

Als ich auf das nur aus Laub bestehende Lager in der

Ecke und dann in das bleiche, abgehärmte Gesicht dieser braven Frau blickte, kam mir, ohne daß ich es eigentlich wollte, die Frage über die Lippen:

„Ihr habt Hunger, liebe Frau?"

Sie errötete schnell und wie beleidigt; dann aber brachen plötzlich Tränen aus ihren Augen, und sie antwortete, mit der Hand nach dem Herzen greifend:

„O Gott, ich wollte gar nicht klagen, wenn nur Joseph sich satt essen könnte! Unser Feld trägt nichts, weil mein Mann es verwildern läßt; so sind wir also auf die Jagd angewiesen, die aber auch nichts bringt, weil Rollins den Wahnsinn hat, nur immer nach dem Schatz zu graben."

Ich eilte hinaus zu meinem Pferd, um meinen Vorrat an Dürrfleisch hereinzuholen, den ich ihr gab. Der gute Will Salters war ebenso schnell bei seinem Tier und brachte auch seinen Vorrat herein.

„O Mesch'schurs, wie gut ihr seid!" sagte sie. „Man möchte euch gar nicht für Yankees halten."

„Da habt Ihr, wenigstens in Beziehung auf mich, nicht unrecht", antwortete ich. „Ich bin Deutscher. Master Salters aber hat zwar nur von mütterlicher Seite deutsches Blut in den Adern, ist aber ein noch viel besserer Kerl als ich. Seine Mutter war eine Österreicherin."

„Herrgott! Und ich bin in Brünn geboren!" rief sie aus, die Hände froh zusammenschlagend.

„Also eine Deutsche! So können wir uns ja der Muttersprache bedienen."

„Ah ja! Ich darf mit meinem Sohn nur heimlich deutsch reden. Rollins leidet es nicht."

„Ein schrecklicher Kerl!" sagte Salters. „Ich will Sie nicht kränken; aber es ist mir ganz so, als ob ich ihm schon vor Jahren einmal, unter für ihn nicht ehrenvollen Umständen, begegnet sei. Er hat eine große Ähnlichkeit mit einem Kerl, den man nur unter einem indianischen Namen kannte. Ich weiß nicht, was dieser Name be-

deutet. Wie lautet er doch nur? Ich glaube, so ähnlich
wie Indano oder Indanscho."

„Inta-'ntscho!" klang es vom Eingang her.

Dort stand der junge Indianer. Er hatte zwar nicht
die deutschen Worte, aber doch den Namen verstanden.
In seinem Auge glühte es flackernd auf. Als da mein
Blick forschend auf ihn fiel, drehte er sich um und verschwand von der Tür.

„Dieser Name ist der Apatschensprache entnommen",
erklärte ich dem Gefährten. „Er bedeutet so viel wie
,böses Auge'."

„Böses Auge?" fragte die Frau. „Dieses Wort sagt
mein Mann sehr oft, wenn er im Traum spricht, oder
in der Betrunkenheit dort in der Ecke sitzt und sich mit
unsichtbaren Personen zankt. Er ist zuweilen über eine
Woche lang fort. Da bringt er sich aus Fort Dodge
drüben am Arkansas Brandy mit; ich weiß nicht, wo-
von er ihn bezahlt. Dann trinkt und trinkt er, bis er
nicht mehr denken kann, und spricht von Blut und
Mord, von Gold und Nuggets, von einem Schatz, der
hier vergraben liegt. Wir getrauen uns dann Tage und
Nächte lang nicht in die Hütte aus Angst, daß er uns
umbringen werde."

„Sie unglückliche Frau! Wie sind Sie denn zu der
Kühnheit gekommen, einem solchen Mann nach diesem
Winkel der Wildnis zu folgen?"

„Ihm? O, mit ihm wäre ich niemals hierher gegangen.
Ich kam mit meinem ersten Mann und dessen Bruder
nach Amerika. Wir kauften Land und wurden von dem
Agenten betrogen. Die Urkunde, die wir über den Kauf
erhielten, war gefälscht. Als wir nach dem Westen
kamen, hatte der rechtmäßige Eigentümer die Stelle
schon seit Jahren bewohnt und bebaut. Unser Geld war
alle; es blieb uns nichts übrig, als vom Ertrag der Jagd
zu leben. Dabei gingen wir immer weiter nach dem
Westen. Mein Mann wollte nach Kalifornien. Er hatte

von dem Gold gehört, das dort gefunden wird. Wir kamen bis hierher, da ging es nicht weiter; ich war krank und erschöpft. Wir lagerten im Freien, fanden aber zum Glück nach kurzer Zeit diese Blockhütte. Sie war verlassen. Wem sie gehört hat, wissen wir nicht. Wir behalfen uns so, wie es eben gehen wollte. Aber der Gedanke an Kalifornien ließ meinem Manne keine Ruhe. Er wollte hin. Ich konnte nicht, und sein Bruder wollte nicht, denn er hatte Sehnsucht nach der Heimat. Gott allein weiß es, nach welch schweren Kämpfen ich die Erlaubnis gab, daß mein Mann allein nach dem Goldlande gehen möge, um sein Glück zu versuchen, während der Schwager bei mir bleiben solle. Er ist nie zurückgekehrt. Ein halbes Jahr nach seinem Weggang wurde mir mein Joseph geschenkt. Er hat seinen Vater nie gesehen. Er war drei Jahre alt, als der Schwager einst des Morgens auf die Jagd ging und nicht wiederkam. Einige Tage später fand ich ihn am Ufer des Flusses liegen. Er hatte eine Schußwunde im Kopf. Vielleicht ist er von einem Indianer ermordet worden.“

„War er skalpiert?“

„Nein.“

„So ist der Mörder ein Weißer. Wie aber haben Sie leben können?“

„Von dem kleinen Maisvorrat, den wir hier nebenan erbaut hatten. Dann kam mein jetziger Mann in diese Gegend. Er wollte jagen und dann weitergehen, blieb aber länger und länger und zuletzt für immer da. Ich war froh, ihn zu haben; ohne ihn wäre ich mit meinem Kind verhungert. Er ging hinüber nach Dodge City und ließ meinen Mann für tot erklären. Ich brauchte einen Beschützer und mein Sohn einen Vater. Rollins ist beides geworden. Einst hatte ihm von einem Schatz geträumt, der hier vergraben sei. Sonderbarerweise wiederholte sich dieser Traum so oft, daß Rollins nicht nur fest an das Dasein dieses Schatzes glaubt, sondern in einen förmlichen Wahn verfallen ist. Des Nachts phantasiert er von dem Gold, und des Tags gräbt er nach dem Gold."

„Wohl an dem Berg, an dessen Fuß die alten Platanen stehen?"

„Ja. Aber ich darf nicht mit hin und mein Sohn ebensowenig. Ich kann keinem Menschen sagen, wie unglücklich ich bin. Ich bete täglich und stündlich um Errettung. Wenn Gott doch helfen wollte!"

„Er wird helfen, wenn auch seine Hilfe Ihnen anfänglich Schmerz bereiten sollte."

2. Der hungrige Wind

Joseph kam herein und bat uns, hinauszukommen und den Himmel zu betrachten. Wir folgten ihm, verwundert über dieses Verlangen. Der ‚kleine Hirsch‘ stand draußen und blickte aufmerksam nach einem Wölkchen, das fast scheitelrecht über unseren Köpfen stand. Sonst aber war der Himmel vollständig rein und ungetrübt. Joseph sagte uns, daß der Indianer dieses Wölkchen für sehr gefährlich halte. Der ‚kleine Hirsch‘ sprach nämlich ganz leidlich englisch und konnte sich also dem weißen Knaben verständlich machen. Will Salters zuckte die Achsel und sagte:

„Dieses Zigarrenwölkchen soll uns gefährlich sein? Pshaw!"

Da wendete der Indianer den Kopf zu ihm hin und sagte nur das eine Wort: „Iltschi."

„Was bedeutet das?" fragte mich Will.

„Wind, Sturm!"

„Unsinn! Ein gefährlicher Wind, also eine Bö, kommt nur aus einem ‚Loch‘, das heißt, wenn sich der ganze Himmel schwarz umzogen hat und sich in dieser schwarzen Decke ein rundes, helles Loch befindet. Hier aber ist es umgekehrt. Der Himmel ist außer dieser Stelle vollständig ungetrübt."

„’Nta-a si-tsa iltschi", sagte der Indianer.

Jetzt wurde ich doch aufmerksamer. Diese drei Worte bedeuten ‚der hungrige Wind‘. Der Apatsche bezeichnet mit diesem Ausdruck einen Wirbelsturm. Ich fragte den jungen Mann, ob er einen solchen befürchte. Er antwortete:

„Nakate-n'yul iltschi."

Das heißt ‚der sehr hungrige Wind' und bedeutet gar eine Windhose. Wie kam der Apatsche zu dieser Vermutung? Ich konnte an dem Wölkchen wirklich nichts Verdächtiges bemerken; aber ich wußte auch, daß diese Kinder der Wildnis einen wunderbaren Instinkt für gewisse Naturereignisse besitzen.

„Unsinn!" meinte Salters zu mir. „Komm herein! Ich glaube gar, du fängst an, ein bedenkliches Gesicht zu machen."

Da legte der Indianer den Finger an die Stirn und sagte zu ihm:

„To schi ta benesit!"

Diese Worte bedeuteten: ‚Ich bin nicht krank', nämlich im Kopf. Salters verstand ihn, nahm ihm aber die Worte übel und trat wieder in die Hütte. Diese Gelegenheit benutzte ich, dem ‚kleinen Hirsch' zu zeigen, daß ich ihm seine früheren Antworten nicht geglaubt hatte. Ich fragte ihn:

„Welcher Fuß meines jungen Freundes ist krank?"

„Sintsch-kah — der linke Fuß", antwortete er.

„Warum aber hinkte mein Bruder mit dem rechten Fuß, als er dort aus den Sträuchern kam?"

Es glitt ein Lächeln der Verlegenheit über sein Gesicht, doch antwortete er schnell gefaßt:

„Mein tapferer Bruder hat sich geirrt."

„Mein Auge ist scharf. Warum hinkt der ‚kleine Hirsch' nur dann, wenn er gesehen wird? Warum ist sein Gang richtig, wenn er allein ist?"

Er blickte mich forschend an, ohne zu antworten. Darum fuhr ich fort:

„Mein junger Freund hat von mir gehört. Er weiß, daß ich die Fährte lese, daß mich kein Halm des Grases, kein Korn des Sandes zu täuschen vermag. Der ‚kleine Hirsch' ist heute früh vom Berg herabgekommen und nach dem Fluß gegangen, ohne zu hinken. Ich habe seine Spur gesehen. Hat er auch jetzt den Mut, zu sagen, daß ich mich täusche?"

Er senkte den Blick zur Erde und schwieg.

„Warum sagt der ‚Hirsch', daß er nach den heiligen Steinbrüchen mit seinen Füßen gehe?" fuhr ich fort. „Er ist von seinem Wigwam aus bis hierher geritten."

„Uff!" antwortete er erstaunt. „Wie könntest du das wissen?"

„Ist nicht der größte Häuptling der Apatschen mein Lehrer gewesen? Meinst du, daß ich ihm die Schande mache, mich von einem jungen Apatschen, der noch kein Feuergewehr tragen darf, hintergehen zu lassen? Dein Tier ist ein Tschi-kayi-kle, ein Rotschimmel."

„Uff, uff!" rief er zweimal als Ausdruck der höchsten Verwunderung.

„Willst du den Bruder Intschu-tschunas belügen?" fragte ich vorwurfsvoll.

Da legte er die Hand auf das Herz und antwortete: „Schi-itkli ho-tli, tschi-kayi-kle — — ich habe ein Pferd, einen Rotschimmel."

„So ist es recht! Ich sage dir sogar, daß du heute früh beizeiten die ganze indianische Schule durchgeübt hast."

„Mein weißer Bruder ist allwissend wie Manitou, der Große Geist!" rief er betroffen.

„Nein. Du bist in gestrecktem Galopp geritten, mit einem Fuß im Sattel hängend und mit einem Arm am Halsriemen, deinen Körper an die eine Seite des Pferdes legend. Das tut man im Kampf, um sich vor den Geschossen des Feindes zu schützen, zur Friedenszeit aber nur, wenn man die volle Schule übt. Nur bei einem solchen Ritt ist es möglich, daß Mähnenhaare sich an Griff und Scheide des Messers verfitzen und, ausgerissen, hängen bleiben. Solches Mähnenhaar kann nur ein Rotschimmel haben."

Er fuhr mit beiden Händen nach dem Gürtel, an dem das Messer in der Scheide steckte. Daran hingen einige

Haare. Ich sah trotz seiner indianischen Hautfärbung, daß er errötete, und fügte hinzu:

„Das Auge des ‚kleinen Hirsches‘ ist hell, aber noch nicht geübt genug für solche Kleinigkeiten, an denen doch oftmals das Leben hängt. Mein junger Bruder ist hierhergekommen, um den Besitzer dieses Hauses zu sehen. Hat er eine Blutrache mit ihm?“

„Ich habe das Gelübde des Schweigens abgelegt“, antwortete er; „aber mein weißer Bruder ist der Freund des berühmtesten Apatschen. Ich will ihm etwas zeigen, was er mir heute noch zurückgeben wird. Er kann davon sprechen, denn meine Stunde ist gekommen.“

Er öffnete das Jagdhemd und zog ein wie ein Briefumschlag viereckig zusammengelegtes Leder hervor. Er gab es mir und schritt davon, nach dem Maisfeld zu, bei dem jetzt der Joseph stand. Ich sah noch, daß er diesen beim Arm ergriff und mit sich fortzog.

Auf den ersten Blick nahm ich wahr, daß ich eine Art Totem vor mir hatte, denn außen war ein indianisches Zeichen in Form einer brennenden Pfeife eingeritzt. Der Inhalt aber war ein indianischer Brief.

Ich schlug das Leder, das aus einem gegerbten Hirschfell geschnitten war, auseinander. Innen lag ein zweites Lederstück aus Büffelkalbfell, nur von den Haaren befreit, mit Kalk gebeizt und zu Pergament geglättet. Es war zweimal zusammengeschlagen. Als ich es auseinanderfaltete, sah ich eine Reihe von Figuren, in roter Farbe hervorgebracht, in der Zeichnung ganz ähnlich der berühmten Felseninschrift von Tsitßumovi in Arizona. Ich hatte eine Urkunde in Indianerschrift in den Händen, eine solche Seltenheit, daß ich gar nicht sogleich an das Entziffern dachte, sondern in die Hütte eilte, um Will Salters diesen Schatz zu zeigen. Er schüttelte den Kopf dazu und meinte verwundert:

„Das soll man lesen können?“

„Natürlich!“

„Nun, so lies du es! Schon wenn es sich um unsere gewöhnliche Schrift handelt, will ich mich lieber mit zwanzig Indsmen als mit drei Buchstaben herumschlagen. Ich bin niemals ein Held im Lesen gewesen; ich schreibe meine Briefe dem Empfänger gleich hier mit der Doppelbüchse in den Leib; das ist das Kürzeste. Die Feder zerbricht mir zwischen den Fingern, und die Tinte schmeckt zu schlecht. Nun erst diese Figuren zu entziffern, das ist ja fürchterlich. Man kann sich hier in der dunklen Hütte, die nur zwei kleine Gucklöcher an Stelle der Fenster hat, nicht einmal erkennen."

„So komm mit hinaus vor die Tür!"

„Na, mitgehen will ich wohl; das Lesen aber magst du allein besorgen."

Wir gingen hinaus. Die Frau blieb zurück. Sie hatte auf dem Herd ein kleines Feuer angezündet, um einige Stückchen unseres Fleisches zu braten.

Ich richtete die Augen sofort auf die Figuren; Will Salters aber blickte gen Himmel. Er brummte bedenklich:

„Hm! Eigentümliche Wolke! Habe noch niemals so etwas gesehen. Was sagst du dazu?"

Dadurch aufmerksam gemacht, schaute ich empor. Das Wölkchen war nicht viel größer geworden, hatte aber ein ganz anderes Aussehen bekommen. Vorher bläulichgrau, hatte es jetzt eine hellrote, durchsichtige Färbung, und es war, als ob von ihm aus Millionen und aber Millionen spinnenfadendünne, mattgoldene Fäden nach der ganzen Ausdehnung des Gesichtskreises hinuntergingen. Diese kaum sichtbaren Fäden zuckten nicht; sie waren gänzlich unbeweglich, wie fest angespannt.

„Nun?" fragte Will.

„Ich habe auch nie etwas Ähnliches gesehen."

„Sollte dieser junge Mensch, der Indsman, recht behalten mit seinem Wirbelwind uns alten, erfahrenen Savannenleuten gegenüber?"

„Bedenklich sieht es aus. Der Apatsche sprach gar von einer Windhose. Das wäre noch schlimmer."

„Es mag sein, was es wolle, wir müssen es eben abwarten. Ich hoffe, du kannst dich in deiner Indianerschrift besser zurechtfinden, als da oben in dem unbegreiflichen Fadengewirr. Wie steht es?"

„Hm! Wollen sehen! Da vorn sehe ich eine Sonne gemalt mit nur aufwärtsgehenden Strahlen, also wohl die aufgehende Sonne. Dann kommen vier Reiter. Sie haben Hüte auf, sind also wahrscheinlich Weiße. Der vorderste hat etwas am Sattel hängen; kleine Säcke werden es wohl sein. Hinter diesen vieren kommen zwei andere. Sie haben Federn auf den unbedeckten Köpfen, dürften daher Indianerhäuptlinge vorstellen."

„Na, das ist ja alles sehr einfach. Nennst du das etwa lesen?"

„Es ist der Anfang dazu. Man muß erst die Buchstaben kennenlernen, ehe man sie zu Wörtern zusammenzusetzen vermag. Es befinden sich nun noch einige kleinere Figuren hier, die über den größeren angebracht sind. Über dem einen Indianer sehe ich einen Büffel, der das Maul öffnet, aus dem einige kleine Striche hervorgehen. Aus dem Maul kann nur die Stimme hervorgehen; es ist also wohl ein brüllender Stier gemeint. Über dem Haupt des anderen Indsman ist eine Tabakspfeife, aus deren Kopf ähnliche Striche ausstrahlen; das wird Rauch bedeuten. Die Pfeife brennt also."

„Du, ich fange an, lesen zu können!" sagte Will. „Da fällt mir ein, daß es zwei Apatschenhäuptlinge gab, zwei Brüder; der eine war der ‚brüllende Büffel' und ist seit langem tot; der andere hieß die ‚brennende Pfeife', weil er von friedlicher Gesinnung war und gern mit jedermann die Friedenspfeife rauchte. Er soll noch leben."

„So sind vielleicht gar diese beiden gemeint! Wollen sehen! Über dem zweiten Weißen ist ein Auge gemalt mit einem hindurchgehenden Strich. Entweder hat er nur ein Auge, oder er ist auf dem einen blind, oder das Auge ist krank. Ah, das wäre ja der Name, den der ‚kleine Hirsch‘ vorhin nannte: ‚böses Auge‘! Das soll wohl heißen: boshaftes Auge. Und über dem dritten Weißen ist ein Beutel mit einer danach greifenden Hand. Sollte das Diebstahl bedeuten?"

„Ja, ja, gewiß!" sagte Salters schnell, „die ‚stehlende Hand‘. Ich hab es, ich habe es! Jetzt weiß ich, wo ich diesen Rollins gesehen habe! Nämlich droben in den schwarzen Bergen; er hieß Haller, war ein Pferde- und Biberfallendieb und wurde die ‚stehlende Hand‘ genannt."

„Du wirst dich irren!"

„Nein, nein! Die ‚stehlende Hand‘ und das ‚böse Auge‘ waren Vettern oder gar Brüder und hielten zusammen. Sie sind gemeint. Weiter!"

„Da die aufgehende Sonne voransteht, so sind diese Reiter nach Sonnenaufgang, also nach Osten geritten. Hier auf der zweiten Zeile kommen dieselben Figuren wieder vor, und zwar öfters und in verschiedenen Gruppen. Erste Gruppe: die drei hinteren Weißen schießen auf den Voranreitenden. Zweite Gruppe: er liegt tot am Boden, und sie haben seine Säcke oder Beutel. Dritte Gruppe: die Indianer schießen auf die Weißen. Vierte Gruppe: zwei Weiße und ein Indianer, der ‚brüllende Büffel‘ sind tot; die ‚stehlende Hand‘ entflieht. Fünfte Gruppe: die ‚brennende Pfeife‘ vergräbt die Beutel. Sechste Gruppe: die ‚brennende Pfeife‘ hat den ‚brüllenden Büffel‘ auf dem Pferd und reitet hinter der ‚stehlenden Hand‘ her, verfolgt ihn wahrscheinlich. Siebente Gruppe: die ‚brennende Pfeife‘ begräbt den ‚brüllenden Büffel‘, die ‚stehlende Hand‘ ist verschwunden. Nun folgen noch zwei kleine Bilder. Da stehen drei Bäume; unter dem mittleren stecken die Beutel unter der Erde. Und dann kommt ein großer, einzelner Baum, unter dem man den ‚brüllenden Büffel‘ unter der Erde liegen sieht; sein Grab also. Jetzt löst sich das ganze, schaurige Erlebnis leicht — — —"

„Halt!" unterbrach mich Salters. „Laß einmal diese Angelegenheit auf sich beruhen und schau in die Höhe! Merkst du denn nicht, daß es ganz finster wird. Sieh dir doch um Gottes willen einmal den Himmel an!"

Ich folgte seiner Aufforderung und erschrak. Die erwähnten mattgoldenen Fäden waren verschwunden. An ihrer Stelle sah ich mehrere dunkle Striche, zu denen sie sich zusammengezogen hatten; sie verbanden die Wolke, die tiefschwarz geworden war, mit dem nördlichen Himmel. Der übrige Teil des Himmels war hell und rein. An den Strichen wurde die Wolke wie an starken, straffen Seilen abwärts nach Norden gezogen. Das ging zusehends schnell. Je weiter sie zur Erde sank, desto deutlicher sah man von der letzteren aus eine erst durchsichtige und dann sich immer mehr verdunkelnde Masse emporsteigen, unten breit, oben schwächer werdend, sich drehend und mit dem oberen, hin und her flatternden Schwanz nach der Wolke haschend. Diese glitt immer schneller nieder, oben sich verbreiternd, nach unten nun ihrerseits einen Schwanz aussendend. Diese beiden Schwänze suchten und fanden sich. Als sie sich berührten, war es, als ob die Wolke auf die Erde herabgerissen werden solle; aber sie hielt sich in der Luft und bildete nun mit dem Wirbelwind einen sich rasend schnell um seine eigene Achse drehenden Doppeltrichter, dessen Spitzen sich in der Mitte vereinigt hatten, während seine beiden Grundflächen unten an der Erde und hoch oben in der Luft wohl einen Durchmesser von fünfzig Metern erreichten.

Da sich in der Umgebung nur niedriges Buschwerk befand, so konnten wir die beängstigende Naturerscheinung fast in ihrer ganzen Achsenhöhe beobachten. Sie wickelte und wirbelte sich sehr schnell vorwärts, gerade auf uns zu. Und hier um uns gab es völlige Un-

bewegtheit der Luft und eine plötzlich eintretende
Schwüle, die uns den Schweiß aus allen Poren trieb.

„Der ‚kleine Hirsch‘ hat recht gehabt“, sagte ich. „Es
handelt sich um unser Leben. Schnell, Will, retten wir
uns und die Frau!“

„Wie und wohin denn?“ fragte er erschrocken.

Auf unsere Pferde.“

„Wir wissen doch nicht, wohin wir uns wenden
sollen!“

„So eine Windhose ist freilich unberechenbar in ihren
Bewegungen, aber wir müssen eben unsere Richtung
ändern, sobald sie die ihrige ändert. Vielleicht wird sie
vom Fluß aufgehalten und kommt gar nicht herüber
auf unsere Seite. Hole Rollins’ Gaul hinter der Fenz
hervor! Ich springe nach der Frau!“

Ich fand diese am Herd, ohne Ahnung der ihr drohenden Gefahr. Sie fiel fast in Ohnmacht, als ich ihr mitteilte, was draußen vorging. Ich faßte sie und trug sie
eilig hinaus. Will kam eben mit dem Gaul an.

„Das Tier tut widerspenstig“, rief er. „Ich will mich
darauf setzen; es ist nicht gesattelt, und die Lady würde
beim ersten Schritt abgeworfen. Hebe sie auf meinen
Fuchs! Schnell, schnell!“

Er sprang auf und trieb das alte Pferd im Galopp
vorwärts.

„Können Sie reiten?“ fragte ich die Frau.

„So nicht, wie es hier sein muß“, jammerte sie.

„So nehme ich Sie zu mir.“

Ich schwang mich auf den Fuchs, der zwei Personen
eher tragen konnte, als mein lahmer Brauner, zog die
Zitternde zu mir herauf, so daß sie quer auf meinen
Knien lag, ergriff meinen Lahmen am Zügel und folgte
dem voransprengenden Salters.

Das war alles so schnell geschehen, daß vom ersten
Erblicken der Windhose bis jetzt nicht viel mehr als eine
Minute vergangen war. Ich hatte es nicht bequem. Mit

der Rechten mußte ich die Frau halten und mit der Linken den Fuchs leiten und auch den Braunen führen. Aber es ging. Als wir eine ziemlich bedeutende Strecke zurückgelegt hatten, rief ich Will zu, jetzt anzuhalten. Er tat es, und wir drehten uns um.

Die Trombe hatte fast den Fluß erreicht. Von Luft und Wolke war nichts mehr zu sehen. Letztere bildete ein finsteres Ungetüm, genau von der Gestalt einer Sand- oder Eieruhr von riesenhafter Größe, in der ausgerissene Sträucher, Steine und mächtige Rasenstücke mit ganzen Wagenladungen von Sand rundum gewirbelt wurden — ein entsetzliches Ungetüm.

Jetzt hatte sie das Ufer erreicht. Wird sie halten bleiben — sich am jenseitigen Ufer fortbewegen, auf- oder abwärts — vielleicht in sich zusammenfallen? So fragten wir uns. Der Mensch, der in ihren Bereich kam, war sicher verloren. Turmhoch auf und nieder und um sich selbst gewirbelt, mußte er ersticken, wenn er nicht vorher zur Erde geschmettert oder von den sich mit ihm drehenden Massen zerquetscht wurde.

Sie hielt an, als ob sie sich besinnen wolle. Der obere, nach abwärts sich verjüngende Trichter neigte sich herüber, die bisherige Richtung fortzusetzen. Er zerrte an dem unteren Trichter; fast schien es, als ob er sich von ihm losreißen wolle. Da tat es einen fürchterlichen Krach; die dunkleren, dichteren Massen, Sand, Steine Sträucher, Rasen verschwanden, und eine lange Wassersäule stieg auf, erst von zylindrisch gleichmäßiger Gestalt, dann sich in der Mitte einengend, die frühere Figur eines gleichmäßigen Doppelkegels annehmend. Aus der Windhose war eine Wasserhose geworden, die sich wie zornig über den am Fluß erlittenen Aufenthalt, nun mit doppelter Schnelligkeit fortbewegte, augenblicklich die Blockhütte erfassend, gerade auf uns zu.

„Fort jetzt! Da rechts hinüber!" schrie ich auf.

Die Pferde waren nur schwer für den kurzen Augenblick zu halten gewesen. Sie erkannten die Gefahr und schossen fort, daß wir sie gar nicht anzutreiben brauchten. Den Blick auf die Wirbelhose gerichtet, sah ich zu meiner Freude, daß sie eine westliche Richtung nahm. Sie entfernte sich von uns. Wir konnten anhalten und waren gerettet, wenn sie nicht umkehrte.

Dieses letztere geschah nicht. Sie bewegte sich in ungeminderter Schnelligkeit weiter, nicht mehr durchsichtig wie am Wasser, sondern wieder dunkel und undurchsichtig. Sie hatte alles, worauf sie stieß, von der Erde auf- oder emporgerissen. Wir sahen, wie sie wuchs und an Mächtigkeit gewann. Alles, was sie nicht in sich zu halten vermochte, weit von sich schleudernd, verfolgte sie verderbenbringend ihren Weg, bis auf einmal von fern her ein donnerndes Getöse erscholl, unter dem die Erde erbebte — sie war verschwunden.

Aber fast in demselben Augenblick hatte sich, wir wußten nicht wie, der ganze Himmel schwarz umhüllt, und es stürzte ein Regen hernieder, dessen Tropfen größer als Erbsen waren.

„Unser Haus, unsere Wohnung! Was ist daraus geworden?" jammerte die Frau, jetzt zum erstenmal ihr Schweigen brechend.

Statt der Antwort setzten wir die Pferde in scharfen Trab und kehrten nach dem Blockhaus zurück. Nach dem Blockhaus? Nein; das war nicht mehr vorhanden. Es war auseinandergerissen, wie man ein dünnes, haltloses Strohgeflecht zerfetzt. Die schweren, mannesstarken Stämme und Klötze, aus denen es bestanden hatte, waren weit, weit mit fortgeschleppt und dann wieder zur Erde geschleudert worden. Von der Fenz keine Spur zu sehen, keine einzige Planke, keine Latte, keine Stange — alles durch die Lüfte mit davongewirbelt.

Die Frau sank vor Entsetzen in einen Zustand der Empfindungslosigkeit. Das war uns lieb. Ich dachte an ihren Mann, an ihren Sohn, an den jungen Indsman.

Ich wußte, seit ich die Zeichnung besaß, wo die Genannten zu finden seien — dort an dem Berg, an dem die Windhose in sich zusammengestürzt war, weil er als ein unüberwindbares Hindernis in ihrem Weg gelegen hatte. Wie aber mochte sie geendet haben? Jedenfalls wie eine sterbende Gigantin, die im Todeskampf alles zermalmt, was in den Bereich ihrer Hände kommt. Es erwarteten uns dort vielleicht schreckliche Szenen, die wir ihr zu ersparen gedachten. Als sie aber hörte, daß wir ihren Sohn suchen wollten, erhielt sie ihre Tatkraft wieder. Es half weder Bitten noch Zürnen; wir durften sie nicht zurücklassen. Sie stieg auf und ritt mit.

So plötzlich, wie der Regen losgebrochen war, hellte es sich auch wieder auf. Die Wolken waren verschwunden, wie weggezaubert, und die Sonne lachte vom Himmel herab, als ob nichts geschehen sei.

Aber wie sah es auf dem Weg aus, den wir einzuschlagen hatten! Wohl über sechzig Meter breit war die Bahn, die die Trombe hinter sich gezeichnet hatte. Aller Pflanzenwuchs war wie weggrasiert. Sie hatte Löcher gerissen und wieder mit Trümmern gefüllt. Und weit rechts und links über die Bahn hinaus lagen die Blöcke, Steine, Sträucher und sonstigen Massen, die sie von sich geschleudert hatte.

Und nun gar am Berg! Bereits von weitem erblickten wir die Verwüstung. Der Strauchwuchs war aus der Erde gerissen, emporgewirbelt, in unentwirrbare Knäuel zusammengedrückt und rechts und links hinweggeschleudert worden. Die Windhosse hatte sich eine weite Strecke längs des Hügels hin einen Ausweg gesucht und im Grimm darüber, ihn nicht finden zu können, alles Leben in Tod verwandelt. Die nackt gelegten Felsen hatten das Aussehen tief eingehauener Steinbrüche. Die Platanen, über die ich mich im Vorüberreiten so gefreut hatte, waren kaum mehr zu erkennen. Mannsstarke Stämme lagen da, samt den

Wurzeln aus dem Boden gerissen; Äste von der Stärke eines Kindes waren wie Taue zusammengedreht worden. Die größte der Platanen hatte alle ihre Hauptäste eingebüßt. Sie bot mit ihren tiefen und langgeschlitzten Rißwunden einen bejammernswerten Anblick. Wo aber waren — — ah, da drüben stand ein indianisch gesatteltes Pferd, ein Rotschimmel, an einem gewaltigen, chaotisch verfitzten Gesträucherballen, an dessen Blättern es lüstern knabberte. Das war das Pferd des ‚kleinen Hirsch‘.

Wir ritten hin, und siehe da: eine mächtige Platane war ausgerissen worden; im Umstürzen hatte sie mit den zähen, unzerreißbaren Wurzeln den ihr bisher gehörigen Grund und Boden emporgewuchtet. Unter diesem ungeheuren Wurzelballen gähnte ein tiefes, höhlenartig nach innen verlaufendes Loch. Und da saßen der blonde Joseph und der junge Apatsche, von den Wurzeln wie von einem für den Regen undurchdringlichen Dach beschirmt. Sie lachten uns vergnügt entgegen. Die Mutter stieg in Eile hinab, den Sohn an ihr Herz zu drücken. Der Apatsche aber sprang herauf und fragte:

„Glauben nun meine weißen Brüder, daß ich das Anzeichen des ‚sehr hungrigen Windes‘ kenne?“

„Wir glauben es“, antwortete ich. „Wie aber habt ihr euch gerettet?“

„Der ‚kleine Hirsch‘ hatte sein Pferd tief im Gebüsch versteckt. Er holte es und setzte sich mit dem blauäugigen Bleichgesicht darauf, um dem Wind zu entfliehen. Als dieser sich gesättigt hatte, ritt Ischarshiütuha hierher und fand, was er mit dem kleinen Bleichgesicht seit drei Tagen gesucht hatte.“

„Du bist mit Joseph heimlich zusammengekommen?“

„Ja. Er ist der Sohn des Mannes mit den Beuteln, der hier ermordet wurde. Komm und sieh, wo die ‚brennende Pfeife‘ die Nuggets vergraben hatte!“

Er führte uns an die andere Seite des Wurzelballens. Dort war in der Nähe des Stammes die Erde auseinandergeborsten, und wir erblickten zwei vom Moder weißgrau gewordene Ledersäckchen, die sich bei näherer Besichtigung als mit Goldstaub und Goldkörnern gefüllt erwiesen. Joseph wußte bereits alles. Als nun seine Mutter erfuhr, was ich schon erraten hatte, die Ermordung ihres ersten Mannes, wollte sie vor Jammer in die Knie brechen. Einen Trost bot freilich der unerwartete Besitz des wertvollen Metalls, doch war es ihr fast unmöglich, an ihn zu glauben. Auf ihre Fragen erzählte der Indianer:

„Der ‚brüllende Büffel‘ war mein Vater. Er machte sich mit der ‚brennenden Pfeife‘, seinem Bruder, auf, um den großen Vater der Bleichgesichter[1]) zu besuchen und ihm die Wünsche der Apatschen mitzuteilen. Die beiden Häuptlinge ritten nach Osten. Sie kamen dazu, wie drei Bleichgesichter einen Weißen ermordeten, weil er Gold gefunden hatte. Zwei von den Mördern waren das ‚böse Auge‘ und die ‚stehlende Hand‘; den dritten kannten sie nicht. Sie straften den Mord und töteten das ‚böse Auge‘ und den dritten. Die ‚stehlende Hand‘ erschoß meinen Vater und entkam. Die ‚brennende Pfeife‘ folgte ihm, nachdem sie das Gold vergraben und die Leiche des ‚brüllenden Büffel‘ zu sich aufs Pferd genommen hatte, konnte ihn aber nicht erreichen. ‚Brennende Pfeife‘ begrub den Bruder da, wo ich ihn in zwei Tagen finden werde, und ritt allein nach Washington. Der Bruder mußte gerächt werden; ich mußte ihn rächen, denn ich bin sein Sohn. Aber es verging eine lange Zeit, weil ich noch klein war. Dann aber machte ich mich auf, um mir den Skalp des Mörders zu holen, denn dann bin ich ein Krieger und darf ein Feuerrohr tragen. Der Mörder wohnte in der Hütte des Ermordeten; er hatte dessen Weib zu seiner Squaw gemacht;

1) Präsident der Vereinigten Staaten

dadurch wurde die Hütte sein Eigentum, und er konnte nach dem Schatz suchen."

Als die Frau diese Eröffnung vernahm, stieß sie einen Schrei des Entsetzens aus und fiel in Ohnmacht. Ihr zweiter Mann war der Mörder des ersten!

„Nun sollt ihr die ‚stehlende Hand' sehen", sagte der Apatsche. „Folgt mir!"

Joseph blieb bei seiner besinnungslosen Mutter zurück. Salters und ich folgten dem Indianer zu der großen Platane. Dort lag Rollins an der Erde unter einem der wohl drei Fuß im Durchmesser haltenden Hauptäste, der auf ihn gefallen war und ihm die Beine bis herauf an den Leib zermalmt hatte.

„Hier liegt er", sagte der Apatsche. „Ich wollte mir seinen Skalp holen; aber der Große Geist hat ihn gerichtet. Ich nehme nur den Skalp eines Mannes, den ich besiegt habe. — Diesen hier hat der Zorn des gerechten Manitou erschlagen, an demselben Ort, wo er den Mord beging. Verstehst du nun die Schrift, die ich dir zu lesen gab?"

„Vollständig", antwortete ich.

„‚Brennende Pfeife' kann nicht schreiben. Er hat die Schrift von dem großen Häuptling Intschu-tschuna machen lassen, dem er alles erzählte. Du bist der Bruder dieses berühmten Kriegers, und darum will ich dir die Schrift schenken. Siehe, der Elende öffnet die Augen. Vielleicht kannst du noch mit ihm sprechen. Ich aber gehe; er ist der Mörder meines Vaters; ich hätte ihn getötet, aber sein Wimmern mag ich nicht hören. Der rote Mann hat auch ein Herz, gerade wie das Bleichgesicht; er will schnell strafen, aber er will nicht langsam martern."

Er kehrte zu Joseph und dessen Mutter zurück. Wir aber hatten noch eine schlimme Viertelstunde zu überstehen, die Sterbeminuten des Mörders. Das Bewußtsein kehrte ihm zurück; er fühlte, daß der Tod ihm nahe sei, und gestand alles. Zwar fehlte ihm die Kraft zur zusammenhängenden Rede, aber er konnte unsere Fragen doch mit Ja oder Nein beantworten. So erfuhren wir, was wir uns eigentlich selbst schon ergänzen konnten.

Er hatte bemerkt, daß ‚brennende Pfeife‘ bei seiner Verfolgung die Nuggets nicht bei sich führte, sie also vergraben hatte. Er führte den Indianer irre und kehrte nach dem Schauplatz des Überfalles zurück. Dort machte er unter vieler Mühe ein Loch für die Leichen, damit der Mord ein Geheimnis bleibe. Einige Tage später schoß er auch noch den Bruder des Ermordeten nieder, um sich bei der Frau als willkommener Beschützer einführen zu können. Dann konnte er mit aller Bequemlichkeit nach dem Golde suchen. Es gelang alles, nur die Hauptsache nicht; er konnte die Nuggets nicht finden. Der Durst nach dem Gold und die Qualen seines Gewissens brachten ihn dem Wahnsinn nahe. Er litt keinen Fremden, damit nicht durch irgendeinen Zufall etwas entdeckt werde. So waren Will und ich abgewiesen worden, und so hatte er auch den ‚kleinen Hirsch‘ fortgejagt, der sich lahm stellte, um unter diesem Vorwand bei ihm Eintritt zu erhalten.

Gott richtete ihn nach seiner Allgerechtigkeit. Gerade jetzt lag der Mörder auf der Stelle im Sterben, unter der die Gebeine der von ihm Verscharrten ruhten, und noch in seinen letzten Augenblicken mußte er von uns erfahren, daß das so lange vergebens gesuchte Gold gefunden worden sei und in die Hände des von ihm gehaßten Knaben komme.

Und doch verfuhr der Barmherzige noch gnädig mit ihm: die zermalmten Glieder verursachten ihm keine Schmerzen; er schlief ein, ohne einen Seufzer auszustoßen.

Wir meldeten seinem Weibe das Geschehene. Sie mochte ihn nicht sehen und tat recht daran. Wir zwei haben ihm das Grab gemacht und ein Vaterunser gebetet.

Der ,kleine Hirsch' ritt bald von dannen. Er ließ sich nicht halten. Und als die schwer geprüfte Frau ihm einen Teil des Goldes anbot, sagte er stolz:

„Behalte deinen Staub! Der Apatsche weiß, wo Gold in Menge zu finden ist, aber er sagt es keinem Menschen und verachtet es. Der Große Geist hat den Menschen erschaffen, nicht daß er reich, sondern daß er gut werde. Möge er dir von nun an soviel Glück bringen, wie du bisher Leid erfahren hast!"

Er stieg auf und ritt von dannen.

Am anderen Vormittag verließen auch wir die Gegend, Joseph und seine Mutter mit uns nehmend. Der alte Gaul trug das Gold und das übrige wenige Eigentum von Mutter und Sohn, der Fuchs die Lady und mein Brauner den Knaben; Will und ich schritten nebenher. Im nächsten Settlement, wo Mutter und Sohn eine bessere Reisegelegenheit abwarten konnten, nahmen wir Abschied von ihnen, denen die Windhose so schlimme Aufklärung, dafür aber auch die Mittel zu einem besseren Dasein gebracht hatte. — —

Der Pfahlmann

1. In der Todessteppe

Zwischen Texas, Neu-Mexiko, dem Indianerterritorium und dem nach Nordosten streichenden Ozarkgebirge liegt eine weite Landstrecke, nicht weniger furchtbar als die asiatische Gobi oder die afrikanische Sahara. Kein Baum, kein einsamer Busch gibt dem Auge einen Ruhepunkt; kein Hügel, keine einzige nennenswerte Erhöhung unterbricht die todesstarre, eintönige Ebene; keine Quelle erquickt die lechzende Zunge und bringt Errettung vor dem Verschmachten, dem jeder anheimfällt, der aus der Richtung gerät und den Weg nach den Bergen oder einer der grünenden Prärien verfehlt. Sand, Sand und nichts als Sand, und nur zuweilen stößt der kühne Jäger, der sich in diese Öde wagt, auf ein Stück Land, dem ein vorübergehender Regen ein wenig Pflanzenwuchs entlockt hat. Der Fuß meidet diese Felder von scharfem, stacheligem Kaktus, weil dieser ihn verletzt, die Tiere verwundet und kaum einen Tropfen Saft enthält, der die glühende Zunge nur auf einen Augenblick zu kühlen vermöchte.

Und doch durchziehen einige wenige Straßen dieses Land: hinauf nach Santa Fé, an die Creeks, Springs und Goldfelder der Felsenberge und hinunter über den Rio Grande nach dem reichen Mexiko. Aber es sind keine Straßen, wie die Zivilisation sie dem Verkehr bietet, sondern was man dort Straße nennt, besteht in nichts als dürren Stangen, die man von Zeit zu Zeit in den Sand gesteckt hat, um die Richtung anzuzeigen, die der langsam dahinschleichende Ochsenkarrenzug oder der schnellere Trapper und Squatter zu verfolgen hat. Wehe ihm, wenn er diese Zeichen verfehlt, von denen dieser Teil des südwestlichen Nordamerikas den Namen Llano estacado erhalten hat, oder wenn sie von wilden Indianerhorden oder räuberischen Jägerbanden entfernt wurden, um den Ortsunkundigen in die Irre zu führen. Er ist verloren! —

Weit, wie der unermeßliche Ozean, breitet sich die Wüste aus; glühend brannte die Sonne hernieder, und über dem heißen Sand zitterte ein flackernder Schein, der das Auge schmerzte und blendete. Fünf lebende Wesen waren in dieser trostlosen Einöde sichtbar: ein Reiter, sein Pferd und drei Aasgeier, die hoch in der Luft schwebten, als ob sie nur auf den Augenblick warteten, an dem Roß und Reiter vor Erschöpfung zusammensinken und ihnen zur Beute werden sollten. War es doch schon der zweite Tag, daß sie diesem Reiter folgten, und die Tiere mochten instinktiv spüren, daß ein Mensch die Entbehrungen eines solchen Rittes nicht länger zu ertragen imstande ist.

Der Einsame im Llano war ein noch junger Mann von vielleicht sechsundzwanzig Jahren. Er trug die gewöhnliche Tracht der Präriejäger, ein ledernes ausgefranstes Jagdhemd, ebensolche Leggins und Mokassins und auf dem Kopf einen Filzhut, dessen Farbe und Gestalt erraten ließen, daß sein Besitzer schon seit geraumer Zeit nicht mit der Zivilisation in Berührung gekommen war. Seine bleichen, erschöpften Züge, seine trüben, gläsernen Augen, seine wirr herniederhängenden Haare und die krampfhaft um die Büchse geballte Hand ließen erraten, daß er kaum mehr den Entbehrungen und Anstrengungen des Rittes Widerstand zu leisten vermochte.

Ebenso ermattet wie er war auch sein Pferd. Das Tier war offenbar ein aus der Herde herausgefangener Mustang; vor wenigen Tagen vielleicht noch voll Mut, Kraft und Ausdauer, war er jetzt gebrochen und bis auf den letzten Rest seiner Kräfte abgetrieben. Die Zunge hing ihm trocken zwischen den auseinanderklaffenden Zähnen hervor, die Augen schienen mit Blut unterlaufen, und nur mechanisch schleppte er sich Schritt um Schritt im tiefen Sand weiter.

So war es schon seit Tagen gegangen. Der junge Mann hatte mit einer Gesellschaft von Westmännern Santa Fé verlassen, um über das Ozarkgebirge Arkansas zu erreichen, war jedoch von einem Trupp Komantschen überfallen worden und dankte es nur seinem Pferde, daß er als der einzige den Roten entkommen war. Sie hatten ihn bis in die Steppe verfolgt, sonst hätte er sich sicherlich nicht ohne Begleitung in diese Wüste gewagt.

Schon seit gestern früh hatten die Weg-Stangen aufgehört, und er besaß keine anderen Wegweiser als den Kompaß und die Gestirne des Himmels. Seit drei Tagen war kein Tropfen Wasser über seine Lippen gekommen, und mit einem trostlosen Blick beobachtete er die Geier, die sich immer tiefer niedersenkten, je langsamer und strauchelnder die Bewegungen des erschöpften Pferdes wurden.

Endlich stand das Tier still und war nicht mehr weiter zu bringen; es zitterte an allen Gliedern und drohte bei der ersten erzwungenen Anstrengung umzusinken.

„Also bis hierher und — jedenfalls — nicht weiter!" murmelte der Fremde in deutscher Sprache. „Gibt es denn keine Rettung für mich und dich, mein braves Tier?"

Er stand schon im Begriff abzusteigen, als ihn das Verhalten des Pferdes aufmerksam werden ließ. Dessen Zittern schien halb von der Ermüdung, halb von Angst verursacht zu sein; die schlaffen Nüstern hatten sich erweitert und gespannt, jetzt erhob sich auch der Kopf zu jenem Schnauben, mit dem das echte Präriepferd die Nähe eines feindlichen Wesens verrät.

Der Wanderer zog das Glas hervor, um den Gesichtskreis zu durchforschen, und bemerkte, daß die Geier ihn verlassen hatten und sich westwärts zur Erde senkten. Dort sah er einige regungslose Punkte und zuckte unwillkürlich mit der Hand nach dem Messer. Dann aber sagte er sich, daß er in seiner Lage von menschlichen Wesen nichts Schlimmeres zu fürchten habe, als ihm ohnehin schon drohte. Vielleicht war einer dieser Punkte nur irgendein verendetes Tier, auf dessen Tod die anderen warteten, um es zu zerfleischen. Er stieg ab, ergriff die Zügel und schleppte sich mit dem Pferd langsam vorwärts. Von Zeit zu Zeit das Fernrohr erhebend, gewahrte er endlich, daß ein Mann an der Erde lag, um den in einiger Entfernung mehrere Koyoten[1]) und Geier saßen. Er konnte noch nicht tot sein, sonst hätten sich die Tiere längst auf ihn gestürzt.

Es durchzuckte den jungen Mann schaudernd. Er sah vor seinen Augen das eigene Schicksal, dem er verfallen war, wenn sich nicht baldige Rettung zeigte.

„Wer mag das sein? Ein Jäger? Wo ist sein Pferd? Sie werden ihn zerfleischen und sein Blut — —"

Er hielt inne. Das letzte Wort weckte einen Gedanken in ihm.

„Nein, unser Blut sollen sie nicht haben; aber das ihrige soll uns vor dem Verschmachten retten!"

Er gab seinem Pferd das gewohnte Zeichen, sich niederzulegen. Es gehorchte. Dann duckte er sich und schlich sich näher an die Koyoten heran. Sobald er sich bemerkt sah, formte er aus seinem Lariat[2]) eine Doppelschlinge, die er mit dem Messer im Sande befestigte, dazu legte er ein paar Stücke gedörrtes Büffelfleisch, das er aus seinem Vorratssack mitgenommen hatte. Dann ging er eine Strecke zurück und fiel zu Boden.

Die Tiere hatten sich bei seinem Anblick nur langsam

[1]) Präriewölfe [2]) Lasso

und zögernd von ihrer erhofften Beute entfernt. Jetzt, da er still und bewegungslos an der Erde lag, kamen sie mit eingezogenem Schwanze und lechzender Zunge herbeigeschlichen, um das neue Opfer zu untersuchen. Kaum hatte der erste die Schlinge erreicht und die Lockung gewittert, so schnappte er mit Heißgier zu und war gefangen. Zwei Schüsse krachten; er und der ihm nächste brachen zusammen.

Im Nu sprang der Jäger auf und eilte hinzu. Alle Müdigkeit war verschwunden. Sein Messer öffnete die Adern des einen gefallenen Tieres, und mit Begier sogen seine Lippen das warme, süßliche Blut, das ihm zu anderer Zeit Ekel erregt hätte. Dann sprang er zum Pferd, riß den Trinkbecher vom Gurt, ließ ihn voll Blut laufen und schritt damit zu dem anderen, den der Knall der beiden Schüsse aus seiner Betäubung geweckt hatte, und reichte ihm den Becher.

„Wasser!" stöhnte dieser.

Der rauchende Trank brachte seinem halb verschmachteten Körper augenblickliche Labung; er richtete sich empor und sah den Retter verwundert an.

„Uff, Sir, tat das wohl! Gebt mir noch solch einen Tropfen!"

Der Angeredete eilte zu den Koyoten zurück und brachte ihm den letzten Rest ihres Blutes herbei.

„Thank you, Sir! Ich dachte, schon an der Himmelspforte zu sein. Beinahe glaube ich, das Viehzeug hätte mich aufgefressen, wenn Ihr ihm den Appetit nicht verdorben hättet!"

„Ich war dem gleichen Schicksal nahe, habe aber gemeint, es sei besser, sie geben mir ihr Blut, als ich ihnen mein Fleisch."

„Well! Es ist eigentlich ein abscheulicher Schluck; aber Euer Einfall war der beste, den Ihr haben konntet. Er hat Euch und mir geholfen, zwar nur für kurze Zeit, aber —"

Er unterbrach sich, beschattete das Auge mit der Hand und beobachtete ein kleines, leichtes Wölkchen, das er am Horizont bemerkt hatte.

„Heigh-day, dort kommt die Hilfe in der Not, Sir! Das gibt in einer halben Stunde einen Regen, der die Todessteppe zum See machen würde, wenn der Sand nicht alles Wasser verschlänge. Aber sagt, wie kommt Ihr an diesen Ort, ohne Pferd, ohne Gesellschaft, ohne —"

„Ohne Pferd? Dort liegt mein Gaul; er war keinen Schritt weiter fortzubringen. Ich komme von Santa Fé, bin den Komantschen entflohen und wollte hinauf nach den Bergen, um über den Red River nach Arkansas zu gehen. Mein Name ist Richard Klausen, meine Heimat Frankfort in Kentucky."

„Richard Klausen — Frankfort in Kentucky? — Dann seid Ihr wohl gar der berühmte Mann, der die schönen deutschen Lieder macht, die weit über die Staaten hinaus gelesen werden?"

Der andere nickte lächelnd.

„Richtig geraten! Ich bin der Mann, der ‚Savannenbilder' dichten wollte und deshalb in die Prärie ging, um sich von den Koyoten beinahe auffressen zu lassen. Aber nun will ich dieselbe Frage aussprechen, die Ihr mir vorlegtet."

„Wie ich heiße, wollt Ihr wissen, Sir? Nun, ich bin weder Präsident noch Gouverneur. Tom Summerland ist mein Name, seit ich lebe, und so wird er auch bleiben, bis ich meinen Skalp verliere oder von irgendeinem Grizzly mit Haut und Haar verschlungen werde. Habt Ihr vielleicht von Bill Summerland gehört, dem Lawyer?"

„Meint Ihr den bekannten Advokaten Bill Summerland in Stenton, Arkansas?"

„Ja. Er ist mein Bruder und zu ihm wollte ich. Ich hätte ihm eine hübsche Ladung von Goldstaub und

Nuggets mitgebracht, die ich am Kanadian geholt hatte, aber die Pfahlmänner haben sie mir abgenommen."

„Die Pfahlmänner?"

„Ja, die Pfahlmänner. Oder wißt Ihr noch nicht, welche Schufte man damit bezeichnet? Es gibt allerlei Gesindel, das aus gewissen Gründen die Staaten verlassen mußte und hier in der Wüste sicher ist vor den Armen der Jury. Es zieht in verschiedenen Trupps umher, plündert, mordet und hat es ganz besonders auf die Reisenden der Karawanen abgesehen, die gezwungen sind, die Todessteppe zu durchqueren. Um diese irre zu führen, ziehen sie die Pfähle heraus und entfernen sie oder stecken sie in falscher Richung ein. Ist dann der Wanderer halb verschmachtet, so fallen sie über ihn her und — nun ja, jetzt wißt Ihr, warum man sie Pfahlmänner nennt.

Als wir die Spanish Peaks und den Kanadian verließen, waren wir über zwanzig wohlbewehrte Westleute. Sie alle fielen unter den Tomahawks und Pfeilen der Komantschen, bis auf mich und noch zwei. Wir konnten uns durch den Llano estacado retten und hatten bereits dessen größeren Teil hinter uns, als die Pfähle aufhörten. Das mahnte uns zur Vorsicht; aber trotz aller List und Achtsamkeit wurden wir überrumpelt. Es war mitten in der Nacht; ich entkam im Dunkel aus dem Handgemenge, aber so, wie Ihr mich hier seht, ohne Pferd und Waffen. Drei Tage lang ist es gegangen, dann aber brach ich zusammen. Nun weiß ich nicht, wie lange ich gelegen habe. Als ich erwachte, wart Ihr bei mir. Habt Dank, Sir! Der alte Tom Summerland wird schon wieder zu einer Büchse und einem Pferd kommen, und dann sollt Ihr sehen, daß es aus Dankbarkeit für Euch noch ganz andere Dinge verschluckt als einen Becher voll Koyotensaft!"

Er hielt inne. Der Nomade des Westens ist meist ein schweigsamer Gesell, und Tom Summerland hatte trotz seiner Erschöpfung wohl die längste Rede seines Lebens gehalten. Der gute Mann sah nichts weniger als gentlemanlike aus; die Strapazen hatten seinen Körper und noch mehr seine Kleidung arg mitgenommen, aber er besaß eines jener nicht seltenen Trappergesichter, in denen sich der Ausdruck ungemeiner List und Verschlagenheit mit Ehrlichkeit und Treue paart, die den braven Mann auch in zerlumpten Kleidern erkennen läßt.

„Was die Büchse betrifft, so kann schon jetzt geholfen werden", meinte Klausen. „Ich habe außer meinem Doppelläufer einen trefflichen Stutzen dort am Sattel hängen. Den könnt Ihr haben; für Munition und Mundvorrat ist gesorgt; nur Wasser, Wasser, das ist nötig, nicht bloß für uns, sondern viel mehr für mein Tier, ohne das wir verloren sind. Aber, Gott sei Dank, Ihr habt recht gehabt: die Wolke wächst zusehends; sie nimmt schon fast den halben Himmel ein, und ich glaube, vor dem Verschmachten sind wir nun sicher!"

„Das ist so gewiß wie meine Mütze! In fünf Minuten kommt der Guß, Sir, das könnt Ihr glauben. Tom Summerland ist nicht zum erstenmal in der Todessteppe und kennt ihre Launen wie seinen Kugelbeutel. Macht nur, daß Ihr das Pferd anpflockt und das Pulver verwahrt, sonst ist es um beides geschehen."

Er erhob sich und stülpte sich die Mütze auf das wirre Haar. Es war eine Kopfbedeckung, die ihresgleichen suchte. Von ihm selbst vor langen Jahren mit Hirschsehnen aus einem Stück Bärenfell zusammengenäht, hatte sie wohl schon ursprünglich eine außergewöhnliche Form besessen. Dann waren ihr im Laufe der Zeit die Haare bis auf einige Troddeln abhanden gekommen, die lang und schmutzigbraun an der nackten Haut hingen. Tausendmal vom Regen durchnäßt und ebensooft von der Sonne wieder getrocknet, hatte das Prachtstück jetzt eine geradezu unbeschreibliche Gestalt angenommen und lag auf dem Kopf wie eine ausgedorrte Qualle oder ein Stück ausgelaugte Dachpappe, das die Hitze in Halbkugelform gezogen hat. Solche Ausrüstungsstücke sind in der Prärie gar nichts Seltenes; sie haben dem Besitzer ihre guten Dienste geleistet, werden von ihm heiliggehalten und selbst dann nicht abgelegt, wenn er auf kurze Zeit mit der Zivilisation in Berührung kommt.

Zwar war die Luft jetzt noch schwüler als vorher, aber die beiden Männer fühlten sich schon durch die Hoffnung auf den Regen gekräftigt. Auch das Pferd war aufgesprungen und hielt den Kopf schnaubend in die Höhe. Sein Instinkt ließ es die nahe Rettung erkennen. Es wurde fest angepflockt; Klausen sorgte dafür, daß Mundvorrat und Munition nicht von der Nässe erreicht werden konnten, und kaum war dies geschehen, so brach es los, nicht allmählich, sondern plötzlich, wie eine See, die vom Himmel stürzt und alles in die Erde schlagen will. Die Jäger tauchten förmlich auf den Boden nieder, dann aber riß Summerland die Mütze herab und hielt sie verkehrt dem niederströmenden Naß entgegen. In wenigen Augenblicken war sie gefüllt.

„Cheer up, Sir, nehmt Euren Hut und macht es wie ich! Auf Euer Wohl und auf das des alten Tom Summerland!"

Er goß das Wasser in den weit geöffneten Mund, schnalzte mit der Zunge, als habe er einen Humpen echten New-Hampshire-Whisky geleert, und hielt die Bärenhaut wieder empor.

Klausen folgte seinem Beispiel und wurde nicht weniger erfrischt. Auch das Pferd wieherte laut und schlug vorn und hinten aus.

Weit über eine Stunde lang gossen die Schleusen des Himmels ihre Ströme unvermindert hernieder, dann hörte die Flut ebenso plötzlich auf, wie sie begonnen hatte.

„'sdeath, war das eine Sintflut!" meinte Summerland.

„Ich wollte, die ganze Komantschen- und Pfahlmännersippschaft wäre darin ersoffen wie der König Belsazar im Roten Meer, als er die Ägypter erschlagen wollte. Come on, setzt Euch auf; wir wollen machen, daß wir aus dieser verteufelten Steppe heraus und in ein Land kommen, wo es ein wenig Gras und einige Bäume gibt!"

„Wollt Ihr nicht zuvor ein Stück Fleisch nehmen? Ich bin damit zur Genüge versehen."

„Gebt her! Das läßt sich im Gehen tun."

„Well! Aber die Richtung, Tom, über die müssen wir uns doch vorher einigen! Ich schlage Nordnordost vor. In dieser Richtung flohen die Koyoten, als ich meine Schüsse abfeuerte. Kein Raubtier kann lange ohne Wasser sein, und ich vermute, daß in dieser Richtung welches zu finden ist und infolgedessen auch Pflanzenwuchs und Futter für das Pferd."

„Ihr seid ein Dichter, Sir, und solchen Gentlemen ist nicht viel praktischer Sinn zuzutrauen, weil sie zumeist ganz woanders zu Hause sind als gewöhnliche Menschenkinder, die keine Verse machen. Das hätte ich beinahe auch von Euch gedacht; jetzt aber muß ich Abbitte tun, denn ich sehe, daß Ihr das Auge dort habt, wo es hingehört. Vorwärts also, nach Nordnordost!"

„Nehmt vorher den Stutzen und mein Bowiemesser. Die Büchse und den Tomahawk behalte ich für mich. Auch muß ich laden. Man kann nicht wissen, was uns begegnet."

„Allright! Gebt her, ich werde Eurem Schießzeug keine Schande machen!"

So verließen die beiden den Ort, der ihnen so verhängnisvoll hätte werden können. Das Pferd war vollständig munter und wohlauf und trug seinen Reiter mit der früheren Leichtigkeit; doch war dies wohl nur eine rasch vorübergehende Folge des Regenbades. Das Tier hatte seit längerer Zeit kein Gras gehabt, und die zurückgekehrten Kräfte konnten nur durch baldiges Futter erhalten werden.

Dennoch hielt es brav aus bis gegen Abend, wo alle Anzeichen verrieten, daß es wieder zu ermatten begann.

Summerland blieb stehen und streckte den Kopf vor; ein eigentümlicher Geruch machte ihn aufmerksam. Auch Klausen sog die Luft ein.

„Kaktus", meinte er. „Wir müssen ihm ausweichen."

„Ausweichen! Das fällt Tom Summerland nicht ein. Gerade hin zu ihm müssen wir; das ist so sicher wie meine Mütze."

„Warum?"

„Weil er durch den Regen saftig geworden ist und —"

„Habt Recht, Tom", fiel Klausen ein. „Die Schale mit den Stacheln herunter! Dann wird der Kaktus vielleicht vom Pferd gefressen."

„Wenn es die richtige Art ist. Also immer gerade aus!"

In kurzer Zeit war die Kaktusoase erreicht. Die Pflanzen hatten meist Kugelform; das innere Fleisch, das nach dem Schälen zurückblieb, wäre von dem Tier zu anderer Zeit verschmäht worden; jetzt fraß es mit Begierde davon. Als es seinen Hunger gestillt hatte, wurde der Weg wieder aufgenommen und bis in die späte Nacht hinein fortgesetzt, wobei abwechselnd der eine ritt und der andere ging. Dann aber waren Menschen und Tier so ermüdet, daß man Rast halten mußte.

Kurz nach Tagesanbruch ging es schon wieder weiter, und zu Mittag zeigten sich zur größten Freude der beiden Männer zwischen dem Sande einzelne vertrocknete Exemplare des kurzen, lockigen Büffelgrases. Je weiter sie kamen, desto geschlossener wurde der Pflanzenwuchs, und endlich trat die Steppe ganz zurück, um der grünenden Prärie Platz zu machen.

Jetzt waren sie gerettet. Das Pferd schwelgte förmlich in dem saftigen Futter, und die Jäger streckten sich mit einer wahren Wonne in das frische, kühle Grün.

Dann wurde beschlossen, noch vor Nacht wo möglich einen blaugrauen Streifen zu erreichen, der sich am nördlichen Horizont sichtbar machte. Es mußte Buschwerk oder ein vortretendes Waldstück sein.

Die Sonne stand schon tief, als man das Ziel erreichte. Es war ein sehr lichtes Wildkirschengebüsch, von vielen Rasenplätzen unterbrochen. Weiterhin verdichtete es sich immer mehr, bis sich in der Ferne einzelne Baumkronen über ihm zeigten.

„Farewell, Hunger, Durst, Hitze und Elend!" meinte Summerland. „Da eben beginnt der Wald und — seht Ihr die Linien über ihm, Sir? Das sind Berge; das ist — by god, jetzt weiß ich, wo wir sind; ich kenne diese Hügel, ich bin zwischen ihnen herumgeritten, und da drüben fließt der Bee-fork, der in den Red-River geht, das ist so sicher wie meine Mütze!"

„So reiten wir noch bis zum Wald; wir haben gerade noch Licht genug, um ihn zu erreichen und eine gute Stelle zum Lager auszuwählen."

Dieser Vorschlag wurde befolgt. Immer die gerade Linie einhaltend, drangen sie durch das Buschwerk. Summerland saß jetzt zu Pferde. Klausen schritt voran, die Aufmerksamkeit zwischen der Ferne und dem Boden geteilt. Man befand sich auf wegsamem Gebiet, mußte also wieder auf feindliche Begegnungen gefaßt sein. Da plötzlich blieb er stehen und bückte sich zur Erde, um das Gras einer sorgfältigen Untersuchung zu unterwerfen. Auch Summerland stieg ab und betrachtete aufmerksam die geknickten und niedergebogenen Halme.

„Eine Fährte! Eins, zwei — fünf — acht, neun Reiter mit eins, zwei — vier, fünf Lasttieren. Stimmt es, Sir?"

„Ja. Neun einzelne Spuren und fünf Eindrücke von Tieren, die zusammengekoppelt sind. Es sind keine Indianer, sondern Weiße, denn sie hielten sich nicht einzeln hintereinander, sondern sorglos durch- und nebeneinander. Folgen wir ihnen?"

„Warum nicht? Wir müssen ihnen nach, zu unserer eigenen Sicherheit."

„Dann aber langsam; sie sind vor kaum einer Viertelstunde hier vorbei. Wär' es länger, so hätten sich die Halme wieder emporgerichtet."

Das Pferd am Zügel führend und die Spur scharf im Auge behaltend, bogen sie rechts ein und beobachteten dabei, stets Deckung suchend, das vor ihnen liegende Gelände. Da führte die Fährte über einen sandigen Platz, der die Hufeindrücke in größter Deutlichkeit zeigte. Die Männer mußten sich vollständig sicher gefühlt haben, sonst hätten sie solche Zeichen ihrer Anwesenheit gewiß vermieden.

„God bless my soul, Gott schütze meine Seele", klang da der halblaute Ausruf Summerlands; „das sind die Pfahlmänner, die meine Nuggets geholt haben. Vierzehn waren es; fünf haben wir kalt gemacht, bleiben neun; das stimmt wie meine Mütze!"

„Woher wollt Ihr so genau wissen, daß sie es sind, Tom?"

„Woher? Na, seht Ihr denn nicht diese Hufspuren im Sand, die — ach so, Ihr könnt das ja nicht wissen! Schaut diesen rechten Hinterfuß. Ist er an der linken Seite nicht etwas kürzer als an der anderen?"

„Allerdings."

„Dieser Eindruck stammt von meiner alten Fuchsstute. Wenn es nicht so ist, so will ich durch und durch gespießt sein! Sie hat sich einmal einen Dorn ins Leben getreten, der ausgeschwärt ist; der Fuß ist zwar wieder heil geworden, doch hat sich die eine Seite des Hufes hinten etwas nach aufwärts gekrümmt, so daß der Sand nie eine vollständige Spur empfängt; selbst jetzt nicht, wo das arme Tier über die Gebühr beladen ist, wie Ihr an der Tiefe und Schärfe der Eindrücke seht. Ich muß den Fuchs wiederhaben, und koste es mich das Leben! Seid Ihr dabei, Sir?"

„Natürlich! Die Burschen haben die Weg-Stangen ent-fernt und uns dem Tod nahe gebracht, gar nicht zu rechnen, daß Ihr von ihnen überfallen und beraubt worden seid. Sie müssen eine ernste Lehre bekommen, obgleich ich ohne Not nicht gern einem Menschenkind ans Leben gehe."

Sie folgten der Fährte weiter. Einzelne Bäume unter-brachen das niedere Buschwerk, wurden nach und nach immer häufiger und schlossen sich endlich zum mäßig dichten Wald, unter dessen Baumkronen die Eindrücke in gerader Linie hinführten.

Da machte sich ein brenzliger Geruch bemerkbar.

„Stop!" meinte Summerland. „Sie haben sich ge-lagert und ein Feuer angezündet. Wartet ein wenig; ich bin gleich wieder hier!"

Er führte das Pferd bis an den Saum des Waldes zurück und pflockte es hier zwischen mehreren Büschen so an, daß es weder gesehen werden noch entfliehen konnte. Dann kehrte er zurück.

„Jetzt gilt es, unbemerkt an sie zu kommen. Folgt mir!"

Er huschte, von Baum zu Baum Deckung suchend und die Zwischenräume blitzschnell überspringend, unhörbar vorwärts. Klausen folgte ihm in derselben Weise. Nach einiger Zeit bemerkten sie einen hellen Rauch, der sich durch das Laubdach einen Ausgang suchte, und dann auch ein Feuer, um das neun Männer Platz genommen hatten. Summerland lehnte an einer Fichte, deren dicker Stamm beiden genügend Sicherheit bot. Er winkte den Gefährten zu sich heran.

„Sie haben die Tiere noch nicht entschirrt und auch keine Wache ausgestellt!"

„Wo sind die Pferde?"

„Dort drüben hörte ich sie schnaufen. Ich brauche Waffen; sind welche dort, so braucht kein Tropfen Blut zu fließen. Kommt!"

Sie schlichen sich weiter bis in die unmittelbare Nähe der Pferde, die keinen verdächtigen Laut hören ließen, weil sie sich noch nicht in freier Bewegung befanden.

„Sehr Ihr dort meinen Fuchs? Er hat wirklich die Beutel mit den Nuggets noch über dem Rücken hängen. Und dort der Rappe hat eine vollständige Jagdausrüstung auf dem Packsattel. Ich nehme beide, Ihr auch eins oder zwei, und die anderen schneiden wir los. Go on, jetzt schnell!"

Er glitt vorwärts, schnitt im Vordringen einige Lassos durch und gab den Tieren einen Schlag, daß sie laut wiehernd davonstürmten. Dann sprang er auf den Fuchs, ergriff den Rappen beim Zügel und sah sich nun erst nach Klausen um. Dieser saß auf einem Braunen und machte eben Miene, den Platz zu verlassen, als lautes Geschrei ertönte und die Pfahlmänner zwischen den Bäumen hervorsprangen.

Der vorderste von ihnen war ein breitschultriger, schwarzbärtiger Gesell, der sich sofort auf Klausen stürzte.

„Der Anführer, Master Dichter!" rief Summerland, seinen Stutzen auf zwei andere abdrückend. „Gebt ihm eins!"

Der Tomahawk Klausens sauste durch die Luft und der Schwarze brach zusammen.

„Huzza, so war es gut. Jetzt fort!"

Sie wandten sich zur Flucht. Schüsse krachten hinter ihnen, laute Flüche erschallten.

Der Wald hinderte ihre Eile; dennoch erreichten sie unverwundet die Büsche, zwischen denen Summerland das Pferd zurückgelassen hatte.

„Schnell heraus mit dem Tier und dann weiter, Sir! Ehe sie die Pferde wieder bekommen, wird es Nacht, und sie können erst morgen unserer Fährte folgen. Aber fangen sollen sie Tom Summerland und seine Stute nicht. Das ist so sicher wie meine Mütze!" —

2. Der Savannendichter

Im Staat Arkansas an dem gleichnamigen Fluß liegt einige Stunden oberhalb Little Rock die Stadt Stenton. Sie bildet durch ihre Lage an der Einmündung zweier Seitenflüsse den Knotenpunkt eines überaus regen Land- und Wasserverkehrs. Mit echt amerikanischer Schnellig- keit ist Haus an Haus, Straße an Straße gewachsen, und wo vor kurzer Zeit noch der wilde Sohn der Prärie sein Roß im Wasser des Stromes tränkte, dehnt sich jetzt sein ,weißer Bruder' im behaglichen Bett und freut sich des Segens — es könnte auch ein Fluch sein — der Zivilisation.

Da, wo einige englische Meilen vor der Stadt die Berge zur Ebene niedersteigen, tummelte eine Gesell- schaft junger Herren und Damen ihre Pferde in dem biegsamen, von gelben Helianthusblüten durchschossenen Grase. Der einzige ältere Mann, der sich bei der Gesell- schaft befand, zeichnete sich zugleich auch durch sein Äußeres vor allen übrigen aus. Er war ungemein dick und saß auf einem Schimmel, der ihm an Körperumfang ebenbürtig war. Die Bewegung der beiden hatte etwas Dickhäuterähnliches an sich, zu dem die grellen Farben, in die sich der Reiter gekleidet hatte, recht possierlich aussahen. Er trug ein gelbes Beinkleid, rotkarierte Weste, lichtblauen Rock und einen breitkrempigen, in Schwarz und Weiß geflochtenen Pferdehaarhut. Unter dem umgelegten, steif gestärkten Hemdkragen war ein grün und lila gestreiftes Tuch in einen mächtigen Knoten geschlungen und schickte seine wohlgefalteten Zipfel bis auf die kostbaren Anhängsel herab, die klingend an der dicken Uhrkette baumelten. Das jetzt vom Ritt gerötete Gesicht des Mannes hatte einen höchst gutmütigen Ausdruck. Nur deutete der eigentümlich scharfe Zug um den Mund auf eine bittere Beimischung, und der kurze, dicke Nacken schien ein Zeichen hartnäckiger Ausdauer zu sein.

Eben machten er und sein Schimmel eine keuchende Anstrengung, einer der Damen zu folgen, die, als die Gewandteste von allen, in tollen Kapriolen und Zickzackwendungen umherfegte, während ihr langer, blauer Schleier hoch in den Lüften flatterte.

„Halt ein, halt ein, Marga!" stöhnte der Bunte. Der Schimmel hatte eine fürchterliche Anstrengung gemacht und wirklich einen Satz fertiggebracht, der seinen Reiter vollständig aus der Haltung warf. „Du brichst den Hals, und ich, ich breche — brr, stop, ohohoho, du höllische Bestie!"

Einer der Herren eilte herbei und half ihm wieder in eine sattelfeste Stellung.

„Der Schimmel hat zu gute Pflege, Master Olbers. Laßt ihm etwas weniger Hafer geben, dann wird er nicht so unmäßig in die Welt hineinspringen."

„Der Hafer ist nicht schuld, sondern das böse Beispiel, das selbst die besten Sitten verdirbt. Ich bitte Euch dringend, Sir, reitet hin zu meiner Tochter und sagt ihr, daß ich sofort in Ohnmacht falle, wenn sie noch ein einziges ventre-à-terre wagt!"

„Laßt ihr das Vergnügen! Es hebt den Mut, stärkt die Gesundheit, macht gewandt und läßt, ganz unter uns gesagt, Miß Marga in einem Licht erscheinen, dem kein wahrer Gentleman zu widerstehen vermag."

„Licht hin, Licht her; ich lobe mir die Sicherheit meiner gesunden Glieder, Mister Wilson. Da seht einmal den Mann, der dort drüben herüberkommt. Sein Pferd geht Schritt um Schritt, als hätte es die Blüten zu zählen, die es niedertritt, und wahrhaftig, es nimmt sich sogar hier und da ein Maul voll davon auf. Er läßt das geduldig geschehen, hängt dabei vornüber im Sattel, als wolle er in die Mähne beißen, und scheint es ganz gleich zu nehmen, ob er heute nach Stenton kommt oder morgen. Der ist kein solcher Wagehals wie Ihr und Marga, und für die erste Rippe, die er bricht, will ich Euch getrost bare fünfzigtausend Dollars versprechen."

„Meint Ihr?" fragte der andere mit einem forschenden Blick auf den noch fernen fremden Reiter. „Ich fürchte sehr, daß Ihr die Dollars gar bald verliert, denn der Mann hat jedenfalls schon mehr als eine Rippe gewagt."

„Hoeh! Er sieht ganz und gar nicht danach aus."

„Das meint Ihr, weil Ihr noch nie die Prärie betreten habt. Ich wette ganz dieselbe Summe, daß es ein richtiger Westmann ist, der noch andere Ritte, als Ihr gesehen habt, unternommen und dem Tod täglich ins Auge geschaut hat. Ich kenne das, denn meine Besitzungen in Texas grenzen an die Savanne, und ich habe oft Gelegenheit, diese Leute zu beobachten. Gerade seine gebeugte Haltung kennzeichnete ihn als Jäger; so sitzen sie alle zu Pferde; anders wäre ja das ewige Reiten gar nicht auszuhalten."

„Ein Präriejäger? Ein Halbwilder? Den müssen wir anreden! Eine Unterhaltung mit ihm wird unseren Damen sicher viel Spaß machen."

„Ich denke auch. Laßt mich nur machen!"

Der Sprecher war ein noch ziemlich junger und schöner Mann, dessen dunkelsprühende Augen ganz prächtig zu dem tiefschwarzen, wohlgepflegten Vollbart standen. Er war beinahe übermäßig vornehm gekleidet und saß mit ungewöhnlicher Leichtigkeit zu Pferd. Der breite Panamahut war ihm ein wenig aus der Stirn in den Nacken gerutscht und ließ eine dunkelrote Narbe sehen, die sich von der Nasenwurzel an bis unter die Haare zog. Einige laut gerufene Worte brachten die Gesellschaft zusammen.

„Meine Ladies und Gent's, ein Vergnügen erwartet uns. Dort kommt ein Biberhauthaggler, den wir ein wenig ins Gebet nehmen wollen. Der Mann hat wohl noch nie eine wirkliche Lady gesehen und wird in schauderhafte Verlegenheit geraten über die Zumutung, uns Rede und Antwort stehen zu sollen."

Der Vorschlag wurde von der übermütigen Versammlung mit Freuden angenommen, nur die Tochter des Bunten widersprach: „Laßt ihn ruhig vorüber, Gentlemen! Der Mann hat euch nichts getan und könnte sich verletzt fühlen!"

„Verletzt?" lachte Wilson. „Er soll es für eine Ehre halten, von so feinen Leuten angesprochen zu werden. Ich werde ihm das begreiflich machen!"

Er wandte sein Pferd dem Reiter entgegen; die anderen folgten, Marga war also gezwungen, sich ihnen anzuschließen, doch hielt sie sich zurück.

Der Fremde war jetzt bis in Hörweite herangekommen, ohne die Gesellschaft zu beachten.

„Good day, Mann", rief Wilson. „Schlaft und träumt Ihr oder sind Euch Eure letzten zwei Sinne abhanden gekommen?"

Der Gefragte richtete sich blitzschnell in gerade Stellung empor, und es war eigentümlich, mit welchem Blick sich die beiden begegneten. Das tiefblaue Auge des Jägers bohrte sich stechend in das Gesicht des reichen Plantagenbesitzers und dessen dunkles Auge leuchtete wie unter einem plötzlichen Erkennen auf.

„Good day, Ladies und Mesch'schurs", grüßte der Jäger mit voller, sonorer Stimme. „Ich träumte vom Llano estacado und von abhanden gekommenen Stangen und Nuggets. Good bye!"

Er machte Miene, seinen Weg fortzusetzen; Wilson aber stellte sich ihm entgegen.

„Halt, nicht weiter, bis Ihr erklärt, was diese Antwort zu bedeuten hat!" Der Schwarzbärtige war blaß

geworden, aber sein Auge funkelte, und die Narbe auf
seiner Stirn schwoll brennend rot an.

„Halt?" fragte der andere mit einem überlegenen
Lächeln. „Wer will es wagen, einem freien Mann unter
freiem Himmel Halt zu gebieten? Wer will ihm das
Wort befehlen, das er nur freiwillig gibt?"

„Ich will es, Bursche! Was soll Eure Rede bedeuten?
Sprecht sofort oder — —"

Wilson erhob drohend die Reitpeitsche, ehe noch einer
der Anwesenden Zeit fand, ihn daran zu hindern.

„Oder — —?" donnerte der Jäger und schüttelte die
langen, blonden Locken. Er nahm mit der Linken die
Zügel empor, und in demselben Augenblick schien drei-
faches Leben sein scheinbar träges Pferd zu durch-
strömen. „Weg mit der Peitsche!"

„Heraus mit der Antwort!" drohte es ihm entgegen.
„Hier ist sie!"

Ein leichter Schenkeldruck und der Mustang schnellte
bis dicht an Wilson heran; im nächsten Augenblick sank
dieser, von einem fürchterlichen Faustschlag getroffen,
aus dem Sattel ins Gras. Der Mann, der jetzt so plötzlich von Geist und Feuer sprühte, riß sein Pferd wieder
herum und blitzte die anderen mit zornigem Auge an.

„Will noch einer von den Gentlemen Antwort
haben?"

Niemand regte sich.

„Keiner? Well, so sind wir eigentlich fertig. Doch will
ich euch warnen vor dem Wagnis, je wieder einen
braven Westmann für den passenden Gegenstand eines
Possenspieles zu halten; sein kleiner Finger ist mehr wert
als ihr alle; er sieht schon in der Ferne, was ihr wollt,
und weiß genau, wer lachen wird."

Schon stand der Jäger im Begriff fortzureiten, da
zügelte er sein Tier dicht neben Marga. Sein Gesicht
nahm einen anderen Ausdruck an; seine Hand zog ehr-
erbietigst den Hut vom Kopf; bewundernd glitt sein

Blick über die Erscheinung des Mädchens, und seine Stimme klang weich, als er sagte:

„Dank, Mylady! Ihr wart die einzige, die nicht spotten wollte, und seid einer besseren Gesellschaft wert. Good bye!"

Mit dem vollen Anstand eines vollendeten Ladiesman bedeckte er sich wieder, zog den gelockerten Büchsenriemen fester an und ritt in kurzem, anmutigem Galopp davon.

Nicht ein einziges Mal sah er sich um, obwohl es seinen Blick mit Gewalt nach rückwärts zog. Er hatte hier zum erstenmal in ein Mädchengesicht geblickt, von dem er sich gestand, daß er es nie vergessen werde.

Als er die Stadt erreichte, stieg er in dem Gasthof ab, dessen Schild ihm zuerst entgegenglänzte, übergab sein Pferd dem Stallkeeper und trat in den Trinkraum, wo er die allgemeine Aufmerksamkeit durch die Hast erregte, mit der er nach den ausliegenden Zeitungen griff. Ein Trapper, der zu lesen versteht, kann beinahe als ein Wunder betrachtet werden. Nach einiger Zeit winkte er den Boardkeeper zu sich heran.

„Wer ist Mutter Smolly?"

„Kennt Ihr Mutter Smolly nicht, Master? Dann müßt Ihr noch niemals hier gewesen sein! Sie war das schönste Mulattenmädchen weit und breit, wurde freigegeben und heiratete einen reichen Mississippihändler, dessen Witwe sie nun ist. Sie ist die ehrbarste Frau der ganzen Stadt und überall als der Engel der Notleidenden bekannt; darum wird sie von jedermann nicht anders als Mutter Smolly genannt."

Der Jäger dankte für die Auskunft und las noch einmal die Anzeige, die ihn zu seiner Frage veranlaßt hatte:

„Ein wahrer Gentleman kann bei Mutter Smolly vornehme Wohnung mit Benützung der Bibliothek und guter Kost erhalten."

Dies Angebot hatte, vielleicht gerade wegen seiner sonderbaren Fassung, etwas Anziehendes für ihn. Er erkundigte sich noch nach der Wohnung der Mulattin und beschloß, sie aufzusuchen.

Das Haus, das ihm bezeichnet wurde, lag in einer der schönsten und ruhigsten Straßen Stentons. Er klingelte am Eingang des Erdgeschosses; aus einer Türlücke sah ein allerliebstes, dunkles Gesicht hervor.

„Ist Mutter Smolly daheim, mein Kind?"

„Ja. Ich will sie rufen!"

„Nein, melde mich an", lächelte er über das Mißtrauen, das seine Kleidung hervorgerufen hatte. „Ich habe mit ihr zu sprechen."

„So bitte ich, zu warten."

Nach längerer Zeit und jedenfalls erst, nachdem die Dienerin der Herrin den Besuch bis in alle Einzelheiten beschrieben hatte, wurde er eingelassen, aber auch nur bis in den Vorsaal, wo ihn eine dralle, sauber gekleidete Frau empfing, die vielleicht vierzig Jahre zählen mochte, und deren Gesichtsfarbe ihre Abstammung von einer hübschen Coloured-Lady verriet.

„Verzeihung, Mylady, wenn — — —"

„Mutter Smolly, nicht anders, wenn ich bitten darf!" fiel sie ihm schnell in die Rede.

„Gut also, Mutter Smolly! Ich las da eine Anzeige, daß Ihr eine vornehme Wohnung mit guter Kost zu vergeben habt."

„Allerdings. Aber habt Ihr auch gelesen an wen?"

„An einen wahren Gentleman."

„Also nicht an einen von den vielen, die sich so nennen, ohne es zu sein, sondern an einen, den ich mit Recht so nennen darf."

„Diese Sorte ist hier im Südwesten außerordentlich selten, Mutter Smolly."

„Dann bleibt meine Wohnung unvermietet. Ich nehme in mein Haus nur Leute, denen ich außer einer strengen

Wirtin auch eine gute Mutter Smolly sein darf. Hat Euch jemand geschickt?"

„Nein. Ich selbst beabsichtige, bei Euch zu wohnen, wenn meine Person Euch, und Eure Räumlichkeiten mir gefallen."

Sie konnte ein leises Lächeln nicht zurückhalten.

„Meine Wohnung würde Euch sicher gefallen; aber sagt mir doch einmal, wer und was Ihr seid! Ich vermute, ein Jäger oder Fallensteller."

„Meinem gegenwärtigen Äußeren nach, ja. Ich komme vom Felsengebirge und habe seit dort weder Kleidung noch Wäsche wechseln können. Ich wollte das erst tun, wenn ich hier eine Heimat gefunden habe."

„Weshalb hier in Stenton?"

„Weil sich hier die Druckerei befindet, in der ich einiges veröffentlichen will."

Sie blickte ihn erstaunt an.

„So seid Ihr eigentlich ein Gelehrter oder wohl gar ein Dichter?"

„Vielleicht. Ich unternehme meine Reisen nur der Wissenschaft halber. Mein Name ist Richard Klausen."

„Rich — — Klaus — — bitte, bitte, Sir, tretet doch hier herein!"

Sie riß eine Tür auf, schob ihn mehr, als er ging, in ein sehr hübsch eingerichtetes Zimmer, zog von einem Gestell unter mehreren Büchern einen in Sammet gebundenen Band heraus und hielt ihm das Titelblatt vor.

„ ‚Herzensklänge‘, Sir; habt Ihr diese Lieder gedichtet?"

„Sie sind von mir."

„Ist es möglich! Mein Mann war ein Deutscher; er hat eine wertvolle Bücherei hinterlassen, und seine liebsten Bücher waren ihm die Eurigen. Ich kann sie nicht lesen; aber ich kenne ihre Titel und habe sie als Heiligtum hier in meinem Zimmer aufbewahrt. Ihr sollt die Wohnung haben; Ihr müßt sie nehmen. Kommt; ich will sie Euch zeigen!"

Es war auf einmal eine große Lebhaftigkeit über sie gekommen. Sie sprang voraus, eine Treppe empor, und öffnete ihm drei Räume, die alle Ansprüche eines gebildeten Mannes zu befriedigen vermochten.

„Hier das Schlafzimmer; hier das Wohnzimmer mit Balkon und hier die Bibliothek, in der Ihr arbeiten könnt. Ich vertraue die Bücher keinem Menschen lieber an als Euch!"

„Gut; ich wohne hier, und der Preis?"

„Jetzt nicht; später davon. Seht nur erst, ob es Euch auch wirklich bei mir gefällt! Ich lasse Euch nicht wieder fort, und was Ihr braucht, werde ich Euch sogleich besorgen."

„Was die Wäsche und Ähnliches betrifft, ja; da muß ich wohl um Eure Hilfe bitten, meine gute Mutter Smolly; das andere aber werde ich selbst übernehmen müssen. Auch mein Pferd, das im Gasthof steht, erfordert meine Anwesenheit."

„Das lassen wir holen. Ich habe im Hinterhause eine prächtige Stallung, die Euch sicher zufriedenstellen wird." —

Bis der Abend hereinbrach, war mit Hilfe des Konfektionärs, Kleiderhändlers und Haarkünstlers ein ganz anderer Mensch aus Klausen geworden, und die Wirtin schlug verwundert die Hände zusammen, als er kam, um sich ihr in dieser neuen Verfassung vorzustellen.

Dann begab er sich zum Buchhändler und Druckereibesitzer, der zugleich Herausgeber der ‚Morgen- und Abendpost von Stenton' war und ihn mit der Auszeichnung empfing. Hier erkundigte er sich nach der Wohnung des Advokaten Summerland. Er hatte sich in Preston am Red River von dem braven Tom getrennt, um noch einen Ausflug in das Indianerterritorium zu machen, und wollte den ersten Tag nicht vorübergehen lassen, ohne ihn aufgesucht zu haben. Leider aber fand er ihn nicht daheim; er war, wie das Mädchen berichtete, mit den Seinen für den Abend zum Bankier Olbers geladen.

Klausen kehrte nach Hause zurück und beschäftigte sich dort mit der Bücherei des verstorbenen Mississippihändlers. Dabei bemerkte er, daß das zweite Stockwerk des gegenüberliegenden großen Hauses hell erleuchtet war. Man konnte von dort aus recht wohl seine Zimmer übersehen; er schloß deshalb die Gardinen. —

Drüben war eine zahlreiche Gesellschaft um die Tafel, an der Marga den Vorsitz führte, versammelt. Unter den Anwesenden befanden sich, Wilson abgerechnet, sämtliche Teilnehmer des heutigen Reitausfluges; auch Bill Summerland mit Frau und Bruder. Dieser hatte aus Rücksicht auf die Seinen heute auf die gewohnte Trapperkleidung verzichtet. Doch war ihm recht gut anzusehen, daß er sich in dem Gesellschaftsanzug äußerst unbehaglich fühlte.

Er war eigentlich die Hauptperson des Abends und wurde nicht müde, von seinen Abenteuern zu erzählen.

Er schilderte gerade die Todessteppe und seine Rettung durch Klausen.

„Und wißt ihr, wem ich es verdanke, daß ich nicht von den Geiern zerrissen worden bin?" fragte er. „Einem Dichter! Ja, schaut mich nur verwundert an, einem Dichter, aber nicht einem solchen, der zwischen Himmel und Erde hängt und hilflos mit den Beinen zappelt, sondern einem echten Businessman, der es auf jedem Fleck, wo man ihn hinstellt, mit dem Besten aufzunehmen versteht."

„Wie heißt er?" fragte der dicke Bankier, der ein großer Literaturfreund war und nicht gern eine Gelegenheit, seine Belesenheit zu bekunden, ungenützt vorübergehen ließ.

„Klausen, Richard Klausen, wenn es Euch recht ist. Seine Reime sind weich wie Butter, seine Fäuste aber

hart wie Stahl. Er ist ein Kerl wie ein Riese und hat
dabei ein Herz wie ein Kind; darauf kann ich schwören
wie auf meine Mütze!"

„Klausen, der Deutsche? Dort sitzt seine größte Verehrerin", meinte der Bankier, auf seine Tochter zeigend.
„Sie hat seine Gedichte bei Mutter Smolly kennengelernt. Er ist wirklich bedeutend in seiner Art; groß
aber könnte er nur im Englischen werden."

„Im Englischen?" fragte Tom Summerland. „Ich
weiß nicht, ob er deutsch oder englisch zugeschlagen hat,
aber gut waren seine Hiebe, das könnt Ihr glauben.
Ich habe es gesehen, als wir meine Nuggets wiederholten.
Diese Geschichte müßt ihr noch hören!"

Er fuhr mit seinem Bericht fort und schloß ihn endlich mit der Bemerkung:

„Und wenn ihr ihn sehen wollt, so kann dies vielleicht bald geschehen. Als wir am Roten Fluß voneinander gingen, hat er mir versprochen, nach Stenton
zu kommen. Er war nur in die Prärie gezogen, um ein
Buch voll Reime über sie zu machen. Das will er hier
drucken lassen."

Die Tafel wurde aufgehoben, und die Gäste zerstreuten sich in die verschiedenen Zimmer. Marga war
der Erzählung des Trappers aufmerksam gefolgt. Ihr
waren die verschwundenen Stangen und geraubten
Nuggets aufgefallen, und unwillkürlich brachte sie beides mit der Antwort des Jägers in Verbindung, der
heute dem mutwilligen Wilson eine so derbe Lehre
gegeben hatte. Was hatten die überraschenden Blicke zu
bedeuten, mit denen sich die Gegner gemessen hatten?
Sie konnte die hohe, stolze Gestalt des Fremden nicht
aus dem Sinn bringen. Und wie weich und warm war
seine Stimme ihr entgegengeklungen! Sie suchte einige
Augenblicke unbelauschten Zusammenseins mit Tom
Summerland zu ermöglichen.

„Sagtet Ihr nicht, daß Klausen nach Stenton kommen will?"

„Yes; das habe ich gesagt, Miß."

„Könnt Ihr mir seine Person beschreiben?"

„Sehr genau. Die Gestalt lang, breit und kräftig, Haare blond und lang, Bart ebenso, Augen blau, Mund klein, Zähne gut. Kleidung: ein Jagdrock, ausgefranst und zerrissen. Leggins: ausgefranst und zerfetzt. Mokassins: ausgefranst und zersprungen. Hut: ein Stück Filz ohne Gestalt und Farbe. Pferd: ein Brauner mit weißem Stern. Waffen: eine Doppelbüchse, ein Stutzen, Messer, Tomahawk und Lariat. Besondere Kennzeichen: macht Lieder und schlägt Pfahlmänner tot. So, nun könnt Ihr ihn steckbrieflich verfolgen lassen, so genau ist die Beschreibung."

Das Mädchen wußte genug; die seltsame Kennzeichnung paßte genau auf den fremden Jäger.

„Werdet Ihr ihn uns einmal zuführen, wenn er da ist, Master Summerland?"

„Wenn Ihr es wünscht, Miß, so bringe ich ihn so gewiß wie meine Mütze."

„Ich halte Euch beim Wort!" — —

Richard Klausen dachte erst zu ungewöhnlich später Stunde daran, die Ruhe aufzusuchen.

Als er das dunkle Wohnzimmer betrat, bemerkte er, daß drüben im gegenüberliegenden Hause die Lichter des zweiten Stockes erloschen waren. Jetzt waren einige Fenster des ersten Stockes erleuchtet; die Vorhänge waren zurückgezogen, die Altantür stand offen. Dahinter glänzte die große Kuppel einer Lampe, die auf dem Sofatisch stand. Eine weibliche Gestalt in weißem, luftigem Gewande trat an den Tisch; das blendend helle Licht fiel auf ihre hohe, volle Gestalt. Doch da sie von Klausen abgewandt stand, so konnte er von ihrem Gesicht nichts sehen. Unbeweglich hielt er seinen Blick auf sie gerichtet. Jetzt erhob sie ein Buch, schlug es auf und hielt es dem Licht näher.

Schnell holte er sein Glas herbei, eilte hinaus auf den Balkon, wo er in der Dunkelheit nicht bemerkt werden konnte und hielt es vor sein Auge. Da stand die Unbekannte nun klar und deutlich vor ihm. Und als sie sich halb zu ihm umdrehte, erblickte er staunend dasselbe wunderbar schöne Gesicht, das heute nachmittag einen so tiefen Eindruck auf ihn gemacht hatte.

„Sie ist es; ich habe es geahnt!"

Heiße Wogen drängten sich nach seinem Herzen. Ein Taumel wollte ihn erfassen. Er kannte die Macht weiblicher Schönheit, aber er hatte sie noch nicht an sich selbst erfahren; jetzt zitterte ihr Einfluß ihm durch das tiefste Leben.

Da nahm sie die Lampe und trat in das Nebengemach. Die weißen, neidischen Gardinen, von denen dort die Fenster verhüllt wurden, ließen nur noch ihren Schatten sehen; auch dieser verschwand bald, als sie das Licht verlöschte. Sie war schlafen gegangen.

Mit übervollem Herzen trat Klausen wieder in die Bibliothek zurück. Es trieb ihn hin zum Schreibtisch, seine Hand griff zur Feder, und bald flossen glühende Strophen auf das Papier, so glockentönig und farbenprächtig, wie sie nur die erste Liebe zu erwecken vermag. Er nahm das Blatt und überlas es.

„Meine beste Arbeit! — Was tue ich? Darf ich oder nicht? Noch ist die Schriftleitung mit der Zusammensetzung des Morgenblattes beschäftigt. — Ja, es wird gewagt!"

Er griff zum Hut und verließ trotz der späten Nachtstunde das Haus, um sich zur Druckerei zu begeben.

Sein Beitrag wurde dort willkommen geheißen, und befriedigt kehrte er zurück.

In der dunklen Tornische standen zwei Personen,

mit denen er in der Eile nicht allzuzart zusammenstieß, eine hohe männliche und eine zierliche weibliche.

„Wer da?"

„Ich bin es. Sarah."

„Welche Sarah?"

„Das Mädchen von Mutter Smolly."

„Ach so. Gute Nacht!"

Die kleine, niedliche Terzerone hatte also einen An-beter. Klausen meinte in den undeutlichen Umrissen der männlichen Gestalt etwas Bekanntes zu finden, mochte aber die beiden Leute nicht belästigen. Er stieg zu seiner Wohnung empor und schlief nach langer Zeit zum ersten Male wieder in weichen Federn.

3. Rache

Klausen erwachte schon früh am Morgen. Schnell war er angekleidet und trat ans Fenster, um nach seinem schönen Gegenüber zu forschen. Er fand drüben alle Fenster geschlossen. Die Balkontür aber war noch wie am Abend offen. Klausen ließ seine Vorhänge zusammenfallen, und zwar so, daß er seine Beobachtung anstellen konnte, ohne selbst gesehen zu werden.

Er hatte noch nicht lange gewartet, so bewegten sich die Vorhänge drüben, das Fenster wurde geöffnet. Marga trat heraus auf den Balkon. Sie blickte auf die Straße.

Klausen stand wie festgebannt. Sie war schöner, als alles, was er vorher gesehen, sie war lieblicher als alles, was seine Phantasie ihm bisher vorgegaukelt hatte.

Nach dem Frühstück erschien sie wieder und ließ sich ihrem Vater gegenüber auf einem rotsamtenen Armsessel nieder, den ein Negerknabe für sie hinstellte. Dann breitete dieser die Zeitungen aus, mit denen sich die beiden beschäftigten. Klausen stand wieder beobachtend am Fenster.

„Der dicke Gentleman scheint ihr Vater zu sein. Er blickt überrascht empor; er scheint etwas Fesselndes in der Zeitung gefunden zu haben. Jetzt lächelt er und gibt ihr das Blatt. Sollte es mein Gedicht sein? Wenn sie es liest, muß sie sofort wissen, daß es nur an sie gerichtet sein kann!"

Er nahm das Glas ans Auge. Es waren seine Strophen. Er sah an der Stellung des Satzes, daß die

Stelle, auf der ihr Auge ruhte, nichts anderes als ein Gedicht enthielt. Eine tiefe Röte breitete sich über ihr Gesicht von der Stirn bis zum Nacken herab.

„Sie hat es gelesen!" flüsterte Klausen. „Sie liest es wieder. Oh, wenn sie doch fühlen könnte, wie des Dichters Puls in diesem Augenblick für sie klopft!"

Da klopfte es an seine Tür; die Terzerone seiner Wirtin brachte ihm das Verzeichnis, aus dem er sich die Speisekarte dieser Woche zusammenstellen sollte. Er war unwillig über diese Störung, ließ sich davon aber nichts merken. Er versprach die gewünschte Zusammenstellung sofort vorzunehmen. Sie zog sich bis an die Tür zurück, zögerte jedoch, das Zimmer zu verlassen.

„Wünschest du noch etwas?"

„Eine Bitte, Mylord", antwortete sie errötend. „Ihr habt mich heute nacht an der Tür getroffen mit einem Gentleman — —"

Ihm fiel ein, daß der Mann ihm bekannt vorgekommen war, und er beschloß, dem nachzugehen.

„Ein Gentleman? Welcher Gentleman stellt sich des Nachts mit einem Dienstboten unter das Tor?"

„Es ist so, Mylord; er ist ein Gentleman, ich kenne ihn genau, denn er ist mein — mein — —"

„Dein Geliebter?"

„Ja", antwortete sie leise. „Die Herrin darf aber nichts davon wissen, und da — da wollte ich Euch ersuchen, ihr zu verschweigen, daß Ihr mich mit ihm gesehen habt!"

„Well! Wer ist denn dieser Gentleman, der dir das kleine Herz betört?"

„Ich nenne ihn Fred, Mylord."

„Und wie heißt er noch?"

„Das soll ich verschweigen; Euch aber will ich es sagen. Er heißt Fred Wilson und ist ein reicher Plantagenbesitzer in Texas. Er ist oft drüben bei Bankier

Olbers und hat mich durch das Fenster gesehen und liebgewonnen."

„Olbers? Ist das der dicke Herr, der jetzt dort auf dem Balkon sitzt?"

„Ja, und die Lady ist Miß Margareth, seine Tochter, die oft zu meiner Herrin kommt und Marga genannt wird."

Klausen wußte nun den Namen derer, der seine lebhafte Teilnahme gehörte. Ein Gedanke durchblitzte ihn.

„Hat dein Geliebter eine Narbe über der Stirn?"

„Ja! Ihr kennt ihn, Mylord? Er hat sie von einem Indianer bekommen."

„Woher weißt du, daß er reich ist?"

„Er hat mich einmal mit in seine Wohnung geführt und mir eine ganze Menge Goldstaub und Nuggets gezeigt, die er von seinen Reisen mitgebracht hat. — Nächstens wird er wieder verreisen."

Das Mädchen war mitteilsam geworden. Klausen mußte das benutzen; denn was er hier erfuhr, konnte ihm von Wert sein.

„Wohin?"

„Nach Mexiko zu seinem Bruder."

„Ah, warum so weit?"

„Sein Bruder, der Alkalde in Morelia ist, hat ihm geschrieben, daß er ein großes Geschäft mit ihm machen will. Ich habe den Brief gelesen."

„Wie heißt der Alkalde? Natürlich auch Wilson!"

„Nein, denn er ist nur der Stiefbruder und heißt Antonio Molez."

„Was für ein Geschäft soll es sein?"

„Das stand nicht dabei. — Werdet Ihr meine Bitte erfüllen, Mylord?"

„Ja, doch nur unter der Bedingung, daß du auch deinem Geliebten nichts von unserer Unterredung sagst!"

Sie ging und Klausen eilte ans Fenster zurück. Marga und ihr Vater hatten den Balkon bereits verlassen. Er setzte sich an den Schreibtisch und fertigte den Küchenzettel. Dann machte er sich zum Ausgehen bereit; er wollte Summerland besuchen.

Während dieser Beschäftigung hatte er nicht bemerkt, daß die heimlich Geliebte, jetzt in schwarze, rauschende Seide gekleidet, ihre Wohnung verließ, über die Straße herüberging und das Haus von Mutter Smolly betreten hatte. Diese war eine Freundin ihrer verstorbenen Mutter gewesen, hegte eine große Zuneigung zu dem schönen Mädchen und empfing es mit freundlichen Vorwürfen.

„Den ganzen langen Tag bist du gestern nicht auf einen einzigen kleinen Augenblick zu mir herübergekommen!"

„Ach Tantchen, es gab so viel zu tun. Ich hatte schon am Vormittag für die Abendgesellschaft Vorbereitungen zu treffen und mußte nach Tisch um des garstigen Wilson willen, den Papa so unbegreiflich bevorzugt, mit spazieren reiten. Konnte ich da kommen?"

„Du scheinst diesen Wilson gar nicht gern zu haben!"

„Nein, Tante, noch viel weniger als ungern. Kannst du dir denken, warum? Er hat bei Papa angedeutet, er verweile nur meinetwegen in Stenton, und Papa forderte mich auf, so freundlich wie möglich gegen ihn zu sein; er beabsichtige ein ganz bedeutendes Unternehmen mit ihm und wünsche, ihn durch engere Bande an sich zu fesseln. Soll mich das nicht ärgern?"

„Gewiß! So etwas ist allerdings höchst ärgerlich, wenn man dem Betreffenden keinen Geschmack abzugewinnen vermag. Aber warte nur, Marga, es kommt schon noch die Zeit, daß — —"

„Daß du dein Zimmer vermietest, nicht wahr, Tante Smolly, das wolltest du sagen?"

„Eigentlich nicht, du Schelm; aber da du auf dieses

Thema kommst, so sollst du erfahren, daß ich gestern endlich doch vermietet habe."

„An einen wahren Gentleman?"

„Ja. Sieh her!"

Die Mulattin schlug den Gedichtband auf und hielt Marga das Titelblatt triumphierend entgegen.

„Hier steht sein Name. Lies ihn, aber recht laut!"

„Richard Klausen! Tantchen, ist es möglich? Wohnt er bei dir?"

„Bei mir!" nickte sie mit gewichtiger Miene.

„Aber wie ist das gekommen?" fragte das Mädchen, vor freudiger Verwunderung die Hände zusammenschlagend.

„So ganz unerwartet, daß ich einen geradezu unverzeihlichen Fehler gemacht habe, mein Kind. Denke dir, Tante Smolly ist unhöflich und rücksichtslos gewesen, unhöflich und rücksichtslos zum erstenmal in ihrem Leben, und noch dazu gegen den wahrsten Gentleman, den es geben kann, gegen deinen Lieblingsdichter!"

Das Mädchen kam nicht dazu, zu antworten; denn in diesem Augenblick ertönte die Glocke, und das Dienstmädchen trat ein.

„Mister Klausen bringt die Speisekarte, Ma'am. Soll er herein?"

„Natürlich, sofort, stets, wenn er kommt; merke dir das für immer, Sarah!"

Marga blickte sich um, als suche sie ein Versteck, in dem sie sich verbergen könne; es war zu spät, denn der Angemeldete stand bereits unter der Tür. Ein Freudenblitz zuckte über sein Gesicht, als er Marga erblickte; doch faßte er sich schnell.

„Good morning, Myladies", grüßte er. „Verzeihung, daß ich mir den Zutritt gestatte!"

„Nicht Verzeihung, sondern Dank schulden wir Euch, Sir. Ihr trefft mich in lieber Gesellschaft", erwiderte

Mutter Smolly, ihre junge Freundin vorstellend; „Miß Margareth Olbers, eine ganz besondere Verehrerin germanischer Poesie."

„Dann bin ich glücklich, Euch auf einem so herrlichen Gebiet begegnen zu dürfen, Miß", erwiderte er mit einer gewandten Verbeugung.

„Eine Begegnung, die friedfertiger sein dürfte als die gestrige", sagte sie leise.

„Wollen wir Frieden schließen?" fragte er, ihr unwillkürlich die Hand entgegenstreckend.

„Gern!"

Sie legte ihr Händchen in seine Rechte, und er zog es an seine Lipepn.

„Sie lieben die deutsche Dichtung. Sie sprechen also deutsch?" fragte Klausen das Mädchen.

„Lieber noch als englisch. Ich habe mit Mama fast nur deutsch gesprochen. Jetzt ist mir der Genuß seltener gestattet. Vater pflegt zu Hause keinen Verkehr mit Deutschen und spricht selbst nur englisch."

„So muß ich vielleicht den Gedanken, mich ihm vorzustellen, fallen lassen. Ich bin im Besitz einiger Wertpapiere, die ich bei ihm einlösen wollte, da er mir als der entgegenkommendste Geschäftsmann Stentons empfohlen wurde."

„Darf ich bemerken, daß ich von seinem häuslichen Verkehr sprach? Und die Ausschließung der Deutschen ist nicht die Folge eines Grundsatzes, sondern des bloßen Zufalles."

„So darf ich diese Vorstellung wagen?"

Sie sah sich in Verlegenheit versetzt; denn hinter dieser Frage verbarg sich eine andere, die sie weder bejahen konnte noch verneinen mochte. Es verstand sich ja von selbst, daß eine Einladung die notwendige Folge einer solchen Vorstellung sein würde.

„Sie wird kein Wagnis sein", klang es als Antwort, während ihr Blick den Boden suchte.

Diese Zustimmung erfüllte ihn mit Entzücken. Gern hätte er die Unterhaltung fortgesetzt, aber er durfte nicht unbescheiden sein, übergab das Speiseverzeichnis und empfahl sich dann.

Im Hause Summerlands erfuhr er, daß die Brüder sich in den Leseklub begeben hätten. Es war die Stunde, in der dessen Mitglieder sich in die Morgenblätter vertieften und Tom war aus Anhänglichkeit für den Advokaten mitgegangen, obgleich es ihm leichter gewesen wäre, einen Bären zu erlegen, als eine Zeile zu buchstabieren. Klausen folgte ihnen. Er durchschritt langsam die kleinen Räume des Klubs.

In einem dieser Zimmer hingen die Satzungen des Vereins aus. Er trat vor die eingerahmte Schrift, um nachzusehen, ob Fremden der Eintritt gestattet sei. Die dicken Läufer, die den Fußboden bedeckten, hatten seine Schritte unhörbar gemacht, so daß seine Gegenwart in dem Nebenraum, aus dem die halblauten Stimmen zweier Männer durch den dünnen Vorhang klangen, unbemerkt blieb. Ohne es zu beabsichtigen, vernahm er jedes Wort ihrer Unterhaltung.

„Well, Sir, Ihr habt mich vollständig überzeugt, daß bei dem Geschäft ein ungewöhnlich hoher und sicherer Gewinn zu erzielen ist. Texas hat schon öfters die kräftigsten Versuche gemacht, sich von Mexiko loszusagen; immer aber wurde es durch die Übermacht der Truppen niedergeworfen. Jetzt ist man in Washington entschlossen, ihm nachdrückliche Hilfe zu gewähren, und die Folge wird sein, daß das herrliche, reiche und fruchtbare Land zur Union schwören muß. Ein Strom von Einwanderern wird sich darüber ergießen und der Preis des Bodens wird sich in kurzer Zeit um das Zwanzig- und Mehrfache steigern. Wer die Mittel besitzt, einige Grants von genugsamer Ausdehnung zu bekommen, kann sich Millionen verdienen. Zwar sind die Eurigen bedeutend, aber wenn Ihr mir gestattet,

Mister Wilson, eine Summe, die ich gerade verfügbar habe, beizuschießen, so wird Euer Vorteil nur vergrößert werden."

„Wie hoch ist die Summe?"

„Vierzig-, vielleicht auch fünfzig- oder sechzigtausend Dollars, die ich Euch in guten Wechseln auf Galveston mitgeben werde. Zwar waren mir Eure Verhältnisse bisher unbekannt, aber die Empfehlung, die Ihr mir von Harris & Thomson, Jefferson City, vorlegtet, genügte vollständig, Euch mein ganzes Vertrauen zu schenken. Wann werdet Ihr reisen?"

„So bald wie möglich. Es ist keine Zeit zu verlieren, die Verhältnisse, mit denen wir rechnen, sind allgemein bekannt, und es sollte mich wundern, wenn nicht auch noch andere als wir auf die gleiche Spekulation verfielen."

„Dieser Gedanke liegt allerdings nahe. Verfügt Euch mit in meine Wohnung, wo wir die Angelegenheit sofort in Ordnung bringen können."

„Und Eure Tochter, Mister Olbers?"

„Ist mir zu lieb, als daß ich mehr als eine Andeutung gegen sie aussprechen sollte. Sie ist vollständig frei, wie ich sicher weiß, und Ihr seid ein Gentleman, dem es nicht schwerfallen kann, die Zuneigung eines Mädchens zu erringen. Meine Zustimmung habt Ihr. Das übrige ist Eure Sache."

Sie erhoben sich und verließen den Ort, ohne Klausen, der hart an der Wand stand, zu bemerken. Es war der dicke Bankier und der Mann, der gestern den wirkungsvollen Faustschlag erhalten hatte. Wilson also war sein Name. Klausen dachte an die Gestalt in der Tornische.

„Fred Wilson, der Geliebte von Sarah; er ist es; es ist kein Zweifel möglich! Und sollte ich mich irren, wenn ich ihn für jenen Schurken halte, der die Pfahlmänner anführte? Er trägt sich anders, doch dieses Gesicht ist nicht zu verwechseln, und die Narbe erhöht die Gewißheit. Aber wie kommt er zu der Empfehlung von Harris & Thomson? Er kann während der Zeit unmöglich in Jefferson gewesen sein. Und selbst wenn ich mich in allem irrte, ein Schelm ist er, wie sein gestriges Verhalten und die Liebschaft beweist, die er mit der Terzerone unterhält, während er nach der Hand von Marga trachtet. Ich werde ihn entlarven!"

Er durchwanderte die Reihe der Zimmer weiter und fand bald die Gesuchten. Tom Summerland saß, ihm abgekehrt, am Tisch und durchstöberte die Bilder einer Zeitschrift. Er trug eine neue Trapperkleidung. Doch auf dem Kopf, wirklich, da saß die alte Mütze, die ihresgleichen suchte. Er hatte sich nicht von ihr trennen können.

Klausen trat an ihn heran und schlug ihn mit der Hand auf die Schulter. Der Getroffene sprang pfeilschnell in eine kampfbereite Boxerhaltung empor.

„Was schlagt Ihr mich, Master? Wollt Ihr einige gute Stöße sehen?"

Die Veränderung, die mit dem Äußeren seines Gefährten vorgegangen war, ließ ihn Klausen nicht sofort erkennen.

„Eure Stöße kenne ich, Tom Summerland; behaltet sie für Euch, alter Junge!"

Der Trapper riß die Augen auf, sprang auf ihn zu und warf die Arme um ihn, als wollte er ihn zu Mehl zerdrücken.

„Der Dichter, by god, der Dichter! Er ist es so gewiß wie meine Mütze. Hat sich der Mensch herausgeputzt, daß einem ordentlich die Augen übergehen. Hier, Bill, hast du ihn; fang ihn auf und quetsche ihn ein wenig zwischen deinen Pranken, denn ohne ihn hättest du mich nicht wiedergesehen!"

Er schob ihn dem Bruder zu, der ihn mit gleicher Herzlichkeit begrüßte.

An ein Lesen der Zeitung war nicht mehr zu denken.

Der Advokat bot Klausen unbeschränkte Gastfreundschaft an; der schlug aus und bat nur um die Erlaubnis, seinen Gefährten nach Herzenslust besuchen zu dürfen, konnte sich aber einer Einladung zum Mittagessen nicht entziehen.

Hierauf verließ man den Klub und trennte sich; Klausen schritt dem Bankierhause zu und ließ sich von einem Gehilfen beim Chef anmelden. Er wurde in das Zimmer geführt, wo Olbers und Wilson noch über ihre Spekulation verhandelten. Beide konnten eine Überraschung beim Anblick des jungen Mannes nicht verbergen; nur äußerte sie sich in verschiedener Art. Wilsons Auge flammte auf, doch wandte er sich schnell und trat an das Fenster, um dem Eingetretenen seine Gesichtszüge nicht zu zeigen. Olbers aber blickte noch einmal auf die Karte in seiner Hand, durch die er sich hatte anmelden lassen.

„Euer Name ist Richard Klausen, Sir?"

„Ja. Ich komme, eine Bitte auszusprechen. Wollt Ihr so freundlich sein, diese Papiere zu prüfen?"

Der Bankier ergriff sie und überflog sie mit einem raschen Blick. „Sie sind gut."

„Ich wünsche einen Teil des Betrages in klingende Münze zu verwandeln, das übrige aber hier niederzulegen, um es später bei meiner Abreise in Wechseln zu erheben."

„Ich stehe gern zu Diensten, Sir! Ist Euch Master Summerland bekannt?"

„Tom Summerland wohl? Ich traf mit ihm im Llano estacado zusammen und habe ihn soeben hier wieder aufgesucht."

„So ist auch meine Vermutung richtig, daß Ihr der Verfasser der poetischen Werke seid, unter denen derselbe Name steht, den Eure Karte zeigt?"

Klausen verneigte sich zustimmend.

„So wird es mir ein Vergnügen sein, Euch auch

anders als geschäftlich begegnen zu können. Bitte, betrachtet meine Wohnung als die Eurige! Meine Tochter wird sich freuen, Euch kennenzulernen."

„Ich hatte bereits die Ehre, der Miß bei Mutter Smolly, meiner Wirtin, vorgestellt zu werden."

„Ah! Ihr wohnt bei Mutter Smolly? Das ist mir angenehm. So sind wir Nachbarn und können uns ohne große Schwierigkeit besuchen. Seid Ihr etwa für den heutigen Abend bereits verpflichtet?"

„Nein."

„So bitte ich um Eure Gegenwart. Wir werden ganz unter uns sein: Marga, ich und dieser Herr, den ich mir erlaube Euch vorzustellen — — Mister Fred Wilson, Plantagenbesitzer in Texas."

Er hatte jede Erwähnung des gestrigen Ereignisses vermieden. Wilson wandte sich mit einer halben Bewegung zurück und machte eine gemessene Verbeugung. Klausen erwiderte sie in frostiger Weise.

„Ich werde kommen, Sir, wenn es mir gelingt, mich von dem guten Tom zu trennen, der sehr ernsten Beschlag auf mich legen wird."

„So bringt ihn mit; er wurde gestern bereits bei mir eingeführt und wird mir willkommen sein."

Das war es, was Klausen gewünscht hatte.

Er wurde von Olbers zum Kassierer begleitet, erhielt das Bargeld und den Depositenschein und verließ das Geschäft.

„Ein verteufelter Schnitzer, den Ihr gestern begangen habt, Mister Wilson", meinte der Bankier, als er wieder in das Zimmer zurückgekehrt war. „Dieser Mann ist kein anderer als der Jäger, den Ihr angegriffen habt; er muß eine geradezu scheußliche Ansicht über uns bekommen haben!"

„Ist mir gleich! Habe niemals nötig gehabt, um die Freundschaft eines Reimeschneiders zu buhlen und werde das auch hier nicht tun. Daß Ihr ihn für heute abend geladen habt, ist mir nichts weniger als angenehm. Ich glaubte Marga allein zu haben, um mit ihr ins reine zu kommen, und nun werden diese beiden Menschen mir die Gelegenheit verderben."

„Diese Besorgnis ist unnötig, denn ich werde sie so in Beschlag nehmen, daß Euch vollkommen Freiheit bleibt, Eure Angelegenheit in Ordnung zu bringen. Jetzt nun zu unserer Spekulation zurück!"

Es wurde beschlossen, daß Wilson schon morgen reisen sollte. Nachdem der Vertrag gefertigt und unterzeichnet war, erhielt er die Papiere und verließ das Haus.

Er hatte bereits einige Straßen durchschritten, um seine Wohnung zu erreichen, als er Sarah aus einem Laden treten sah. Nach einigen Schritten stand er bei ihr.

„Ich habe sehr notwendig mit dir zu sprechen. Willst du mir heute die Tür zu deinem Zimmer wieder offen lassen?"

„Wann?"

„Sobald es dunkel ist. Ich komme nur auf einige Augenblicke, kehre aber später wieder."

„Ich werde den Schlüssel anstecken."

Er nickte und ging. Zu Hause zog er die Papiere aus der Tasche und warf sie mit triumphierender Miene auf den Tisch.

Dann ging er mit großen Schritten im Zimmer auf und ab.

„Dieser Klausen ist ohne allen Zweifel der Kerl, dem ich meine Narbe verdanke. Und er hat mich ebensogut wiedererkannt wie ich ihn, das ist aus seiner gestrigen Anspielung auf den Llano estacado und die Nuggets zu ersehen. Er wird sich alle Mühe geben, mir zu schaden. Aber es soll ihm nicht gelingen! Ehe ich fortgehe, werde ich Abrechnung mit ihm halten und ihm die beiden Hiebe bezahlen, die er gegen mich geführt hat."

„Und dieser Tom Summerland, der heute mit erscheinen wird", fuhr er nach einer Pause fort, „ist jedenfalls der andere, der uns damals die Tiere und einen Teil des Goldes raubte. Ich bin begierig, ob auch er mich erkennen wird. Aber ich bin auf alle Fälle gesichert. Noch ist keine Anzeige gegen mich erfolgt, und wenn ich ja gezwungen bin zu verschwinden, so wird man mich doch nur in Texas suchen, wo ich durch meine Abwesenheit glänzen werde. Wenn es mir dann mit Hilfe meines Bruders gelingt, die Grants zu erwerben, verkaufe ich sie an Ort und Stelle wieder und gehe mit Sarah nach Brasilien. Dort mag sie bei mir sein, bis mir eine andere besser gefällt!"

Er packte Verschiedenes ein und durchwanderte dann die Stadt, um die zu seinem Vorhaben nötigen Einkäufe zu machen. Sobald es dunkel geworden war, begab er sich, in einen weiten Reisemantel gehüllt, unter dem er ein Paket trug, zum Hause der Mutter Smolly. Er trat ohne weiteres ein, stieg zwei Treppen empor und öffnete eine Tür, die zu einem kleinen Raum führte, der Sarah angewiesen war und alle ihre Habseligkeiten enthielt. Es war dunkel darin, aber Wilson fand sich sehr gut dort zurecht.

Nach kurzer Zeit trat das Mädchen ein. „Bist du da?" flüsterte sie.

„Ja, mein süßes Herz", antwortete er, sie umarmend und an sich drückend. „Ich bin gekommen, dir eine frohe Botschaft zu bringen."

„Welche?" fragte sie, seine Liebkosung stürmisch erwidernd.

„Ich gehe fort. Willst du mit?"

„Oh, wie gern! Mit dir gehe ich, wohin du mich nur immer führst. Wann reist du ab?"

„Schon heute."

„Das ist zu schnell. Ich muß doch Zeit haben, mich vorzubereiten und auch mit der Herrin sprechen."

„Du brauchst keine Vorbereitung, denn ich habe bereits für alles gesorgt. Und der Herrin darfst du gar nichts sagen, sonst läßt sie dich nicht fort."

„Aber sie ist so gut; ich darf doch nicht so undankbar sein und sie heimlich verlassen!"

„So ist sie dir wohl lieber als ich?" fragte er in vorwurfsvollem Ton.

„Wie darfst du so denken! Du bist mir lieber als alles, was ich kenne, und für dich will ich alles tun, was du von mir verlangst. Ich gehe mit, auch heute!"

„Das habe ich nicht anders erwartet, Sarah. Und du wirst es nie bereuen; denn erst jetzt beginnst du zu leben und die Freuden des Daseins kennenzulernen, die dir hier versagt bleiben würden. Doch nicht als Mädchen darfst du mich begleiten; das würde uns hindern, in steter Nähe miteinander zu verkehren und unser Glück bis auf die Neige zu genießen."

„Nicht als Mädchen? Wie sonst?"

„Als Knabe. Hier in diesem Paket befindet sich alles Erforderliche. Der Anzug wird dir prächtig stehen."

„Als Knabe!?" meinte sie, geschmeichelt und erfreut. „Oh, wie hübsch wird das sein. Ich werde dein Diener sein und dich keinen Augenblick allein lassen."

„Aber ein großes Opfer wirst du mir bringen müssen, mein liebes Kind!"

„Befiehl! Es ist mir keines zu groß!"

„Dein Haar, dein herrliches Haar werde ich dir verschneiden müssen; denn es würde verraten, daß du kein Knabe, sondern das schönste Mädchen der Vereinigten Staaten bist."

„Schneide es nur immer ab. Ich gebe es gern hin für das Glück, von dir geliebt zu sein."

„Wie lange mußt du heute bei Mutter Smolly sein?"

„Bis zehn Uhr; dann bin ich frei."

„So sorge, daß ich von da an das Haus offen finde, und kleide dich sorgfältig um, damit ich nicht zu warten brauche. Es wohnt seit gestern ein Mister Klausen bei euch?"

„Ja, ein sehr schöner und auch sehr lieber Gentleman."

„Ah, ich merke, daß es Zeit ist, dich von hier fortzunehmen. Du mußt auch ihn bedienen?"

„Ja. Seine Zimmer sind mir von der Herrin übergeben worden, und ich führe einen besonderen Schlüssel zu ihnen, damit ich während seiner Abwesenheit meine Arbeit darin verrichten kann."

„Sorge dafür, daß dieser Schlüssel hier ist, wenn ich komme."

„Warum? Mußt du in die Zimmer?" fragte sie arglos.

„Ja. Man kann von ihnen hinüber zu Olbers schauen, und ich muß einiges da drüben beobachten, ehe ich das Haus verlasse. Jetzt aber lebe wohl, Sarah, und führe alles genau aus, was ich dir gesagt habe!"

Nach einer langen Umarmung stieg er, den Mantel zurücklassend, die Treppen wieder hinab und stand nach wenigen Augenblicken im Empfangszimmer des Bankiers.

Er war der erste der Geladenen und fand Marga allein vor.

„Good evening, Miß. Master Olbers hat mir erlaubt, den letzten Abend, der mir für Stenton zugemessen ist, in Eurer Nähe zu verbringen. Darf ich mir einbilden, daß meine Gegenwart Euch nicht ganz unangenehm ist?"

„Die Einbildung ist eine schlimme Angewohnheit, Sir, und mein Gewissen läßt mir niemals zu, sie zu unterstützen."

Er zog die Spitze seines Schnurrbarts durch die Zähne und entgegnete:

„Kein Mensch lebt von etwas anderem, als von dem, was er sich einbildet. Nur der ist glücklich, der den Augenblick ausbeutet. Der jetzige ist einer der schönsten meines Lebens, und ich darf ihn nicht vorübergehen lassen, ohne Euch das gestanden zu haben."

Marga wurde einer Antwort durch den Eintritt ihres Vaters enthoben. Zugleich mit ihm erschienen Klausen und Summerland. Der Dichter hatte diesem kein Wort über Wilson mitgeteilt; das Verhalten des Gefährten sollte ihm sagen, ob sein Verdacht berechtigt sei.

Der Trapper eilte auf das Mädchen zu und ergriff mit einfacher Herzlichkeit ihre Hand.

„Da habt Ihr mich wieder, Miß, und bin ich Euch nicht willkommen, so dürft Ihr mich fortjagen, ohne daß ich Euch böse darüber bin!"

„Bleibt nur da, mein lieber Mister Summerland; ich sehe Euch herzlich gern!"

Sie reichte auch Klausen ihre Hand.

„Ein deutsches Willkommen, ohne Schmeichelei und Phrase, Sir!"

Er wollte sich auf die zarten Finger niederbeugen, fuhr aber auf halbem Wege wieder empor. Neben ihm war ein Wort erklungen, das in dieser Umgebung verpönt war.

„Zounds! Donnerwetter! Wer ist denn das?" Tom Summerland hatte sich von Marga hinweg zu Wilson gewandt und bei dessen Anblick diese Worte ausgestoßen. „Mister Klausen, seid so gut und seht einmal diesem Mann ins Auge. Kennt Ihr ihn?"

„Wer ist es Tom?"

„Ich will mich auf der Stelle zerhacken und einpökeln lassen, wenn das nicht der Pfahlmann ist, der uns überfiel und dem Ihr später den Tomahawk über den Schädel zogt! Was hat der Mensch bei Euch zu schaffen, Mister Olbers?"

Ehe der Bankier antworten konnte, kam ihm Wilson zuvor.

„Ist dieser Mann wahnsinnig?" donnerte er. „Noch

ein einziges solches Wort, und ich sorge dafür, daß er die Zwangsjacke erhält!"

„Oder Ihr die Handschellen!" erwiderte der Trapper in demselben Ton. „Hätte ich Euch an einem anderen Ort gefunden, so wäret Ihr in fünf Minuten in den Händen des Sheriffs."

„Laßt Euch nicht abhalten! Obwohl mich Master Olbers geladen hat, soll Euch der Sheriff begreiflich gemacht werden. Da, nehmt hin!"

Marga stieß einen Angstruf aus, und der Bankier zog sich in die Ecke des Zimmers zurück. Wilson hatte die Faust erhoben; er trug bereits die Reisewaffen bei sich; ein Bowiemesser blitzte in seiner Rechten, während die Linke in die Brusttasche fuhr, um den Revolver hervorzunehmen. Aber schon stand Klausen hinter ihm, faßte ihn bei den Hüften und schmetterte ihn mit solcher Gewalt an die Flügeltür, daß diese aufsprang und er in den Flur stürzte. Ehe noch jemand bei ihm sein konnte, hatte Wilson sich wieder aufgerafft und sprang die Treppe hinab.

Niemand machte Miene ihn zu verfolgen. Marga lag auf dem Sofa, und Klausen kniete bei ihr. Der Bankier zitterte am ganzen Körper und hielt sich an der Lehne eines Stuhles fest. Tom Summerland war nach dem Tisch gesprungen, auf dem die Wasserflasche stand; die Besorgnis um die liebenswürdige Miß war bei ihm größer als der Wunsch, seinen Feind in die Hände zu bekommen.

„Mister Summerland, was habt Ihr getan!" klagte Olbers. „So ein Verdacht war wirklich nichts als Wahnsinn!"

Er erhielt keine Antwort; die beiden Männer waren zu sehr mit Marga beschäftigt, als daß sie seine Worte hätten beachten mögen. Diese schlug die Augen auf. Sie war sonst nicht so leicht einer Schwäche zugänglich. Was hatte sie ohnmächtig gemacht? Ganz ohne Wollen gab sie Antwort auf diese Frage. Ihr Blick fiel auf Klausen.

„Ihr lebt, er hat Euch nicht verwundet?"

Freudig durchrieselte es ihn bei diesen Worten. War sie nur aus Besorgnis um ihn so schwach gewesen? Er konnte nicht anders, er mußte ihre beiden Hände nehmen und seine Stirn auf einen Augenblick darüber neigen.

„Wir sind alle unverletzt, Miß, und nur in Besorgnis um Euch!"

„Oh, nun ist alles gut! Ich sah das Messer blinken und hatte fürchterliche Angst."

„Die dir wohl ohne Grund bereitet wurde", fiel ihr Vater ein.

„Ohne Grund, Sir?" fragte Summerland beleidigt. „Glaubt Ihr etwa, ich wüßte eine Savannenspiegelung nicht von der Wirklichkeit zu unterscheiden? Ich weiß nicht, wie der Kerl sich bei Euch nennt und eingeschlichen hat, aber daß er nicht nur ein Pfahlmann, sondern sogar ihr Hauptmann war, von dem ich Euch gestern erzählte, das ist so sicher wie meine Mütze. Fragt da den Dichter; der muß ihn gerade so wie ich erkannt haben."

Olbers blickte den Genannten fragend an.

„Tom hat die Wahrheit gesagt, Sir", bestätigte dieser. „Ich habe ihn gleich gestern erkannt, als ich Euch begegnete. Ihr werdet Euch meiner Antwort erinnern, die von Nuggets und der Todessteppe sprach, und Miß Marga wird mir bezeugen, daß ich sie einer besseren Gesellschaft wert hielt."

„Beweise, gebt mir Beweise, Gents! Ich habe Gründe, Wilson mein volles Vertrauen zu schenken. Und eure Anklage ist so schrecklich, daß ich sie nicht zu fassen vermag."

„Ihr habt heute mit ihm ein Geschäft abgeschlossen, das die Erwerbung texanischer Empressarios betrifft?"

„Woher wißt Ihr das?"

„Und ihm die Erlaubnis erteilt, sich der Zuneigung von Miß Marga zu versichern?"

„Seid Ihr allwissend?"

„Wenigstens so weit, daß ich der Person dieses Mannes durchaus sicher bin. Er wirbt um Eure Tochter und unterhält zugleich ein zärtliches Verhältnis mit Sarah, dem Dienstmädchen meiner Wirtin. Nun sagt, ob er Eures Vertrauens wert ist!"

„Könnte das möglich sein?"

„Ich selbst habe die beiden gestern abend mit meinen eigenen Augen beieinander gesehen, und gleich heute morgen bat sie mich um Verschwiegenheit. Ist Euch mein Wort genug?"

„Allerdings! Mein Gott, wenn Ihr Euch nicht irren solltet, so droht mir ein schwerer Verlust! Ich habe heute mit ihm einen Vertrag geschlossen und ihm fünfzigtausend Dollars überwiesen."

„Vielleicht kommt unsere Warnung nicht zu spät. Wißt Ihr genau, daß die Empfehlung von Harris & Thomson, Jefferson City, echt gewesen ist?"

„Auch davon seid Ihr unterrichtet? Sie ist echt. Ich habe sie genau geprüft."

„Aber keine besondere Anfrage gehalten? Ein Mann wie er schreckt vor keiner Fälschung zurück. Wir müssen ihn festnehmen lassen!"

„Seid Ihr wirklich Eurer Sache so gewiß?"

„Ja. Und um Euch Gelegenheit zu geben, meine Worte zu prüfen, bin ich bereit, einige Stunden zu warten. Schickt nach dem Telegraphen; die Antwort wird in kurzem hier sein und Euch Gewißheit bringen."

„Ihr habt recht, Sir! Aber ich werde nicht schicken, sondern selbst gehen und die Antwort gleich erwarten. Bei einer so bedeutenden Summe muß ich Vorsicht walten lassen."

„So werde ich gehen und seine Wohnung bewachen;

er wird zur Flucht entschlossen sein und darf uns nicht entgehen."

„Stop, Mister Klausen", fiel Summerland ein. „Dazu bin ich ebenso der richtige Mann wie Ihr. Bleibt nur hier! Oder wollt Ihr die liebe Miß verlassen, da auch der Vater geht?"

„Ja, bleibt!" bat Olbers. „Marga darf in solchen Verhältnissen nicht ohne Schutz sein!"

Sie gingen; der Bankier nach dem Telegraphenamt und Summerland nach der Wohnung Wilsons, die er sich von Olbers bezeichnen ließ. — —

Der Gesuchte war, als er das Haus verließ, eine Strecke die Straße hinabgeeilt, dann über diese hinübergegangen und an der anderen Seite zurückgekehrt. Es war noch zu früh, als daß er Sarah in ihrer Kammer hätte antreffen können. Dennoch stieg er hinauf und wartete, bis sie kam. Er war ihr bei der Verwandlung in einen Knaben und beim Einpacken der Gegenstände, die sie mitnehmen wollte, behilflich und fragte, als alles beendet war:

„Ist Mutter Smolly noch wach?"

„Nein."

„Und die Haustür?"

„Ist offen. Außerdem habe ich den Schlüssel hier."

„Auch den für Klausens Zimmer?"

„Ja."

Er nahm beides und gebot ihr dann: „Geh jetzt, Sarah; man darf uns nicht beisammen sehen. Oberhalb des Fährhauses in den Weiden erwartest du mich!"

„Ich gehorche dir, aber bitte, komm bald!"

Sarah sah in ihrem Anzug wirklich allerliebst aus. Er nahm sie in die Arme und küßte sie wiederholt auf die Lippen.

„Ich komme bald. Nun aber geh!"

Als sie fort war, blies er das Licht aus, schloß den Raum ab und schlich sich zum ersten Stock hinunter.

Dort öffnete er Klausens Tür, schloß von innen wieder zu und begann die Zimmer zu untersuchen. Es war dies ohne Lampe recht gut möglich, da das Licht der Gaslaternen hell durch die Fenster fiel und auch die Kronleuchter in Olbers' Gesellschaftszimmer ihren Schein herüberwarfen.

Seine Nachforschung war gleich im Anfang vom Glück begünstigt. Er begann mit der Bibliothek, sah den Schreibtisch, an dessen Schubladen die Schlüssel steckten, und öffnete ihn. Eine geschlossene Brieftasche lag auf einigen Geldrollen in einem der Fächer. Er nahm sie und trat näher an das Fenster.

„Gefunden! Hier der Depositenschein nebst einigen unvermuteten Schecks und dort das Bargeld, das er von Olbers bekommen hat. Ich habe genug. Nun habe ich nur noch mit ihm abzurechnen!"

Er verschloß alles wieder und trat hinter die Gardinen, um das gegenüberliegende Haus zu beobachten. Im Gesellschaftszimmer waren die Lichter erloschen; an ihrer Stelle brannte in dem Balkonzimmer des unteren Stockes eine Lampe. Die Personen, die sich hier befanden, mußten hinter dem Licht sitzen, da er keine Spur eines Schattens bemerkte.

„Ob er noch drüben ist?"

Seine Frage sollte sofort beantwortet werden. In der Helle des Lichtes erschien Marga und hinter ihr Klausen. Sie traten heraus auf den Balkon und stützten sich dicht nebeneinander auf dessen Geländer. Sie schienen nach jemand auszuschauen.

„Teufel, wie vertraut sie sind, so allein, so nahe! Da, bei Gott, er legt den Arm um sie, leise zwar und verzagt, aber doch! Und sie leidet es! Ist es so gemeint? Warte, Bube. Hast du zu viel Feuer in den Adern, so soll dir geholfen werden. Ich werde dich ein wenig schröpfen! — Wer ist der dicke Mensch, der dort gelaufen kommt? Wahrhaftig Olbers! Wo ist er gewesen?

Auf der Polizei? Und wo steckt dieser armselige Tom Summerland, der sich nicht sehen läßt? Jetzt treten sie zurück!"

In dem Balkonzimmer mußte jetzt ein lebhaftes Gespräch stattfinden; die Schatten zeigten eine ungewöhnliche Beweglichkeit. Dann verließen Olbers und Klausen das Haus; der eine schritt dem Innern der Stadt zu; der andere ging in der Richtung fort, in der Wilsons Wohnung lag.

„Was haben sie vor? Jedenfalls meine Verfolgung. Sie sollen sich verrechnen!"

Es verging eine beträchtliche Zeit, ehe sich einer von den Genannten wieder sehen ließ. Da kam eine Droschke, hielt vor dem Hause drüben und lenkte dann herüber. Klausen war ausgestiegen. Er verschwand in dem Bankierhause, verließ es aber bald wieder und schritt über die Straße herüber.

„Er kommt. Nun ist es Zeit!"

Er bog sich nieder und kroch unter den Schreibtisch. Draußen wurde die Tür aufgeschlossen; Klausen trat ein und setzte die Lampe in Brand. Er zog die Wäsche hervor, öffnete den Kleiderschrank und ging ans Einpacken. — —

Die Abwesenheit Olbers' und Summerlands hatte ihm selige Augenblicke geschenkt.

Marga war vom Diwan aufgestanden und auf ihn zugetreten.

„Ist wirklich keine Täuschung möglich, Sir?"

„Nein. Er selbst hat ja durch seine Flucht den Beweis gegeben, daß wir uns nicht irren."

„Welch ein Mensch! Und in so gefährlicher Nähe haben wir uns so lange Zeit befunden ohne alle Ahnung des Schlimmen, das uns drohte! Dieses Messer, es war fürchterlich!"

Die Erinnerung an die blitzende Klinge hatte beinahe dieselbe Wirkung wie der furchtbare Augenblick selbst.

Sie wankte, suchte mit der Hand nach einer Stütze und fand sie nicht. Er trat näher und hielt sie mit seinem Arm aufrecht. Sie sank mit ihrem Köpfchen an seine Schulter und schloß die Augen. Er legte den Arm fester um sie und bog sich zu ihrem Gesicht herab. Seine Pulse schlugen heftig.

„Miß Marga! So möchte ich Euch halten und stützen jetzt und immerdar, so lange ein Gedanke mich bewegt und ein Hauch des Lebens in mir ist!"

Sie hatte die Augen wieder geschlossen; die Blässe ihres Gesichtes wich. Die Schwäche war verschwunden; sie bedurfte der Stütze nicht mehr, und dennoch verweilte sie regungslos in ihrer jetzigen Stellung und ein wonniges Lächeln lag auf ihren Lippen.

Da beugte er sich nieder und küßte diese Lippen, und sie gab den Kuß zurück.

Kurz darnach trat der Bankier bei ihnen ein. Er war so aufgeregt, daß er die ungewöhnliche Bewegung der beiden gar nicht beobachtete.

„Ihr habt recht gehabt, Sir!" keuchte er mit fliegendem Atem. „Die Empfehlung war gefälscht. Wir müssen den Schurken haben!"

„Wir werden ihn bekommen, selbst wenn es ihm gelungen wäre, für jetzt zu entwischen. Ist er aber nach seiner Wohnung gegangen, was er sicher getan hat, wenn er nicht vorher auf das Geschehene vorbereitet war, so wird Tom Summerland ihn nicht aus dem Auge lassen. Ihr wart doch jedenfalls schon beim Prokurator oder auf der Polizei?"

„Nein, noch nicht. Ich habe in meinem Grimm und in der Eile gar nicht daran gedacht!"

„So müßt Ihr das Versäumte sofort nachholen. Ich gehe unterdessen zu Tom, um Euch dort zu erwarten. Wir dürfen keine Zeit verlieren!"

Sie gingen, und Marga blieb allein zurück. Sie nahm auf dem Sofa Platz und öffnete ihr Album. Hier war das Gedicht verborgen, das sie aus der Zeitung geschnitten hatte. Sie las es wieder und immer wieder.

So lag sie lange, lange. Da erklangen draußen Schritte; es klopfte, und ehe sie sich noch erhoben hatte, stand der Geliebte vor ihr. Er sah den Zeitungsausschnitt in dem geöffneten Album liegen und wußte nun, daß sie sich nur mit ihm beschäftigt hatte.

„Ich komme als Bote. Wilson ist, seit er hier war, nicht in seiner Wohnung gewesen. Die Polizisten suchen ihn an den Orten, wo er zu verkehren pflegte, und da er ihnen persönlich unbekannt war, muß sich Papa an der Nachforschung beteiligen. Er läßt bitten, nicht in Sorge um ihn zu sein. Auch ich werde mit Summerland nach ihm suchen, vermute jedoch, daß er Stenton bereits verlassen hat. In diesem Fall weiß ich genau, wohin er sich wendet und werde ihm noch in der Nacht folgen. Darf ich dann um die Freundlichkeit bitten, mich bei Mutter Smolly zu entschuldigen, von der ich doch unmöglich Abschied nehmen kann?"

„Ihr wollt fort, ihm nach, wollt Euch in die Gefahr begeben, von ihm — nein, nein, das kann ich unmöglich zugeben! Bleibt, Sir, und überlaßt die Verfolgung des Bösewichts der Polizei!"

Er lächelte glücklich und überlegen zugleich.

„Im Kampfe gegen einen erklärten Feind, und das ist er mir nun, erkenne ich keine Gefahr. Auch ist meine Abreise ja noch nicht bestimmt; möglicherweise hat er die Stadt noch nicht verlassen; dann fällt er gewiß in unsere Hände, und ich bleibe hier."

„So versprecht mir, auf alle Fälle noch einmal hier vorzusprechen! Ich bleibe wach, bis Papa kommt, und bis ich genaue Nachricht habe."

„So werde ich wiederkommen. Bis dahin aber — gute Nacht!"

Er reichte ihr die Hand. Sie sah seinen bittendfragenden Blick und fühlte seinen leisen Versuch, sie an sich zu ziehen. Da schlang sie aus eigenem Antrieb die Arme um ihn.

„Richard, erhalte dich mir! Schone dich, wenn du ihn triffst!"

Ihre Lippen berührten die seinen in einem leisen, schnellen Kuß, dann schlüpfte sie in das Nebengemach.

Dort vertauschte sie ihr Gesellschaftskleid mit einem bequemen Hausgewand und war eben damit fertig, als sie bemerkte, daß die Fenster seiner Wohnung erleuchtet waren. Er mußte also hineingegangen sein. Jedenfalls verließ er diese bald wieder; sie wollte ihn sehen und begab sich auf den Balkon.

Nach einiger Zeit öffnete sich auch drüben die Tür zum Altan, und Klausen trat heraus, um nach Summerland zu blicken, der ihn abholen sollte. Er winkte grüßend mit der Hand herüber und sie erhob die ihrige zur Antwort, stockte aber mitten in der Bewegung. Ein Schatten glitt an den zwei Fenstern des Studierzimmers vorüber und im nächsten Augenblick sah sie im Innern des nach dem Balkon offenen Raumes das Gesicht Wilsons erscheinen.

Ein jäher Schreck durchzuckte sie, aber sogleich hatte sie sich wieder gefaßt, erhob den Arm und rief:

„Wilson hinter dir!"

Er wandte sich um, keinen Augenblick zu früh, denn schon stand der Genannte hinter ihm und hatte das Messer zum Stoß gezückt.

„Hilfe, Hilfe!" schrie Marga in ihrer Todesangst. Sie sah nur noch, daß die beiden Männer auf dem Altan miteinander rangen, dann sprang sie in das Zimmer zurück, die Treppe hinab, über die Straße hinüber und flog atemlos zu seiner Wohnung empor. Sie trat gerade in dem Augenblick ein, als Klausen den Balkon verließ.

„Richard, wo ist er?"

„Fort. Ein Sprung vom Altan hat ihn gerettet, während ich ihn loslassen mußte, um das Messer zu entfernen."

„Du blutest! Er hat dich verwundet! Um Gottes willen, zeig schnell her!"

„Es ist nichts, Marga, zwei kleine Fleischwunden. Laß mich, ich muß ihm nach!"

„Nicht um die ganze Welt!"

Er wollte ihr enteilen; sie aber hing sich so fest an ihn, daß er Gewalt hätte brauchen müssen, um loszukommen.

„Bitte, Marga, er wird mir entgehen!"

„Laß ihn! Ich müßte vor Sorge sterben, wenn ich dich so von mir ließe. Komm, entferne den Rock; laß mich die Wunden sehen!"

Er sah, daß hier jeder Widerstand vergeblich sei, und folgte ihrem Gebot. Wilson hatte ihm einen Schnitt in die Linke und einen Stich in den Arm versetzt. Beide waren nicht gefährlich, verursachten aber eine heftige Blutung. Er blickte ihr lächelnd zu, als sie diese zu stillen versuchte und dann einen kunstgerechten Verband anlegte.

„So", meinte sie, als sie fertig war; „jetzt ist keine Besorgnis mehr nötig, du böser, lieber Mann! Aber ohne deine Marga wärst du ihm nachgesprungen und hättest dich unterwegs vielleicht verblutet."

„Nein, ohne meine Marga wäre ich schon früher ein Kind des Todes gewesen, denn ohne deinen Warnungsruf hätte mich sein Messer hinterrücks getroffen. Wie soll ich dir danken?!"

Er zog sie mit Innigkeit an sich.

„Damit, daß du mich immer, immer so lieb behältst wie jetzt!" flüsterte sie, sich zärtlich an ihn schmiegend.

Bald ertönten draußen Schritte und Summerland trat ein. Er machte nicht wenig erstaunte Augen, als er das Mädchen erblickte, und es wurde ihm in kurzen Worten alles mitgeteilt.

„Er ist hier gewesen? Damn! Hat er Euch bestohlen, Sir?"

„Weiß nicht, Tom; habe auch keine Zeit mehr, darnach zu forschen. Hat er es getan, so werde ich es schon noch bemerken. Jetzt aber müssen wir hinter ihm her."

„Gewiß. Aber nehmt einen Revolver mit oder so etwas Ähnliches; der Kerl darf nicht mit Seide angefaßt werden!"

Sie verließen die Wohnung. Klausen begleitete Marga bis in die ihrige und schloß sich dann dem Gefährten an, der auf ihn wartete.

„Wohin jetzt?" fragte dieser.

„Nirgendshin als wieder in mein Haus. Ich werde nach dem Dienstmädchen sehen. Das ist mir soeben eingefallen. Ohne Sarah hat er nicht zu mir gekonnt; sie muß uns Aufschluß geben. Das weitere wird sich dann schon finden."

„Allright, Sir! Dieser Gedanke ist nicht schlecht. Wilson mag einstweilen laufen, meinetwegen bis Babylon, wo die Weiden standen, die von den sieben fetten Kühen des Königs Pharao weggefressen wurden. Wir holen ihn doch noch ein und helfen ihm zu einem guten Strick. Das ist so sicher wie meine Mütze!"

4. Beim Grafen Hernano

Ein steifer Nordost wehte und schwellte die Segel der Vereinigten-Staaten-Brigg ‚Union‘, daß sie anmutig zur Seite geneigt vor dem Winde über die Wogen dahinflog; großflockiger Gischt beschäumte den scharfen Bug.

Sie war nach Vera Cruz bestimmt, um Farbhölzer nach Galveston zu bringen, und hatte nur zwei Fahrgäste an Bord, die eben jetzt an der Reling standen und einer Tintorera[1]) zuschauten, die seit kurzem dem Schiffe folgte.

Der eine der Reisenden war in ein bequemes Grau gekleidet und trug den in diesen Breiten gebäuchlichen Panamahut. Der andere steckte in einem ausgefransten Rock von Büffelhaut und trug auf dem Kopf eine Mütze, die während der ganzen Fahrt die Aufmerksamkeit der Matrosen erregt hatte.

„Ich will froh sein", meinte der im Büffelrock, „wenn ich einige Quadratschuh festen Boden unter mir habe!"

„Das wird noch vor Abend der Fall sein, Tom, wie mir der Käpt'n sagte. Und wenn es mit der Postverbindung trifft, so sind wir morgen schon in Mexiko."

„Das soll mich freuen! Aber ungeheuer ärgerlich würde es sein, wenn wir uns auf falscher Fährte befänden und umsonst über diese böse Pfütze herübergeschwommen wären."

„Man darf diese Möglichkeit nicht außer Rechnung lassen. Doch glaubte ich richtig zu vermuten, wenn ich meine, daß wir diesen reichen Plantagenbesitzer aus

1) Haifisch

Texas bei seinem Bruder, dem ehrenwerten Alkalden Don Antonio Molez finden werden."

„Wenn es so ist, Sir, so jage ich ihm gleich im ersten Augenblick mein Messer in den Leib für den Diebstahl, den er an Euch verübt hat."

„Ich hoffe sehr, daß wir beide, Olbers und ich, wieder zu dem Unserigen kommen. Sarah sagte, sie habe eine ganze Menge Goldstaub und Nuggets bei ihm gesehen, und dieser Wert wird mehr als hinlänglich gewesen sein, die Kosten seiner Reise zu decken. Die Papiere des Bankiers hat er sicher gegen andere vertauscht."

Jetzt trat der Kapitän hinzu. Klausen hatte zu seiner Freude einen Bekannten in ihm gefunden und ihm daher die Veranlassung zu seiner Reise in kurzen Worten mitgeteilt.

„Wie lange fahren wir noch, Williams?"

„In zwei Stunden sind wir am Hafen. Hier hast du das Rohr. Gestern schnitten wir den Wendekreis und umfuhren dann die Höhe von Tampico. Der Streifen vor uns ist die Küste vom ‚wahren Kreuz'."

Wirklich erkannte Klausen einen dunklen Streifen, der den Horizont abschloß.

„Kennst du den Fahrplan der Post?"

„Nein. Jedenfalls aber wirst du nicht lange zu warten brauchen. Du glaubst also wirklich, den Kerl in Morelia zu finden?"

„Wahrscheinlich! Behaupten kann ich es nicht."

„Ich möchte annehmen, daß er in Texas ist. Er muß dort bekannt sein, sonst hätte er nicht so viel von dem Lande gesprochen. Bei dessen Ausdehnung vermag er dort trotz der Sorge um eine etwaige Verfolgung seine Spekulation ins Werk zu setzen. Denke nur daran, daß es kein Vereinigten-Staaten-Territorium, sondern eine mexikanische Provinz ist und seine Auslieferung langwierige Unterhandlungen voraussetzen würde. Inzwischen könnte ihm eine Flucht zehnmal gelingen."

„Deine Ansicht in Ehren, aber ich kann mich ihr nicht anschließen. Sein ganzes Äußere deutet auf spanische Abkunft, und Mexiko ist ihm jedenfalls bekannter als Texas; sein Bruder lebt dort, den ich keinesfalls für seinen Stiefbruder halte. Mister Wilson wird wohl ursprünglich ein Señor Molez gewesen sein. Zwar glaube ich wie du, daß er auf die Ausführung seiner Spekulation nicht verzichten wird; aber die Grants sind in Texas nur mit Mühe und durch langwierige Vermittlung, in Mexiko aber aus erster Hand und viel billiger zu haben. Vielleicht steht er in Beziehung zu einer bei der Verwaltung der Staatsländereien beteiligten Persönlichkeit oder hofft, durch den Alkalden in eine solche Beziehung zu treten. Gelingt ihm sein Vorhaben, so wird er keineswegs nach Texas ziehen, sondern die Grants sofort mit Gewinn zu verkaufen suchen und sich dann für immer unsichtbar machen."

„Well, Sir, so ist es richtig", meinte Summerland; „aber wir werden dafür sorgen, daß er ein wenig mehr als ehrliche Leute sichtbar wird, nämlich fünf Ellen hoch am Strick, wenn ihn mein Messer nicht vorher schon gekitzelt hat!"

„Wie lange bleibt die ‚Union' im Hafen liegen?"

„Das ist unbestimmt", antwortete der Kapitän Williams; „je nach der Möglichkeit, die ich vorfinde, die Ladung zusammenzubringen. Willst du wieder mit zurück?"

„Ich würde mit niemandem lieber fahren als mit dir."

„So spute dich, deinen Mann zu fangen, und bringe ihn gleich mit, damit ich seine Bekanntschaft mache!"

„Wenn ich dies könnte! Zwar bin ich mit polizeilichen Vollmachten versehen. Aber auf diese hin stehen mir leider nur die Behörden der Vereinigten Staaten zu Diensten. In Mexiko gelten sie gleich Null." —

Die Voraussage des Kapitäns ging in Erfüllung. Nach nicht viel mehr als zwei Stunden warf die ‚Union' zwischen der Felsenfeste San-Juan de Ullao und der alten Stadt Vera Cruz die Anker. Die beiden Fahrgäste nahmen vom Kapitän Abschied, ließen sich nach der breiten Hafentreppe rudern und schritten über den mit Menschen angefüllten Platz dem Zollgebäude zu.

Nachdem sie hier ihre Obliegenheiten erfüllt hatten, erfuhren sie, daß die Post schon in kurzer Zeit abging, und verließen mit ihr die ungesunde, baumlose Sandebene der Küste, um sich nach der alten Kaiserstadt Mexiko zu begeben. Schon am Nachmittag des folgenden Tages warfen sie den ersten Blick von den Bergen, die das Tal und den prächtigen See von Tenochtitlan umschließen, auf die schöne Stadt, rollten zu ihr hinunter und wurden von dem Rosselenker vor einem der ersten Gasthöfe abgesetzt, dessen Wirt sich über die absonderliche Kopfbedeckung Summerlands zwar zu verwundern schien, aber die Reisenden mit großer Höflichkeit empfing.

Sie mußten für heute hier bleiben, um sich von der Fahrt auszuruhen und eine Gelegenheit nach Morelia abwarten. Es nahte die Dämmerung, jene Zeit, in der die Bevölkerung der Hauptstadt sich auf dem belebtesten Vergnügungsort Mexikos, auf der Alameda, zu ergehen pflegt.

Es war immerhin möglich, daß Wilson noch in Mexiko sein konnte. Er hatte einen Vorsprung von nur einem Tag, und es war anzunehmen, daß er diesen Ort auch besuchen werde. Sie beschlossen daher, sich getrennt dahin zu begeben, um nach ihm zu forschen.

Summerland ging zuerst. Klausen wußte, daß er der vornehmen und schönen Welt der Stadt begegnen werde, und kleidete sich sorgfältig um. Er hatte vom Gasthof nicht weit bis zu dem Gittertor dieser öffentlichen mit Parkanlagen, Springbrunnen und Ruheplätzen versehenen Promenade, und war gleich beim Eintritt überrascht von dem prächtigen Schauspiel, das sich ihm bot.

Die Großen und Reichen Mexikos durchschritten lust-
wandelnd die sauberen Wege der Alemada, und die
strahlende Kleidung der Damen zeugte genugsam von
dem Luxus, an den sich die Nachkommen der spanischen Eroberer gewöhnt hatten. In Seide rauschend, von
luftigen Spitzengewändern umwogt, mit der reizenden,
malerischen Basquina[1]) angetan und mit Diamanten und
Perlen geschmückt, gingen die schönen Frauen und
Mädchen spazieren, teils nach altem Brauche verhüllt,
teils auch mit offenem Gesicht, und dann enthüllten die
zurückgeworfenen Mantillen den ganzen Zauber ihres
reichsten Schmuckes, ihrer funkensprühenden schwarzen
Augen. Elastisch und leicht wiegten sie sich auf ihren
zierlichen Füßen, geschmeidig war jede Bewegung ihres
schönen Körpers, und das Fächerspiel, das diese Damen
meisterhaft verstehen, entfaltete seine Beredsamkeit.
Wie ein Gewinde von Blumen des sonnendurchglühten
Tropenlandes schwebte der Strom dieser reizenden
Neuspanierinnen durch den Park, und zwischen ihnen
hervor prunkten die reichen Uniformen des Militärs
und die bunte Tracht der übrigen Stände. Je mehr die
Sonne sich zu den westlichen Gebirgen herniedersenkte,
je feuriger im Süden die eisigen Spitzen der beiden
Vulkane erglühten, desto größer und zahlreicher wurde
die Menge, die sich hier hin und her bewegte oder auf
den Ruheplätzen niedergelassen hatte.

Klausen wanderte langsam unter ihnen dahin und
musterte jeden Begegnenden. Er mußte bemerken, welches Aufsehen seine kräftige, in vornehmer Nachlässigkeit dahinschreitende Gestalt hervorrief. Hunderte von
Augen blieben an ihm hängen, und ebenso viele Fächer
versuchten, ihre Sprache an ihn zu richten. Er mußte an
Marga denken und glitt mit gleichgültigem Blick über
diese Aufmerksamkeiten hinweg.

Eine auffallend reich und vornehm gekleidete Dame

1) Baskischer Frauenmantel

begegnete ihm am Arm eines viel älteren Herrn. Sie war eine Schönheit, wie man sie nur selten findet, und warf im Vorüberschreiten einen langen, sprechenden Blick auf ihn. Eine Minute später kehrte er am Ende des Weges um und hatte erst einen kleinen Teil der Promenade wieder zurückgelegt, so erblickte er sie wieder. Auch sie hatte sich gewandt. In seiner Nähe hielt sie den Fächer, von ihrem Begleiter unbemerkt, küssend an die Lippen und traf ihn mit der ganzen Glut ihres großen, wie aus verborgenen Tiefen hervorleuchtenden Auges.

Scheinbar durch Zufall entfiel der Fächer ihrer Hand. Klausen hob ihn auf und überreichte ihn ihr. Er war von ungewöhnlich feiner Arbeit und reich mit kostbaren Steinen geschmückt. Sie nahm ihn und berührte dabei seine Hand.

„Dank, Señor! Seid Ihr ein Fremder, da Ihr allein spazierengeht?"

Er verbeugte sich zustimmend gegen sie und ihren Begleiter, der diese Bewegung mit vornehmer Zurückhaltung erwiderte. „So ist es, Donna", antwortete er im reinsten Spanisch.

„Und wie findet Ihr Mexiko?"

„Es ist die Heimat der Feen, das Land, von dem die Dichter erzählen, daß keiner von da zurückkehre und jeder verloren sei, der seine Grenzen einmal überschritt."

„So seid auch Ihr verloren?"

„Ich bin gefeit von einer mächtigen Zauberin!" lächelte er, sich tief verneigend und trat zurück. Ein unbeschreiblicher Blick traf ihn, in dem die Bewunderung mit dem Zorn über den Formfehler rang, den er durch den Abbruch des durch List herbeigeführten Gespräches begangen hatte. Dann rauschte sie davon.

Er verließ den Platz nicht eher, als bis dieser sich beinahe völlig geleert hatte. Er war nun sicher, daß der Gesuchte nicht hier gewesen sei. Um einige Straßen der

Stadt im Licht des Abends zu betrachten, kehrte er nicht geradewegs nach dem Gasthof zurück, sondern machte einen Umweg, der ihn nach dem Inneren des Häusermeeres führte. Schon war er einige Straßen vorwärts gekommen, als sein Blick ein schmales Gebäude streifte und an einem der oberen Fenster haftenblieb. Es war geöffnet, und ein unverhüllter Frauenkopf blickte daraus auf die Straße herab. Er zog sich unter das Tor, an dem er eben vorüberschreiten wollte, zurück und verwandte kein Auge von dem Gesicht, das er deutlich erkannte.

„Welch ein Glück! Sarah, die Terzerone! Wo die ist, muß auch Wilson sein!"

Er wartete, bis Sarah sich zurückgezogen hatte und trat dann in das Haus. Seinem Äußeren nach konnte es nur von gewöhnlichen Leuten bewohnt sein. Er trat sofort in den einzigen Raum, den das Erdgeschoß enthielt. Er war zwar sehr ärmlich, aber sauber ausgestattet. Eine alte Frau erhob sich aus dem Sessel, in dem sie halb schlummernd geruht hatte.

„Verzeiht, Matrina, daß ich Euch störe. Nicht wahr, hier über Euch wohnt Don Carlo Piscaldo, den ich suche?"

Er hatte den ersten besten Namen gewählt, der ihm eingefallen war.

„Don Carlo Piscaldo, Señor? Nein, der wohnt nicht hier, hat auch nie bei mir gewohnt. Meine Zimmer gehören einem Don Tomasio, der mit seinem Weibchen erst gestern hier angekommen ist und Mexiko auch gleich wieder auf einige Tage verlassen hat."

„Das stimmt; es muß also nur eine Namensverwechslung vorliegen. Dank, Matrina, ich muß die Donna sprechen!"

Er verließ die Stube, stieg die schmale Treppe empor und klopfte. Ein leiser Ruf erklang, und er trat ein.

Sie war es! Das Auge auf die Tür gerichtet, erkannte

sie ihn sofort; das zeigte der Schreck, der ihr Gesicht trotz seiner dunklen Hautfarbe erbleichen ließ.

„Mylord Klausen!" rief sie, mit den Händen den Tisch erfassend, an dem sie stand.

„Ich bin es, Sarah! Warum erschrickst du?"

„Ich — ich — erschrak nicht. Es — es war nur die Freude!"

„Wirklich? So erlaube, daß ich mich setze! Wo ist Mister Wilson, der sich hier Tomasio nennt?"

„Nach Morelia zu seinem Bruder."

„Wann kommt er zurück?"

Ihr Blick suchte in seinem Gesicht zu lesen.

„Sarah, die Wahrheit!" gebot er ernst.

„In vier oder fünf Tagen."

„Was tut er dort?"

„Ich weiß es nicht."

„Wo hat er sein Gepäck?"

„Hier."

„Briefe und sonstige Schreibereien?"

„Auch hier."

„Zeige einmal her!"

„Das darf ich nicht, Sir. Er hat sie eingeschlossen. Auch ich darf sie nicht sehen."

„Wo sind sie?"

„Hier in der Kommode."

„Schön; so helfe ich mir selbst."

Er ergriff den Kaminhaken, stemmte ihn in die Fuge des Kastens und sprengte das Schloß auf. Sie wagte nicht, Widerstand zu leisten und versuchte auch kein Wort der Einwendung. Tief unter der Wäsche versteckt, fand er eine Brieftasche und ein zusammengebundenes Paket mit allerlei Schriftsachen. Er öffnete die Brieftasche; ein triumphierendes Lächeln flog über sein Gesicht. Sie enthielt seinen Depositenschein, die gestohlenen Schecks und Olbers' sämtliche Anweisungen im Werte von fünfzigtausend Dollars. Wilson hatte sich doch nicht sicher gewußt und die Verwertung bis später aufgeschoben. Er nahm die Brieftasche an sich und öffnete dann das Paket.

Es enthielt Schriftübungen und eine kleine Monogramm- und Stempelsammlung, den sicheren Beweis, daß der Besitzer sich sehr eingehend mit Fälschungen beschäftigt habe. Auch einige Briefe waren dabei. Er öffnete die Bogen und überflog ihren Inhalt. Der letzte zeigte ein neueres Datum und schien Klausens ganze Aufmerksamkeit in Anspruch zu nehmen.

Als er ihn gelesen hatte, legte er die übrigen Papiere wieder an ihre Stelle zurück und fragte, den Brief in die Tasche schiebend:

„Hat er zu dir von dem Grafen Hernano gesprochen?"

„Kein Wort."

„Du sagtest mir in Stenton, daß er viel Goldstaub und Nuggets besitze?"

„Er hat in New-Orleans einiges davon verkauft; das andere befindet sich im unteren Kasten."

Auch dieser wurde aufgesprengt. Er enthielt mehrere schwere Beutel, die einen nicht geringen Wert darstellten.

„Alles geraubt. Er soll auch nicht ein Körnchen davon behalten!"

„Geraubt?" fragte sie erschrocken. „Nein, das hat Fred nicht getan!"

„Er hat es getan, Sarah: Master Olbers fünfzigtausend Dollars, mir mehrere Tausend und dieses Gold den Goldgräbern, die er ermordet hat."

„Ermordet? Mein Gott, Sir, ich höre wohl nicht recht!"

„Du hörst sehr recht. Er ist ein Mörder, ein Räuber und Fälscher und aus Stenton bei Nacht und Nebel entflohen, weil die Polizei ihn suchte. Die Narbe hat er nicht von einem Indianer, sondern von mir. Ich traf ihn in der wilden Prärie mitten unter Mördern und gab ihm den Hieb, von dem die Narbe stammt."

„Nein, nein, das ist nicht möglich, Mylord Klausen!"
Sie warf sich auf das Sofa und bedeckte das Gesicht mit den Händen. Er beschloß den höchsten Trumpf auszuspielen.

„Nicht bloß das! Auch dich hat er betrogen!"
„Mich? Niemals!"

„Er hat, während er zu dir ging, um die Hand von Miß Marga angehalten. Ich selbst habe dabeigestanden; es war am Tag seiner Flucht."

Sie sprang empor. Ihr Auge blitzte. „Ist es wahr, Sir? Könnt Ihr das beschwören?"

„Ja, Sarah! Er hat dich nur mitgenommen, um dich später treulos zu verlassen."

„Der Bube!" Ihre südliche Gemütsart begann sich im Zorn zu offenbaren.

„Er hat keine Plantage, keinen Fußbreit Land in Texas; er lebt nur vom Verbrechen und wird auch dich ins Verderben führen."

„Mich, Mylord Klausen? Nein, das wird er nicht!" Sie ballte die kleinen Fäuste. „Ich habe ihn liebgehabt wie mein Leben; aber ich glaube Euch; er hat Miß Marga gewollt, und nun ist meine Liebe tot. Sobald er zurückkehrt, werde ich — — —"

„Er kehrt nicht zurück zu dir, Sarah, denn du wirst sofort mit mir das Haus verlassen."

„Das darf ich nicht, Sir, denn er hat mir streng befohlen, daheimzubleiben, bis er kommt."

Er lächelte.

„Du scheinst deine Lage nicht zu begreifen! Daß du Mutter Smolly ohne ihre Erlaubnis verlassen hast, will ich nicht erwähnen; es war Undank, aber kein Verbrechen. Aber, Sarah, du bist mit einem Raubmörder und Fälscher geflohen und hast ihn in seinem Tun unterstützt, bist also vor dem Gesetz seine Mitschuldige. Verstehst du nun, weshalb du mit mir gehen mußt? Als meine Gefangene!"

„Gefangene?" schrie sie. „Ich habe nicht das Geringste verbrochen!"

„Und mein Geld, das er mir raubte, ehe er Stenton verließ? Ich traf ihn in meinem Zimmer; er wollte mich mit dem Messer töten, brachte mir aber nur zwei Wunden bei und entkam."

„Ist das wahr? Er verlangte Euren Schlüssel, weil er von Eurem Zimmer aus etwas in Olbers' Haus beobachten wollte."

„Der Schlüssel war dir anvertraut und gehörte nicht in seine Hände. Er hat mich beraubt und verwundet." Er streifte den Ärmel seines Rockes empor. „Sieh hier den Schnitt und den Stich; du bist Mitschuldige an dem Raub und Mordversuch."

Sie erbleichte so tief, wie es bei der Farbe ihrer Haut möglich war, und starrte ihn wie geistesabwesend an. Erst nach einer langen Pause vermochte sie Worte zu finden.

„Das ist ja entsetzlich, Sir, das ist doch fürchterlich! O Gott, hätte ich ihm doch nie geglaubt, hätte ich doch Mutter Smolly nie verlassen! Gibt es keine Rettung für mich, Sir?"

„Vielleicht, wenn du mir alles aufrichtig mitteilst."

„Ich werde es tun, Mylord Klausen! Fragt, ich will auf alles Antwort geben!"

Er stellte ein eingehendes Verhör an und erfuhr, was zu wissen nötig war. Er fühlte inniges Mitleid mit der Verführten, die keine andere Schuld trug als ihre Liebe.

„Willst du mir gehorchen, Sarah, so kann noch alles gut werden!"

„Befehlt nur, Sir! Ihr werdet sehen, daß ich auch das Schwerste tue."

„So packe ein, was dir gehört. Du gehst mit mir!"

Mit zitternder Hast suchte sie ihre wenigen Habseligkeiten zusammen. Er nahm alle Wertsachen Wilsons an sich und verließ heimlich mit ihr das Haus. Die Wirtin durfte nicht in den Stand gesetzt werden, irgendwelche Auskunft zu erteilen. Der Gasthof war bald erreicht, und der schon längst zurückgekehrte Summerland staunte nicht wenig, als er das Mädchen bemerkte. Klausen erzählte ihm alles, nachdem er für ein Zimmer gesorgt hatte, in das Sarah sich zurückziehen mußte.

„Alle Wetter, Sir, das ist ja ein wunderbarer Fang! Und der Brief, was steht darin?"

„Das will ich Euch erklären. Schon in den ältesten Zeiten der spanischen Herrschaft in Mexiko pflegte die Regierung große Länderstrecken an Privatpersonen zu geben. Dies geschah entweder unter der Bedingung, binnen gewissen Jahren eine bestimmte Anzahl Menschen darauf anzusiedeln, oder sie verkaufte sie ihnen für eine sehr geringe Summe, die mit dem Wert des Landes in gar keinem Verhältnis stand und gewöhnlich in die Privattasche des höheren Beamten floß. Hier nennt man solche Stücke Landes Empressarios, bei uns im Norden aber Grants. Es ist nichts Ungewöhnliches, daß man noch jetzt, wo man die Empressarios aus Geldnot billig vergibt, eine Legua von viertausendfünfhundert Acres[1]) für den Preis von noch lange nicht tausend Dollars verkauft, und daß ein einziger Mann oft zehn bis fünfzehn Leguas in dieser Weise von der Regierung ersteht. Der Verkauf dieser Grants liegt in den Händen des Grafen Don Ventura Hernano, und der brave Alkalde von Morelia schlägt in diesem Brief seinem Bruder, zwar nicht in deutlichen Worten, aber doch so, daß man die Andeutungen zu verstehen vermag, einen Streich vor, der den Grafen zur willigen Abtretung eines größeren Landstriches führen soll. Der Graf begibt sich, wie hier steht, wöchentlich einmal auf eines seiner Güter, das in der Nähe von Morelia liegt; die Gräfin begleitet ihn

[1]) 1 Acre = 40,5 Ar

452

gewöhnlich, und bei einer solchen Gelegenheit sollen beide überfallen und gefangen werden. Dabei erscheint Wilson als Retter und befreit den Grafen, während die Gräfin zurückbehalten wird, um ein Lösegeld zu erzielen, das den Anteil der Helfershelfer bildet."

„Ein verteufelt sauberer Plan, Sir, den man nur so einem Schuft zutrauen kann. Warum aber hat Wilson diesen Brief nicht vernichtet?"

„Das frage ich auch. Bei jeder schlimmen Tat gibt es einen Fehler, der sie an das Tageslicht bringen kann. Wir sind vollständig geborgen, denn wir haben den Raub wieder und noch mehr dazu; ich konnte unter den hiesigen Verhältnissen nicht anders handeln. Eigentlich könnten wir also sofort zurückkehren; aber ich muß diesem Wilson das Handwerk legen und werde morgen in aller Frühe zum Grafen gehen, um ihm die Angelegenheit vorzutragen."

„Allright! Wir begleiten ihn und nehmen die Schufte samt dem Retter beim Skalp, das ist so sicher wie meine Mütze! Aber das Mädchen?"

„Bleibt hier bis zu unserer Rückkehr. Ich bin überzeugt, daß wir ihr von jetzt an trauen können."

„So legt Euch schlafen, damit wir morgen nicht etwa den Spaß versäumen!"

Sie gingen zur Ruhe mit dem glücklichen Bewußtsein, gleich in den ersten Stunden mehr erreicht zu haben, als sie jemals gehofft hatten.

Am anderen Morgen erkundigte sich Klausen nach dem Palast des Grafen. Dort hörte er, dieser sei bereits vor einer Stunde mit der Gräfin abgereist. Sofort begab er sich zu einem Pferdehändler, sorgte für drei gute, ausdauernde Reittiere und einen Führer, und hielt mit ihnen schon nach kurzer Zeit vor dem Gasthof.

Tom Summerland war sofort bereit. Es war keine Zeit zu verlieren, denn der Anschlag des Alkalden konnte möglicherweise schon heute ausgeführt werden.

Sarah schwor, zu bleiben und bis zu ihrer Rückkehr nicht einmal an das Fenster zu treten; dann ging es fort.

Der Führer war ein junger und, wie es schien, recht zuverlässiger Bursche, der auch ganz gut zu reiten verstand.

„Nach Morelia hin will ich Euch dienen, Señor", meinte er, als sie die Stadt im Rücken hatten; „aber nach Queretaro und Guanajuato zu wäre ich wohl nicht gleich mitgegangen."

„Warum?"

„Diese Gegend ist seit einiger Zeit verrufen durch die Braveros[1]), die dort herumlungern und niemanden ungeschoren vorüberlassen. Erst vor acht Tagen haben sie eine ganze Mula[2]) überfallen und die Reisenden niedergemacht. Santa Maria, was half es, daß man Reiter gegen sie schickte! Sie haben sich zurückgezogen und werden es in kurzem schlimmer treiben, als vorher."

Klausen wurde bedenklich. Er mußte unwillkürlich die Braveros mit dem Unternehmen Wilsons in Verbindung bringen und gab seinem Tier die Sporen.

Bald erreichten sie das schäumende Wasser von St. Jago, über das eine alte, halb eingestürzte Brücke führte. Die Gegend wurde öder, der Weg immer weniger betreten und verlor sich endlich ganz in sandiges Geröll. Mitten im Jagen hielt Klausen die Augen auf den Boden gerichtet, auf dem sich die Hufspuren dreier Pferde zeigten. Hier war jedenfalls der Graf mit seiner Dame und seinem Diener geritten.

Nach und nach zeigten sich wieder Büsche und immergrüne Nadelhölzer, und dann nahm ein Wald sie auf, unter dessen weit auseinanderstehenden Riesenbäumen sie ihre Eile nicht zu mindern brauchten. Da war es Klausen, als vernehme er den Hilferuf einer weiblichen Stimme. Auch Summerland hatte ihn gehört.

[1]) Räuber   [2]) Maultierkarawane

454

„Go on!" rief er. „Sie haben den Grafen, und wir haben sie. Vorwärts, Sir!"

Die Pferde bekamen die Sporen und flogen pfeilschnell über den weichen Boden, der ihre Hufschläge beinahe unhörbar machte. Da, nach kaum einer Minute, sahen sie eine Dame in den Händen mehrerer im Gesicht geschwärzter Männer, während zwei männliche Gestalten sich gegen eine beträchtliche Übermacht verteidigten. Klausen zog den Revolver. Auf dem Kampfplatze angekommen, warf er sich vom Pferd, sprang an die Seite der Dame und drückte los. Zwei der Männer fielen, der dritte entsprang. Jetzt wandte er sich gegen die übrigen und riß das Messer heraus. Summerland arbeitete schon mitten unter ihnen, und auch der Führer tat seine Schuldigkeit. Der Mut der beiden hatte den seinen angefeuert. Die Banditen waren von dem nachdrücklichen Angriff so überrascht, daß ihr Widerstand schnell erlahmte. Sie flohen in den schützenden Wald.

Jetzt erst warf Klausen einen schärferen Blick auf die Geretteten und erkannte mit Verwunderung den Herrn und die Dame, mit denen er gestern auf der Alameda gesprochen hatte. Der Graf war leicht verwundet, die Gräfin aber bereits wieder wohlauf.

„Ihr seid es, Señor?" fragte sie. „Dann hat Euch Eure mächtige Zauberin herbeigeführt!"

Auch der Graf trat herbei. Er zeigte keine Spur seiner gestrigen vornehmen Zurückhaltung.

„Nehmt meinen besten Dank, Señores, für die rechtzeitige Hilfe, die ihr uns brachtet! Ohne euch, das ist sicher, wären wir verloren gewesen."

„Wir müssen den Dank zurückweisen, Don Hernano. Es drohte Eurem Leben keine Gefahr; man wollte sich mit einem Lösegeld begnügen."

„Woher wißt Ihr das, und wie kommt Ihr als Fremder zu meinem Namen?"

„Das erlaubt, Euch später zu erklären! Jetzt müssen

wir vor allen Dingen trachten, aus der Nähe dieses Ortes zu kommen. Wo sind die Pferde?"

Die beiden Tiere des Grafen und der Gräfin lagen erschossen am Boden; das Pferd des Dieners hatte, wie auch die anderen drei, das Weite gesucht. Summerland machte sich sofort mit dem Diener und dem Führer auf, sie einzufangen, während die Gräfin nach der Wunde ihres Gemahls sah und Klausen sich damit beschäftigte, die Sättel von den gefallenen Pferden zu schnallen. Die Verletzung des Grafen zeigte sich als ganz ungefährlich; die Pferde wurden nach einiger Mühe herbeigeschafft. Auf eines wurde der Damensitz befestigt, und dann verließ man, der Diener und der Führer zu Fuß, die Stätte.

Die Besitzung des Grafen lag nicht allzuweit entfernt; man erreichte sie nach kaum einer halben Stunde und konnte nun in voller Ruhe das Geschehene besprechen.

In dem geschmackvoll ausgestatteten Empfangszimmer saßen Klausen und Summerland mit den beiden Gatten zusammen. Die Gräfin, eine starke, furchtlose Natur, bewirtete die Gäste, als sei sie eben von dem Besuch einer Freundin zurückgekehrt, und nur der Graf, dessen Alter eine größere Empfänglichkeit für dergleichen gewaltsame Eindrücke bedingte, hatte sich noch nicht vollständig erholt und dachte mit Schaudern an die Gefahr, in der er geschwebt hatte.

„Vor allen Dingen, Señores, laßt mich eure Namen kennenlernen", bat er.

„Der meinige ist Richard Klausen, Frankfort, Kentucky, Vereinigte Staaten."

„Und Euer Beruf, Señor Klausen?"

„Ich — — — schreibe Bücher, Señor, eine Beschäftigung, die mich oft zwingt, mir auf Reisen den notwendigen Stoff zu holen."

„So wollt Ihr über Mexiko schreiben?"

„Nein. Für dieses Mal folge ich einer anderen Absicht,

die mit dem heutigen Vorfall in sehr enger Verbindung steht. Gestattet, sie Euch mitzuteilen!"

Er erzählte nun in Kürze, was dem Grafen zu wissen nötig war, und schloß mit der Bemerkung:

„Damit habe ich den Beweis geliefert, daß Ihr Euch in keiner Lebensgefahr befandet, daß wir Euch nur zu unserem eigensten Vorteil folgten. Wir müssen also von Euch jede Verpflichtung uns gegenüber zurückweisen."

„Nein, Señores", widersprach der Graf lebhaft, „das dürft ihr nicht! Ich befand mich in Lebensgefahr, dafür zeugt meine Verwundung, und ihr hättet recht gut zurückkehren und eure Aufgabe für gelöst betrachten können, wenn ihr nicht erfahren hättet, was mir drohte."

„Mein Gemahl hat vollständig recht", schloß sich auch die Gräfin an. „Was hätte ich nicht in der Gefangenschaft Schreckliches zu erdulden gehabt, alle unberechenbaren Umstände, die mein Leben in Gefahr bringen konnten, abgerechnet. Ich fühle mich Euch, Señor Klausen, verbunden, wie noch keinem anderen und werde mir eine so heilige Verpflichtung nicht rauben lassen! Wir müssen Euch sehr dringend ersuchen, während Eures Verweilens in Mexiko unsere Gastfreundschaft nicht zurückzuweisen!"

„Das versteht sich von selbst, Señores, und ich hoffe, hier ganz bestimmt keine Fehlbitte zu tun."

„Und dennoch müssen wir danken! Unser Weg geht unverweilt nach Morelia, wo wir bestimmt unseren Mann treffen, der verhindert war, den Retter zu spielen. Er hat es jedenfalls hinter einem Busch hervor vollbringen wollen und ist durch die entflohenen Braveros vom Mißlingen des Unternehmens benachrichtigt worden. Er wird schleunigst den Alkalden aufsuchen und dort müssen wir mit ihm Abrechnung halten."

„Verzeiht, Señor Klausen! Er hat hier im Land einen Raubüberfall verursacht und verfällt also unter Herbeiziehung der Vereinigten-Staaten-Gesandtschaft unseren Gesetzen. Diese sind in einem solchen Punkt streng, aber mit dem, was sie von ihm übrig lassen, mögt Ihr immer Abrechnung halten. Auf diese Weise versichere ich mich zweier Gäste, deren seltene Eigenschaft ich von ganzem Herzen anerkenne."

„Aber", warf Klausen ein, „er entkommt, wenn nicht sofort gehandelt wird!"

„Die Verfolgung ist bereits im Gange. Ich habe gleich nach unserer Ankunft einen zuverlässigen Boten nach Morelia geschickt und werde jetzt, da ich den Zusammenhang besser kenne, einen zweiten abreiten lassen, der alles ebenso besorgen wird, als ob wir selbst an Ort und Stelle wären. Zugleich sind einige Arbeiter in den Wald gegangen, um sich der Gefallenen zu versichern. Ich habe begründete Ursache, zu glauben, daß wir es mit denselben Männern zu tun haben, von denen die Gegend um Queretaro heimgesucht wurde."

Er erhob sich und ging, um bald darauf wiederzukommen.

„Die Stafette ist fort, und nun könnt Ihr Euch darauf verlassen, daß die Polizei der ganzen Umgegend in Alarm gesetzt und ihre Schuldigkeit tun wird. Ihr dürft also getrost hier verbleiben."

„Ich für meine Person, Don Hernano, will zusagen, mein Begleiter aber muß unbedingt noch heute nach Mexiko zurück."

„Gibt es hierfür einen Grund?"

„Einen sehr triftigen. Die Wohnung, die Wilson mietete, muß bewacht werden, und zwar von jemand, der ihn persönlich genau kennt. Er kehrt auf alle Fälle dorthin zurück, wenn wir nicht schon hier seiner habhaft werden."

„So muß ich allerdings meine Zustimmung geben. Señor Summerland soll von mir einige Zeilen an die Polizei erhalten, die ihm dann mit allen Kräften zu Gebote stehen wird. Jetzt aber laßt Euch Euer Zimmer anweisen, Don Klausen, damit Ihr Euch ausruhen könnt!"

Klausen lächelte über den Gedanken, daß er nach dem kurzen Ritt Erholung nötig habe; die Gräfin erhob sich.

„Folgt mir, Señor, und erlaubt, daß ich selbst Euch geleite!"

„Gestattet zuvor einen kurzen Augenblick!"

Er trat unter die Tür zur Veranda.

Summerland hatte es in dem fein ausgestatteten Raum unmöglich länger aushalten können und war ins Freie hinausgetreten.

„Tom, Ihr müßt sofort nach Mexiko zurück!"

„Well, Sir, das ist mir äußerst angenehm; ich bin verteufelt wenig auf gräfliche Weise einstudiert!"

„Unser Führer mag Euch begleiten. Ihr erhaltet von Don Hernano ein Schreiben an die Polizei, das Ihr übergebt, dann bewacht Ihr das Haus, wo Wilson sein Zimmer hat. Ich kenne den Namen der Straße nicht, doch könnt Ihr bei Sarah alles erfahren. Ich kann nicht sagen, wann ich Euch folgen werde; wenn Ihr ihn seht, so laßt ihn nicht wieder aus den Augen!"

„Allright! Tragt keine Sorge um mich." — —

Nachdem Klausen sein Zimmer besehen hatte, begab er sich in den Garten. Von hier aus bemerkte er, daß man die im Wald liegengebliebenen Braveros brachte. Er eilte zu der Gruppe, die um die geschwärzten Gestalten stand und erfuhr, daß man nur die Toten angetroffen hatte, während die Verwundeten verschwunden waren.

Auch der Graf trat hinzu.

„Wascht ihnen die Gesichter! Vielleicht finden wir ein bekanntes unter ihnen."

Man leistete dem Befehl Folge, und kaum hatten die Züge der ersten fünf Leichen ihre ursprüngliche Farbe erhalten, so rief einer der Arbeiter:

„Per dios, der Alkalde von Morelia!"

„Ja, er ist es, ich kenne ihn", bestätigte der Graf. „Wie kommt ein solcher Beamter unter die Banditen?"

Klausen bog sich nieder, um die Kleidung des Mannes, dem eine Kugel in die Brust gedrungen war, zu untersuchen. Er öffnete die Knöpfe und bemerkte, daß das Leben noch nicht völlig entwichen war.

„Habt ihr nicht bemerkt, daß er noch atmet? Schafft Wasser herbei!"

Die Brustwunde war tödlich. Die Kugel mußte in die unmittelbare Nähe des Herzens gedrungen sein. Bei der Untersuchung des kleinen Loches, das ihren Weg bezeichnete, zuckte der Verwundete schmerzhaft zusammen. Klausen ließ sich dadurch nicht stören. Gerade dieser Schmerz war am besten geeignet, das geschwundene Bewußtsein, wenn auch nur auf kurze Augenblicke, zurückzurufen. Wirklich öffneten sich auch die geschlossenen Lider, sanken schwer wieder nieder und erhoben sich dann langsam zum zweitenmal.

Der Graf beugte sich zu ihm nieder.

„Antonio Molez, der Tod hat Euch ergriffen. Wollt Ihr ohne Bekenntnis sterben?"

Der Gefragte schwieg. Er mußte sich erst auf das Geschehene besinnen. Dann hauchte er:

„Vergebt!"

Klausen zog den Brief aus der Tasche, und hielt ihm diesen vor die erstarrenden Augen. „Habt Ihr das geschrieben?"

„Ja."

„Wo ist Euer Bruder?"

„Im Walde. Er wollte — — den Grafen — — befreien."

„Ihr seht, Don Hernano, daß ich Euch die Wahrheit mitteilte." Dann wandte er sich wieder zu dem Sterbenden: „Wohin kehrt er aus dem Walde zurück?"

„Ich weiß es nicht. Santa Madonna — — bitte für

mich — — ich sterbe. Ich wollte — — reich werden — — mein Amt schützte mich — — ich bin der Anführer der — — —"

Sein Oberkörper erhob sich unter einer zuckenden Bewegung; ein Blutstrom entquoll seinem Munde; er sank tot zurück.

„Gott sei seiner Seele gnädig! Er war der Anführer der Braveros und hatte seinen schlimmsten Streich gegen mich gerichtet. Ich vergebe ihm!" flüsterte der Graf.

Die anderen vier waren ohne Leben; die fünf Leichen wurden bis auf weiteres beiseite gebracht.

Während die drei dann beim Mittagessen saßen, erschallten eilige Huftritte vom Tor her. Die beiden nach Morelia gesandten Boten kehrten zurück und traten bald darauf in den Speisesaal.

„Nun?" fragte der Graf. Er las in ihren Gesichtern eine wichtige Botschaft.

„Wir haben ihn!"

„Ah! Das ist ja über alles Erwarten schnell gegangen."

„Er traf eben ein, als die Polizei das Haus des Alkalden besetzt hatte."

„Leistete er Widerstand?"

„Ganz wütend. Er war vorzüglich bewaffnet und hat einige der Leute verwundet."

„Und wo befindet er sich jetzt?"

„Im Gefängnis, von wo er morgen nach dem vorläufigen Verhör nach Mexiko gebracht werden soll."

„Gut, Ihr könnt abtreten!" Dann wandte der Graf sich zu der Gräfin und Klausen. „Ich muß den Menschen sehen; nach aufgehobener Tafel reite ich nach Morelia. Wollt Ihr mit, Don Klausen?"

„Auf jeden Fall."

„Man wird unsere Ankunft willkommen heißen. Er ist nicht persönlich bekannt, und Ihr könnt also seine Person feststellen. Übrigens sind wir ja bei der Untersuchung gegen ihn sehr beteiligt, so daß es die Arbeit des Beamten erleichtert, wenn wir zugegen sind." —

Nach einer Viertelstunde saßen der Graf und Klausen zu Pferde. Es war keine weite Entfernung zurückzulegen, und in kurzer Zeit hatten sie Morelia erreicht.

Der Ort war voll Aufregung über das Geschehene, und vor dem Gerichtsgebäude, das zugleich als Gefängnis diente, hatte sich eine Menge Volks versammelt. Kaum vermochten die beiden Männer sich hindurchzudrängen. Der Beamte hatte bereits ein Verhör angestellt und empfing den Besuch mit der größten Zuvorkommenheit.

„Soeben war ich im Begriff, Euch aufzusuchen, Exzellenza, um die nötigen Erkundigungen einzuziehen; ein Vorhaben, dessen mich Eure Anwesenheit überhebt."

„Spracht Ihr bereits mit dem Gefangenen?"

„Ja. Ich erkannte in ihm einen äußerst schlauen und dabei gewalttätigen Menschen, dem alles zuzutrauen ist. Er hat nicht das geringste gestanden, und ich glaube sehr, daß nur der geladene Revolver, der hier neben mir lag, ihn von Dummheiten abhielt. Darf ich um einen möglichst genauen Bericht des Geschehenen ersuchen?"

„Zunächst stelle ich Euch hier meinen Retter, Don Klausen, Frankfort in Kentucky, vor. Er ist imstande, Euch über den Angeklagten genauere Auskunft zu geben als ich."

Die beiden Herren ließen sich nieder; der Beamte hörte ihrer Erzählung aufmerksam zu und schrieb sich das Notwendige auf.

„Habt Ihr den Brief bei Euch, Don Klausen?"

„Ja, hier ist er!"

Der Beamte las ihn. „Wollt Ihr mir das Schreiben überlassen?"

„Ich bitte, es mit größtem Nutzen zu verwenden."

„Wilson hat es von Stenton aus beantwortet; ich

fand seinen Brief unter den Privatpapieren des Alkalden, hielt es aber für richtiger, ihm beim ersten Zusammentreffen nichts davon zu sagen. Jetzt freilich steht es anders; ich werde ihn sofort wieder vorführen lassen, um ihn Euch gegenüberzustellen, und bitte, sich einstweilen in dies Zimmer zu verfügen!"

Er geleitete sie in einen anstoßenden Raum, dessen Tür angelehnt blieb, und gab dann den Befehl, Wilson zu holen. Dieser wurde gebracht. Er war gefesselt, stand aber aufrecht und mit einer Miene da, in der sich die höchste Entrüstung spiegeln sollte.

„Was soll es schon wieder? Ich denke, wir sind fertig und ich werde entlassen!"

„Entlassen sollt Ihr werden, aber vielleicht nicht in der von Euch vorausgesetzten Weise. Zuvor muß ich nur noch einige Fragen an Euch richten, die Euer Vorleben betreffen. Wollt Ihr mir noch einmal Euren Namen sagen?"

„Tomasio Molez; Ihr scheint an Gedächtnisschwäche zu leiden!"

„Möglich! Ihr vielleicht nicht weniger, da Ihr vollständig vergessen zu haben scheint, wo Eure früheren Aufenthaltsorte waren. Ihr seid geboren in St. Juan Bautista und befandet Euch seit 12 Jahren in Brasilien?"

„So ist es. Ich setzte während dieser Zeit keinen Fuß aus dem Kaiserreich, bin dort Bürger und werde mich an das brasilianische Konsulat wenden, wenn Ihr mich länger meiner Freiheit beraubt. Dann mögt Ihr sehen, wie Ihr mit den Folgen fertig werdet!"

„Wollt Ihr Euch nicht an den Konsul der Vereinigten Staaten wenden?"

„Warum?"

„Weil Fred Wilson bei ihm mehr Erfolg haben dürfte als Tomasio Molez bei der von Euch genannten Vertretung."

„Fred Wilson? Wer ist das?" Der Gefangene war

bei Nennung dieses Namens zusammengefahren, hatte sich aber schnell wieder gefaßt.

„Ein Pfahlmann, Raubmörder, Fälscher, Einbrecher, kurz eine sehr anrüchige Persönlichkeit. Ihr habt wohl noch nie von ihm gehört?"

„Was habe ich mit einem solchen Menschen zu tun?"

„Vielleicht noch mehr als Euer Bruder, der mit ihm in einem höchst merkwürdigen Briefwechsel stand." Er ergriff das Schreiben des Alkalden und ließ ihn einen Blick darauf werfen. „Kennt Ihr diesen Brief?"

„Nein."

„Das ist eigentümlich! Er wurde doch in Eurer Wohnung gefunden!"

Jetzt erbleichte Wilson. „Meine Wohnung wollte ich bei meinem Bruder nehmen. Ich hatte sonst keine und bin erst gestern hier angekommen."

„Ihr mietetet also in Mexiko wirklich kein Zimmer für Euch und eine Person, die als Knabe anlangte, jetzt aber Damenkleider trägt?"

„Nein."

„So habt Ihr also auch keinerlei Anspruch auf das, was dort vorgefunden wurde?"

„Was?"

„Diesen Brief, eine Sammlung Schriftübungen, die viel zu denken gibt, mehrere Beutel voll Goldstaub und Nuggets und endlich eine Brieftasche mit Wertpapieren, die plötzlich unter eigentümlichen Umständen aus Stenton, Arkansas, verschwunden sind? Wollt Ihr sie wieder haben?"

„Sie gehen mich nichts an!" Man hörte es den mühsam hervorgestoßenen Worten an, welche Überwindung sie Wilson kostete.

„Auch das Mädchen nicht?"

„Nein."

„Aber dann vielleicht diesen Brief, der in Stenton

aufgegeben wurde?" Er hielt ihm sein eigenes, an den Bruder gerichtetes Schreiben vor.

„Auch nicht. Ich kann überhaupt nicht begreifen, was Ihr von mir wollt. Ich komme gestern zu meinem Bruder, gehe heute mit ihm spazieren und werde bei meiner Rückkehr trotz seines amtlichen Charakters festgenommen!"

„Das hat wohl seine Gründe. Der Spaziergang war ein außerordentlich bewaffneter; der Alkalde kehrte nicht zurück — —"

„Was geht das mich an? Er wird wohl noch kommen. Wir trennten uns, weil er einen Amtsbesuch zu machen hatte."

„Zum Grafen Don Hernano, dem er erzählte, welch reizendes Abenteuer er mit Euch erlebt habe. Er befindet sich noch dort, und ich werde ihn heute noch aufsuchen."

Wilson konnte die Wirkung dieser Worte trotz aller Selbstbeherrschung nicht verbergen. Dennoch antwortete er trotzig: „Ich habe nicht das geringste dagegen!"

„Auch nicht gegen die Gesellschaft, in der ich diesen Besuch vornehmen werde?"

„Sie ist mir höchst gleichgültig."

„Das dürfte erst zu beweisen sein. Da, blickt Euch einmal um!"

Wilson machte eine Wendung nach dem Zimmer, unter dessen Tür der Graf und Klausen erschienen. Der Anblick des letzteren warf Wilson um einige Schritte zurück; dann machte er eine Bewegung, wie um sich auf ihn zu stürzen, besann sich aber noch, und meinte so kaltblütig wie möglich: „Wer sind die Señores?"

„Verstellt Euch nicht, Master Wilson", meinte Klausen. „Ihr habt ausgespielt! Oder wollt Ihr wirklich behaupten, daß Ihr mich nicht kennt?"

„Behauptet Ihr etwa mich zu kennen?"

„Leider habe ich das Unglück." Und zum Richter gewandt, fuhr er fort: „Ich erkenne in diesem Mann denjenigen, über den ich meine Aussage vorhin zu Protokoll gab, Señor!"

„Und ich", sprach Wilson mit scheinbarer Kälte, „erkenne in diesem Menschen den abgefeimtesten Lügner, der mir vorgekommen ist."

„Schon gut", fiel der Beamte ein; „ich bin nun sehr im klaren über Eure Persönlichkeit. Hätte ich noch den leisesten Zweifel, was aber nach den Worten Señor Klausens nicht möglich ist, so würde ich Euch einem Señor Summerland und einer gewissen Sarah gegenüberstellen, die beide bereit sind, über Euch die gewünschte Auskunft zu geben. Ich habe mit Euch nichts mehr zu schaffen und werde Euch morgen unter sicherer Bedeckung nach Mexiko einliefern, wo Euch das weitere erwartet. Ihr könnt abtreten!" — — —

Am anderen Tage öffnete sich die Tür des Gefängnisses. Wilson wurde in den Hof geführt und auf ein Pferd gebunden. Ein Unteroffizier mit einigen Kavalleristen übernahm seine Bedeckung. Der erstere schnallte die Auslieferungspapiere in die Satteltasche, dann ging es fort nach Mexiko, den Gefangenen in der Mitte.

Wilson hatte keine Gewalt über sein Pferd, das von einem der Reiter am Zügel geführt wurde; auch erlaubten ihm seine Fesseln nicht die geringste Bewegung, und so sehr er auch all seinen Scharfsinn anstrengte, so fleißig er sein Auge suchend umherschweifen ließ, es wollte sich keine Möglichkeit der Rettung für ihn bieten.

Die Kavalleristen verhielten sich schweigsam, und nur als man den Wald erreicht hatte und an die Stelle gelangte, wo der Graf überfallen worden war, meinte der Anführer: „Wirst es wohl nicht wieder tun, Bursche. Die heilige Gerechtigkeit läßt nicht mit sich spaßen!"

„Quien sabe, wer weiß es!" erklang die trotzige Antwort.

Als sei sie eine Losung gewesen, krachten in demselben Augenblick von beiden Seiten mehrere Schüsse. Der Unteroffizier mit zweien der Reiter stürzte vom Pferde. Die übrigen wollten sich gegen die zwischen den Bäumen herbeispringenden Angreifer verteidigen, erkannten aber, daß auf deren Seite die Übermacht sei, und jagten unter Zurücklassung des Gefangenen davon.

„Unerwartete Hilfe in der Not, nicht wahr, Señor?" fragte einer der geschwärzten Männer, indem er das Messer zog und die Fesseln Wilsons durchschnitt.

„Bei allen Teufeln, ja. An Euch hätte ich nicht gedacht und glaubte mich auf mich selbst angewiesen."

„Hm, wir mußten wohl! Ihr hattet einige von unseren Namen gehört, und da mußten wir Euch um die Gelegenheit bringen, sie den Herren vom Gerichte auszuplaudern."

„Da zeigt Ihr Euch heute klüger als gestern, wo Ihr es vergaßt, meinen verwundeten Bruder in Sicherheit zu bringen."

„Verwundet? Per dios, er war tot, Señor!"

„Euer eigenes Wohl hätte dennoch erfordert, seine Leiche zu beseitigen; aber er war nicht tot, sondern ist zum Grafen Hernano geschafft worden, wo er alles gestanden hat. Ob er dann an seiner Verwundung gestorben ist, ob er noch lebt und sich in Gefangenschaft befindet, weiß ich nicht. Ich könnte mich seiner auch nicht annehmen, denn ich muß schleunigst fort. Habt Dank für die Schüsse; sie kamen zur rechten Zeit!"

„Wo wollt Ihr hin?"

„Fort aus dem Lande!"

„Jedenfalls zunächst nach Vera Cruz? Geht nicht geradewegs, Señor, sondern über Jalapa, das ist sicherer. Und wenn Ihr hinkommt, so sucht meinen Vetter Saldano auf, er hat eine Wirtschaft am Hafen, kennt unser Handwerk und wird Euch alle Hilfe leisten."

„Ich werde ihn aufsuchen."

Wilson war zu dem Pferde des Unteroffiziers getreten und öffnete die Satteltasche. Sie enthielt neben dem Aktenheft seine Börse und alle Gegenstände, die man ihm abgenommen hatte.

„So, jetzt komme ich wieder zu dem Meinigen. Als Reisegeld wird es ausreichen. — Diese hübschen Bogen müssen wir verschwinden lassen."

Einer der Braveros reichte ihm ein Feuerzeug. Die Akten gingen in Flammen auf; dann bestieg er das Pferd des Unteroffiziers.

„Lebt wohl, Señores, und macht auch fernerhin gute Geschäfte! Mich aber bekommt ihr nicht wieder zu sehen!"

Er nahm die Zügel auf, setzte die Sporen ein und flog davon. Er kannte die Gegend von früheren Zeiten her und kam also nicht in Gefahr, seinen Weg zu verfehlen. —

5. Zur Strecke gebracht

Der brave Franzesko Saldano war ein höchst frommer Mann — nach seiner eigenen Überzeugung; er verstand so gottesfürchtig zu reden, als habe er seine Muttersprache im Monasterio[1]) San Joseppo zu Guadalajara gelernt. Im übrigen war er in ganz Vera Cruz als ein Geizteufel bekannt, der keine Gelegenheit vorübergehen ließ, um die Fülle seines Säckels zu vergrößern.

Es war gegen Abend. Saldano stand in höchst mürrischer Laune am Fenster und blickte hinaus auf den Hafenplatz. Kein einziger Gast saß im Zimmer und kein Mensch ließ sich sehen.

„Heute ist ein flauer Tag für mich, wie selten einer, obgleich er für die Seeleute gerade das Gegenteil ist", brummte er. „Die Ebbe ist da, der Wind bläst aus Südwest, und alles, was Segel hat, benutzt diese Gelegenheit, den Hafen zu verlassen. Wer hat da Zeit, zu Franzesko Saldano zu gehen, der auf Gäste lauert, wie eine hungrige Spinne auf Fliegen. Sogar die ‚Union', die erst kürzlich hier die Anker warf, scheint in See stechen zu wollen, obgleich ich ihr für den fortgelaufenen Matrosen noch keinen Ersatzmann schaffen konnte. Sie hat schneller geladen, als der Kapitän dachte."

Da ertönte Pferdegetrappel vor der Tür, und gleich darauf trat ein Fremder ins Zimmer. „Kommt man hier recht zu Franzesko Saldano?" fragte er.

„Der bin ich, Señor. Aber sagt, ist Euch die schöne Sitte des Grüßens vielleicht unbekannt?"

[1]) Kloster

„Der Teufel hole Eure Sitte! Ich grüße, wenn ich Zeit und Lust habe, und gerade jetzt fehlt mir beides dazu."

„Ich muß Euch sehr mahnen, mich kein solches gotteslästerliches Wort vernehmen zu lassen. Mein Haus ist keine Lästergrube; betet lieber!"

„Betet, soviel Euch beliebt; mich aber laßt damit in Ruhe! Übrigens, wenn Ihr gern gegrüßt sein wollt, so will ich es tun, und zwar von Eurem Bruder, der mich zu Euch sendet."

„Von Miguel?" fragte der Wirt, jetzt mit halblauter Stimme. „Habt Ihr Geschäfte mit ihm?"

„Ja. Jetzt suche ich eine Gelegenheit, so schnell wie möglich von hier wegzukommen."

„Ah — hm! Brennt es Euch auf den Nägeln? Ich glaube, Ihr seid da an den rechten Mann gekommen. Was trinkt Ihr, Señor?"

„Mir ist alles recht. Bringt nur irgendeinen Tropfen und auch ein Glas für Euch!"

Saldano eilte nach dem Schenktisch, brachte eine volle Flasche mit zwei Gläsern und nahm seinem Gast gegenüber Platz.

„Es scheint mir gut, daß ich gerade jetzt keine Gäste habe", begann er einschenkend. „Was für ein Geschäft hattet Ihr mit Miguel?"

„Das lassen wir unerörtert, mein Lieber. Kennt Ihr den Alkalden von Morelia?"

Saldano machte große Augen. „Ah, — ist es so? Hm, dann könnt Ihr auf mich rechnen! Also Ihr wollt so schnell wie möglich fort. Nach welcher Richtung, Señor?"

„Nach New-Orleans."

„Gibt es heute und morgen nicht. Eine prächtige Gelegenheit nach Galveston wüßte ich. Von da aus ist es nicht schwer, ein Schiff zu bekommen."

„Angenommen! Aber mir liegt daran, schleunigst

und — versteht mich wohl, Saldano — ohne die gewöhnlichen Umständlichkeiten fortzukommen!"

„Das, Señor, das ist schwierig, und ohne einiges von dieser Sorte" — er machte die Pantomime des Geldzählens — „wohl ganz und gar unmöglich."

„Natürlich! Aber ich habe zufällig da in der Tasche drei außerordentlich hübsche Nuggets, die ich der Seltenheit wegen immer bei mir führe. Da, seht sie Euch an! Genügen sie?"

Der Wirt nahm die drei ungewöhnlich großen Goldbrocken in die Hand und wog sie bedächtig. „Es genügt."

„Nun, also — —"

„Wollt Ihr ohne Umständlichkeiten fort, so dürft Ihr natürlich nicht Fahrgast sein, sondern — — hm, versteht Ihr vielleicht etwas vom Seedienst?"

„Ich bin früher viel zur See gewesen."

„Getraut Ihr Euch auf ein paar Tage den Matrosen zu spielen?"

„Wenn es nur das ist, sehr gut!"

„So ist Euch geholfen, Señor! Seht, da draußen liegt die ‚Union‘, Vereinigte-Staaten-Brigg, Kapitän Williams, ein sehr braver Mann, dem einer seiner Leute davongegangen ist. Er sticht in einer Stunde in See. Wollt Ihr mit ihm?"

„Selbstverständlich. Wohin geht er?"

„Nach Galveston; ich sagte das wohl schon!"

„Gut! Aber diese Kleidung — und die Papiere."

„Hm, ja; das hält schwer. Ich habe allerdings einen alten Matrosenanzug daliegen, den ich Euch aus Barmherzigkeit anbiete, wenn Ihr ihn gegen Eure Kleider umtauscht und eine Wenigkeit zulegt, Señor."

„Hier habt Ihr!"

Er schob ein Geldstück hin. Saldano steckte es ein und meinte:

„Es ist sehr wenig, Señor; aber der Himmel wird mir vergelten, was ich an Euch tue. Kommt heraus!"

Er führte ihn in einen Verschlag, an dessen Wänden verschiedene Kleider und andere bei dem Geschäft Saldanos notwendige Gegenstände hingen.

„Hier sind Hemd, Hose, Jacke, Strümpfe, Stiefel und Südwester. Zieht Euch um und kommt dann in die Stube!"

Er selbst kehrte dahin zurück und setzte sich mit zufriedenem Lächeln vor die Flasche, die er in wenigen Augenblicken leerte. Dann kam Wilson herein. Der Anzug war nicht für seine Gestalt gefertigt; Gesicht und Haltung paßten wenig dazu.

„Herrlich, trefflich, wunderschön paßt er Euch, Señor", schmunzelte Saldano. „Der befahrenste Seemann wird meinen, daß Ihr seit Eurer Jugend nicht vom Wasser weggekommen seid!"

„Und die Papiere?"

„Hm, das ist nun allerdings eine schlimme Sache! Ich habe keine, denn ich würde sie Euch herzlich gern aus altgewohnter Mildtätigkeit schenken; ich bin einmal eine Samariterseele, die nicht leben kann ohne Wohltun. Aber da hat kürzlich ein Maate seine Zettel hier gelassen, und ich getraute es mir am Ende, sie Euch zu leihen, wenn Ihr mir versprechen könnt, sie wiederzubringen."

„Wann sollen sie wieder hier sein?"

„In vierzehn Tagen — vielleicht auch in so vielen Jahren, wenn es Euch nicht anders möglich ist. Allerdings wird der Mann ein Leihgeld verlangen."

„Wieviel ungefähr?"

„Ihr wollt nach dem Norden und müßt Euch also nach dem dortigen Kurs richten. Drei Pfund ist billig, das müßt Ihr selber sagen!"

„Saldano, Ihr seid ein Schuft trotz Eurer Frömmigkeit!"

„Gut, so werde ich als ein solcher handeln und sie nur für fünf Pfund hergeben. Greift zu, Señor, sonst steigt der Preis noch höher!"

„Ich gebe Euch drei!"

„Fünf und keinen Penny weniger!"

„Hole Euch der Henker. Hier ist das Geld!"

„Danke, Señor! Aber Ihr seht, die Flasche ist leer. Ich muß noch eine holen, um mit Euch auf glückliche Fahrt anstoßen zu können. Zwei Flaschen machen gerade drei Dollars!"

„Hier sind auch diese. Aber trinkt, mit wem Ihr wollt, nur nicht mit mir!"

„Ist mir auch recht. Undank ist der Welt Lohn, und der Gläubige muß sich in Nachsicht üben!"

Er brachte die Paipere. Wilson sah sie durch.

„Sie werden Ihren Zweck erfüllen. Aber der Kapitän?"

„Wird Euch nur dann mieten, wenn Ihr einige Zeilen von mir bringt."

„Schreibt sie!"

„Das ist nicht so leicht, Señor! Es hat mich Zeit, Mühe und Geld gekostet, diese Kunst zu erlernen. Wollt Ihr noch einen Dollar daran wenden?"

„Auch das noch! Hier habt Ihr ihn; aber verlangt ja nicht noch einmal Bezahlung, sonst zeige ich Euch, daß meine Faust härter ist als Euer barmherziger Schädel!"

„So dir jemand einen rechten Backenstreich gibt, von dem laß dir auch gleich einen linken geben, sagt die Bibel. Mein Gewissen gebietet mir, Euch die Schmähung zu verzeihen. Ich werde Euch die Zeilen sofort schreiben!"

Es dauerte ziemlich lange, ehe er die wenigen Buchstaben zu Papier brachte.

„So, da habt Ihr den Zettel, Señor. Und nun macht, daß Ihr fortkommt, sonst nimmt die ‚Union' die Segel auf und geht Euch davon."

Wilson ging. Er ließ das Pferd vor der Tür halten, da er die kostbare Zeit nicht mit einem Handel verschwenden wollte, der ihm von dem Wirt doch nur eine Wenigkeit eingebracht hätte. Er sprang in einen Kahn und gebot dem Führer, hinaus nach der Brigg zu rudern. Dort angekommen, schwang er sich wie ein geschulter Seemann mit Hilfe eines herabhängenden Taues an Bord und schritt in ehrerbietiger Haltung auf Williams zu, der ihm als Kapitän bezeichnet wurde.

„Verzeiht, Kapt'n; ich habe dieses Papier an Euch abzugeben!"

Der Angeredete las die Zeilen und warf dann einen prüfenden Blick auf den Mann. Sein Auge traf die Narbe auf seiner Stirn, sofort stieg eine naheliegende Vermutung in ihm auf. „Eure Papiere!"

Er erhielt sie und sah sie durch.

„Frank Holborn aus Wilmington! Die Papiere sind gut, stimmen aber nicht so recht auf die Person. Doch das geht mich nichts an, wenn Ihr nur Eure Arbeit versteht. Sagen muß ich Euch freilich, daß ich streng auf Gehorsam und Verträglichkeit an Bord halte. Ihr seid wohl kein großer Freund davon?"

„Warum nicht, Kapt'n?"

„Die Narbe ist jedenfalls die Folge irgendeiner Schlägerei!"

„Erlaubt, Sir! Ich erhielt sie von einem Indianer, als es mir einmal in den Sinn kam, die See auf einige Zeit mit der Prärie zu vertauschen."

„So, so; das ist etwas anderes. Ich werde Euch an Bord behalten. Geht, sagt das dem Maate und macht mit ihm die Heuer richtig! Ich gehe noch auf eine Viertelstunde an Land; dann nehmen wir die Anker auf."

Er wandte sich ab und begab sich in die Kajüte.

„Das ist Wilson! Die Person, die Narbe, der Indianer, der ihn verwundet haben soll, alles stimmt. Er hat die Flucht ergreifen müssen, will sich unter der jetzigen

Maske in Sicherheit bringen und ist bei Saldano gewesen, der ihm mit den Papieren ausgeholfen hat. Was tue ich? Ihn der hiesigen Behörde übergeben? Nein. Es wäre doch ein prächtiger Streich, wenn er nach Stenton gebracht werden könnte! Warten kann ich allerdings nicht, bis Klausen kommt; die Ladung ist gestaut und ich muß fort. Nach Galveston darf ich den Menschen auch nicht mitnehmen, da er nur der Justiz der Vereinigten Staaten ausgeliefert werden soll. Ja, so geht es, ich setze ihn an einer der öden Mississippi-Inseln ab, und gebe Klausen Nachricht, ihn dort wegzunehmen. Ich muß zwar einen Umweg machen; aber wenn ich die westlichste Insel wähle, so ist dieser nicht bedeutend. Auch liegt sie so außer Kurs, daß er sicher von keinem Schiff aufgenommen wird und von Klausen leicht zu finden ist."

Er setzte sich an den Tisch, brachte sein Vorhaben zu Papier und begab sich dann an Land, um den Brief eigenhändig im Zollhaus zu übergeben.

Sofort nach seiner Rückkehr an Bord ließ er die Anker lichten und das Tuch aufziehen. Die ‚Union‘ stach in See.

Das Wetter hielt sich ausgezeichnet; der Wind blieb günstig, und die Fahrt war so schnell, daß man bald die Höhe von Galveston erreichte. Da trat Williams zum Maate. „Wie gefällt Euch Holborn, der neue Mann?"

Der Gefragte warf, ehe er Antwort gab, seinen Kautabak einige Male im Mund hin und her.

„Der, Sir? Er wird früher vielleicht einmal zur See gewesen sein, ist aber aus der Übung gekommen."

„Das sieht man. Und sonst?"

„Und sonst? Geht mich eigentlich nichts an; aber verlieben könnte ich mich in den Kerl nicht. Er hat kein gutes Auge."

„So haltet ein wenig mehr nach Lee. Ich werde ihn absetzen."

„Absetzen, Sir? Wo?"

„An der westlichen Mississippibank."

„Hm, Sir, ich darf Euch nicht fragen, warum Ihr so etwas tut, aber es scheint mir, daß es nur nach Empörungen an Bord geschehen darf."

„Richtig. Dennoch aber habe ich einen Grund, der mich vollständig rechtfertigt. Ihr kennt Mr. Klausen und Mr. Summerland, die mit uns fuhren, um einen Raubmörder zu verfolgen?"

„Aye, aye[1]), Sir! Warum sollte ich nicht?"

„Nun, dieser Mann ist ihnen entkommen, und nennt sich hier an Bord Frank Holborn aus Wilmington."

„Alle Wetter, Sir, ist es wahr?"

„Ich bin meiner Sache vollständig sicher und habe Mr. Klausen aufgefordert, ihn an der Bank aufzunehmen."

„Das ist allerdings etwas anderes. Der Mensch erhält sein Recht, und ich werde einige Linien vom Wind abfallen."

Die ‚Union' warf den Bug nach Ost hinüber. Gegen Abend wurde ein langer, niedriger Streifen sichtbar. Es war die Mississippibank, die Williams gewählt hatte. Er ließ Wilson vor sich treten.

„Frank Holborn, macht Euch fertig, von Bord zu gehen!"

„Was soll ich am Land, Kapt'n?"

„Mich begleiten."

Der Kapitän wollte die Angelegenheit ohne Aufregung zustande bringen und befahl, ein Fäßchen Wasser und einige Lebensmittel in das Boot zu nehmen, das er mit Holborn allein bestieg. Die ‚Union' hatte beigedreht; das Boot stieß ab und hielt auf die Bank zu.

„Es ist notwendig", meinte Williams während des

[1]) Ja, ja

476

Ruderns, „ein kleines Vorratslager hier anzulegen. Ich halte das Boot, und Ihr bringt die Sachen an Land!"

Sobald man landete, trug Holborn das Fäßchen auf das Trockene und holte das Säckchen Schiffszwieback. Er hatte keine Ahnung von der Absicht des Kapitäns und wunderte sich, als er zurückkehrte, sehr, daß dieser das Ruder einstemmte und das Boot vom Land stieß.

„Müssen wir die Sachen nicht besser bergen, Kapt'n?"

„Nein, denn das Lager ist nur für Euch, Mister Wilson. Ich brauche keinen Räuber und Mörder an Bord; darum bleibt Ihr hier zurück. Good-bye!"

Wilson taumelte bei diesen Worten zurück; er war unfähig, einen Laut hervorzubringen, und als sich der erste Hilferuf von seinen zitternden Lippen rang, befand sich das Boot bereits außer Hörweite. Da ballte er die Fäuste und hob sie gegen das Schiff.

Seine Flüche und Verwünschungen verhallten in der weiten Öde, in der er als das einzige menschliche Wesen zurückbleiben mußte. —

Die Post war von Mexiko in Vera Cruz angekommen; ihr entstiegen außer einigen Eingeborenen Klausen, Summerland und Sarah.

„Gott sei Dank", meinte Summerland, „daß wir diesen elenden Kasten endlich überwunden haben. Mich bringt kein Mensch wieder in eine solche Jammerarche; das ist so sicher wie meine Mütze! Aber was nun, Sir?"

„In den Gasthof zunächst. Dann aber müssen wir uns sofort nach Wilson umsehen. Er ist auf jeden Fall hierher gegangen, um zu Schiff das Land zu verlassen. Wir müssen also jedes Fahrzeug besuchen, das sich segelfertig macht."

„Warum soll ich da erst in den Gasthof? Ich werde die Nachforschungen sofort beginnen, Sir. Sagt mir nur, wo ich Euch finde!"

„Gleich hier in diesem Hause. Es scheint allerdings ein sehr gewöhnliches zu sein, aber das ist gleichgültig.

Ich führe Sarah auf ihr Zimmer und gehe dann auf das Zollamt, damit uns nichts im Weg steht, wenn wir etwa schnell abreisen müßten."

Summerland wandte sich dem Hafen zu. Klausen sorgte zunächst für die Terzerone und begab sich dann nach dem Zollhaus. Kaum hatte er seinen Namen genannt, so fragte der Beamte: „Ist Euch vielleicht ein Capitán Williams bekannt, Señor?"

„Ja. Ich bin auf seinem Schiff hier angekommen."

„So gehört Euch dieser Brief, den er vor der Abfahrt hier zurückgelassen hat."

Klausen öffnete und las ihn. Ein Blitz der Freude zuckte über sein Gesicht. „Gibt es vielleicht ein Fahrzeug im Hafen, das bald nach New Orleans geht?" fragte er.

„Der Dampfer ‚Manhattan', Señor, geht noch heute ab. Ein gutes Schiff, fast neu, ein vortrefflicher Capitán! Er geht hinauf bis Memphis und Kairo, hält aber natürlich auch in New Orleans."

Nichts konnte besser passen als diese prächtige Gelegenheit, und Klausen eilte sofort auf den Kai, um sich zu dem Dampfer rudern zu lassen. Der Kapitän war zur Aufnahme der drei Passagiere bereit und willigte auch, nachdem er nur das Nötige gehört und in die polizeilichen Empfehlungen Klausens Einsicht genommen hatte, in den kleinen Umweg nach der Mississippibank ein.

Es verursachte einige Schwierigkeiten, Summerland zu finden. Als dies geschehen war, holten die beiden Männer die Terzerone, und bald verschwanden die Häuser von Vera Cruz und die Mauern von San Juan de Ulloa hinter dem Dampfer.

Da trat Summerland mit geheimnisvoller Miene zu Klausen. „Sagt einmal, Sir, ob wir jetzt auf hoher See sind?"

„Natürlich!" lächelte Klausen über die eigentümliche Einleitung.

„Well! So habe ich Euch dieses Ding zu übergeben."

„Von wem?"

„Von der Gräfin Hernano. Als wir Abschied von ihr nahmen, zog sie mich beiseite und meinte, es sei für Eure mächtige Zauberin; ich sollte es Euch aber erst aushändigen, wenn wir uns auf hoher See befinden."

Klausen öffnete das kleine, zierliche Paketchen. Es enthielt eine Kapsel, aus deren Innerem ihm ein schmaler, feiner Goldreif entgegenblitzte, der in seiner Rosette einen großen, höchst wertvollen Diamanten umfaßte. Er hatte den Ring an der Hand der Gräfin bemerkt und das Feuer des Steines oft bewundert. Es war ein kostbares Geschenk.

„Und dann steckte mir auch der Graf etwas zu. Wollt Ihr es haben?"

„Was ist es?"

„Hier dieser große Brief." Er gab ihm einen Umschlag, den Klausen öffnete. Staunend betrachtete dieser die inliegenden Papiere. „Ist es möglich!"

„Was denn, Sir?"

„Diese Papiere machen mich, wenn ich sie annehme, zum Millionär!"

„Bounce! Dann sage ich weiter nichts als: Nehmt sie an! Was steht denn drin?"

„Es sind die vollständigen rechtsgültigen Besitztitel über zehn Leguas besten Landes in Texas. Tom, ich bin ganz starr vor Erstaunen!"

„So nehmt Euch in acht, daß Ihr nicht gar zur Salzsäule werdet wie die Hexe von Endor, damals als Sodom und Gilead unterging! Der Graf ist ein tüchtiger Kerl, Sir; das ist so gewiß wie meine Mütze!" —

Es dauerte einige Tage, bis Klausen sich an den Gedanken, Besitzer einer solchen Länderstrecke zu sein, gewöhnen konnte. Von einer Zurückweisung des Geschenkes, an die er im ersten Augenblick gedacht hatte, war natürlich keine Rede; er durfte es ruhig annehmen, da es den Grafen gewiß nicht das mindeste gekostet hatte. —

Das blaue, durchsichtige Wasser wurde gelber und trüber, ein Zeichen, daß man sich der Mississippimündung näherte. Jetzt hielt der Kapitän nach Nordwest und schickte einen Mann zum Ausguck auf den Masthead. Nach und nach bildete sich vor dem Fernrohr ein dunkler Streifen, der von Minute zu Minute näher trat.

„Das ist die westliche Insel, Sir!" meinte der Kapitän zu Klausen. „Befindet sich der Mensch wirklich dort, so werden wir ihn bald sehen." –

„Ein Mann vor dem Glase!" meldete der Matrose. „Schwenkt die Jacke!"

„Fallt ab nach West, Maate!" kommandierte der Kapitän. „Stop, Maschinist! Dreht bei das Schiff!"

Ein Boot wurde ausgesetzt, und der zweite Deckoffizier sprang mit vier Ruderern hinein, um den Winkenden zu holen.

„Jetzt macht Euch ein wenig unsichtbar, Sir. Ich will doch einmal sehen, was der Kerl für eine Geschichte erzählen wird, um seine Lage zu erklären! Er wird sich wohl hüten, von der ‚Union' zu sprechen, da er dann die Frage erwarten muß, warum diese ihn im Stich gelassen hat."

Klausen und Summerland zogen sich in die Kajüte zurück. Sobald Wilson an Deck erschien, nahm das Schiff seinen vorigen Kurs wieder auf. Er wurde vor den Kapitän geführt, der ihn mit scharfem Blick musterte.

„Wer seid Ihr?"

„Ich heiße Tom Hellword; meine Heimat ist Savannah in Georgia, Sir."

„Eure Kleidung sagt, daß Ihr Seemann seid. Wie kommt Ihr auf diese Bank?"

„Ich fuhr mit dem Klipper ‚Iowa‘, bestimmt von Havanna nach Galveston. Der letzte Sturm stieß ihn auf den Grund, und ich ganz allein rettete mich auf die Insel.“

„Und wer rettete das Wasserfaß und den Mundvorrat, den man bei Euch fand?“

Wilson konnte eine Verlegenheit nicht ganz verbergen. „Beides wurde vom Wasser angespült.“

„Sehr gut, mein Lieber! Ihr seid zu bedauern, daß Ihr so lange aushalten mußtet. Der letzte Sturm war vor bereits vierzehn Tagen. Wie heißt der Kapitän der ‚Iowa‘?“

„Smith.“

„Irrt Ihr Euch nicht vielleicht in dem Namen? Ich meine, daß Euer Fahrzeug ‚Union‘ und der Kapitän Williams geheißen hat. Nicht?“

Der Gefragte schwieg vor Schreck.

„Die ‚Union‘ mochte von einem gewissen Frank Holborn aus Wilmington nichts wissen. Kennt Ihr ihn vielleicht?“

„Nein, Sir. Ich sage Euch die Wahrheit. Laßt mir einen Platz bei Euch bis New Orleans; ich werde dafür nach Kräften arbeiten!“

„Einen Platz sollt Ihr haben, doch welchen, das wird sich finden. Geht!“

Wilson begab sich auf das Vorderdeck. War er wirklich gerettet, oder drohte ihm auf der ‚Manhattan‘ vielleicht noch mehr Gefahr als auf der einsamen Mississippibank? Eben wollte er zum Bootsmann treten, um Arbeit zu begehren, da legte sich eine Hand auf seine Schulter.

Er wandte sich um und fuhr mit einem Schreckensruf zurück.

„Summerland!“

„Ja, Tom Summerland ist es, mein sehr ehrenwerter Mister Wilson, Molez, Holborn, Hellword, oder wie Ihr

481

sonst heißen mögt! Warum gingt Ihr nur so rasch aus Mexiko weg? Nun haben wir an Eurer Stelle die Grants, zehn ganze Leguas, aus Dankbarkeit dafür, daß wir den Grafen retteten."

„Zehn — — —"

Das Wort blieb Wilson im Munde stecken, denn sein Auge fiel auf Klausen, der mit dem Kapitän näher kam. Einige handfeste Matrosen folgten ihm.

„Master Klausen, ist das Euer Mann?" fragte der Kapitän.

„Ja."

„So nehmt ihn, Jungens!"

Die Matrosen traten hinzu. Wilson sah, daß alles verloren sei; seine Erstarrung wich. Eine am Boden liegende Handspeiche ergreifend, sprang er auf Klausen zu und holte zum Schlag aus.

„Fahre hin, Schurke! — — —"

Die Handspeiche entsank seiner Faust; er fuhr mit der Hand nach der Brust, drehte sich mit hintenüberstrebendem Kopf einmal um seine eigene Achse und brach dann zusammen. Tom Summerland hatte das Messer gezogen und es ihm in die Seite gestoßen.

„Der hat genug, Sir! Ich werde ihn lehren, mit dem Holz hier auf Euch loszugehen!"

Klausen neigte sich über den Gestürzten.

„Ihr habt gut getroffen, Tom, gerade ins Herz! Er ist tot. Wollt Ihr Euch überzeugen, Sir?"

Auch der Kapitän untersuchte die Wunde.

„Tot. Laßt ihn liegen, bis er kalt ist, dann sollen ihn die Fische haben. Ich werde Euch den Totenschein ausstellen, Sir, damit Ihr in Stenton beweisen könnt, daß der Kerl aufgehört hat, ehrlichen Leuten gefährlich zu sein."

Eine Stunde später wurde die Leiche ohne die sonst üblichen Förmlichkeiten über Bord geworfen. Man befand sich bereits im gelben Flußwasser, und die Krokodile schossen bei dem Geräusch des Falles herbei, um ihr Totengräberamt zu verrichten.

Die Stromfahrt ging glücklich vonstatten. An der Mündung des Arkansas verließen die drei Fahrgäste die ‚Manhattan' und legten den Rest ihrer Reise auf einem kleineren Steamer zurück. Es war bereits am späten Abend, als sie in Stenton anlangten.

Sarah hatte während der ganzen Zeit eine tiefe Reue gezeigt, so daß Klausen beschloß, ihren Fürsprecher bei der Mutter Smolly zu machen. Jetzt lehnte sie an der Deckeinfassung; die Tränen der Angst standen ihr im Auge.

„Wo soll ich nun hin, Mylord Klausen?" schluchzte sie. „Mistreß Smolly wird nichts mehr von mir wissen wollen."

„Sie wird dir verzeihen, Sarah, so wie ich dir ja auch längst vergeben habe. Du gehst nicht zu ihr, bevor ich mit ihr gesprochen habe."

Jetzt kam Tom Summerland herbei; er brachte die sämtlichen Gepäckstücke der drei geschleppt und keuchte unter ihrer Last.

„Macht schnell, Sir, daß wir nun endlich einmal an Land kommen! Es ist schon alles hinüber, und wir tun gerade so, als ob wir noch dreimal um die ganze Erde herumdampfen wollten. Einmal zur See und nicht wieder; das ist so sicher wie meine Mütze. Ich bin halb tot von dem vielen Wasser!"

Das Haus des Advokaten befand sich in der Nähe des Flusses. Dort blieb Summerland halten.

„Wie nun, Sir, Ihr tretet doch mit hinein?"

„Heute nicht, Tom. Morgen komme ich, Euch zu besuchen. Behaltet meine Sachen jetzt bei Euch; ich werde sie abholen lassen!"

Er ging mit Sarah weiter. Die Druckerei, an der der Weg vorbeiführte, war erleuchtet. Er hatte sich auf eine Überraschung Margas vorbereitet und trat ein, um ein

Gedicht für das Morgenblatt zu übergeben. Es wurde sofort angenommen.

Im Hause des Bankiers war man zur Ruhe gegangen, wie die dunklen Fenster zeigten, aber bei Mutter Smolly war noch Licht.

„Ich gehe nicht hinein, Sir; ich fürchte mich!" meinte Sarah.

„So warte im Flur, bis du gerufen wirst!"

Er klingelte. Die Wirtin selbst erschien unter der Tür.

„Wer — —? Himmel, Sir? Ist es möglich?"

Fast wäre ihr vor freudiger Überraschung das Licht aus der Hand gefallen.

„Es ist allerdings möglich, meine beste Mutter Smolly. Habt Ihr vielleicht meine Zimmer inzwischen anderweitig vermietet?"

„Vermietet? Wo denkt Ihr hin! Ich hätte sie zehn Jahre lang für Euch freigehalten. Aber tretet ein, bitte; Ihr müßt ja von der weiten Reise sehr ermüdet sein!"

Sie führte ihn ins Wohnzimmer, wo sie erwartungsvoll ihm gegenüber Platz nahm.

„Wie ist es denn gegangen, Sir? Habt Ihr ihn gefunden? Habt Ihr Sarah gesehen? Ich habe in dieser Zeit mehrere Mädchen gehabt, aber alle wieder entlassen müssen."

„Ich habe ihn gefunden."

„Wirklich? Euer Geld?"

„Habe ich wieder, auch die fünfzigtausend Dollars von Mister Olbers."

Sie schlug verwundert die Hände zusammen. „Das ist ja ganz außerordentlich! Bitte erzählt, Sir!"

Er erfüllte ihre Bitte in möglichster Kürze. Als er am Schlusse bemerkte, daß die Terzerone draußen stehe, sprang sie auf und eilte hinaus: „Sarah!"

„Ma'a!"

„Wirst du mir wieder fortgehen?"

„Nie!" rief das Mädchen weinend.

„So bleib und denke daran, daß es nirgends so gut ist wie bei Mutter Smolly!"

Zu Klausen zurückgekehrt, berichtete sie ihm von Marga, die täglich herübergekommen sei und nur von ihm gesprochen habe.

Er hörte ihr mit glücklichem Lächeln zu, bat sie, seine Ankunft morgen früh noch zu verschweigen und begab sich dann hinauf in seine Wohnung, wo er bald dem wohlverdienten Schlaf in die Arme sank.

Als er erwachte, stand die Sonne bereits hoch am Himmel. Drüben waren die Fenster und die Tür des Balkons geöffnet. Auf diesem saß Marga, mit einer Arbeit beschäftigt, und er bemerkte, wie fleißig ihre Augen zu seinen Fenstern herüberschweiften.

Da kam auch der Bankier und brachte die Zeitungen. Sie teilten sich in die Blätter und lasen.

„Wie schön sie ist, wie rein und gut!" dachte Klausen.

Er kleidete sich so schnell wie möglich an, nahm dann das Fernglas und stellte sich beobachtend hinter die Gardinen. Da zuckte sie zusammen; eine tiefe Röte glitt über ihr schönes Gesicht, die Hand fuhr nach dem Herzen und ihre Augen flogen herüber zu ihm. Im Nu stand er auf dem Balkon und grüßte.

„Papa!" rief sie laut, daß er es hörte, und erhob zeigend den Arm.

Olbers blickte herüber und sprang überrascht vom Stuhl empor. „Sir — ah, herüber, herüber, schnell, schnell!"

Klausen nickte zustimmend und verließ den Balkon. Drüben kamen ihm beide bereits auf dem Flur entgegen.

„Willkommen, Mister Klausen! Kommt nur rasch herein! Wie ist es gegangen?"

Er trat ein und zog die Brieftasche hervor: „Wollt Ihr einmal die Papiere betrachten, Mister Olbers?"

„Ja! Ah — meine Schecks und Anweisungen! Ist es

möglich? Marga, nichts ist verloren, kein einziger Penny!"

„Auch ich habe mein Geld wieder. Und hier, bitte, lest einmal dies!"

Der Bankier warf einen Blick auf die Bogen, riß sie ihm dann aus der Hand und trat damit zum Fenster.

„Grants, Empressarios — — zehn Leguas! Mister Klausen, das ist ja unglaublich, das ist ja ein ganzer Staat, ein ganzes Territorium!"

„Und doch ist es wahr! Das Land kostet mich keinen Dollar; ich habe es geschenkt erhalten."

„Geschenkt? Erzählt, wenn ich es glauben soll!"

Klausen mußte berichten und tat es mit der größten Ausführlichkeit. Mit atemloser Spannung hörte man ihm zu. Dann stand Olbers auf und erfaßte seine Hand.

„Master Klausen, Ihr seid nicht nur ein Dichter, sondern auch ein ganzer Mann! Marga, wer hätte das gedacht, als wir ihn zum erstenmal trafen? Wie soll ich Euch danken? Mit Geld kann ich es nicht!"

Da erhob sich Marga. Im Vollgefühl des Glückes, das die Rückkehr des Geliebten ihr bereitete, überwand sie die weibliche Scheu und trat zu Klausen.

„Papa, ich weiß, wie wir ihm danken können. Darf ich es dir zeigen?"

„Tu es, mein Kind!"

Da legte sie die Arme um den Geliebten und bot ihm die Lippen zum Kuß. „So, Papa! Darf es so sein und bleiben?"

Der Bankier war so vollständig überrascht, daß er die Antwort vergaß. In diesem Augenblick öffnete sich die Tür und Tom Summerland trat ein.

„Wer wollte mich besuchen und ist nicht gekommen? Daheim ist er auch nicht, und da — — by god, die haben sich beim Kopf. Da ist der alte Trapper überflüssig!"

Er wollte sich schleunigst zurückziehen, wurde aber

von Olbers, der sich mittlerweile in die Gegenwart gefunden hatte, noch rechtzeitig am Arm ergriffen.

„Bleibt, Mister Summerland! Wir haben Verlobung,
zunächst zwar nur unter uns, aber die Sache wird wohl
auch noch festlicher begangen werden!"

„Verlobung? Na, ich gebe meinen Segen auf der Stelle
dazu, denn, Mister Olbers, die zwei da passen zueinander
so gut und vielleicht gar noch ein wenig besser als Jakob
und Judith, um die er volle vierzehn Jahre gefreit hat,
die Monate und Tage gar nicht mitgerechnet. Das ist so
sicher wie meine Mütze!" — — —

KARL MAY

GESAMMELTE WERKE

KARL-MAY-VERLAG · BAMBERG

Mexico um 1866